云南大学周边外交研究丛书

从国家利益分析越南的东盟政策演变

李春霞◎著

中国社会科学出版社

图书在版编目（CIP）数据

从国家利益分析越南的东盟政策演变/李春霞著.—北京：中国社会
科学出版社，2017.6

（云南大学周边外交研究丛书）

ISBN 978 - 7 - 5203 - 0731 - 4

Ⅰ.①从…　Ⅱ.①李…　Ⅲ.①对外政策—研究—越南
Ⅳ.①D833.30

中国版本图书馆 CIP 数据核字（2017）第 152240 号

出 版 人	赵剑英	
责任编辑	孙　萍　马　明	
责任校对	闫　萃	
责任印制	王　超	

出　　版	中国社会科学出版社	
社　　址	北京鼓楼西大街甲 158 号	
邮　　编	100720	
网　　址	http://www.csspw.cn	
发 行 部	010 - 84083685	
门 市 部	010 - 84029450	
经　　销	新华书店及其他书店	

印　　刷	北京君升印刷有限公司
装　　订	廊坊市广阳区广增装订厂
版　　次	2017 年 6 月第 1 版
印　　次	2017 年 6 月第 1 次印刷

开　　本	710×1000　1/16
印　　张	20.5
字　　数	305 千字
定　　价	85.00 元

云南大学周边外交研究中心
学术委员会名单

主 任 委 员：郑永年

副主任委员：邢广程　朱成虎　肖　宪

委　　　员：（按姓氏笔画排序）

王逸舟　孔建勋　石源华
卢光盛　刘　稚　许利平
李一平　李明江　李晨阳
杨　恕　吴　磊　陈东晓
张景全　张振江　范祚军
胡仕胜　高祖贵　翟　崑
潘志平

《云南大学周边外交研究丛书》
编委会名单

编委会主任： 林文勋

编委会副主任： 杨泽宇　肖　宪

编委会委员：（按姓氏笔画排序）
孔建勋　卢光盛　刘　稚
毕世鸿　李晨阳　吴　磊
翟　崑

总　序

　　近年来，全球局势急剧变化，国际社会所关切的一个重要议题是：中国在发展成为世界第二大经济体之后，其外交政策是否会从防御转变为具有进攻性？是否会挑战现存的大国和国际秩序，甚至会单独建立自己主导的国际体系？的确，中国外交在转变。这些年来，中国已经形成了三位一体的新型大外交，我把它称为"两条腿，一个圈"。一条腿是"与美、欧、俄等建立新型的大国关系，尤其是建立中美新型大国关系"；另一条腿为主要针对广大发展中国家的发展战略，即"一带一路"；"一个圈"则体现于中国的周边外交。这三者相互关联，互相影响。不难理解，其中周边外交是中国外交的核心也是影响另外两条腿行走的关键。这是由中国本身特殊的地缘政治考量所决定的。首先，周边外交是中国在新形势下全球谋篇布局的起点。中国的外交中心在亚洲，亚洲的和平与稳定对中国至关重要，因此能否处理好与周边国家关系的良性发展，克服周边复杂的地缘政治环境将成为影响中国在亚洲崛起并建设亚洲命运共同体的关键。其次，周边外交是助推中国"一带一路"主体外交政策的关键之举。"一带一路"已确定为中国的主体外交政策，而围绕着"一带一路"的诸多方案意在推动周边国家的社会经济发展，考量的是如何多做一些有利于周边国家的事，并让周边国家适应中国从"韬光养晦"到"有所作为"的转变，并使之愿意合作，加强对中国的信任。无疑，这是对周边外交智慧与策略的极大考验。最后，周边外交也是中国解决中美对抗、中日对抗等大国关系的重要方式与途径。中国充分发挥周边外交效用，巩固与加强同周边国家的友好合作关系，支持周边国家的发展壮大，提升中国的向心力，将降低美日等大国在中国周边地区与国家中的影响力，并化解美国在亚洲同盟与中国对抗的可能性与风险，促成周边国家自觉地对中国的外交政策做出适当的调整。

从近几年中国周边外交不断转型和升级来看，中国已经在客观上认识到了周边外交局势的复杂性，并做出积极调整。不过，目前还没能拿出一个更为具体、系统的战略。不难观察到，中国在周边外交的很多方面既缺乏方向，更缺乏行动力，与周边国家的关系始终处于"若即若离"的状态。其中导致该问题的一个重要原因是对周边外交研究的不足与相关智库建设的缺失，致使中国的周边外交还有很大的提升和改进空间。云南大学周边外交中心一直紧扣中国周边外交发展的新形势，在中国周边外交研究方面有着深厚的基础、特色定位，并在学术成果与外交实践上硕果颇丰，能为中国周边外交实践起到智力支撑与建言献策的重要作用。第一，在周边外交研究的基础上，云南大学周边外交中心扎实稳固，发展迅速。该中心所依托的云南大学国际问题研究院从 20 世纪 40 年代起就开始了相关研究。进入 21 世纪初，在东南亚、南亚等领域的研究开始发展与成熟，并与国内外相关研究机构建立了良好的合作关系，同时自 2010 年起每年举办的西南论坛会议成为中国西南地区最高层次的学术性和政策性论坛。2014年申报成功的云南省高校新型智库"西南周边环境与周边外交"中心更在中央、省级相关周边外交决策中发挥着重要作用。第二，在周边外交的研究定位上，云南大学周边外交中心有着鲜明的特色。该中心以东南亚、南亚为研究主体，以大湄公河次区域经济合作机制（GMS）、孟中印缅经济走廊（BCIM）和澜沧江—湄公河合作机制（LMC）等为重点研究方向，并具体围绕区域经济合作、区域安全合作、人文交流、南海问题、跨界民族、水资源合作、替代种植等重点领域进行深入研究并不断创新。第三，在周边外交的实际推动工作上，云南大学周边外交中心在服务决策、服务社会方面取得了初步成效。据了解，迄今为止该中心完成的多个应用性对策报告得到了相关部门的采纳和认可，起到了很好的资政服务作用。

云南大学周边外交中心推出的《云南大学周边外交研究丛书》系列与《云南大学周边外交研究中心智库报告》等系列丛书正是基于中国周边外交新形势以及自身多年在该领域学术研究与实践考察的

深厚积淀之上。从周边外交理论研究方面来看，该两套丛书力求基于
具体的区域范畴考察、细致的国别研究、详细的案例分析，来构建起
一套有助于建设亚洲命运共同体、利益共同体的新型周边外交理论，
并力求在澜沧江—湄公河合作机制、孟中印缅经济合作机制、水资源
合作机制等方面有所突破与创新。从周边外交的具体案例研究来看，
该套丛书结合地缘政治、地缘经济的实际情况以及实事求是的田野调
查，以安全合作、经济合作、人文合作、环境合作、边界冲突等为议
题，进行了细致的研究、客观独立的分析与思考。从对于国内外中国
周边外交学术研究与对外实践外交工作的意义来看，该丛书不仅将为
国内相关研究同人提供借鉴，也将会在国际学界上起到交流作用。与
此同时，这两套丛书也将为中国周边外交的实践工作的展开提供智力
支撑与建言献策的积极作用。

郑永年

2016 年 11 月

为《从国家利益分析越南的东盟政策演变》 一书而写的话

最近，原北京大学国际关系学院研究生、现任国际关系学院青年教师李春霞博士发来电邮，说她在博士论文基础上撰写的专著《从国家利益分析越南的东盟政策演变》即将付梓，并请我为该书写篇序言。

为他人著作写序，虽偶有为之，但非吾所好。但是，这次却觉得确实有必要写上几句。因为春霞在北大攻读博士学位期间，我是她的指导教师。她的博士论文写作过程中的艰难曲折和喜怒哀乐，我们是共同经历、并肩走过的。因此，对这本以其论文为基础而写成的著作中，若有精彩独到的见解，我无掠美之意；而若有不当和缺陷，我则不能推脱自己的失责。这当是我决定写这篇文字的初衷。

回想起当初春霞博士确定论文主题的过程，也颇多曲折。由于受自己求学和工作期间知遇的一些师长影响，我是不愿意为学生确定论文题目或者限定研究范围的，认为那样做会约束甚至限制学生思想的发挥空间。当然，我更不愿意让学生做服务于自己的课题或项目的论文，那样就有把他们作为劳力之嫌。我希望每位同学能够根据各人的能力、特长和兴趣，充分发挥其主观能动性，逐步认识自己想做什么，能够做什么。本人作为指导教师，则是在此过程中密切关注他们的进展与难点，鼓励他们根据实际情况做适当的调整，即使最终完成的论文与开题时相去甚远，亦并无不当，关键是要能够写出一篇有价值的文章。我总觉得，很多学生喜欢做"大文章"，动辄从宏观着手，放得太开，结果往往因难以收拢而失之于空泛。因此，我希望学生能够从具体的细微处着手，深入探究，使论文能够发挥"以小见大"的实际效果。因此，春霞的论文主题也经历了从试图全面论述越南的外交政策，到探究其在某个特定历史时期的政策的转变。在此过程中，我则经常通过"旁敲侧击"来引导她把握方向。几经波折，她终于决定以越南的东盟政策作为切入点来写。但是，这样的选题仍显宽泛。春霞在搜集并深入研究了大量第一手资料后，选择"国家利益"作为切入点来分析越南东盟政策的演变，可谓大小适中，恰到好处。

"国家利益"可谓国际政治和国际关系研究中的核心因素。国际局势中的很多重大转变，往往与各国，尤其是世界性大国的"国家利益"密切相关。冷眼看世界，昔日高挑全球化大旗的超级大国，今天却在自己的"国家利益"幌子下从开放向保守、从多边合作向一己之利收缩。从东南亚地区各国的情况来看，也不乏其例。而其中，越南可谓佼佼者。在"国家利益"的驱动下，越南政府可以做出庄严的表态和承诺；而在周边环境发生变化以后，它也可以"国家利益"的名义来个180度的转变，彻底否定自己的承诺。因此，从这个视角出发来研究越南的东盟政策演进和变化，就格外有意义了。

春霞博士在她的这部专著中指出，越南与东盟随着时局变化而经历了多种关系形态。大致说来，是由从20世纪60年代东盟成立之初的敌视猜疑，特别是80年代围绕柬埔寨问题的政治对抗，到冷战后的双方和解，越南成为东盟成员国，再到后来越南积极主动地推动东盟发展，甚至在2013年由越南人黎良明出任东盟秘书长。作者认为，这一切都是随着不同时期越南国家利益的转变而产生的。她认为，20世纪70年代"越战"结束后越南与东盟关系的短暂缓和，是国家的安全利益而非意识形态决定了越南当时的对东盟外交政策。90年代初东欧剧变与苏联解体导致越南执政者为了稳定政权而调整战略思维，淡化意识形态，回归东南亚地区，积极争取加入东盟。进入21世纪，在和平稳定的周边环境下，发展经济、增强国力成为越南的优先国家利益，而东盟框架下的各成员国之间的经济合作，以及东盟与亚太经合组织、世界贸易组织等国际经济组织的关系，也为越南融入地区和国际社会，加速本国经济发展提供了有利条件。2008年国际金融危机使越南把拓展发展空间、增强地区与国际影响力视为保障国家可持续发展的优先国家利益，从而进一步强化了对东盟事务的参与。应该说，作者对越南与东盟政策演变的节点把握得比较准确，分析脉络比较清晰，论证也相当有说服力。

值得一提的是，这本专著得以出版的 2017 年，正值东盟建立 50 周年，也是越南加入东盟的第 22 个年头。在过去半个世纪里，越南与东盟的关系从敌对到合作，再到建立共同体；这一演变也充分反映了越南基于国家利益对东盟政策的调整过程。在作者对论文稿进行修改时，我曾多次建议她在对以往 50 年越南的东盟政策进行深入研究的基础上，对将来越南与东盟关系的前景做一些前瞻性的分析，以供学界参考。但在看到全书的修改稿后，觉得相关部分的内容仍显薄弱，分析的深度也有所不足。以我对春霞掌握相关资料及解读情况的了解，觉得她应该可以写得更好些。

由此又产生出一点感受："学无止境"。从春霞博士毕业入职后，我和她的关系也从在校时的师生，演变成同侪。借此机会，我衷心希望她能够继续发挥当初为了成为北京大学国际关系学院博士生而表现出的坚韧不拔的奋斗精神和刻苦好学的上进态度，在今后的科研和教学中做出更出色的成绩。

以上只是个人有感而发的"絮言"，算不得"序言"。

杨保筠博士
北京大学国际关系学院教授
2017 年 6 月写于泰国法政大学

摘　要

　　随着时局变化，越南与东盟经历了多种关系形态，从 20 世纪 60 年代东盟成立之初的敌视猜疑，20 世纪 80 年代围绕柬埔寨问题的政治对抗，到冷战后越南成为东盟成员，再到当前越南积极推动东盟发展。为什么越南的东盟外交政策会出现如此大的变化？本书以国家利益为中心，通过考察不同时期越南国家利益的转变，阐释越南对东盟外交政策演变的内在逻辑。越南的东盟政策变迁是越南对外政策演变的缩影，对其进行研究有助于我们理解和预判越南的外交行为。

　　冷战时期，为了国家的独立与生存，越南以意识形态为纽带在社会主义阵营中谋求安全，而部分东盟成员国则通过为美国提供军事支持，甚至直接参与越南战争获取美国的安全保护。20 世纪 70 年代，越南与东盟关系的短暂缓和也说明了是安全利益而非意识形态决定了越南的东盟外交政策。20 世纪 90 年代初，东欧剧变与苏联解体对越南执政者产生了极大的思想冲击。政权稳定和身份危机成为越南面临的最大安全困境。调整战略思维，淡化意识形态，回归东南亚地区，加入东盟是越南最好的外交选择。进入 21 世纪，在和平稳定的周边环境下，改变越南经济社会的落后面貌，增强国家实力是越南的优先国家利益。在"外交为经济服务"的外交总方针之下，越南提出应"突出与东盟的合作效果"。在对东盟的外交实践中，越南力促新成员加入、强调成员间发展差距，努力兑现东盟框架下的各项经济承诺，同时，越南积极扩大和加强与东盟伙伴国间的关系，通过加入APEC、WTO 等国际经济组织，不断融入国际社会。2008 年以后，随着地区和国际力量对比的变化，越南把拓展发展空间、增强地区与国际影响力视为保障国家可持续发展的优先国家利益，并提出"融入国际""做国际社会负责任成员"的外交目标。东盟对于越南的战略依托作用得到充分重视，越南不仅明确了其"东南亚国家""东盟成员"的国家定位，而且提出了"积极、主动和负责任"参与东盟事务的方针，重点推动东盟在政治安全方面的合作。

正是在国际格局、地区局势、国家实力与领导人认知影响下越南国家利益的转变，决定了越南对东盟政策与实践的演变。随着国际体系多极化和地区一体化趋势的加强，越南国家利益与东南亚区域利益逐步趋同。这将成为越南进一步增强其在东盟中地位与作用的动力，也是越南在东亚谋求更大发展空间的基础。

关键词：越南　外交政策　东盟　国家利益

Abstract

The relationship between Vietnam and ASEAN has gone through several stages, ranging from hostile confrontation to perceived familyship. Why has Vietnamese foreign policy toward ASEAN changed so dramatically? This dissertation examines the main factors that shaped the Vietnamese national interests over time, in order to find out the logic of the evolution of Vietnamese foreign policies toward ASEAN.

In the Cold War era, Vietnam had to use ideology as a tool to pursue its national security interests within the Socialist camp, whereas some ASEAN countries provided military support to the United States during Vietnam war to obtain American protection. The detente between Vietnam and ASEAN in 1970s proved that the decisive factor in Vietnamese foreign policy was national interests, as opposed to ideology. As the Cold War ended, Vietnam adjusted its strategic thinking to maintain the stability of the regime, and return to the region and being an ASEAN member became its best choice. After beginning of the new century, Vietnam gave economic development the first priority, and managed to fulfill a variety of economic commitments to ASEAN as well as to join APEC and WTO to further integrate into the world economy. Starting from 2008, Vietnamese leaders felt higher threat perception as they witnessed the rise of China. To enhance its own influential power, the Vietnamese government turned to emphasize the strategic importance of ASEAN and began to perceive itself as a "Southeast Asia country" and "ASEAN member", putting forward the "positive, active and responsible" policy toward ASEAN.

It is the changing national interests over time, as a result of the inter-play of different factors, that shaped the evolution of Vietnamese diplomatic policy and practice toward ASEAN. As the Vietnamese national interests keep converging with the interests of the Southeast Asian region, Vietnam will further strengthen its role and involvement in ASEAN, particularly in political and security matters.

Key Words: Vietnam; Foreign Policy; ASEAN; National Interests

目　录

第一章

导　论

　　1995 年，东南亚国家联盟（以下简称"东盟"，Association of Southeast Asian nations，ASEAN）成立 28 年，越南战争结束 20 年之后，越南正式加入东盟，成为东盟的第七个成员国。1998 年，越南成功举办了第 6 届东盟首脑峰会；2000 年，越南成功担任东盟地区论坛（ARF）主席国；2006 年，越南成功主办第 14 届亚太经合组织（APEC）非正式领导人峰会；2010 年，越南圆满完成了东盟轮值主席国职责。作为东盟成员国的越南，日益被世界所认识和接纳，并在东盟中发挥更大作用。回顾历史，作为一个东南亚国家，越南与区域组织东盟的关系随着时局变化，经历了多种关系形态。

　　"东南亚"[①] 作为一个地区概念"二战"期间才逐渐被人们所认识，其独特的战略地位使它一直受到大国的关注。冷战时期，因惧怕共产主义的"多米诺骨牌"效应，东南亚的 5 个国家（印度尼西亚、马来西亚、菲律宾、新加坡和泰国）成立了东盟组织。"在冷战背景下，与美国关系密切的东盟，在其成立初期（1967—1975 年）一直视共产主义为主要威胁，并把抵制共产主义意识形态在东南亚地区的蔓延作为东盟成员国进行政治合作的基础。"[②] 而当时处于冷战对立前沿的北越，从反抗帝国主义侵略、争取独立统一的需要出发，也把

---

　　① 1943 年 8 月的魁北克会议上，西方盟国决定建立一个单独的"东南亚战区"（SE-AC），其地理范围包括缅甸、马来亚、苏门答腊和泰国。1945 年 7 月召开的波茨坦会议把东南亚战区的范围扩展到包括荷属东印度的其余部分，以及印度支那北纬 16 度以南地区（只有越南北部、菲律宾和老挝不包括在内）。参见 ［新］尼古拉斯·塔林《剑桥东南亚史》第 Ⅱ 卷，贺圣达等译，云南人民出版社 2003 年版，第 464 页。

　　② 陆建人：《东盟的今天与明天——东盟的发展趋势及其在亚太的地位》，经济管理出版社 1999 年版，第 2 页。

东盟视为一个反共联盟，并认为"这个联盟可能会被美国用来代替东南亚条约组织（SEATO），帮助西方帝国主义和新殖民主义"①。可以说，从东盟成立之初，越南与东盟就是对立的敌人。随着越南战争结束，美国军事力量撤出东南亚，东南亚地区似乎迎来了和平的曙光，东盟与越南的关系也出现了缓和的迹象。但1978年年底，越南入侵柬埔寨使地区和解的希望破灭，越南与东盟关系进入了长达十年的对抗期。20世纪80年代中后期，受到苏联"新思维"和社会经济危机的影响，越南对外部世界的认识发生转变，并开始调整外交战略思想。越共六大在经济社会方面提出了革新开放政策，在外交政策方面，政治局13号决议提出了"增友减敌"方针，开始重视发展与地区国家关系，特别是与东盟成员国关系。1995年，越南加入东盟成为越南融入地区与世界的突破口。进入21世纪，越南逐步参与东盟活动，提高与东盟经济合作效果，不断融入国际经济进程。2010年，作为东盟轮值主席国，越南有效提升了其国际地位与外交影响力。2011年，越共十一大明确提出，"越南是东盟负责任的成员，将积极主动推动东盟共同体建设"，并在外交重要性上，将东盟提升到与"共同边界的邻国"同等的地位。

从成立之初与东盟的敌视对立，20世纪70年代脆弱而短暂的缓和，80年代双方围绕柬埔寨问题的政治对抗，到90年代越南成为东盟成员国，再到当前越南成为东盟共同体的积极推动者。为什么越南的东盟外交政策会出现如此大的变化？国际体系变化是影响越南外交的主要因素吗？意识形态在多大程度上影响着越南的对外政策？越南的国家利益受哪些因素的影响？外交政策是如何围绕越南的国家利益进行调整与实践的？这一系列的问题，构成了本书写作的动力与目标。

越南作为我国的重要邻国之一，是我国周边外交的重点。厘清不同时期影响越南国家利益判定的因素，了解其外交政策的内在逻辑，能够帮助我们预判其未来的外交行为，为我国制定对越南外交政策提供参考。同时，发展与东盟及其成员国的关系是我国构建周边利益共

① ［新］尼古拉斯·塔林：《剑桥东南亚史》第Ⅱ卷，贺圣达等译，云南人民出版社2003年版，第492页。

同体的重点，是我国创建和谐稳定周边环境的关键，关注和了解东盟的发展进程，能够为我国的周边战略进一步完善提供相关依据。自1967 年东盟成立至今，越南与东盟关系已走过半个世纪，自 1995 年越南加入东盟至今，越南与东盟同行也已二十年有余。在当前中国崛起背景下，东南亚是我国"稳定周边"中的重点区域，探讨越南对东盟的外交政策与实践，具有重要的现实意义。本书从越南出发，对其不同时期的国际体系认识、外交思维转变、融入国际态度等进行深入分析，较全面地反映外交孤立国家融入地区、融入国际社会的转变过程，为相关理论研究提供案例参考。

第一节 越南与东盟关系研究概述

相较于对越南经济革新的研究，学界对越南外交的研究较少。中文论著仅有 2002 年台湾地区学者梁锦文的《后冷战时期之越南外交政策》，对冷战后到 21 世纪近二十年的越南外交按国别做了概略性的介绍。① 英文专著有 1997 年詹姆士·莫利（James W. Morley）与西原正（Masashi Nishihara）主编的《越南融入世界》，② 以及 1999 年卡莱尔·塞耶（Carlyle A. Thayer）和拉姆西斯·阿梅尔（Ramses Amer）主编的《转型中的越南外交》。③ 两本著作都是论文集，研究内容与时间段也都集中于 1986 年越南革新开放到 1995 年加入东盟及与美国关系正常化之间。冷战后，特别是 2000 年以来，越南关于本国外交的专著不断涌现，其内容多集中于阐述越南总体外交政策。比如，范光明（Phạm Quang Minh）的《越南的外交政策革新（1986—2010）》、丁春理（Đinh Xuân Lý）的《越南对外路线革新与融入国际进程（1986—2012）》、范平明（Phạm Bình Minh）主编的《新阶段越南对外政策路

---

① 梁锦文：《后冷战时期之越南外交政策》，台北：翰芦图书出版公司 2002 年版。

② James W. Morley & Masashi Nishihara eds. , *Vietnam Joins the World*, New York：M. E. Sharpe, 1997.

③ Carlyle A. Thayer & Ramses Amer eds. , *Vietnamese Foreign Policy in Transition*, Singapore：Institute for Southeast Asian Studies, 1999.

线》、阮孟雄（Nguyễn Mạnh Hùng）、范明山（Phạm Minh Sơn）主编的《越南外交：传统与现代》等。① 这些著作较全面地对越南外交，特别是革新开放以来的越南外交政策进行了归纳。

本书的核心问题是如何解释越南对东盟外交政策的变化。要解释越南外交政策变化的原因，首先需要梳理越南对东盟政策发生了怎样的变化，其次应找到影响越南对东盟政策变化的关键因素。现有关于越南与东盟关系的研究，在研究议题上，多集中于越南与东盟在某一时期的关系或在某一领域的合作等，较少以越南的东盟政策为研究对象进行整体研究。在原因归纳上，现有研究对不同时期的越南对东盟政策给出了不同的影响因素，而这些影响因素都无法对五十年来的越南对东盟外交政策演变做出让人信服的解释。

一　研究议题

关于越南与东盟关系的研究，就研究议题而言，大致集中于三个问题：一是 20 世纪 80 年代越南入侵柬埔寨问题；二是 90 年代的越南加入东盟问题；三是 21 世纪以来越南在东盟中的作用问题。关于柬埔寨问题，国内外著作较多，如史蒂芬·莫里斯（Stephen J. Morris）的专著《为什么越南入侵柬埔寨：政治文化与战争原因》，从政治文化的角度解读了柬埔寨问题的由来，认为越南倾向于好战的文化是造成柬埔寨问题的主要原因。② 1980 年丁元大的论文《东盟军事联合抵御越南的趋势》，就东盟对越南扩张侵略的反应，以及东盟有可能进行军事联合的原因、障碍等进行分析，进而认为"现阶段它（东盟）要从经济合作走上军事联合的道路，条件尚不完全成熟"③。

---

① Phạm Quang Minh, *Chính sách đối ngoại đổi mới của Việt Nam* (1986 – 2010), HN: Nxb. Thế Giới, năm 2012. Đinh Xuân Lý, *Quá trình đổi mới đường lối đối ngoại và hội nhập quốc tế của Việt Nam* (1986 – 2012), HN: Nxb. Đại Học Quốc Gia Hà Nội, 2013. Phạm Bình Minh cb., *Đường lối Chính sách đối ngoại Việt Nam trong giai đoạn mới*, HN: Nxb. Chính Trị Quốc Gia, 2011. Nguyễn Mạnh Hùng, Phạm Minh Sơn, *Đối ngoại Việt Nam truyền thống và hiện đại*, HN: Nxb. Lý Luận Chính Trị, 2008.

② Morris, Stephen J., *Why Vietnam Invaded Cambodia: Political Culture and the Causes of War*, Stanford University Press, 1999.

③ 丁元大：《东盟军事联合抵御越南的趋势》，《东南亚研究资料》1980 年第 1 期，第 1—4 页。

1983 年、1984 年、1986 年，雷扎克·布辛斯基（Leszek Buszynski）
分别发表了论文《越南的东盟外交：近期动态》《越南的东盟外交：
改变的动机》《越南的东盟外交：确定既成事实》，从越南的角度，
围绕柬埔寨问题中越南的目标、东盟的反应、国内和国际影响因素等
进行时政性的分析。尽管作者没有预测到后来的政治解决，而是认为
"争端的解决很大程度上还是要依赖于军事努力的结果"，[①] 但作者紧
密跟踪事件的发展与越南的外交动向，较全面地反映了当时越南与东
盟在该问题上的尖锐对立与可能解决路径。1990 年孙文军的论文
《东盟与越南——和平还是对抗》，也围绕柬埔寨问题分析了越南与
东盟关系的发展、演变与可能趋势，并做出了越南将与东盟和平相处
的判断。[②]

　　关于 90 年代越南加入东盟问题，是越南外交的突破，受到学者们
的广泛关注。1993 年、1994 年、1996 年，越南学者黄英俊（Hoàng
Anh Tuấn）相继发表了论文《为什么越南没有获得东盟成员身份》
《越南的东盟成员身份：经济、政治和安全影响》《东盟争端管理：
对越南及东盟扩大的影响》，对东盟成员国就越南加入东盟问题的分
歧与顾虑、越南加入东盟后在经济、政治和安全等领域可能的收益与
挑战、东盟内部机制对越南在南海争端等安全问题上的利弊进行了较
全面的分析。[③] 他认为，东盟某些成员国仍对越南的政治体制和经济
发展抱有成见是越南尚未加入东盟的主要阻碍。从东南亚地区视角，
他将东盟视为次区域组织，认为越南、柬埔寨、老挝、缅甸作为区域

---

　　① Leszek Buszynski, " Vietnam's ASEAN Diplomacy: Recent Moves", *The World Today*,
Vol. 39, No. 3（Mar., 1983）, pp. 98 – 105. Leszek Buszynski, " Vietnam's ASEAN Diplomacy:
Incentives for Change", *The World Today*, Vol. 40, No. 1, Jan. 1984, pp. 29 – 36. Leszek Buszyn-
ski, " Vietnam's ASEAN Diplomacy: The Assertion of a Fait Accompli", *The World Today*,
Vol. 42, No. 4 , Apr. 1986, pp. 63 – 66.

　　② 孙文军:《东盟与越南——和平还是对抗》，硕士学位论文，北京大学，1990 年。

　　③ Hoang Anh Tuan, "Why Hasn't Vietnam Gained ASEAN Membership?", *Contemporary
Southeast Asia*, Vol. 15, No. 3, December 1993, pp. 288 – 289. Hoang Anh Tuan, " Vietnam's
Membership in ASEAN: Economic, Political and Security Implications", *Contemporary Southeast A-
sia*, Vol. 16, No. 3, December 1994, pp. 259 – 273. Hoang Anh Tuan, "ASEAN Dispute Manage-
ment: Implications for Vietnam and an Expanded ASEAN", *Contemporary Southeast Asia*, Vol. 18,
No. 1, June 1996.

的一部分加入东盟，是东盟"从次区域组织向区域组织"扩展的过程，并提出未来越南以及其他国家如何接受和适应"东盟方式"问题。① 因为作者的越南外交部研究人员身份，以及文章以英文发表，所以其观点受到较高的关注，但也正因其身份，文章在分析中带有较明显地为越南外交造势和辩解的意图。

1994年，谢尔登·西蒙（Sheldon Simon）的论文《越南的安全：中国与东盟之间》，围绕加入东盟对于越南安全的影响，从越南安全需求、中国与东盟的影响，以及南海与柬埔寨政局问题等进行分析。② 1997年哈里·辛格（Hari Singh）的论文《越南与东盟：政治和解》，则从历史的角度，以东盟的视角对越南与东盟的关系进行了回顾，并认为早期东盟因受到美国"遏制"思想的影响而将越南作为"入侵者"，造成彼此的对立；冷战后随着地区力量逐渐均衡、越南外交上的"去意识形态化"，以及越南与东盟的地区主义意识增强等因素，最终促成了越南与东盟关系的政治和解。③ 1996年黄辉华的论文《越南与东盟国家的经贸关系》，就越南加入东盟后的经济活动、与东盟成员国的贸易发展现状、东盟各国对越投资增长情况以及越南与东盟经贸发展趋势等进行了分析。④ 2000年黄以亭的论文《加入东盟对越南的影响》认为，孤立无援的越南加入东盟，是把东盟作为新的战略依托，联手制衡中国；将东盟作为其立足地区、迈向世界的"垫脚石"⑤。

进入21世纪，关于越南与东盟关系的研究则主要集中于越南加入东盟后的角色转换、合作进程等。2000年，卡洛琳·盖茨（Carolyn L. Gates）的论文《越南的经济转型与融入东盟经济》、2001年

---

① Hoang Anh Tuan, "ASEAN Dispute Management: Implications for Vietnam and an Expanded ASEAN", *Contemporary Southeast Asia*, Vol. 18, No. 1, June 1996.

② Sheldon Simon, "Vietnam's Security: Between China and ASEAN", *Asian Affairs*, Vol. 20, No. 4, Winter 1994, pp. 187–204.

③ Hari Singh, "Vietnam and ASEAN: The Politics of Accommodation", *Australian Journal of International Affairs*, Vol. 51, No. 2, Jul. 1997, pp. 215–229.

④ 黄辉华：《越南与东盟国家的经贸关系》，《东南亚纵横》1996年第3期，第7—9页。

⑤ 黄以亭：《加入东盟对越南的影响》，《社科与经济信息》2000年第5期，第44—46页。

北京大学外国语学院王志刚的硕士论文《试析越南经济加入东盟经济一体化的进程》，主要集中在越南加入东盟后在经济领域的转型与融入，强调加入东盟对于越南经济发展的重要性。① 2007 年王国平、李见明的论文《越南：新兴的东盟中坚力量》，2008 年何胜的论文《越南加入东盟后的发展及其角色转变》，广西大学刘志强的硕士论文《越南在东盟中的地位与作用》，认为越南加入东盟后迅速发展壮大，影响与日俱增，不仅通过与老挝、柬埔寨特殊关系成为新入盟国家的"代言人"，而且确立了其东盟中坚力量的地位，即由"预备队员"变成了东盟的"主力成员"②。2004 年北京大学历史系郑翠英的博士学位论文《走向安全共同体——兼论东盟地区秩序建构进程中的越南因素》、2001 年越南学者丁春理的专著《越南融入东盟的进程》、2007 年越南通讯社资料中心编著的《越南在东盟中的作用》、阮黄甲（Nguyễn Hoàng Giáp）的专著《冷战后东盟一体化发展合作及越南的贡献》，则主要探讨了越南在东盟一体化和共同体建设中的作用，认为越南的加入开启和加强了东盟的一体化进程。这一时期也出现了对越南加入东盟的反思与回顾，以及总结越南与东盟关系的研究。2006 年，延·多施（Jorn. Dosch）的论文《越南加入东盟：获得良机抑或身陷金笼子》提出，"东盟是否确实为越南处理其国际关系提供了一系列的良机？抑或应该把东盟视为一个金笼子（日益限制了越南的外交政策选择）更为确切？"③ 越南学者也出版了对加入东盟的总结与回顾，如：2012 年阮氏桂（Nguyễn Thị Quế）、阮黄甲主编的《越南加入东盟（1995 年至今）：成就、问题与展望》，2006 年范德成（Phạm Đức Thành）、陈庆（Trần Khánh）主编的《东盟中的越南：回顾与展望》等。越南学者普遍认为，越南加入东盟是明

① Gates, Carolyn L., "Vietnam's economic transformation and convergence with the dynamic ASEAN economies", *Comparative Economic Studies*, Vol. 42, No. 1, Winter 2000, pp. 7 - 43. 王志刚：《试析越南经济加入东盟经济一体化的进程》，硕士学位论文，北京大学，2001 年。

② 何胜：《越南加入东盟后的发展及其角色转变》，《东南亚》2008 年第 1—2 期，第 55—59 页。王国平、李见明：《越南：新兴的东盟中坚力量》，《东南亚纵横》2007 年第 11 期，第 6—10 页。

③ ［英］延·多施：《越南加入东盟：获得良机抑或身陷金笼子》，《南洋资料译丛》2008 年第 2 期，第 27—37 页。

智之举，是打破孤立，促进发展的必由之路。

　　除此之外，越南学者也有对越南—东盟关系、越南对东南亚地区政策进行整体性研究的论著。范德成主编的《越南—东盟：机会与挑战》、阮氏桂和阮黄甲合著的《越南加入东盟（1995 年至今）：成就、问题与展望》、黎文光（Lê Văn Quang）的《越南—东盟关系及经验教训》等，主要对越南与东盟历史关系进行梳理，着重对越南加入东盟后的合作与问题进行了总结。阮庭实（Nguyễn Đình Thực）的博士论文《越南共产党对东盟外交主张（1967—1995）》①，以及阮氏槐（Nguyễn Thị Hoài）的博士论文《越南共产党对东南亚地区外交政策（1995—2006）》② 分别对入盟前后的越南对东盟（东南亚地区）政策进行了梳理。两位作者都是从历史角度，归纳总结了各个时期越共对东盟（东南亚地区）的政策，以及采取这一政策的国际、地区背景及国家考虑。

　　综上所述，已有研究主要集中于对越南与东盟关系中某一阶段或某一问题进行论述，或是从历史角度对越南与东盟关系发展的过程进行概述，较少有以越南的东盟外交政策变迁为研究对象的专著。有个别期刊论文或硕士论文虽然有所涉及，但其时间跨度多止于越南加入东盟，或 21 世纪初，而且受篇幅的局限，其论证过程并不充分。

二　原因归纳

　　关于影响越南与东盟关系的因素，有学者从体系层面出发，认为体系权力结构是影响越南与东盟关系的关键因素。如哈里·辛格的论文《越南与东盟：政治和解》，他认为，因为越南与东盟关系中存在地区因素与国内因素，不能说其完全就是国际体系政治的反映，但正是两极体系的终结，才减少了体系对地区政治的束缚，才最终造就了

---

　　① 　Nguyễn Đình Thực, Chủ trương của Đảng Cộng sản Việt Nam về Quan hệ đối ngoại ASEAN 1967 - 1995, Luận Án Học viện Chính trị quốc gia Hồ Chí Minh, 2001.

　　② 　Nguyễn Thị Hoài, Chính sách đối ngoại của Đảng Cộng sản Việt Nam với khu vực Đông Nam Á từ năm 1995 đến năm 2006, Luận Án Đại học Khoa học Xã hội và Nhân văn, 2011.

越南与东盟关系中的地区因素与国内因素特点。① 也就是说，表面上促使越南与东盟关系走上正常化的地区因素与国内因素是受到国际体系规范的影响而形成的，国际体系的改变才是越南与东盟关系变化的根本原因。艾伦·古德曼（Allan E. Goodman）发表于 1996 年的论文《越南与东盟：谁会想到?》，分析了加入东盟对越南和地区的意义，以及美国利益会受何影响等，他也认为是世界政治的变化促使越南加入东盟。②

有的学者强调，冷战后东盟的区域主义决定了越南与东盟关系。如迈克尔·安通林（Michael Antolik）的论文《东盟向越南与老挝的延伸》从东盟作为东南亚地区组织不断推进区域化的角度，分析 1992 年越南与老挝加入《东南亚友好合作条约》和成为东盟观察国后，东盟的和平将向印支地区延伸，并将此过程比喻为"为弥合东盟与其他东南亚地区的差距'架起了桥梁'"。文章以东南亚地区为分析层面，将东盟与印支国家作为地区的两个部分进行阐述，重点研究以东盟为基础的地区和平。③ 另外，也有强调制度、规范对外交政策影响的学者，如越南学者黄英俊在论文《东盟争端管理：对越南及东盟扩大的影响》中提出，东盟已形成一套被称为"东盟方式"的行为规范，越南以及其后加入的东南亚国家应重视如何接受和适应"东盟方式"问题。他认为"对东盟争端方式的遵守不仅影响越南人对争端解决的认识，而且影响政策制定过程"④。

还有的学者从国内政治角度，认为冷战后越南与东盟关系的快速发展是越南国内决策的结果。如丁春理的专著《越南融入东盟的进程》，从越南政府的地区政策入手，总结归纳了越南加入东盟进程的成就、机会以及困难挑战。他认为，坚持"独立自主、全方位、多

---

① Hari Singh, "Vietnam and ASEAN: The Politics of Accommodation", *Australian Journal of International Affairs*, Vol. 51, No. 2, Jul. 1997, pp. 215 – 229.

② Allan E. Goodman, "Vietnam and ASEAN: Who Would Have Thought it Possible?", *Asian Survey*, Vol. 36, No. 6, Jun. 1996, pp. 592 – 600.

③ Michael Antolik, "ASEAN's Bridges to Vietnam and Laos", *Contemporary Southeast Asia*, Vol. 15, No. 2, September 1993, pp. 195 – 209.

④ Hoang Anh Tuan, "ASEAN Dispute Management: Implications for Vietnam and an Expanded ASEAN", *Contemporary Southeast Asia*, Vol. 18, No. 1, June 1996.

样化"对外路线是越南与东盟关系成功的决定因素。① 阮氏桂与阮黄甲的专著《越南加入东盟（1995 年至今）：成就、问题与展望》也认为，越南与东盟合作的成功首先是越南"开放、全方位、多样化"，"积极主动融入地区与国际"外交路线的结果，其次是有利的地区环境和越南重要的地缘政治位置。② 有的学者认为，改变越南与东盟关系的原因是越南决策者对东盟观念的改变。如越南学者阮武松（Nguyễn Vũ Tùng）的论文《越南的东盟身份：建构主义解读》《冷战后越南与东盟的合作》，作者从越南决策者角度，考察越南加入东盟的原因。他认为越南领导人通过对东盟的接触与了解，找到了彼此之间的共同点，有了"东盟国家与我们相似"的认知，③ 并在交往中逐渐被社会化，与东盟形成了共有观念，并通过加入东盟完成了共有身份的认同。④ 作者从建构主义视角出发，认为越南加入东盟是一个社会化过程。从现实角度讲，加入东盟使越南具有了新身份，摆脱了冷战后的身份危机与政治孤立。文章的创新之处在于，作者利用其越南外交部人员身份，接触到大量越南外交部有关与东盟关系的内部档案，使文章具有很强的说服力。但是，他只解释了越南与东盟的"合作与不合作"，也就是越南加入东盟的原因，并未对越南与东盟关系的发展变化做出解释；其次作者的研究目的是为越南与东盟合作寻找新的解释框架，即以思辨的方式，反驳现实主义、新制度主义不能够充分解释越南加入东盟的行为，而建构主义则可以完美地解释这一问题。所以，论文的重点是对理论的证伪与证明，并未对越南的东盟外交政策做出系统的梳理与分析。

以上归因有助于我们理解越南与东盟关系中某一时期或某一事

---

① Đinh Xuân Lý, *Tiến trình hội nhập Việt Nam-ASEAN*, HN：Nxb. Đại học Quốc gia, 2001.

② Nguyễn Thị Quế, Nguyễn Hoàng Giáp, *Việt Nam gia nhập ASEAN từ năm 1995 đến nay：thành tựu, vấn đề và triển vọng*, HN：Nxb. Chính trị Quốc gia, 2012, tr. 167 – 169.

③ Nguyen Vu Tung, "Vietnam-ASEAN Cooperation after the Cold War", Ph. D. Dissertation, Columbia University, 2004, p. 358.

④ Nguyen Vu Tung, "Vietnam's Membership of ASEAN：A Constructivist Interpretation", *Contemporary Southeast Asia*, Vol. 29, No. 3, 2007, pp. 483 – 505. Nguyen Vu Tung, "Vietnam-ASEAN Cooperation after the Cold War", Ph. D. Dissertation, Columbia University, 2004.

件，但不能从整体上解释越南的东盟外交政策演变。本书拟对东盟成立以来的越南对东盟外交政策进行研究，在梳理越南对东盟外交政策基础上，寻找推动越南对东盟政策变化的根本原因。本书认为，无论是国际体系改变、权力结构调整、意识形态束缚、规范制度适应还是共有观念的建立，只是解释越南某一时期对东盟外交政策变化的直接原因。越南决策者在不同时期对国家利益判定的改变，才是其东盟政策变化的根本原因。也就是说，越南对东盟外交政策变化的根本原因是越南国家利益的改变。国家利益是国家制定和实施对外政策的基本依据，是国家调整其对外行为的基本着眼点，解释和证明国家对外政策和对外行为合理性的重要工具。国家利益对外交政策的决定性作用不言自明，无须证明。但决策者如何判定国家利益，各种影响因素如何通过国家利益作用于外交政策则反映出各国外交的不同特点。

所以，本书以时间为轴，通过分析不同时期越南决策者对国家利益界定的变化，阐述越南对东盟外交政策的变化与实践，以有助于把握越南外交政策的内在逻辑，为解读和预测越南与东盟关系及越南外交走向提供政策参考。

第二节　国家利益：外交政策之根本

一　核心概念

本书所涉及的主要概念有"外交政策""国家利益"等，所涉及的对象有"越南""东盟"等。本书所指的对外政策，是从单元层次出发，将国家作为一个整体，指国家对其他国家或其他国际行为体的政策。本书着重分析不同时期外交政策的变化，并探寻其变化背后的决定因素。本书的研究对象是越南共产党领导下的越南，在本书研究时间段内曾存在两个政权，有必要进行说明。本书研究的时间起点是东盟成立，即 1967 年，1967—1976 年，越南正处于南北分裂时期。所以，本书除特别标明外，这一时期所论及的东盟政策均指越南共产党领导下越南民主共和国政府的外交政策。南越政权的东盟政策不在本书的研究范围，所以不做论述。在越南的政治体制中，越南共产党是国家和社会的领导力量。所以，越南共产党是越南外交政策的制定者，是判断越南国家利益的主体。本书所使用的"越南决策者""越南外交政策制定者"，即越南共产党领导层，有时也以"越南共产党""越共"代之。本书所指的东盟，即东南亚国家联盟。本书在使用东盟时，既指东盟组织，又指东盟成员国，文中如需要特别区分将会做具体说明。

本书的核心概念"国家利益"，是指现代民族国家的利益。首先需要说明的是，本书所使用的"国家利益"，是指民族国家的利益，其英文为 national interest，而不是国内政治意义上的国家利益，指的是政府利益或政府所代表的全国性利益，其英文是 interest of state。也就是说，本书是在国际关系层面讨论国家利益，而不涉及国家内部的地方利益、集体利益或个人利益。

19 世纪末，美国的海权理论家阿尔弗雷德·马汉（Alfred T. Mahan）提出了国家利益是外交政策首要考虑的观点，明确了国家利益与对外政策关系。他说："自身利益不仅是国家政策合法的而且是根本的原因，它不需要虚伪的外衣。尽管适当地将它运用于一个具体的事件需要解释，但作为一个原则它是不需要什么宏大说明来证明其合理性的。"[①] 也就是说，国家利益是国家对外政策制定和实施的基础和根本，这不言自明，无须证明。

但对国家利益究竟是什么、怎么界定却是众说纷纭。莫顿·卡普兰（Morton Kaplan）从系统论的角度对国家利益进行界定，认为利益即需要，国家利益就是国家作为行为系统，其生存和正常运作的客观需要。这些需要一部分来自系统内部，其余部分来自环境因素。[②] 阎学通将国家利益定义为"一切满足民族国家全体人民物质与精神需要的东西。在物质上，国家需要安全与发展，在精神上，国家需要国际社会尊重与承认"[③]。综合而言，国家利益代表着一个国家生存和

---

① Alfed T. Mahan, The Problem of Asia, pp. 97, 187; The Interests of America in Sea Power-Present and Future (1898). 转引自阎学通《中国国家利益分析》，天津人民出版社 1996 年版，第 18—19 页。

② ［美］莫顿·卡普兰：《国际政治的系统和过程》，薄智跃译，中国人民公安大学出版社 1989 年版，第八章。

③ 阎学通：《中国国家利益分析》，天津人民出版社 1996 年版，第 10—11 页。

发展所必须追求的一些"好处",也就是有利于一国绝大多数居民共同生存与进一步发展的各种必要条件,包括物质利益与非物质利益。关于国家利益具体包含的内容,汉斯·摩根索(Hans J. Morgenthau)认为,国家利益应当包括三个方面:领土完整、国家主权和文化完整。① 结构现实主义学派代表人物肯尼思·沃尔兹(Kenneth N. Waltz)认为,生存是国家唯一的利益。② 新自由主义学派学者亚历山大·乔治(Alexander George)和罗伯特·基欧汉(Robert Keohane)提出了三种国家利益——"生命、自由、财产"③。建构主义学派代表人物亚历山大·温特(Alexander Wendt)又加了第四种利益——集体自尊,即国家作为一个集团对尊重和地位的需求。阎学通将国家利益的内容分为四类:安全利益、政治利益、经济利益和文化利益。④ 楚树龙认为国家利益包括安全利益、发展利益和国家的荣誉和尊严——国家的国际利益。⑤

关于判断国家利益的基本依据,阎学通认为分为四类:国际环境、自身实力、科技水平和认识水平,前三种是客观的,最后一种是主观的。国际环境,是判断国家利益的首要依据,其核心是国际格局;自身实力,也称为综合国力,是人们判断国家利益的依据。科技水平,增加了国家利益的新内容,同时又淘汰了一些传统的或旧有的国家利益;主观认识水平,人们对国家利益的判断不仅仅是依据外部世界的客观存在,同时也受到自身主观认识水平的深刻影响,特别是政策制定者如何认识历史发展趋势、时代特征,如何评价外部环境利弊等。⑥ 正因为判定国家利益的依据具有主观性与客观性,所以,同一时期,不同国家有不同的国家利益;同一国家,不

---

① Hans Morgenthan, "The National Interest of the United States", *American Political Science Review*, Vol. 66, No. 4, 1952, p. 961.

② [美]肯尼思·沃尔兹:《国际政治理论》,胡少华、王红缨译,中国人民公安大学出版社1992年版。

③ Alexander George and Robert Keohane, "The Concept of National Interests: Uses and Limitation", Alexander George ed., *Presidential Decision—making in Foreign Policy*, Boulder: Westview Press, 1980, pp. 217–238.

④ 阎学通:《中国国家利益分析》,天津人民出版社1996年版,第23页。

⑤ 楚树龙:《国际关系基本理论》,清华大学出版社2003年版,第38—43页。

⑥ 阎学通:《中国国家利益分析》,天津人民出版社1996年版,第45—54页。

同时期其国家利益也会发生转变。这种不同与转变是我们理解一国外交政策变迁的关键。所以，本书在认同阎学通关于国家利益的界定与判断依据基础上，将重点放在不同时期不同因素影响下国家利益界定的变化上。

本书研究的是越南国家利益，即越南外交政策制定者认定的一切满足民族国家全体人民物质与精神需要的东西。本书在研究越南国家利益时，强调"越南外交政策制定者认定的"，既是出于国家利益本身的主观性，也是基于越南共产党执政的事实。作为一个中小国家，越南的国家利益体现出中小国家的普遍特点，即易受到国际环境等外部因素的影响。同时，作为一个共产党国家，越南的国家利益也受到越南执政者的深刻影响，带有深刻的越南共产党的思想烙印。所以，在研究越南的国家利益时，既要重视国际格局、地区局势等外部因素，也要了解和厘清越南共产党对于世界局势与时代特征的认识。只有这样，我们才能真正把握越南国家利益的精髓。正如前文所述，因为国家利益的主观性，所以，不同国家对国家利益的认识是不同的，即使在同一国家内部，不同社会群体的国家利益观也有所区别，所以，本书所涉及的越南国家利益，是指越南共产党执政者认定的国家利益，而忽略其他利益团体。

尽管"民族利益""国家利益"和"民族国家利益"在定义和强调重点上存在一定的差异，但越南在使用这三个概念时，基本上不加区分。这正是越南共产党领导下越南国家利益的特殊之处。越南执政者认为，越南共产党代表了越南民族的利益，同时作为执政党也代表了国家的利益。所以，越南共产党执政下的越南国家利益是阶级利益和民族利益的结合，是执政党利益与全体人民利益的结合。随着国内外形势的变化，越南执政者对国家利益的认识也经历了一个变化的过程。在建国初期和冷战时期，越南对国家利益的认识受到意识形态的深刻影响，常常强调"共产主义"和"国际主义"，而较少使用"国家利益""民族国家利益"。革新开放，特别是冷战结束后，越南逐渐淡化意识形态，明确"民族利益""国家目标"在外交政策中的地位和作用，强调国际活动应当服务于民族国家的最高利益。进入21世纪，越南提出了以国家目标而非意识形态划分敌友的新标准，进一步摆脱意识形态束缚，明确表述了越南的最高国家利益。2011 年，越共十一大首次以正式文件形式，明确了"国家—民族利益（lợi ích nhà nước-dân tộc）是指导越南外交政策的基本原则"。

关于越南国家利益的内涵，越南前副总理武宽（Vũ Khoan）在《对外活动中的安全、发展与地位》中写道："所有国家的对外活动都有三个主要目标：保卫主权、国家安全和领土完整（安全目标）；争取国际条件以建设和发展国家（发展目标），并在国际社会中发挥影响（影响目标）。"[1] 越南官方和多数越南学者在谈到国家利益的内涵时大都采用这一划分方法。越南外交部副部长邓廷贵（Đặng Đình Quý）提出，越南的民族国家利益可以分为两部分：生存利益与发展利益；生存利益包括：主权、统一与领土完整；外部和平稳定，内部有序；保障人民生活安全等；发展利益包括：不断提高保护主权、统一与领土完整的能力；不断提高人民的生活质量；扩大发展空间；国际社会中不断提高地位等。[2] 他虽然将国家利益中的非物质部分，即国际社会的尊重与地位归入发展利益，但他也强调，发展利益中的"发展空间与国际地位日益被看作是国家综合实力的一部分（或衡量尺度），同时也越来越成为提高实力的重要方式，特别是在我国正日益深刻地融入地区与国际的背景下"[3]。所以，根据越南官员与学者们的观点，本书将越南国家利益划分为三类，即保障基本生存的安全利益、不断提高与加强经济建设的发展利益和争取国际空间与地位的影响利益。

关于判断越南国家利益的依据，也就是如何界定越南国家利益类型及其重要程度，越南学者认为取决于三个影响因素：一是执政阶级利益；二是国家综合实力；三是国际环境。[4] 本书根据越南是一个中小国家，以及所属东南亚地区的区域化特点，将影响越南国家利益的

---

① Vũ Khoan, "An ninh, phát triển va ảnh hưởng trong hoạt động đối ngoại", *Tạp Chí Nghiên Cứu Quốc Tế*, tháng 12 – 1993.

② Đặng Đình Quý, "Bàn thêm về lợi ích quốc gia dân tộc trong hoạt động đối ngoại Việt Nam giai đoạn mới", trong Phạm Bình Minh cb. , *Định hướng chiến lược đối ngoại Việt Nam đến 2020*, HN: Nxb. Chính Trị Quốc Gia, 2010, tr. 66 – 84.

③ Như trên.

④ Như trên.

因素划分为外部因素和内部因素。外部因素，即指国际情况，包括国际体系和区域局势。以国际格局为核心的国际体系，无论是从权力制衡角度还是从规范的社会化视角，① 对越南国家利益的界定与判断都具有重要的影响。同时，作为东南亚地区国家，越南的国家利益也越来越与区域的发展休戚相关。内部因素，即国内情况，包括国家的综合实力及主观认识。越南国家实力主要体现为内部政治稳定性、国内经济社会发展，地区及国际地位等。主观认识，主要是指越南外交决策者对历史发展趋势、时代特征以及环境利弊的认识。

　　本书研究越南国家利益，着重于分析越南执政者是怎样认定他们的国家利益以及他们认定的国家利益是什么。根据上文所述，本书将越南国家利益划分为：安全利益、发展利益和影响利益，三类国家利益共同组成越南的国家利益，但在不同时期，根据越南决策者的判定，三类国家利益的重要程度不同，优先排序不同。所以，根据某一时期的国际体系、地区局势、国家实力与领导人认知特点，本书在表述中强调越南某一时期的某类国家利益，并不意味着这一时期不存在其他类型的国家利益，而是指这一时期某类国家利益在越南决策者的界定中较之其他国家利益更为优先。也就是说，不同类型的国家利益在不同时期处于不同的重要等级，处于最优先等级的国家利益即是越南的主要国家利益，将对越南对外政策起更重要的影响作用。

二　分析框架

　　本书研究的出发点是回答越南对东盟政策的变迁原因，同时把越南的东盟政策作为一个整体进行考察，以期得出较为深入和系统的认识。在考察过程中，笔者曾尝试借助某种理论，如现实主义权力制衡理论、自由主义规范理论、建构主义的社会化理论、外交政策决策中的心理学范式等，但以上理论都无法全面地解释研究对象的发展，达

---

　　① ［美］玛沙·芬尼莫尔：《国际社会中的国家利益》，袁正清译，上海世纪出版集团 2012 年版，第 1 页。玛莎从社会学视角，认为国家部分是通过与他者——其他国家、国际组织、非政府组织——之间的互动来理解利益，它们说服国家相信某个新目标的价值或好处。她的研究表明，国家利益的再定义常常不是外部威胁或国内集团要求的结果；而是由各国共享的规范和价值所塑造的。也就是说，国家通过国际组织接受新的规范、价值和利益观念而被社会化，或者说国际体系能够改变国家意欲得到的东西。

到本书的研究意图。所以，从研究工作的基本点出发，本书从弄清越南对东盟政策发展的基本事实入手，理出其发展脉络，然后剖析其内部逻辑，探究其成因，从而形成自己的分析框架。当然，在分析过程中，本书参考了多种理论，以服务于始终贯穿于全书的核心论点，而非反之。

　　本书从 1967 年东盟成立后的越南对东盟政策入手，厘清越南与东盟关系的发展进程。根据越南的东盟外交政策变化特点，本书分别选取 1967 年、1986 年、1995 年和 2007 年四个年份，将越南的东盟外交政策分为四个阶段。1967 年，五个东南亚国家为了寻求政治安全合作，创立了东盟组织，后来发展为包括所有东南亚国家的区域组织。东盟的成立改变了东南亚地区的实力结构，形成了东盟与印支三国之间的区域对立。1986 年，越共六大召开，这不仅开启了越南在经济社会方面的改革，同时也体现出越南领导人对世界形势发展、未来发展道路认识的变化。政治局 13 号决议提出，在对外关系中应当"增友减敌"，实现外交关系的多样化。此后，越南在政治解决柬埔寨问题上更加积极主动，与东盟合作意愿不断增强。1995 年，越南正式加入东盟。从地区层面看，这标志着东盟扩大的开始，地区权力结构的重组。从越南角度看，加入东盟是越南外交的一大突破，既体现出越南在外交上真正突破了意识形态的束缚，同时也开启了越南融入地区、融入国际的进程。越南加入东盟标志着越南与东盟关系发生了质的变化。2007 年，东盟讨论通过《东盟宪章》，这不仅是东盟组织发展中的大事件，标志着东盟从一个没有法律意义的国家间非正式组织成了一个具有法人资格的国际组织，而且《东盟宪章》的起草与审批过程也深刻影响了各个成员国与东盟的关系。正是在这一过程中，结合国际环境变化，越南决策者对越南与东盟的关系有了新认识，明确了东盟在越南外交中的战略重要性，开始不断提升东盟在越南外交中的地位与作用。

　　这些重大时间点的意义均蕴含于越南的东盟政策变化之中，并从双边关系互动与进展中表现出来。所以，四个阶段的划分只是为了便于理解与认识越南对东盟外交政策的变化，并不代表四个阶段的截然割裂，或者每一时期内的东盟外交政策处于一成不变的静止状态。相反；四个阶段之间相互联系、相互承接，每个阶段都处于调整变化过程之中，彼此形成因果联系。

本书的重点，是沿着越南对东盟政策变迁的时间脉络，通过分析越南决策者在不同时期不同因素影响下的国家利益判定，论证和分析越南国家利益转变与其东盟政策调整之间的逻辑关系。所以，本书在每一阶段的论述中，始终以国家利益为每一阶段和全书分析框架中的核心。这主要表现为以下三个方面。

第一，国家利益的界定。本书首先从外部因素和内部因素两个方面，找出这一时期最优先的越南国家利益是什么。外部因素主要从国际体系、地区局势两个方面考察、分析越南国家利益；内部因素主要从越南国家实力与领导人认知两个方面归纳、总结越南国家利益。

第二，国家利益决定下的东盟政策。本书在明确这一时期越南主要国家利益的基础上，结合越南共产党官方文件、越南领导人言论等，对这一时期的越南对东盟政策进行阐释。

第三，国家利益在东盟外交实践中的体现。本书还着重对每一时期的越南对东盟外交政策实践进行考察，以证明正是为了实现和追求其主要国家利益，越南在不同阶段不断调整和改变着其对东盟的外交实践。

本书逻辑链如图1—1所示：

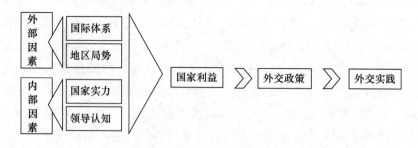

图1—1　本书逻辑链

综上所述，本书在研究国家利益对越南的东盟政策影响时，首先从内外两个方面对不同时期的越南国家利益进行判断和界定；其次深入分析了国家利益的转变如何决定了其东盟外交政策及实践的变迁，即分析国家利益对外交的指导作用；最后通过外交实践检验外交如何围绕国家利益进行调整与适应。这既体现国家利益对外交政策的指导作用，也注重国家利益的工具性，从国家利益评估外交实践的效用性。

本书除第一章导论和第七章结论外，根据越南对东盟外交政策的变化特点，将本书的主体部分分为以下五章。

第二章从国家利益的概念与内涵入手，着重阐述越南决策者在四个阶段国家利益界定的转变与越南对东盟政策的调整。在厘清越南关于国家利益认识的基础上，分别对不同时期，影响越南决策者国家利益界定的因素进行分析，找到不同时期不同的优先国家利益；通过越南官方文件表述，总结不同时期越南对东盟政策的演变过程。

第三章主要阐述1967—1986年，两极格局下，国家的独立与生存是越南的主要国家利益。越南与东盟之间20世纪70年代的短暂缓和，80年代的政治对立，背后的真正原因均是出于国家安全利益的考量。冷战时期，越南与东盟不同的寻求安全的路径，导致了双方的政治对立与对抗。

第四章主要分析1987—1995年，国际局势缓和和冷战结束后，越南面临严重的身份危机与安全困境，政权稳定与社会安全是越南的主要国家利益。以意识形态为纽带的安全体系瓦解，越南从地缘政治视角，开始回归地区，改善与东盟国家关系。越南关于加入东盟的利弊考虑，充分展现了越南基于安全利益，不断淡化意识形态，寻求国家新身份的过程。

第五章主要考察1996—2007年，越南加入东盟后，在和平有利的国际与地区环境下，改变越南经济社会落后面貌，增强国家实力成为越南追求的主要国家利益。为保障和追求国家的发展利益，越南提出"融入国际经济""外交为经济服务"。东盟新成员身份为越南提供了有利的发展条件与环境。越南通过力促接纳新成员、强调成员间发展差距等奠定越南在东盟中的地位，突出与东盟合作的经济效果。同时，越南充分利用东盟平台，积极参与国际多边经济机制，加强与大国关系，改善国家形象，实现发展目标。

第六章主要讨论2008年以来，经济发展、实力增强后，借力东盟，谋求提升国家地位与影响力成为越南的主要国家利益。面对中国和平崛起、美国重返亚太、东盟加强一体化，越南提出要在政治、安全、社会等各个领域"全面融入国际"战略，做国际社会的"负责任成员"。越南认识到东盟的战略意义，强调越南的"东盟成员"身份，"积极主动"参与东盟事务。通过促进东盟内部一体化、扩展东盟伙伴关系、推动地区政治安全合作等，越南将东盟作为其追求国家影响利益的工具与平台，在东盟的某些领域发挥主导作用。

结论部分对以上四个时期发展变化的总体脉络进行提炼总结，并阐释越南国家利益转变与东盟政策变迁之间的关系。在对不同阶段总结基础上，本章尝试提出理论层面的思考，并就越南外交政策走向及在东盟中的作用进行展望。

三　研究方法

由于本书涉及历史、政治、外交，以及领导人认知等诸多层面的内容，所以本书尝试运用多种方法开展研究。

首先，本书在对 1967 年东盟成立以来，越南政府文件中关于国家利益表述的变化、越南的东盟外交政策及实践演变进行梳理与阐述时，借鉴一定的历史学研究方法。通过阅读越南与东盟的史料、政府年鉴、媒体报道、档案文件、领导人讲话、访谈和回忆录等历史素材，采用内容分析法，对有关内容进行比较阅读，从中收集有价值的历史信息和数据资料。越南方面的材料主要来自越南国家图书馆、河内国家大学人文社科大学、胡志明市国家大学人文社科大学、越南社科院东南亚研究院、越南外交学院、越南外交部东盟处等单位；东盟方面的资料主要来自国家图书馆、北大图书馆、ProQuest 数据库、东盟秘书处网站等。

其次，在收集整理历史材料的同时，本书参考了一定的社会学方法，开展若干实地调查和访谈活动，力求得到第一手材料，对现有研究加以补充和完善。访谈主要以越南相关部门外交人员、相关研究学者等为对象，地点在越南河内、胡志明市。在河内期间的实地调研与访谈主要针对三类人群。一是研究型学者，主要对河内国家大学人文社会科学院校长阮文庆教授、外交部下属外交学院越南外交战略研究中心副主任阮雄山博士进行了专题访谈。同时，在收集资料过程中，也与越南社科院东南亚研究所、越南国家图书馆等单位的学者、人员进行了交流；二是政府官员，主要与越共中央办公厅、外交部等部门的干部，越南前驻华大使、公使，退休的军队干部等进行了有关东盟政策的交流；三是普通百姓，主要与考察期间遇到的越南学生、商人、职员、菜贩等进行交流，了解他们对于东盟的认识与理解。在胡志明市期间，主要对越南胡志明国家大学人文社科大学国际关系系的教师进行了访谈。另外，走访、考察了胡志明市、前江省、后江省、芹苴省等越南西南部地区，了解越南西南部民众对东盟的认识以及越南西南部与东盟经济合作发展情况。

最后，本书运用国际关系的体系分析法，从国际、地区、国家和个人四个层次分析影响越南国家利益的因素。在史料收集和实地调查的基础之上，本书进一步从国际关系的视角，对越南的东盟政策变迁与越南国家利益变化之间的关联性进行分析。

第 二 章

越南国家利益调整与东盟政策演变

第一节　越南关于国家利益的认识

国家利益是民族国家产生之后的概念。越南自 1945 年建立越南民主共和国以来，不断构建其现代民族国家，内化现代国际关系相关概念与规则，逐渐从强调"国际主义""共产主义"等意识形态色彩的概念，向强调民族国家利益、国际规制等概念过渡。这种概念的过渡既体现了越南决策者对世界的认识在发生变化，也反映出越南外交正在经历转型。这尤其体现在越南对"国家利益"概念的认识与界定上。

一　国家利益的概念及内涵

国家是人类文明发展到一定阶段之后才形成的一种政治单位。在国家形成之前，人类没有国家利益的概念。不但如此，只有在国家发展到现代民族国家的时候，即指一个独立自主的政治实体时，才有国家利益的概念。自威斯特伐利亚体系以来，民族国家成为国际体系的主体，主权、领土、独立等成为一个独立国家的象征。欧洲和美洲相继出现和建立了民族国家，并随着非殖民地化运动而被非西方国家接受。20 世纪初，亚洲才开始形成民族国家，而非洲则直到"二战"后才出现民族国家。一大批新独立国家构成了当代民族国家的绝大多数。随着民族国家的广泛建立，国家主权原则成为国际社会的基本原则，国家利益也成为国家对外行为的基本原则。也就是说，国家利益只有当民族国家形成之后，才可能成为人民所需要的东西。

国家利益的概念在 20 世纪 30 年代由西方学者正式提出。美国著名历史学家查尔斯·比尔德（Charles A. Beard）在《国家利益的概念：对美国对外政策的分析性研究》一书中，首次提出了国家利益的概念。① 1935 年，该术语出现在牛津百科全书社会科学的词典中。目前，国家利益是西方国际关系理论的核心概念之一。任何国家都把追求和实现国家利益当作该国建立对外政策的出发点和归宿。② 两次世界大战和冷战所造成的长期动荡、紧张与不安，使人们更加关注国家利益。特别是"二战"后，西方学者对国家利益的研究出现了"雨后春笋般"的增长。国家利益逐渐占据美国国际关系理论的中心位置，特别是现实主义学派更是以国家利益为其核心概念。现实主义学派奠基人摩根索强调："只要世界在政治上还是由国家所构成，那么国际政治中实际上最后的语言就只能是国家利益。"③ 他系统论述了国家的外交战略和对外行为只应以国家利益为基本动因。他提出了"以权力界定利益"的原则，认为这一原则确保了国家行为的合理性和对外政策的连续性。在西方国际关系理论中，不同学派关于国家利益有着各不相同的观点。摩根索将这一时期称为"新的大讨论"，足见国家利益概念在西方国际关系理论中的重要性。

关于国家利益的概念与内涵，多数学者从民族国家的需要入手进入阐述。美国学者阿姆斯特茨（Mark R. Amstutz）认为，国家利益通常指"国家相对其他国家而言的基本的需求（need）和欲求（want）"④ 日本学者卫腾沈吉的专著《国际关系论》认为，国家利益就是国家追求的目标，⑤ 其内涵也是强调满足国家的需要。王逸舟在论文《国家利益再思考》中，把国家利益定义为"民族国家追求的

① Charles A. Beard, *The Idea of National Interest: An Analytical Study in American Foreign Policy*, Westport: Green Wood Press, 1934, pp. 1 – 29.

② 楚树龙:《国际关系基本原理》，清华大学出版社 2002 年版，第 34 页。

③ ［美］汉斯·摩根索:《国家间政治》，徐昕等译，北京大学出版社 2012 年版，第 68 页。

④ Mark R. Amstutz, *International Conflict and Cooperation*, Boston: McGraw-Hill, 1999, p. 179.

⑤ 转引自洪兵《国家利益论》，军事科学出版社 2001 年版，第 3 页。

主要好处、利益或收益点，反映这个国家全体国民及各种利益集团的需求与兴趣"①。阎学通在专著《中国国家利益分析》中将国家利益定义为"一切满足民族国家全体人民物质与精神需要的东西。在物质上，国家需要安全与发展；在精神上，国家需要国际社会的尊重与承认"②。学者们在认同国家利益即民族国家需要的基础上，还从不同角度划分不同的需求层次，并形成了关于国家利益内涵的不同阐释。摩根索认为，国家利益包括领土完整、国家主权和文化完整。③基欧汉则提出国家利益包括生命、自由、财产。④阎学通将国家利益的内容分为安全利益、政治利益、经济利益和文化利益。⑤而楚树龙则认为国家利益包括：安全利益、发展利益和国家的荣誉和尊严——国家的国际利益。⑥

　　国家利益具有稳定性与连续性。斯蒂芬·克拉斯纳（Stephen D. Krasner）认为，国家利益的界定必须符合两个重要条件：第一，国家利益应该是社会的整体利益，而不是社会中一部分人或利益集团的利益；第二，国家利益在一个较长的时期内应保持相对稳定。也就是说，国家利益要成为一个有意义的分析变量，就必须具备整体性和稳定性。⑦国家利益的基本内容应当具有一定的可持续性，应当能够经得起国内外形势变化的考验。而且，民族国家本身也意味着一定形式的国家利益必然是永恒的，不会随着政府的更替而改变。例如，维护国家的生存和安全，永远是任何国家根本的、首要的国家利益。摩根索在《政治学的困境》中写道："变化过时了的是利益与已逝历史现象之间的历史的、有条件的联系，没有也不可能过时的是利益与对外政策之间的逻辑的、必然的联系……关于利益的思想实际上是政治学

①　王逸舟：《国家利益再思考》，《中国社会科学》2002 年第 3 期，第 160—170 页。

②　阎学通：《中国国家利益分析》，天津人民出版社 1996 年版，第 10—11 页。

③　Hans Morgenthan, "The National Interest of the United States", *American Political Science Review*, Vol. 66, No. 4, 1952, p. 961.

④　Alexander George and Robert Keohane, "The Concept of National Interests: Uses and Limitation", in Alexander George ed., *Presidential Decision—making in Foreign Policy*, Boulder: Westview Press, 1980. pp. 217 – 238.

⑤　阎学通：《中国国家利益分析》，天津人民出版社 1996 年版，第 23 页。

⑥　楚树龙：《国际关系基本理论》，清华大学出版社 2003 年版，第 38—43 页。

⑦　阎学通：《中国国家利益分析》，天津人民出版社 1996 年版，第 131 页。

的精髓，就此而言，它不受时间和空间的影响。"① 历史条件的变化只会改变国家利益的表现或实现形式，而不会改变国家永久地追求核心利益这一事实。正是国家利益在内在规定性方面保持着一定的连续性，所以，我们才可能对国家的外交政策做出理性说明，否则国家利益就失去了其作为一个国际政治核心概念的意义。

在承认国家利益具有稳定性与延续性的同时，我们还注意到，各种国家利益的排列次序并非固定不变，而是随着环境的变化发生一定程度的调整。当一个国家面临外敌入侵时，国家安全就成为重中之重的利益；当一个国家的安全有所保障时，经济利益的维护就会被提上日程；对一些大国而言，其国际地位受到尊重尤为重要。莫顿·卡普兰（Morton Kaplan）认为，国家利益是一个国家行为体在满足国家行为系统的需要时所具有的利益。这些需要一部分源于国家系统内部，而其余的则来自环境因素。环境需要包括防务，这些需要取决于国际社会的结构和危险敌手的存在与否，而这些需要并不随着内部结构的变化而变化。所以，国家利益是不变的和永恒的。然而，尽管这些需要不直接随内部结构发生变化，但在判定国家利益时对它们的重视程度却随着国内制度需要的变化而变化。② 也就是说，国家利益具有客观性，但同时也具有主观性。所以，同一国家在不同时期所强调的国家利益重点有所不同。美国学者唐纳德·纽科特赖因（Donald Nuechterlein）在《国家利益的概念》中，以美国的国家利益为个案研究，根据国家利益的排序不同，提出生存利益（survival interest）、紧要利益（vital interest）；主要利益（major interest）和次要利益（peripheral interest）的划分。③ 正是因为国家利益存在着这样的排序，所以，国家利益在政策决策者判定中的排序决定了国家对外政策的制定。我们常见到这样的现象：一个国家在不同时期会有不同的对外政策，不同的国家在同一时期有相似的对外行为。

---

① ［美］汉斯·摩根索：《政治学的困境》，芝加哥大学出版社 1958 年版，第 68 页。转引自陈汉文《在国际舞台上》，四川人民出版社 1985 年版，第 44 页。

② ［美］莫顿·卡普兰：《国际政治的系统和过程》，薄智跃译，中国人民公安大学出版社 1989 年版，第八章。

③ 戴超武：《国家利益概念的变化及其对国家安全和外交决策的影响》，《世界经济与政治》2000 年第 12 期，第 11—16 页。

全球化加速发展的趋势使国家对自身利益的认知变得日益复杂起来。"国内问题国际化""国际问题国内化"的趋势日益明显。世界市场的拓展、国际分工的加强以及全球性问题的凸显，使国家在考虑自身利益时，不得不更加广泛。约瑟夫·奈曾指出，"国家利益的重新定义实际上是由国际通用的规范和价值决定的。这些规范和价值构成国际生活并赋予其意义。简言之，国际体系的制度化和普遍化给国家带来了新的利益层面"①。当前国际社会中国家间联系越来越密切，国际环境不断改变着国家对外部世界的认识，对自我身份的定位，从而引起国家利益内涵的变化，进而改变国家对外行为模式。

二　越南关于国家利益的认识

法国殖民统治时期，随着西方文明的传入，越南的儒士、乡绅等逐渐产生民族自觉意识，成为越南最早为民族独立而奋斗的民族主义者。在反法过程中，这些越南早期的民族主义者不断接纳西方的政治理念，萌发民族国家的意识，但国家利益的概念并不明晰。1945 年，越南从法国殖民地独立之后，成为一个民族国家，国家利益的概念开始在越南逐步形成和深化。

国家利益是西方政治术语，越南作为共产党领导的国家，对于国家利益一直没有明确的强调。冷战时期，在以意识形态为基础的两极格局中，越南强调带有意识形态色彩的"国际主义""共产主义"和"国际精神"，而较少提及"国家利益"。在涉及国家利益的地方，越南常以"民族需求"和"人民需求"代之。受到苏联的影响，越南在术语的运用和理论的分析上都使用了"民族利益"而非"国家利益"。这一时期，越南不仅不以国家利益表述国家的需求与目标，而且在其以"民族利益"代称的国家利益中包含着意识形态内容，或者说国家利益意识形态化，如将支持他国共产主义运动作为其国家利益等。

随着革新开放，以及全方位、多样化外交政策的实施，越南需要在理论上正确阐释国家利益与外交政策，以及国家利益与国际政治之

---

① Joseph Nye, Jr., "Redefining the National Interest", *Foreign Affairs*, Vol. 78, No. 4, 1999, p. 2.

间的关系，以避免在国际关系实践与对外决策中出现失误。越南学界开始重视和深入研究国家利益问题，并在介绍和分析西方国家关系理论的过程中，形成越南学者对国家利益问题的研究特点。

关于国家利益与对外政策关系，越南学者强调，国家利益既是国家对外政策的目标，也是分析对外政策的工具，和评判对外政策的标准。越南学者阮庭伦（Nguyễn Đình Luân）认为，国家利益是国家所有生存和发展的需要，在每一时期被国家认知，并变换成为该国外交政策的目标。① 越南《外交词典》关于对外政策的定义是，"一个国家为了保护自己的利益，对已建立外交关系的国家和其他主体制定的主张、战略、计划和具体措施"②。上述论述与定义明确将对外政策与国家利益联系在一起，并强调对外政策的目标即保护国家利益。段文胜（Đoàn Văn Thắng）在肯定国家利益是对外政策目标的同时，指出，"界定国家利益是对外政策制定和实施的关键性问题，也是评估一个政府的阶级性质和影响力的基本标准"③。武阳勋（Vũ Dương Huân）认为，越南共产党文件中所描述的越南国家利益和现实主义学派的观点比较接近，国家利益就是国家生存和发展的所有需要，是分析一国对外政策的非常重要的工具。④ 他在定义国家利益的同时，提出国家利益也是衡量对外政策的有效工具。越南学者注重国家利益与对外政策关系的两面性，即一方面，国家利益是国家对外政策的基础，是国家外交决策的依据；另一方面，国家利益是评估国家对外政策的工具，是用来分析和衡量国家政策效用的手段。所以，越南对于国家利益的理解是目标与工具的统一，并非只强调国家利益的一个方面，而忽视另一方面。强调国家利益与对外政策关系中的两面性，正是越南当前外交中的一个特点。这既促进越南外交不断进步转型，也

① Nguyễn Đình Luân, *Lợi ích nhà nước trong quan hệ quốc tế*, công trình nghiên cứu của Học viện Quan hệ Quốc tế, năm 2004, tr. 8.

② Vũ Dương Huân, Dương Văn Quảng, Từ điển thuật ngữ ngoại giao Việt-Anh-Pháp, HN: Nxb. Thế giới, năm 2002, tr. 21 – 22.

③ Đoàn Văn Thắng, Góc nhìn về nghiên cứu quan hệ quốc tế, HN: Nxb. Thống kê, năm 2003, tr. 75 – 76.

④ Vũ Dương Huân, "Một vài suy nghĩ về lợi ích nhà nước và lợi ích dân tộc trong quan hệ quốc tế", *Nghiên cứu Quan hệ quốc tế*, số 2, năm 2007.

使其外交面临更大的国内舆论压力。

对于国家利益的属性，越南将其阶级性与民族性相结合，提出了"国家—民族利益"概念。越南外交部副部长，原外交学院院长邓庭贵认为，在越南语义中，"民族利益""国家利益"和"国家—民族利益"所指内容不同。"国家利益"（State's Interest）往往代表统治阶级的利益，"民族利益"（National Interest）往往被理解为一个国家所有公民的利益，"国家—民族利益"就是以上两个概念的结合。①但是，在越南的特殊情况下，这三个概念又是重叠的。他认为，在越南，"民族利益""国家利益"和"国家—民族利益"往往被视为具有共同的内容，完全可以互换使用。②武阳勋也认为，当我们谈论"国家—民族利益"时，那就是在国际舞台上的国家利益。国家在国际舞台上代表的是全民族的利益。因此，国家利益和民族利益是同样的概念。③也就是说，在共产党领导的越南，代表统治阶级利益的国家利益，必然反映、涵盖和包容统治阶级与各民族的共同利益和根本利益。维护超越阶级的全民族利益，即为民族生存、繁荣昌盛所必需的条件——维护国家与民族独立、主权与领土完整，防止外来侵略与干涉，争取民族发展的良好外部环境，维护本民族的语言、传统、习俗、文化、宗教、尊严和生活方式，同样也是体现统治阶级利益的国家利益的根本所在。所以，越南强调"国家利益"与"民族利益"的同一性与不可割裂性。2011 年，越共十一大文件首次明确提出"国家—民族利益是党的外交政策的指导方针，也是外交活动的最高准则。国家—民族利益就是国家利益（包括党、政府）和民族利益（包括近九千万越南人和超过四百万在国外的越侨），同时也反映出党、政府和民族之间的利益是一致的，国家—民族利益的内容包括：安全利益、发展利益和国家在国际上的名誉"④。这是越南第一次正

---

① Đặng Đình Quý, "Bàn thêm về lợi ích quốc gia dân tộc trong hoạt động đối ngoại Việt Nam giai đoạn mới", *Nghiên Cứu Quốc Tế*, số 1, năm 2010.

② Như trên.

③ Vũ Dương Huân, "Một vài suy nghĩ về lợi ích nhà nước và lợi ích dân tộc trong quan hệ quốc tế", *Nghiên Cứu Quốc Tế*, số 2, năm 2007.

④ Học viện Ngoại giao, *Hỏi đáp về tình hình thế giới và chính sách đối ngoại của Việt Nam*, HN: Nxb, Chính trị quốc gia, năm 2012, tr. 270.

式在党的政策文件中清晰地提出国家利益概念，同时也体现了其对国家利益属性的理解。

越南学者认为，国家在不同时期存在不同国家利益。越南学者黄秀1995 年曾提出，越南的外交政策需要遵守国家利益至上的原则，并且应在某一特定时期确定越南的不同国家利益。例如，在越南民族解放战争时期，越南最高国家利益是国家独立和统一；而目前，最高国家利益是和平与发展。① 关于国家利益的内涵，1993 年，武宽提出了越南对外活动的三个主要目标，包括安全目标、发展目标和影响目标。② 2006 年，武宽对越共十大文件中的外交政策进行分析时，进一步指出外交活动就是为了实现国家的三个基本目标：发展、安全和国际地位。③ 后来，武宽在《对外政策的安全、发展与价值利益》中又提出："每个国家的外交都为了三个目标，即安全、发展和价值。保卫国家主权和领土完整为安全目标，利用国际环境有利条件建立和发展国家为发展目标，在国际舞台上发挥影响和提升形象为价值目标。"④ 阮氏琼娥（Nguyễn Thị Quỳnh Nga）在其博士学位论文中认为，越南国家利益分为三大类：安全利益、发展利益和价值利益。其中，安全利益包括政治独立、国家主权、军事优势、领土安全和海洋权利等；发展利益包括进出口贸易、吸引国际资金、技术和海外投资等；价值利益则是在国际舞台上的形象和影响。⑤ 2011 年，越共十一大首次正式使用国家利益概念，并认为国家利益包括三方面内容：安全利益、发展利益和国际名誉。越南共产党的文件和多数越南学者对国家利益的内容有相似的看法。

---

① Hoàng Tú, "Lợi ích quốc gia là trên hết", trích từ Sở Nghiên cứu Quốc tế Bộ Ngoại giao, *Yếu sách Luận án Hội thảo ngoại giao Việt Nam 50 năm*, năm 1995, tr. 52 – 54.

② Vũ Khoan, "An ninh, phát triển và ảnh hưởng trong hoạt động đối ngoại", *Nghiên Cứu Quốc Tế*, tháng 12 – 1993.

③ Vũ Khoan, "Đại hội đại biểu nhân dân toàn quốc lần thứ X và đường lối đối ngoại của Việt Nam", *Báo Nhân Dân*, ngày 24 – 8 – 2006.

④ Vũ Khoan, "Lợi ích an ninh, phát triển và giá trị trong chính sách đối ngoại", trích từ Nguyễn Vũ Tùng, *Chính sách đối ngoại Việt Nam-Tài liệu tham khảo phục vụ giảng dạy* (tập 2: 1975 – 2006), Học viện Quan hệ Quốc tế, HN: Nxb. Thế giới, năm 2007, tr. 60.

⑤ ［越］阮氏琼娥：《越南国家利益演进（1986—2010）》，博士学位论文，中国人民大学，2013 年。

　　国家利益正成为越南外交的最高原则与评价工具。冷战时期，泾渭分明的国际格局下，联合谁，反对谁，一目了然。所以，越南在对外关系中强调意识形态，以意识形态画线并不困难。但是，在全球化和相互依赖的国际环境下，越南在处理与其他国家关系时，则会面临更多的复杂境况。在与一国关系友好的同时，可能在某些领域还存在着冲突与矛盾。在当前国际社会中，各国之间既有密切的合作，又存在矛盾与分歧。传统的以意识形态为导向的外交已不能适应形势与环境的变化，以国家利益为原则正成为越南对外行为的指导方针。

三　影响越南国家利益界定的因素

　　关于影响国家利益界定的因素，越南学者普遍强调国际环境、地缘因素、自身实力以及党的思想等。1993 年，时任外交部副部长武宽在提出越南对外活动的三个主要目标后指出，这些目标受到国内外政治和经济形势、科学和技术水平的影响。① 武阳勋认为，影响国家利益界定的因素包括：地缘战略、国家自身实力、国际背景和国家的需要等。② 阮南阳（Nguyễn Nam Dương）强调，应当根据越南共产党的革新思维，胡志明关于外交政策的思想以及国内外的经济、政治背景等因素判断越南国家利益。③ 越南学者普遍都认可国际环境，包括国际政治经济形势等，对于国家利益界定的影响，不同的国际环境决定了国家利益的不同内容。有的学者强调地缘战略对国家利益界定的影响，这体现出越南作为中小国家，其国家利益与区域局势紧密相关。多数学者都将国家实力，包括经济、科技水平、政治稳定等，作为国家利益界定的重要因素。国家实力决定了国家利益的大小，这是现实主义关于国际关系的原则之一。现实主义强调权力界定利益，并

---

① Vũ Khoan, "An ninh, phát triển và ảnh hưởng trong hoạt động đối ngoại", *Nghiên Cứu Quốc Tế*, tháng 12 – 1993.

② Vũ Dương Huân, "Một vài suy nghĩ về lợi ích nhà nước và lợi ích dân tộc trong quan hệ quốc tế", *Nghiên Cứu Quốc Tế*, số 2, năm 2007.

③ Nguyễn Nam Dương, "Vấn đề lợi ích quốc gia dân tộc trong hoạt động đối ngoại của Việt Nam hướng tới năm 2020", trong Phạm Bình Minh, *Đường lối Chính sách đối ngoại Việt Nam trong giai đoạn mới*, HN: Nxb. Chính Trị Quốc Gia, 2011, tr. 213 – 232.

认为权力界定利益是国际关系中普遍适用的原则。越南学者也关注到了国家利益的主观性，即决策者主观认识对于国家利益界定的影响。武阳勋认为，国家利益就是整个国家的生存和发展的所有需要，而经由国家领导人对这些需要的认知，才能转化为国家战略目标和国家对外政策。① 所以本书在分析越南国家利益时，也沿用越南学者的基本观点，从国际环境、地区局势、国家实力和决策者认识四个因素入手。

　　国际环境是判断国家利益的重要因素。在当前国际社会中，每个国家都是世界不可分割的一部分。如果不正确认识世界发展趋势和时代特点，不正确认识国际环境所带来的优势和挑战，我们就无法确定自身在国际政治棋盘上的位置，无法确定国家的要求，也就无法判断国家利益和民族利益。国际环境是一个非常广泛的政治范畴，其中最关键的内容是国际格局以及国家在这个格局中扮演什么角色。② 所以，对于时代特点的准确把握是判断国家利益的基础。武宽曾强调，抓不住时代的主要矛盾，就看不清世界的发展趋势，就难以解释国际事件，也就很难处理具体问题。③ 国际格局及国家在格局中的角色，是界定国家利益的重要因素。④ 冷战时期两大阵营军事对峙的国际环境，使得每个国家都要为自身的安全担忧。国家的生存与安全利益是冷战时期每个国家的最重要国家利益。同样，冷战时期的越南身处两大对立阵营的对峙前沿，国家生存与安全更是其最优先的国家利益。冷战结束后，两极格局瓦解，国际环境趋于和平与稳定，生存与安全不再成为问题，更多的国家将经济发展利益放在更加优先的位置。在经历了苏东剧变的冲击后，越南也逐渐融入地区，将国家建设与发展放在国家利益的优先位置。国际环境是国家生存与发展的大环境，各国的国家利益必然受其影响。

---

① Vũ Dương Huân, "Một vài suy nghĩ về lợi ích nhà nước và lợi ích dân tộc trong quan hệ quốc tế", *Nghiên Cứu Quốc Tế*, số 2, năm 2007.

② 阎学通：《中国国家利益分析》，天津人民出版社1996年版，第45—47页。

③ Vũ Khoan, "Sự cải cách đổi mới 20 năm trong lĩnh vực đối ngoại Việt Nam", *Báo Nhân Dân*, ngày 16 tháng 11 năm 2005.

④ Đảng Cộng sản Việt Nam, *Văn kiện Đại hội đại biểu toàn quốc lần thứ VI Đảng Cộng sản Việt Nam*, HN: Nxb. Sự thật, năm 1987, tr. 31.

作为中小国家，越南国家利益的判定还受到区域局势的影响。"东南亚"作为地理概念在"二战"时期才出现，历史上殖民时期形成的各种民族、宗教、领土等矛盾与冲突一直影响着区域国家之间的和解与合作。冷战时期，东西两大阵营的争夺更是在地区间形成了两大对立集团，国家之间的割裂与敌对日益加剧。这使得区域国家之间人人自危，为保存自己而不得不在大国干预之下挣扎。冷战后，大国势力逐步撤出区域，东南亚迎来了和平与发展的稳定环境。东盟推动区域经济一体化的努力加速了区域的合作进程。随着区域概念的建构，特别是东盟一体化进程的加速，东南亚的安全、合作与发展不断影响着区域内的每个国家，同样，也成为越南国家利益判定的影响因素。冷战时期，越南忽略区域的作用，将与大国发展关系作为维护生存与安全利益的重点，甚至与苏联结盟，充当苏联在东南亚扩张的马前卒。越南失去了与区域国家共同发展的机会，成为大国竞争的牺牲品。冷战后，越南调整安全观念，重视地缘政治，回归地区，成为东盟成员国，逐渐将国家利益与区域利益联系在一起。借力东盟的合作平台与发展机制，越南不仅维持了政治稳定、经济发展局面，而且不断提升其在地区与国际社会中的影响力。所以，在当前越南外交中，越南决策者强调越南的"东南亚国家""东盟成员"身份，将与区域国家关系提升至外交优先等级。

国家实力是判断国家利益的重要依据。国家综合实力对国家利益判断的影响具有战略性，综合实力强的国家会有更广泛的国家利益。国家实力是一个相对概念，我们往往通过衡量一个国家与其他国家间的实力差距来说明一个国家的实力。国家实力包括六个方面：人口、经济、军事、政治稳定、文化历史和自然资源。[①] 其中，人口、文化历史和自然资源是相对稳定的，而经济、军事与政治稳定在不同时期体现出一定的变化性。对于越南而言，军事与政治稳定相对具有较强稳定性，而经济则在不同时期表现出较大变化。所以，本书在国家实力部分，着重于不同时期越南经济实力的变化。冷战时期，越南重视军事实力，将军事实力等同于国家实力，忽略经济等因素的作用，最

---

① 阎学通：《中国国家利益分析》，天津人民出版社 1996 年版，第 47—49 页。

终导致其地区霸权主义膨胀，盲目追逐与自身实力不相符的利益，致使国家陷入安全困境。冷战后，越南重视包括经济因素在内的综合实力，以国家建设为中心，大力发展经济，不仅在经济领域取得显著成绩，而且改善和提升了其国际形象与影响力。

人们对国家利益的判断不只根据实际环境的客观存在，而且受到判断者主观认识水平的深刻影响。如果主观认知和客观存在比较接近，那么国家利益的判断以及对外政策的制定将会更准确。如果两者相差很大，则会导致国家利益的判断和对外政策的制定有很大的误差。决策者认知影响国家利益的判断。决策者认知主要指决策者对历史发展趋势的认识。这会影响到决策者对国家利益判断的合理性。比如，20世纪70年代，越南领导人认为"战争不可避免"，因此，这一时期仍以安全利益为重，以军事发展为主。而实际情况表明，自70年代开始，世界发展趋势已在发生变化，经济因素深刻影响了国际关系的发展。正是越南决策者对国际发展趋势认知的偏差，导致了越南以维护国家安全为由，入侵柬埔寨，最终导致80年代末90年代初，越南陷入了严重的安全危机。

第二节　越南不同时期的国家利益调整

维护国家利益是国家对外活动的目的。国家在制定外交政策时，需要判断国家利益的内容以及它们的不同优先级别。随着外部环境和内部因素的改变，判断国家利益的依据随之改变，国家利益及其优先级别也随之改变。越南对东盟外交的四个阶段中，国际环境、区域局势、国家实力和领导人认知均发生了明显改变，这种改变也使越南决策者对于不同时期的国家利益优先排序发生了改变。也就是说，在越南对东盟外交的四个阶段中，不同阶段有不同的最优先国家利益。

一　冷战时期以意识形态为基础的安全利益

（一）两极格局下的越南

"二战"结束后，由于在战略目标、国家利益、意识形态等方面的对立，美苏的战时同盟基础迅速瓦解。美国杜鲁门总统上台后，对苏联的遏制战略逐步形成。杜鲁门主义的出台，标志着美苏冷战的正式爆发。在此后的几年中，世界形成了分别以美国和苏联为首的两大阵营。美苏展开了激烈的对抗与较量。

1945 年八月革命成功后，胡志明领导的越南独立联盟（以下简称"越盟"）建立了越南民主共和国。但越南民主共和国一成立就面临着复杂的安全与生存考验。一方面，国际上没有哪个国家承认它的独立国家地位；另一方面，它还遭受到法国殖民者和西方势力的威胁。自 1946 年 12 月，越南开始了反对法国殖民者卷土重来的抗法战争。尽管越南军民在艰难的条件下，英勇抗击法军的侵略，但在法军的大规模进攻下，越南处境十分困难，战争进入相持阶段。中华人民共和国成立与朝鲜战争爆发后，亚洲形势发生了巨大变化。1950 年 1月 18 日，中华人民共和国与越南民主共和国建立外交关系。其后，苏联以及东欧社会主义国家也与越南建立了邦交关系。越南成为社会主义阵营中的一员，成为追随苏联路线的忠实社会主义国家。[1] 在中国的全面援助下，越南与印度支那人民的抗法战争进入了新阶段，最终通过日内瓦会议达成了关于在越、老、柬停止敌对行动的三个协定，实现了印支地区的和平。

但同时，也正是由于中华人民共和国的诞生，印度支那对美国有了新的战略价值。国民党领导的中国是构成美国在远东遏制苏联的一部分，中国革命胜利后，苏联的影响一下子南移了几千公里，并且很有可能还会出现"多米诺骨牌效应"，使东南亚地区全面"赤化"。美国出于这样的担忧，将印度支那视为遏制苏联影响的一个前哨阵地，而且把它作为反华包围圈的重要一环。

所以，冷战格局之下，越南始终处于两大阵营对峙的前沿。美国为了加强对东南亚地区的控制，通过扶植吴庭艳政权将南越直接纳入美国的控制。从向南越派出顾问、教官和其他军事人员，以及运送军事装备开始，美国最终以北部湾事件为借口，对越南北方发起了大规

---

[1] Gareth Porter, *Vietnam: The Politics of Bureaucratic Socialism*, Cornell University Press, 1993, p. 215.

模空袭，开始对印度支那进行全面干涉和侵略。面对美国的狂轰滥炸，越南面临着生死存亡的考验。

越南战争结束后，美国撤出了在东南亚地区的争夺。但随着中苏关系的恶化，苏联不断拉拢越南构建反华包围圈，使越南仍处于大国争夺的中心。出于围堵中国的需要，苏联在越南战争的中后期加大了对越南在经济和军事上的援助。1978 年年底，越南与苏联签订了《友好互助条约》，正式结为同盟。随后，在苏联的支持下，越南入侵柬埔寨，试图构建印支联邦，谋求地区霸权。

（二）敌对分裂的东南亚

东南亚地处亚洲与大洋洲、太平洋与印度洋的十字路口，具有重要的战略地位。东南亚国家有着相似的历史背景，除泰国保持了形式上的独立外，其他国家都经历过英、荷、法、美等国的殖民统治，"二战"期间，它们又遭受日本侵略者的压迫和剥削。长期的殖民统治与战争给东南亚国家遗留了诸多的关于领土、民族、宗教等问题，使区域国家之间长期处于分裂和战乱状态。

"二战"后，东南亚国家相继摆脱殖民统治，在政治上获得了独立，民族主义空前高涨。除印度支那外，在政治思想与制度方面，多数东南亚国家的政治精英都深受原殖民地宗主国的影响，大多选择了与其宗主国相近的政治组织形式。但是，在独立初期，由于原殖民地宗主国的干预和国内各政治派别之间的斗争，东南亚各国都处于政局动荡、经济凋敝的困境。东南亚国家内部普遍面临诸多安全问题，如共产党游击队的武装活动、共产主义意识形态的渗透、种族争斗、宗教极端主义及贫富悬殊引起的阶级矛盾等。由于国内政治局势不稳，尤其是共产党领导的革命运动威胁到东南亚国家领导人的执政地位，所以，东南亚国家政府对共产主义运动大都保持警惕。再加上美国出于反共需要而编制的谎言和反共言论，东南亚国家对国内共产党的活动多采取镇压措施，对区域内其他国家的共产党运动也采取敌对态度。

出于全球反共战略的需要，美国积极在东南亚地区推行冷战政策，纠集盟国，拼凑军事集团，对东南亚地区进行渗透与扩张。美国不仅通过《马尼拉条约》将其太平洋同盟体系扩大到了东南亚地区，而且通过《东南亚集体防务条约》拼凑了东南亚条约组织，以防止共产党"侵略"东南亚地区。东南亚成为冷战期间美苏两大阵营争夺与对峙的前沿。

出于政治安全的共同关注，1967 年，印度尼西亚、马来西亚、菲律宾、新加坡和泰国在泰国首都曼谷举行会议，一致同意成立东南亚国家联盟。东盟国家为了维护国家政局稳定，地区和平，采取亲美政策，对共产党领导的印度支那国家采取敌对政策。有些东盟国家是美国的盟友，不仅为美国入侵越南提供军事港口，甚至直接派兵参与作战。基于国家安全考虑，越南等印支国家也将东盟视为是受美国指挥的"走狗"。

20 世纪 70 年代，随着越南战争的结束，美国等大国逐渐撤出了东南亚地区。为了确保区域安全与稳定，摆脱大国对区域安全的干涉，东盟提出构建"东南亚和平、自由和中立区"。在安全战略上，东盟竭力保持大国在区域的力量均势，不仅保持和加强与美国、日本等西方国家的关系，还积极改善与印度支那、苏联和中国的关系。1976 年 2 月 24 日，东盟国家签署《东南亚友好合作条约》（*The Treaty of Amity and Cooperation in Southeast Asia*，*TAC*），积极推动东南亚和平、稳定、合作的进程。但在苏联的支持下，越南凭借其"世界第三"的强大军事实力，走上了谋求区域霸权的道路。越南入侵柬埔寨后，东南亚出现了印支集团与东盟组织相对峙的局面，东盟与越南围绕柬埔寨问题进入了长达十年的敌对状态。

（三）战争中的越南国力赢弱

这一时期，越南几乎一直处于战争状态，其经济社会饱受战争创伤。建国初期，越南北部遭受水灾，近 1/3 的稻田被洪水淹没。同时，工业生产停顿，大批工人失业，货币贬值，财政状况恶化。在美国"南打北炸"的作战方针和把越南"推回到石器时代"的疯狂思想之下，越南战争对越南的基础设施、自然生态、人力资源等造成了极其严重的破坏。1965—1975 年，除社会主义国家外，一些亲美的、原来与越南（指北方的越南民主共和国）有经贸关系的国家和地区纷纷断绝与越南的经济关系，致使其贸易伙伴由 1964 年的 40 个减少到 1974 年的 22 个。1966—1970 年，越南的国内生产总值（Gross

Domestic Product，GDP）年均增长 3.2%，1971—1975 年为 4.9%。[1]
1976 年，越共四大召开，决定依靠北方的经验迅速开展社会主义改
造，争取"快、猛、稳"地使南方进入社会主义体制，尽快建立独
立的国民经济体系。但是，错误的经济政策使越南的战后经济雪上加
霜。两个五年计划后，带来的是 1985 年的经济危机和通货膨胀。第
一个五年计划，除了战后恢复，主要是改造南方经济，使其融入北方
经济模式。到 1980 年，不仅主要指标没有达到，由于入侵柬埔寨，
致使 1979 年和 1980 年的 GDP 甚至出现了负增长，如表 2—1 所示。

表 2—1　　　1977—1980 **越南国内生产总值和国民收入增长率**[2]

	1977 年	1978 年	1979 年	1980 年	平均
国内生产总值增长率（%）	4.4	4.1	-1.7	-1.0	1.4
国民收入增长率（%）	2.8	2.3	-2.0	-1.4	0.4

　　第二个五年计划，越南经济虽然有所恢复，但仍在高度集中的计
划官僚体制之下运行，并没有形成新的发展动力，所以最终仍未达到
预期指标。1976—1985 年，GDP 年均增长 4.6%，国民收入年均增
长 3.7%。作为农业国家，农业一般占越南 GDP 的 40% 左右，在此
期间，农业年均增长只有 3.8%。与此同时，1975—1985 的十年间，
越南人口激增，平均每年增长 2.3%。1985 年，越南人口近 5990 万，
与 1975 年相比增长了 25.7%。[3] 这样的人口增长率，要保持充分就
业和人民收入不降，国家经济发展速度每年至少要增加 7%，而越南
经济增长速度远远低于这一数据。所以，越南国内生产严重不足，无
法满足国民最基本的消费需求。而且越南国内积累很少，严重依靠外
国援助。1976—1980 年"二·五"期间，外国债务和援助占国家总

---

① 游明谦：《当代越南经济社会发展研究》，香港社会科学出版社有限公司 2004 年
版，第 45 页。

② Tổng Cục Thống kê, *Số liệu thống kê kinh tế -tài chính 1955 - 1986*, HN: Nxb. Thống kê
Việt Nam, năm 1988.

③ Cục Thống kê Việt Nam, *Thống kê Việt Nam thế kỷ 20*, HN: Nxb. Thống kê, năm 2004,
tr. 24.

收入的 38.2%，占国民收入的 61.9%，其中苏联向越南提供了 55.3 亿—70.5 亿美元的经济援助，"三·五"期间为 63.8 亿美元左右。[①] 可以说，这一时期越南经济发展停滞、国力羸弱。

（四）越南决策者以意识形态看待世界

在冷战格局之下，特别是处于冷战对峙前沿的越南决策者认为，意识形态斗争是时代特点。冷战格局下，意识形态是划分敌友的唯一标准。选择了一个阵营，也就意味着以这一阵营的意识形态为指导一切的标准。所以，越南对世界的认识接受"两个阵营、四大矛盾"的思想，受到意识形态的深刻影响。[②] 所谓"两个阵营"，即认为世界划分为分别以美苏为首的资本主义阵营和社会主义阵营；"四大矛盾"，即世界上存在四大矛盾：一是工人阶级和资产阶级的矛盾；二是帝国主义、资本主义和被压迫民族之间的矛盾；三是帝国主义和资本主义国家之间的矛盾；四是资本主义国家内部的资产阶级与工人阶级之间的矛盾。

20 世纪 60 年代末，越南接受苏联的"三大革命潮流"理论，即苏联领导下的社会主义阵营；资本主义国家工人运动；第三世界国家解放运动。[③] 越南执政者认为上述力量正处于攻势，有击退以美国为首的帝国主义的可能性。"资本主义已经陷入全面的危机，前所未有的深层危机，即将崩溃。"[④] 1963 年，越共中央第 9 号决议认为，"我们的时代，是两种社会制度对立的时代，是社会主义革命和民族解放的时代，是帝国主义崩溃，殖民体系被废除的时代……这是社会

---

① 高伟浓：《1976 年以后苏联对越南的经济援助评析》，《东南亚研究》1989 年第 2 期，第 1—12 页。

② Alexander L. George, "The 'Operational Code': A Neglected Approach to the Study of Political Leaders and Decision-Making", in Erik P. Hoffman and Frederic J. Fleron Jr. eds., *The Conduct of Soviet Foreign Policy*, New York: Aldine Publishing Company, 1980, pp. 165 - 190; Douglas E. Pike, "Operational Code of the North Vietnamese Politburo", *Asia Quarterly*, Vol. 1, 1971, pp. 91 - 102.

③ Lucian W. Pye., "Introduction: Political Culture and Political Development", in Lucian W. Pye and Sidney Verba eds., *Political Culture and Political Development*, Princeton: Princeton University Press, 1965; Harry Eckstein, "A Culturalist Theory of Political Change", *American Political Science Review*, Vol. 82, No. 3, September 1988, pp. 789 - 804.

④ Nghị quyết số 9, Văn kiện Đại hội Đảng khóa Ⅲ, năm 1963.

主义和共产主义在世界各地的胜利"。这充分反映了冷战时期，越南决策者对于世界和时代发展趋势的认识。决议还对世界未来做出了以下判断："世界人民面临着一场新的世界战争。"① 直到1986年，越南决策者仍认为，"帝国主义所造成的核战争从来没有像现在这么紧张过"②。

这一时期，越南外交决策者认为，世界发展特点就是两种社会制度与意识形态的斗争，战争是不可避免的。

（五）国家生存安全是越南的优先国家利益

随着美国在越南战场投入的不断升级，越南成为冷战时期最大的战场，冷战对峙的前哨。这更加坚定了越南以意识形态为主对国际形势的判定，并因国家生存安全直接遭受威胁，对美国阵营的参战国怀有很深的敌意。越南作为一个处于冷战对峙前沿的中小国家，不可能以独立自主方式求生存，只能选择加入某一阵营，与某一大国结盟。所以，加入一个阵营、与大国结盟既是越南意识形态的需要，更是其生存与安全的需要。

两极对抗的冷战格局使各国不得不把国家安全作为国家利益的最主要内容。对于越南，国家的生死存亡更是这一时期时刻面临的最大威胁。一方面，越南陷入严重社会经济危机：生产停滞，通货膨胀严重，国家遭遇经济制裁，政治孤立，人民生活艰难；另一方面，持续不断的战争也威胁着越南的主权独立与领土安全。所以，这一时期，"民族解放和国家统一"是越南的最高利益，这是国家的生存利益，其他利益低于这一利益。

作为冷战时期社会主义阵营中的越南，为谋求生存，只有坚守其对社会主义意识形态的信仰，才能争取更多的援助与支持。所以，在外交上，越南将追求国际共产主义运动利益放在与安全利益同等重要的地位，这也是冷战格局下的必然产物。

---

① Nguyễn Vũ Tùng, *Chính sách đối ngoại Việt Nam-Tài liệu tham khảo phục vụ giảng dạy* (*tập* 2：1975 - 2006), Học viện Quan hệ Quốc tế, HN：Nxb. Thế giới, năm 2007, tr. 189.

② Đảng Cộng sản Việt Nam, *Văn kiện Đại hội đại biểu toàn quốc lần thứ VI Đảng Cộng sản Việt Nam*, HN：Nxb. Sự thật, năm 1987, tr. 36.

二　冷战后越南政权面临的安全困境

（一）越南革新开放的国际背景

进入 20 世纪 80 年代，冷战格局出现了缓和与合作的趋势，美苏争霸态势呈现出美攻苏守之势。由于过度的对外扩张和长期的体制僵化，苏联陷入严重的经济停滞，长期面临的经济、社会、文化和政治问题已相当严重。戈尔巴乔夫上台后，在国内政策中提出"公开性"与"改革"，试图结束勃列日涅夫后期苏联出现的停滞状态，实现社会政治经济的复兴与发展。在对外政策上，他提出外交"新思维"，指望改善在国际舞台上的不利处境，以加强同美国的竞争。他提出苏联处理国际关系的根本原则，即和平共处、自由选择和普遍安全等原则，并据此调整苏联与美国、欧洲和亚太地区的关系。一方面，苏联缓和与美国关系，推进美苏军备控制谈判，缓和在欧洲与热点地区的对峙；另一方面，苏联积极改善与中国等亚太国家的关系，重塑其外部安全环境。1988 年 4 月 14 日，苏联签署了政治解决阿富汗问题的日内瓦协议，承诺从阿富汗撤军；同年 12 月，苏联同意古巴从非洲地区撤军。1989 年年初，苏联在外交政策上做出了重大的调整，从海外军事基地撤军，包括阿富汗和部分东欧国家，减少或停止对外经济和军事援助。

作为苏联的盟友，戈尔巴乔夫的改革政策对越南产生了巨大影响。这不仅体现在对越南决策者思想上的冲击，而且体现在对越南对外政策的改变上。1987 年 3 月，苏联派遣外长谢瓦尔德纳泽劝说越南从柬埔寨撤军，并减少了对越南的各项援助。随着对外政策的调整，苏联不仅大幅缩减了对越南的经济、军事援助，而且在外交上加大了对越南的施压力度，促其从柬埔寨撤军。越南对柬埔寨的入侵和军事占领，是造成柬埔寨问题的根源，而苏联则是越南的幕后支持者。苏联的这种变化，推动了柬埔寨各方的政治对话，也迫使越南不得不做出了撤军的决定。20 世纪 80 年代末 90 年代初，东欧剧变和苏联解体，使社会主义运动陷入低潮，越南也面临政治与经济的全面危机。

冷战的结束打破了原有的两大阵营之间的隔绝状态，随着高新技术的发展，世界市场加快形成。经济全球化将世界所有国家联系在一起，深刻地改变着国家间关系，并推动各个国家内部制度的变革。经济成为国家综合实力的关键性因素，世界各国都重视经济发展。东南亚以及亚太地区成为发展速度较快的地区，东盟经济区域化进程加快。中国的改革开放也卓见成效，对地区国家的影响效应不断体现。

（二）影响力不断增强的东盟

东盟成立之初，由于受到各成员国国内政治形势不稳定，各成员国之间存在历史遗留问题等因素影响，并没有取得重要成就。20世纪70年代末，围绕柬埔寨问题的斗争加强了东盟成员国之间的团结，东盟作为区域组织的影响力也得到大幅提升。越南对柬埔寨的侵略行动，使东盟国家特别是泰国日益感到对自身安全的威胁。东盟国家认识到，必须尽快消除东盟组织内部的各种分歧和矛盾，加强东盟内部合作，只有依靠自己的力量才能确保地区的和平与安全。

冷战结束后，东南亚的军事对抗不复存在，地区安全环境得到保障，经济成为各国发展的重点。美国和苏联等大国相继撤出东南亚地区，东盟摆脱大国控制、维护区域独立，促进地区发展的诉求加强。东盟意识到，"在经济全球化的背景下，安全问题应当置于经济利益下来考虑"。并且，关于冷战后东盟面临的主要问题，东盟认为"目前最基本的问题和利益是人民的福利，最大的挑战是经济发展的风险"[①]。冷战后，军事意义上的"敌人"和"威胁"已越来越难确定，但贫富差距扩大、经济发展不平衡等则成为制约东盟各国和整个组织发展的重要因素。因此，这一时期，东盟将促进成员国和地区的经济发展作为主要任务。自80年代中期，东盟国家扩大对外开放，引进外资，积极发展出口导向型工业，经济得到迅速起飞。其中泰国、马来西亚、印尼三国增长速度尤为突出，已被世界银行列为"新一代新兴工业化国家"，成为继亚洲"四小龙"之后出现的东南亚"三小虎"。90年代初，在全球性经济衰退，西方发达国家经济停

---

① 参见陆建人《东盟的今天与明天——东盟的发展趋势及其在亚太的地位》，经济管理出版社1999年版，第177页。

滞，原苏联、东欧国家经济大幅下滑情况下，东南亚地区却蓬勃发展，以平均7%的速度增长。① 因应经济全球化发展趋势，东盟把更多的精力放在区域经济一体化上，并提出了东盟自由贸易区（AF-TA）构想。1992年，第4届东盟首脑峰会批准了AFTA协定，从而把东盟从一个松散的政策对话和协调机构转变为贸易自由化的制度框架。

　　在安全方面，东盟的安全关切从国内安全向外部安全转变。冷战时期，受区域内大国干涉及意识形态对峙等因素影响，东盟国家内部面临许多安全问题，如游击队武装活动、意识形态渗透、种族争斗等。冷战后，东盟对安全的关注从一国扩大到整个东南亚地区乃至整个亚太地区。东盟把增强"地区抗御力"作为冷战后的安全任务，以阻挡大国填补东南亚的"权力真空"，确保发挥东盟自身的主导作用。加强地区的整体安全能力，首先需要扩大东盟组织，使东盟包括所有东南亚国家；其次是构建由东盟主导，域外大国参与的地区安全合作机制。1994年，东盟主导创立了东亚地区唯一的多边安全对话机制"东盟地区论坛"，倡导了亚欧会议。东盟在地区多个多边安全机制中扮演着领导者的角色。冷战后，东盟在地区及国际的影响力不断增强，成为国际社会一个重要的成员。

　　（三）越南经济社会陷入恐慌

　　自20世纪80年代中期开始，随着国际局势的缓和，以及戈尔巴乔夫"新思维"在苏联的推行，苏联和东欧社会主义国家减少了对越南的援助。柬埔寨战争爆发后，国际社会冻结了越南的海外资产，并停止一切对越南的援助与贸易关系。再加上国内经济在计划官僚模式下的失误，以及战后人口激增等因素，越南根本无法满足人民的基本生活需要。

　　"三·五计划"期间（1981—1985）是通货膨胀和失业率居高不下的五年。通货膨胀接近于年率100%，失业人数达到几百万人。虽然生产扩大了，但产量，特别是人均产量仍处于世界最低水平。从粮食生产看，越南人均稻谷产量仅从1976年的240.6公斤增加到1985

---

① 亚洲开发银行：《亚洲发展展望》，1994年，第231页。

年的 265.1 公斤，而且地区差距很大，北部和中部则减少了。[1] 工业虽有一定发展，但还不稳定，经济并未走出困境。1985 年，旨在废除配给制的价格、工资与货币改革尝试失败，导致高达 774.7% 的恶性通货膨胀。而且，这一时期，越南经济严重依赖社会主义国家的援助，对苏存在巨额贸易逆差。

1986 年黎笋去世后，长征（Trường Chinh）和阮文灵（Nguyễn Văn Linh）先后当选越共总书记，开始推行革新开放政策。越共六大决定进行全面革新和对外开放，开始向商品经济转轨，并切实以"粮食—食品、日用品和出口产品"生产为突破口，应对危机，遏制危机恶化的势头。但是，1986—1991 年的五年里，越南与中美两个大国仍处于敌对状态，在区域内仍处于孤立状态。越南的革新开放既缺乏实际经验，又受到苏联模式的影响，加上这一时期东欧与苏联的相继垮台，越南经济遭受沉重打击。所以，1988—1992 年，越南国内的经济形势急剧恶化，最终造成全国性大饥荒。

由于柬埔寨问题，越南仍维持庞大军队，处于战争状态。这不仅加重了其经济困境，也使越南的安全环境更加恶化。1988 年 5 月，越共中央政治局强调，"经济薄弱、政治孤立、经济封锁是我国安全和独立的主要威胁"[2]。这一时期的经济社会状况已使越南处于失控的边缘，"如果让这种情况持续下去，我国不可避免地要更加落后于周边国家"[3]。1992 年，越南时任外交部副部长陈光基（Trần Quang Cơ）疾呼："当前，越南的敌人是贫困、饥饿与落后；越南的朋友是所有能够在与上述敌人做斗争中支持我们的人。"[4]

（四）越南决策者认知的转变

这一时期，国际体系发生重大变化，越南对时代判断及历史趋势的认识也发生了重大转变。关于国际格局的演变，陈光基说："国际

① Tổng Cục Thống kê, *Số liệu thống kê nông, lâm, ngư nghiệp Việt Nam* (1976 – 1991), HN：Nxb. Thống kê Việt Nam, năm 1992, tr. 31 – 33, tr. 70 – 72.

② Nguyen Vu Tung, "Vietnam-ASEAN Cooperation after the Cold War", Ph. D. Dissertation, Columbia University, 2004, p. 193.

③ Vũ Dương Huân, *Ngoại giao hiện đại Việt Nam hướng tới sự nghiệp Đổi Mới*, HN：Nxb. Học viện Ngoại giao, năm 2002, tr. 63.

④ Trần Quang Cơ, *Hồi ức và suy nghĩ*, HN：Nxb. Hà Nội, năm 1996.

棋局完全改变……世界两极秩序中的一个超级大国的崩溃，造成国际
政治一个巨大的真空，打破了已经存在近五十年的全球平衡。"① 越
南学者也认为，"旧的世界秩序已不存在，新的世界秩序尚未形成。
国际棋局正重新组合，一切都在复杂演变当中"②。国际格局的调整
也改变了越南决策者对于世界的认识。

关于社会主义与资本主义的未来发展问题，越南在坚持社会主义
道路的基础上，指出资本主义仍将长期存在。"由于科学和技术新成
果的应用、管理方式和生产结构的改进，所有制和社会政策的调整，
资本主义目前仍有经济发展潜力。"③ 这是越南共产党对于资本主义
不同于冷战时期的新认识。关于社会主义的发展，1991 年，越共七
大通过的《向社会主义过渡时期的国家建设纲领》（以下简称《纲
领》）认为，"社会主义当前面临着许多困难和挑战。但人类最终必
将发展到社会主义，因为它是历史演变的规律"。并进一步强调：
"苏联的社会主义制度崩溃使社会主义暂时陷入衰退，但此问题不影
响时代性质。人类最终必将发展到社会主义。"④ 在坚定走社会主义
道路的同时，越南能够更加客观地评价和看待社会主义与资本主义关
系。越南明确指出，越南正处于社会主义制度的早期过渡时期，从资
本主义过渡到社会主义，不是一个简单的过程，而是"一个曲折、
长期的过程"。

对于时代特点，越南认识到世界已从对抗、冲突向和平、对话转
变。1986 年 7 月，越南政治局关于世界局势与对外政策的第 32 号决
议指出，"世界正从对抗向和平共处下的对话与斗争转变"。1991 年
苏联解体后，"两大阵营"消失了，"四大矛盾"是否还存在？越共

---

① Trần Quang Cơ, "Tình hình thế giới mới và vận mạnh nhà nước Việt Nam", *Nghiên Cứu Quốc Tế*, số 1, năm 1992.

② Nguyễn Hùng Sơn, "Nâng cao hơn nữa Hiệu quả Tham gia của Việt Nam tại các Tổ chức, Diễn đàn Đa phương", trích từ Phạm Thanh Bình, *Định hướng Chiến lược Đối ngoại Việt Nam đến 2020*, HN: Nxb. Chính Trị Quốc Gia, năm 2010, tr. 199 – 222.

③ Nguyễn Vũ Tùng, *Chính sách đối ngoại Việt Nam-Tài liệu tham khảo phục vụ giảng dạy* (tập 2: 1975 – 2006), Học viện Quan hệ Quốc tế, HN: Nxb. Thế giới, năm 2007, tr. 194.

④ Đảng Cộng sản Việt Nam, *Văn kiện Đại hội đại biểu toàn quốc lần thứ VIII Đảng Cộng sản Việt Nam*, HN: Nxb. Chính trị Quốc gia, năm 1996, tr. 76.

七大在冷战时期四大矛盾基础上，提出新四大矛盾，即：一是社会主义和资本主义之间的矛盾；二是资本主义发达国家与发展中国家、欠发达国家之间的矛盾；三是资本主义国家之间的矛盾；四是资本主义国家内部的资产阶级和劳动人民、工人阶级之间的矛盾。① 较之冷战时期以意识形态为主的观点，新四大矛盾弱化了意识形态色彩，强调两种社会制度之间的矛盾，强调富裕的北方与贫困的南方之间的矛盾，而非两个阵营之间的矛盾。同时，《纲领》强调，"资本主义固有的、日益增长的社会化大生产与私有制、资本主义制度之间的基本矛盾越来越深化"②。

革新开放，特别是冷战后，越南关于国家利益和国际义务、安全与发展等概念的认识也发生了根本改变。在苏联和东欧社会主义国家逐步减少对越南的援助，柬埔寨问题受到东盟和国际社会反对的背景下，越南共产党认识到，当前的外部环境已不适于再承担以往所追求的国际义务。为改善外部环境，越南提出"积极主动承担地区义务，但需要量力而行，并在适当的条件下进行"③。在减少意识形态基础上的国际义务的同时，越南开始重视国家利益在外交中的作用。时任越共中央对外通讯司主任的红河认为，"为国家利益服务越来越成为越南以及各国对外政策的最高原则"④。

关于安全与发展的关系，1988 年，越共中央第 13 号决议认为，"凭借强大的经济发展，足够强大的国防和扩大国际合作，我们会更容易保持自己的独立性，并成功地建设社会主义"⑤。越南在过去强调军事力量的基础上，将经济力量和对外关系与国家安全紧密联系在一起，即强调经济与外交对国家实力的作用。越南改变了过去单纯依靠军事实力、大国结盟的安全观念，而是强调包括经济、外交、科技

---

① Đảng Cộng sản Việt Nam, *Văn kiện Đại hội đại biểu toàn quốc lần thứ VII Đảng Cộng sản Việt Nam*, HN: Nxb. Sự thật, năm 1991.

② Như trên.

③ Hồng Hà, "Tình hình thế giới và chính sách đối ngoại của Việt Nam", Nghiên Cứu Quốc tế, tháng 12 năm 1992, tr. 10 - 34.

④ Như trên.

⑤ Đảng Cộng sản Việt Nam, Nghị quyết 13 về đối ngoại của Bộ Chính trị, tài liệu lưu tại Ban Đối ngoại Trung ương Đảng, năm 1988.

等在内的综合安全，强调一国的安全依赖于他国安全的全面安全观念，① 越南决策者认为，维护国家安全有赖于国家的综合实力，应当发挥内力，将国家实力与时代特点相结合，将政治、经济、外交相结合。在当前国际社会，国家安全往往源自与其他国家之间的共同安全，特别是地理上接近并有相同安全基础的国家。② 也就是说，越南认识到国家安全越来越与区域安全联系在一起，开始从地区视角看待自身的安全问题。这成为促进越南与区域国家开展合作的动力。

（五）政权稳定是越南的优先国家利益

这一时期，安全利益仍是越南最重要的国家利益。安全的内容涉及国家安全和领土主权完整，以及确保越南共产党的执政地位和社会主义制度两方面的内容。③ 这一时期的安全利益不同于前一时期。前一时期的安全利益涉及国家安全和领土主权完整，而这一时期的安全利益则侧重于确保越南共产党的执政地位和社会主义制度。

尽管越共六大期间，越共总书记阮文灵曾讲道："我们已经统一认识，扩大对外经济关系，积极参加国际分工。"并指出："在当今经济如此国际化的情况下，一个国家如果闭关自守，自给自足，不与外国进行经济交流，就不可能存在和发展。"④ 越共七大第一次提出"民富国强"的战略目标，认为在当前和今后很长时期内，党和国家都应以此为目标。⑤ 这反映了越南决策者关于经济的重要观点，表明对经济的重视。但是，这一时期，越南的主要任务并非发展经济，而是摆脱政治上被包围，经济上遭禁运的困境，也就是说安全仍位于国家利益的首位。正如越南学者所言，1988 年越南提出"增友减敌"

---

① Bộ ngoại giao Việt Nam, *Nhìn lại chính sách đối ngoại của Việt Nam sau cải cách mở cửa từ năm 1986 đến năm 2000*, công trình Bộ ngoại giao, năm 2000, tr. 32.

② Học viện Ngoại giao, *Hỏi đáp về tình hình thế giới và chính sách đối ngoại của Việt Nam*, HN: Nxb. Chính trị quốc gia, năm 2012, tr. 272.

③ 赵卫华：《当前越南共产党的国家安全战略及对中越关系的影响》，《重庆交通大学学报》（社会科学版）2012 年第 12 卷第 3 期，第 88—91 页。

④ 梁志明：《经济全球化与面向 21 世纪的越南》，《东南亚纵横》2003 年第 2 期，第 36—40 页。

⑤ 梁志明：《越南革新的理论思维与发展观念综述》，《东南亚》1996 年第 2 期，第 1—11 页。

外交目标，在内容上带有政治、安全性。①

越共七大提出"民富国强"，体现了经济因素在越南领导人的认识中得到加强，但在安全困境之下，并不代表这一时期的优先国家利益就是经济发展。越共七大同时也着重强调了政权的不稳定。七大报告中指出，"真正的民主既不是独断擅权，也不是无政府的自由主义。必须对打着民主旗号蛊惑人心、制造混乱的行径保持警惕"。同时，报告指出："有人认为，只有多党政治体制才有民主。实际上，民主与否并不取决于一党制还是多党制。"② 可见，这一时期，关于越南共产党执政基础与合法性存在诸多质疑与挑战，政权安全是越南决策者关注的重点。

1988 年 5 月，越共政治局第 13 号决议认为，"经济落后和政治孤立是越南安全和独立的最大威胁"③。1992 年 6 月，在越共七届三中全会的开幕式上，杜梅指出，"和平与发展"已成为越南"国际活动的目标"，这一目标服务于越南民族的最高利益，即"尽快摆脱危机，维护和巩固政治稳定，发展经济社会，民富国强，保卫祖国的主权独立与自由"。"政治稳定"是这一时期各类会议与文件中强调最多的关键词。为了应对"和平演变"，确保越共执政地位的稳固，会议还通过了《关于保卫国家安全的决议》。越南学者指出，越南制定革新开放政策的最终目的，也是"保护政权和越南共产党统治免遭来自内部的可能挑战"④。冷战后，国家间相互依赖加强，国际社会更加民主化，国家的生存安全得到一定的保障。所以，越南共产党的威胁认知也发生了改变，越南执政者更加关注政权生存，而非国家生存。所以，这一时期，越南最重要的国家利益是确保政权的稳定与安全。

---

① Nguyễn Vũ Tùng, *Khuôn khổ quan hệ đối tác của Việt Nam*, HN：Học viện Quan hệ Quốc tế, năm 2007, tr. 19.

② Đảng Cộng sản Việt Nam, *Văn kiện Đại hội đại biểu toàn quốc lần thứ VII Đảng Cộng sản Việt Nam*, HN：Nxb. Sự thật, năm 1991.

③ Đảng Cộng sản Việt Nam, *Nghị quyết 13 về đối ngoại của Bộ Chính trị*, tài liệu lưu tại Ban Đối ngoại Trung ương Đảng, năm 1988, tr. 12.

④ Nguyen Vu Tung, "Vietnam-ASEAN Cooperation after the Cold War", Ph. D. Dissertation, Columbia University, 2004, p. 224.

三　面向新世纪越南融入国际经济

(一) 经济全球化发展势头迅猛

国际体系的重大变化，以及信息时代的到来，使经济全球化以前所未有的力量深刻地影响着人们的生产和生活方式。跨国公司的迅速发展，使各国之间的联系更加紧密，世界形成日益一体化的国际生产体系。随着贸易的全球化发展，1995 年，世界贸易组织正式成立。外汇、股权、债权的交易规模以惊人的速度增长，金融的全球化发展势头强劲。在生产、贸易和金融日益全球化、一体化的同时，为共同应对全球化带来的挑战，经济的区域性发展特点凸显。除欧洲一体化步伐加快外，北美自由贸易区（NAFTA）、亚太经济合作组织（APEC）也正式建立并趋于制度化。在拉丁美洲、非洲等地，也出现了经济集团化，以避免在经济全球化浪潮中被彻底边缘化。

经济全球化改变了国际社会的面貌和国家的行为方式。随着发展成为国家利益重要组成部分，经济因素也成为影响每个国家以及当代国际关系的重要变量。经济发展不仅成为各个国家对外活动中追求的目标，而且也成为国家间关系的重要内容。为了在全球化进程中取得经济发展的优势，不同社会体系的国家改变管理机制，调整不适合的机制和模式。

但是，经济全球化也使国际社会面临不少挑战。它与被冷战阶段掩盖下来的社会、政治、安全等问题交织在一起，形成了冷战后世界在政治、经济以及安全等领域的新挑战。贫困问题、环境问题、人口问题、毒品问题、疾病蔓延问题、恐怖主义问题、宗教原教旨主义等，都构成了冷战后世界秩序重建中的威胁。2001 年，发生在美国的"9·11"事件使反对恐怖主义成为美国以及世界各国的重点，应对各种非传统安全也成为各国领导人关注的焦点。围绕全球治理而展开的气候外交、水资源管理、移民政策等，也日益成为各国博弈的热点领域。

(二) 东盟的区域一体化进展顺利

随着柬埔寨问题的解决，印支国家与东盟各国结束了政治对立。印支各国和东盟都希望加强合作，以维护东南亚地区的和平与稳定。

为提升东盟的影响力，东盟积极推动包括东南亚十国在内的大东盟的建立。1995 年，随着越南正式加入东盟，东盟开始了扩展进程，1997 年，老挝与缅甸正式成为东盟成员，1999 年，柬埔寨加入东盟，东盟实现了包括东南亚十国在内的大东盟的梦想。东盟扩展不仅使东盟作为东南亚地区组织更具有代表性，而且，也为东盟维护东南亚地区的和平与发展，促进区域一体化进程创造了条件。

东盟内部的经济合作进一步加强。1992 年，在新加坡举行的第 4 届东盟首脑峰会上，着重讨论了加强东盟国家经济合作和建立东盟自由贸易区问题。会议签署了《新加坡宣言》《加强东盟经济合作框架协定》和《共同有效优惠关税协定》。这些文件规定在 15 年内建成东盟自由贸易区，并制定了减税的进度表和减税的商品种类。根据进度表，东盟国家之间的贸易将在 5—8 年内将原税率在 20% 以上商品的税率降低到 20%，而所有商品的税率均应在 15 年内降到 5% 以下。1998 年，亚洲金融危机的爆发刺激了东盟合作步伐的加快。同年，在河内召开的第 6 届东盟首脑峰会上，东盟将东盟自由贸易区的最后期限提前到 2002 年年初。

东盟在加强内部一体化的同时，不断提升在亚太地区的影响力。通过区域、次区域机制的设立，东盟不断推动区域内国家之间的合作与发展，致力于培育东盟内的共同价值观，以期形成区域的共同市场和东盟共同体。2004 年，为改善和加强东盟组织的效率，第 10 届东盟首脑峰会开始起草和制定《东盟宪章》。为了加强东盟与外部伙伴之间的联系，2005 年，以东盟为核心的首届东亚峰会（EAS）在马来西亚召开，东亚峰会成为东盟协调东亚事务的重要多边机制之一。东盟在东亚乃至亚太地区所发挥的领导作用得到区域大国的支持与认可，东盟的国际地位与影响力不断得到提升。

（三）越南经济日益融入国际经济

冷战后，特别是随着柬埔寨问题的解决，越南外部安全环境得到极大改善。1991 年，越南与中国恢复了关系正常化，1995 年，越南不仅加入了东盟，而且也实现了与美国的关系正常化，打破了政治孤立，开启了融入国际的进程。

越南加入东盟后，于 1996 年 1 月 1 日开始参与东盟自由贸易区建设进程，逐步融入地区经济。同时，越南也加快了与国际经济组织的联系。1995 年 7 月，越南与欧共体缔结了经济、科学、技术关系及其他一些领域的协定。1996 年 3 月，越南成为亚欧会议的成员，出席曼谷召开的首届会议。1998 年 11 月，越南成为亚太经合组织（APEC）的成员。亚太经合组织包括美国、日本、加拿大、澳大利亚、新西兰等发达国家和中国及东亚"四小龙"等新兴工业化国家，国民生产总值超过世界总额的 1/2，越南与其成员国之间贸易占越南外贸总额的 80%。所以，越南加入 APEC 促进了越南与外部经济的联系，推动了越南经济的发展。随着不断融入地区和国际经济，越南的经济发展成效显著。20 世纪 90 年代末，越南已出现一批年出口总额达 10 亿美元的出口商品，如石油、大米、纺织品、制鞋和水产品等。从商品出口总额看，已从 1986 年的 67.78 亿美元增加到 2000 年的 143 亿美元，同期商品进口总额则从 18.3 亿美元增加到 152 亿美元。①

　　这一时期，越南与美国双边贸易关系得到发展，为越南全面融入国际经济奠定了基础。1997 年 4 月，越美之间开始就签订贸易协定问题进行谈判。2001 年，越美签订《双边贸易协定》（BTA），2003 年先后签署《双边纺织品协议》和《航空协议》。2005 年，越南总理潘文凯访美，美国表示支持越南加入世界贸易组织、承诺取消越南纺织品出口配额等，越美关系开始逐步升温。2006 年，美国总统小布什访越，一个月后，美国给予越南永久最惠国待遇（PNTR）。正如越南外交部发言人黎勇所言，这标志着越美两国关系的完全正常化，并为越美在各领域的发展奠定了坚实基础。② 2007 年，越南正式成为世界贸易组织成员国。同年，美国成为越南的最大出口市场，双边贸易额达 120 亿美元。③ 加入世界贸易组织，标志着越南已全面融

---

①　Phạm Xuân Nam, "Tăng trưởng kinh tế và tiến bộ xã hội nhằm chủ động hội nhập kinh tế quốc tế, *Nghiên Cứu Kinh Tế*, Số 2（286）năm 2001, tr. 64.

②　"Quan hệ Việt Nam-Hoa Kỳ: Bình thường hóa hoàn toàn", ngày 21 - 12 - 2006, Đại sứ quán Việt Nam tại Mỹ, http: //viet. vietnamembassy. us/tintuc/story. php? d = 20061221153833.

③　"Tọa đàm về quan hệ Mỹ -Việt tại Washington", ngày 8 - 10 - 2008, Đại sứ quán Việt Nam tại Mỹ, http: //viet. vietnamembassy. us/tintuc/story. php? d = 20081008162048.

入国际经济体系，经济发展进入一个新阶段。

（四）越南决策者关于和平发展的认识

20 世纪 90 年代中后期开始，越南对于历史发展趋势、时代特征，以及社会主义与资本主义关系等认识经历了一个不断调整变化的过程。关于战争与和平，越南从"战争危险降低"逐渐形成了"和平、合作与发展"是时代主流的认识。1996 年，越共八大报告"国际体系特点"部分指出，当今时代经济、科技领域竞争引发冲突的可能与世界和平稳定促进合作的可能并存，并做出"战争的危险已降低了"的判断。[①] 2001 年，越共九大认为，"在未来的几十年里，不太可能发生世界大战"[②]。2006 年，越共十大强调，尽管世界仍存在潜在的不稳定因素，但和平、合作与发展不断增强，"和平、合作与发展日益成为世界的主流"[③]。

越南对资本主义的性质及其自身矛盾给予了更加客观的评价。冷战时期，越南认为，"资本主义已经全面陷入前所未有的深层危机，即将崩溃"[④]。2001 年，越共九大承认，社会主义还处于充满困难和挑战的早期过渡阶段，从资本主义过渡到社会主义是"一条曲折的道路，是需要时间的"。同时，九大认为，"由于科技新成果的应用、管理方式的改进，生产结构的改革，所有制和社会政策的调整，资本主义目前仍具有经济发展潜力"[⑤]。

随着意识形态的淡化，越南在对外交往中不再区分社会制度，与所有国家和平共处，相互合作。2003 年，越共九届八中全会提出了越南敌友判断的新标准，"凡尊重越南的独立和主权，在友好、平等和互惠互利原则下发展与越南关系者，都是越南的合作伙伴；凡阴谋

① Đảng Cộng sản Việt Nam, *Văn kiện Đại hội đại biểu toàn quốc lần thứ VIII Đảng Cộng sản Việt Nam*, HN：Nxb. Chính trị Quốc gia, năm 1996, tr. 76.

② Đảng Cộng sản Việt Nam, *Văn kiện Đại hội đại biểu toàn quốc lần thứ IX Đảng Cộng sản Việt Nam*, HN：Nxb. Chính trị Quốc gia, năm 2001, tr. 65 – 66.

③ Nguyễn Vũ Tùng, *Chính sách đối ngoại Việt Nam-Tài liệu tham khảo phục vụ giảng dạy* (tập 2：1975 – 2006), Học viện Quan hệ Quốc tế, HN：Nxb. Thế giới, năm 2007, tr. 194.

④ Đảng Cộng sản Việt Nam, "Thông báo Đại hội lần thứ IX đại hội III", trích từ *Toàn tập văn kiện của Đảng*, HN：Nxb. Chính trị Quốc gia, năm 2007.

⑤ Nguyễn Vũ Tùng, *Chính sách đối ngoại Việt Nam-Tài liệu tham khảo phục vụ giảng dạy* (tập 2：1975 – 2006), Học viện Quan hệ Quốc tế, HN：Nxb. Thế giới, năm 2007, tr. 194.

破坏越南国家建设和保卫祖国目标者，都是越南的斗争对象"①。同时指出，"每个斗争对象与我们有合作的一面，每个合作伙伴与我们也有利益分歧和冲突的一面"②。敌友判断新标准的提出，体现了越南在外交中进一步去意识形态化，强调国家目标、国家利益的转变过程。这里强调的国家目标与国家利益，主要指"互惠互利"原则下建设国家，即发展利益。

这一时期，越南认识到经济全球化是客观趋势，国家要实现发展，不可能置身全球化之外。如果不参与这一进程，越南将失去在世界贸易体系中的平等地位，更没有机会和能力维护国家利益。

（五）从政权安全转向经济发展

加入东盟后，越南有了和平安定的周边环境，为国家经济发展创造了有利条件。基于"和平、合作与发展"时代特征的新认识，越南把经济利益置于比安全利益更重要的地位上。正如越南学者所言，这一时期，越南主要是为发展而"争取外部资源"③。作为一个经济基础薄弱的国家，越南为了满足现代化、工业化需求，需要借助外部力量；而在政治安全上，越南则常常保持低调，在区域与国际上较少发出声音。

这一时期，越南的优先国家利益是经济发展利益。1996 年召开的越共八大肯定了越南已具备经济发展的基础。越共八大文件明确表述，"我国的地位与实力已在实质上发生了转变。我国已摆脱了严重的持续 15 年的社会经济危机，已具备了转向新发展阶段（即加强工业化、现代化）的必要前提"④。同时，文件认为，越南"对外关系

① Ủy ban tư tưởng văn hóa Trung ương, *Tài liệu học tập về Nghị quyết lần thứ tám Ủy ban Trung ương lần thứ IX*, HN: Nxb. Chính trị Quốc gia, năm 2003, tr. 44.

② Vũ Khoan, "Sự cải cách đổi mới 20 năm trong lĩnh vực đối ngoại Việt Nam", *Báo Nhân Dân*, ngày 16 tháng 11 năm 2005.

③ Nguyễn Vũ Tùng, *Khuôn khổ quan hệ đối tác của Việt Nam*, HN: Học viện Quan hệ Quốc tế, năm 2007, tr. 23.

④ Đảng Cộng sản Việt Nam, *Văn kiện Đại hội đại biểu toàn quốc lần thứ VIII Đảng Cộng sản Việt Nam*, HN: Nxb. Chính trị Quốc gia, năm 1996, tr. 12.

发展强劲；摆脱了被包围、孤立状态；国际合作扩大"①，已具备将经济发展放在国家利益首位的条件和基础。在此基础上，越共八大提出了 2020 年的奋斗目标，认为 1996—2000 年是促进工业化、现代化建设的重要阶段。另外，越共八大也强调了以经济发展为中心的必要性与迫切性。八大文件指出越南的革新事业处于初期阶段，而且"我国仍是世界上最贫困国家之一；经济发展程度仍很低，物质基础薄弱"，② 要求全党要集中力量，抓住机遇，全面推进革新开放事业，为 21 世纪的经济起飞打下良好的基础。综上所述，自越共八大开始，越南已将发展经济放在国家利益的首位。

　　进入 21 世纪，越南更是将维护国家发展利益提升到外交工作的首位。2001 年，越共九大提出了"积极主动融入地区与国际经济"的越南外交总目标，同时提出"外交为经济服务"的口号。③ 为落实这一目标，外交部副部长周俊吉（Chu Tuấn Cát）强调，"一切对外政治活动，要确保政治目标与经济目标的协调一致，要为经济目标服务"④。2003 年，越共九届八中全会明确提出，"维护和平稳定环境，发展经济，实现工业化、现代化，是国家的最高利益"⑤。越南学者也呼吁，"抓住机遇，克服困难，在新时期加快发展，这对于国家具有生死存亡的意义"⑥。"维护和平，集中力量建设国家和发展经济是党和人民的最大利益。"⑦

　　随着融入地区经济的成果不断显现，2006 年，越共十大进一步

---

　　① Đảng Cộng sản Việt Nam, *Văn kiện Đại hội đại biểu toàn quốc lần thứ VIII Đảng Cộng sản Việt Nam*, HN：Nxb. Chính trị Quốc gia, năm 1996, tr. 11.

　　② Sdd. , tr. 63 – 64.

　　③ Đảng Cộng sản Việt Nam, *Văn kiện Đại hội đại biểu toàn quốc lần thứ IX Đảng Cộng sản Việt Nam*, HN：Nxb. Chính trị Quốc gia, năm 2001, tr. 29.

　　④ Chu Tuấn Cát, "Phối hợp hoạt động chính trị đối ngoại và kinh tế đối ngoại", *Tạp Chí Cộng Sản*, số 22, năm 2002.

　　⑤ Đặng Đình Quý, "Bàn thêm về lợi ích quốc gia dân tộc trong hoạt động đối ngoại Việt Nam giai đoạn mới", *Nghiên Cứu Quốc Tế*, số 1, năm 2010.

　　⑥ Hà Đăng, "Thời kỳ mới của sự phát triển", *Tạp Chí Cộng Sản*, số 31, năm 2003.

　　⑦ Vũ Dương Huân, *Ngoại giao hiện đại Việt Nam hướng tới sự nghiệp Đổi Mới*, HN：Nxb. Học viện Ngoại giao, năm 2002, tr. 66.

提出，"主动积极融入国际经济，同时扩大在其他领域的合作"①。这不仅为经济发展提出了更高要求，而且为下一步的外交重心转移做了铺垫。这一时期，越南经济的发展在增强了越南国家实力的同时，也为提高其外交地位与影响力奠定了物质基础。

四 新时期越南不断提升地区和国际影响力

（一） 大国博弈中的南海问题

随着亚洲，特别是东亚成为世界经济发展的新动力，该地区吸引了全球的关注，而中国的快速崛起也带来了地区乃至世界范围内权力结构的调整。这种调整充分地体现在大国对南海问题的博弈上。南海是中国战略防御的前沿阵地，中共十八大提出，中国要建立海洋强国，不仅是建立现代可持续发展的海洋经济，也要有能力保护国家的领土主权。

2009 年，美国总统奥巴马上台后，调整美国对外政策，先后提出"巧实力""重返亚太""亚太再平衡"，要做"太平洋总统"。美国在加强与亚太地区盟友关系的同时，强调深化与潜在重要伙伴的合作，重视对东南亚地区的影响。自 2009 年美国国务卿希拉里在东盟会议上宣布"美国归来"后，2010 年，又在越南河内宣称"美国在航海自由，开放亚洲海上通道上具有国家利益"，② 加大了在南海问题上的干预力度。2012 年，美国发表新版《国家军事战略报告》，强调将加强与菲律宾、泰国、越南、马来西亚、巴基斯坦、印尼以及新加坡等国的军事关系，加强与菲律宾、越南等南海声索国之间的关系，为其战略调整服务。2013 年，越美确立"全面伙伴关系"，2014年，针对越南阻挠中国部署 981 钻井平台事件和中国填海造岛行动，美国公开指责中国"挑衅性的单方面行为"有违国际法，并首次明确要求争议各方"冻结"在南海的行动。③ 2016 年，美国总统奥巴

---

① Đảng Cộng sản Việt Nam, *Văn kiện Đại hội đại biểu toàn quốc lần thứ X Đảng Cộng sản Việt Nam*, HN：Nxb. Chính trị Quốc gia, năm 2006, tr. 112.

② Hillary Rodhan Clinton, Secretary of State, Remarks at Press Availability, National Convention Center, Hanoi, 23 July 2010.

③ 信强：《"五不"政策：美国南海政策解读》，《美国研究》2014 年第 6 期，第51—68 页。

马访越，并宣布全面解除对越南的武器禁令。美国提出的"重返亚太"战略，其实质就是平衡中国崛起后在地区的影响力，维护美国在该地区的国家利益。越南因其特殊的战略地位及与中国关系，而被美国视为重返亚太的战略支点。

日本、印度、俄罗斯等区域强国出于战略和经济等目的也不同程度地参与南海问题。随着中日在东海问题上的矛盾日益激化，日本加大南海动作，通过与美国进行联合巡航，和菲律宾进行双边军事演习等方式，寻求军事介入南海争端，以期推行"东海和南海捆绑和联动"策略，进一步对中国施压。日本指责中国"试图以实力改变现状"，明确支持南海地区与中国有领土争端的国家。[①] 俄罗斯作为越南武器装备的主要供应国，在南海问题国际化背景下，也加强了与越南的安全合作。2009 年，俄罗斯向越南出售了近 30 亿美元的潜艇等先进装备，占到越南武器进口份额的 93% 。到 2016 年，越南向俄订购的 6 艘基洛级柴电静音潜艇全部交付越南海军，将可能部署在南海南部，形成"潜艇伏击区"[②]。2009 年，越南与印度进行了首次战略对话，并签署了防务谅解备忘录。加强东向战略部署，扩大对南海地区的军事控制力，成为印度实现其大国战略追求和安全利益的重要一环。[③]

（二）东盟共同体的形成

随着国际政治和世界经济的复杂演变，东盟不断加快区域一体化进程。为了塑造团结合作的地区组织形象，在区域经济一体化基础上，东盟需要提升各国在政治、安全、社会等领域的合作水平。在1997 年颁布的《东盟愿景 2020》中曾最早提及东盟共同体概念，但主要侧重于强调东盟身份的认同，并没有明确的具体内涵和实现路径。2003 年，第 9 届东盟首脑峰会正式宣布将于 2020 年建成以政治安全共同体、经济共同体、社会文化共同体为三大支柱的东盟共同

---

① 李聆群：《日本的南海政策及其发展演变》，《和平与发展》2015 年第 1 期，第96—112 页。

② "Vietnam's Undersea Anti-Access Fleet", http://thediplomat. com/the – naval – diplo-mat/2012/11/01/vietnams – undersea – anti – access – fleet.

③ 方晓志：《对当前印度南海政策的战略解析及前景展望》，《国际论坛》2013 年第 1期，第 66—71 页。

体。其后，2007年1月，第12届东盟首脑峰会签署了《宿务宣言》，决定提前于2015年完成东盟共同体建设。第13届东盟首脑峰会签署了《东盟经济共同体蓝图宣言》，成为东盟经济一体化建设的总体规划和指导性文件。2009年3月，第14届东盟首脑峰会通过了《东盟共同体2009—2015年路线图宣言》，提出了东盟共同体建设的具体指导和规划方案，列出了优先发展领域和核心要素等，为落实东盟共同体目标提供了依据和路径。

为了推进东盟共同体建设，增强东盟凝聚力，提升东盟整体实力与国际地位，2007年11月20日，第13届东盟首脑峰会签署了《东盟宪章》。《东盟宪章》不仅标志着东盟成为具有法律意义的国家间组织，而且明确了东盟的共同发展目标和方向。宪章以法律文件形式确定了东盟共同体是未来东盟的目标，宣布未来的东盟具有一个目标、一个身份和一个声音，将共同应对未来的挑战。东盟秘书长王景荣认为，宪章是建立东盟共同体的"基础文件"。新加坡总理李显龙也表示，宪章将为东盟的未来"奠基"①。2014年，第24届东盟首脑峰会确定于2015年年底实现东盟共同体。

在东盟共同体建设中，东盟加强了内部政治安全合作，增强了战略互信与防务机制建设。在已有《东南亚友好合作条约》《东南亚无核武器区条约》以及《南海各方行为宣言》等文本章程，以及东盟地区论坛（ARF）安全对话机制基础上，2006年，东盟防长会议（ADMM）机制成立，成为讨论地区安全问题的主要平台。这为未来东盟的安全信心构建、预防冲突和防务合作提供了良好基础。同时，东盟不仅推进关税削减，而且积极消除非关税贸易壁垒，制订贸易便利化计划，建立东盟贸易信息库，为形成东盟开放市场而努力。在本地区塑造一个共同身份，改善东盟人民的生活和福祉，不仅有助于成员国接受共同规范、分享共同价值观，推动在安全领域的地区合作顺利开展，而且有助于互信互谅意识的培养，可以增加各国对区域经济合作机制的信心，促进经济一体化建设。2015年12月31日，东盟

---

① 《〈东盟宪章〉：重要的里程碑》，2007年11月20日，央视网（http://news.cctv.com/world/20071120/107887.shtml）。

宣布东盟共同体成立，一个更加紧密团结的东盟提升了其在地区和国际上的地位与影响力。

（三）越南经济持续发展

经过革新开放三十年的发展，越南经济社会发展取得了显著成就。特别是 2007 年加入世界贸易组织后，越南逐步融入了地区及国际经济。通过改革国有企业，鼓励私有经济发展，培育国内市场，提高企业竞争力等，越南不断发展、健全和提升国内产业结构，增强自身经济的独立性和竞争性。同时，越南通过与中国、美国、韩国、日本等国家签订贸易协定，扩展了贸易市场。2007 年，越南商品出口总额是 485.6 亿美元，到 2011 年达到 963 亿美元，增长了一倍，而且市场规模不断扩大，2010 年出口金额 10 亿美元以上的越南商品种类达到 19 种。[1] 尽管 2012 年，越南 GDP 增长率为 5.03%，是 1999年以来增速最慢的一年，但 2012 年出口达 1146 亿美元，比 2011 增长 18.3%，进口达 1143.5 亿美元，比 2011 年增长 7.1%。[2] 2013年，越南 GDP 增长率上升至 5.42%，出口约为 1322 亿美元，同比增加 15.4%，吸引外资 216 亿美元，同比增长 54.5%。2014 年，越南经济继续回暖，不仅在制定的 14 项指标中 13 项超标完成，而且 GDP增长约 5.98%，通胀率低于 3%，为 10 年来最低。2014 年，越南进出口总额达 2980 亿美元，其中，出口 1500 亿美元，同比增长 13.6%；进口 1480 亿美元，增长 12.1%，贸易顺差 20 亿美元。

同时，越南在吸引外资和争取援助方面也成效显著。在外国直接投资方面，到 2010 年，越南已吸引外资近 800 亿美元，占投资总额的 30%，创造了 35% 的工业产值，并直接提供 40 万个、间接提供 200 万个劳动岗位。[3] 在外国官方发展援助（ODA）方面，到 2010年，越南的 ODA 承诺总额已超过 466 亿美元，促进了消饥减贫、基础建设、卫生、教育等领域的发展。

---

① "Năng lực cạnh tranh của doanh nghiệp Việt Nam sau 5 năm gia nhập Tổ chức Thương mại Thế giới", http://www.mofa.gov.vn/vi/nr091019080134/ns120427163434/view.

② 《2012 年越南经济仅增长 5.03%》，中国驻胡志明市总领事馆经济商务室网站（http://hochiminh.mofcom.gov.cn/article/jmxw/201212/20121208497625.shtm）。

③ Nguyễn Thế Lực, Nguyễn Hoàng Giáp, "Việt Nam hội nhập nhất thể hóa kính tế thế giới, quá trình và thành quả", *Nghiên Cứu Quốc Tế*, số 55, năm 2000.

越南积极推进贸易自由化，改善投资环境，提高经济竞争力；加速自由贸易区谈判，促进出口市场的多元化。通过对《投资法》和《企业法》的修改，放宽对外国投资领域的限制，简化手续，引导外资进入高科技产业。同时，越南也加快了国有企业的股份化进程，引入竞争机制，进一步提升企业竞争力，为越南企业有效参与国际合作奠定基础。据世界经济论坛报告显示，2014—2015 年，越南竞争力在参评的 148 个国家中位居第 68 位，比上一年度排名上升了两位。[①]

（四）越南领导人对复杂国际局势的认识

这一时期，越南领导人对于时代特点的认识，在肯定和平与发展的大趋势之外，强调大国博弈加剧所带来的不稳定性和复杂性。2011 年，越共十一大认为，"和平、合作与发展仍是大趋势"，但带有跨国性质的非传统安全问题日益突出，"要求各国配合行动，共同应对"[②]。关于东亚区域，越共十一大认为，"亚太区域仍是发展活跃的地区，并正在形成多样化的联合与合作。但仍存在不稳定因素，特别是主导权争夺、海岛、资源和主权之争等"[③]。在中国影响力不断增强背景下，美国提出亚太再平衡战略，日本加紧提升防务自主能力，俄罗斯、印度、澳大利亚等国家也积极介入东亚地区热点问题，大国博弈态势加剧。

由于受到历史经历以及现实争端的影响，越南对中国崛起存在较高的防范警惕心理。越南与中国虽然政治体制、意识形态相同，但是由于历史原因和地缘政治因素，越南对中国一直存有疑虑，视中国为"不可预测的北方巨人"[④]。中国崛起的现实以及中越间存在的领海主权争端，使越南对中国更加警惕。[⑤] 这特别表现在越中不断加大的贸

---

① 吴逸清：《越南 2014 年经济表现及 2015 年展望》，《东南亚纵横》2015 年第 2 期，第 28—30 页。

② Đảng Cộng sản Việt Nam, *Văn kiện Đại hội đại biểu toàn quốc lần thứ XI Đảng Cộng sản Việt Nam*, HN：Nxb. Chính trị Quốc gia, năm 2011, tr. 96.

③ Như trên.

④ Brantly Womack, *China and Vietnam-the politics of Asymmetry*, New York：Cambridge University Press, 2006, p. 9.

⑤ 李春霞：《越南官方媒体的中国认知变迁分析——以越南〈人民报〉（2000—2011）为样本》，《当代亚太》2012 年第 5 期，第 97—120 页。

易逆差问题上，自2001年起，越南对中国的逆差显著增加，2001年为1.89亿美元，2006年为41.5亿美元，2008年达到111.2亿美元，相当于当年越南对外贸易逆差总额的61%；2010年，增至126亿美元，相当于当年越南对外贸易逆差总额（120亿美元）的105%。这引起越南的极大不安。越南学者认为这是"大国抑制小国发展的结果"①，甚至警告说："如果在未来一段时间两国经济不进一步发展，将会影响到双边政治关系或者说这种政治关系仅在表面上维持罢了。"②

随着南海问题的持续升温，越南对中国的战略信任度急剧下降。通过对越南《人民报》2000年到2011年关于中越关系社论的分析发现，2008年10月20日越南总理阮晋勇在访华时的社论中，首次提到了"继续巩固两国高层领导信任关系"，此后，有关两国关系的社论中也持续出现这一表述。两国之间的信任建立被正式在两国关系的社论中提及，在一定程度上反映出越南对中国认知中疑虑、防范心理的增强。自2006年8月27日越南总书记农德孟访华时的社论开始，"历史遗留问题""领土边界问题"等词汇，以及"共同维护东海（即我南海）稳定"等内容不断出现。这体现出越南对中国的威胁认知上升，对中国崛起更加警惕。同时，在有关越中双边关系的报道中，关于南海主权争端的报道不断增多。自2007年开始，越南《人民报》对南海争端的报道不仅次数上升到7次，而且语气更加强硬，出现"坚决反对"等词汇；2009年报道次数升至12次，2011年18次。③

越南领导人在南海问题上表现出明显的民族主义倾向。2010年，越南时任国家主席阮明哲（Nguyễn Minh Triết）在视察白龙尾岛时称，"决不允许任何人侵占我们的海滩和岛屿……祖国的每一寸土地都决

①　[越]阮怀秋：《从边缘看大国：越南〈中国研究〉期刊对越中关系的认识》，台湾大学政治学系中国大陆暨两岸关系教学与研究中心，2009年，第57页。

②　Đỗ Tiến Sâm, "Vài nét suy nghĩ về quan hệ Việt-Trung nhân dịp 50 năm xây dựng quan hệ ngoại giao Việt-Trung", *Nghiên Cứu Trung Quốc*, số 3, năm 2000, tr. 19.

③　李春霞：《越南官方媒体的中国认知变迁分析——以越南〈人民报〉（2000—2011）为样本》，《当代亚太》2012年第5期，第97—120页。

不能屈辱退让"①。2012 年 12 月 4 日，阮晋勇（Nguyễn Tấn Dũng）在海防谈到 2013 年的国家形势时说，"我们的海岛和国家主权面临着被侵犯的威胁。……对于国家主权，我们正在并将会倾尽所有誓死保卫……"② 这充分表明，在越南决策者的认识中，国家利益日益成为越南外交关注的重点。

国际局势的复杂演变不仅深刻影响了越南对国家利益的判定，而且也促使越南决策者在处理国家间关系时，更加重视和强调国家利益。在大国博弈加剧背景下，越南首次明确提出"国家—民族利益"是外交工作的最高原则，"国家—民族利益，既是外交活动的目标也是最高原则，是近九千万越南人民的最高利益，也是四百万海外越南人的最高利益"③。这充分体现了越南外交思维的转变。

（五）将经济实力转换成国际影响力

在已融入世界经济，并取得一定发展成就之后，越南的优先国家利益是什么？自 1996 年越共八大开始，越共文件中不再使用"国际义务"的概念，而代之以"提高国际地位"，"扩大对外关系，积极参与国际和区域组织，在国际舞台上提高我国的地位"④。2001 年，越共九大向世界宣布，越南"是各国的朋友，可靠的合作伙伴"⑤，并在《2001—2010 年十年总体战略目标》中提出，要"提高越南在国际舞台上的地位"⑥。2011 年，越共十一大提出，越南"是各国的

①　Nguyễn Mạnh Hùng, "Quan hệ Việt -Mỹ: 35 năm nhìn lại", *Nghiên cứu Quốc tế*, số 82, năm 2010, tr. 5 – 24.

②　"Thủ tướng Nguyễn Tấn Dũng: Hòa bình nhưng phải tự vệ", http：//biendong. vntime. vn/Tin – Bien – Dong/09f68af3 – 7b6b – 414e – 9dc0 – 6c2e37392856/Thu – tuong – Nguyen – Tan – Dung – Hoa – binh – nhung – phai – tu – ve –. html.

③　Phạm Bình Minh, "Đường lối đối ngoại và sự phát triển tư duy đối ngoại của Đại hội Đảng lần thứ XI", http：//www. mofa. gov. vn/vi/nr040807104143/nr040807105039/ns111010 235902#zZXDi4XeOTh2.

④　Đảng Cộng sản Việt Nam, *Văn kiện Đại hội đại biểu toàn quốc lần thứ VIII Đảng Cộng sản Việt Nam*, HN：Nxb. Chính trị Quốc gia, năm 1996, tr. 84.

⑤　Đảng Cộng sản Việt Nam, *Văn kiện Đại hội đại biểu toàn quốc lần thứ IX Đảng Cộng sản Việt Nam*, HN：Nxb. Chính trị Quốc gia, năm 2001, tr. 119.

⑥　Sdd. , tr. 159.

朋友，可靠的合作伙伴，是国际社会的负责任成员"①。从"提高国际地位"概念的出现，到"是各国的朋友，合作伙伴"，再到"是国际社会的负责任成员"，越南对其国际身份和角色的定位在不断调整。越南学者认为，这一过程也体现了越南与国际社会关系的调整，即从"索取、搭便车"，到为国际社会做贡献。②

角色认识的转变背后是这一时期越南主要国家利益的转变。经过革新开放三十年的发展，越南不仅摆脱了经济社会危机，而且增强了国家实力。随着国家实力的增强，越南对国家地位与影响力的需求上升，再加上越南对国际局势复杂演变的担忧，将经济实力转化为外交影响力，拓宽越南的战略活动空间，通过大国平衡战略维护国家利益成为这一时期越南的优先国家利益。2010 年，越南外交学院院长邓廷贵指出，"在我国正日益深刻地融入地区与国际的背景下，发展空间与国际地位日益被视为是国家综合实力的一部分（或衡量尺度），同时也越来越成为提高实力的重要方式"③。越共十一大明确提出"融入国际社会"战略，要求不仅在经济，还要在政治、文化、社会等各个领域融入国际社会，并成为"积极、主动、负责任的国际社会成员"。这表明争取更大战略空间，追求政治外交影响力是这一时期越南的主要外交目标。

越南国家利益由发展利益向影响利益的变迁，清楚地反映在越南外交目标的调整上。2007 年，落实越共十大政策一年后，越南时任外长范家谦做了如下总结：

"虽然经过了 20 年发展，但越南仍是低水平的发展中国家。与区域许多国家相比，越南的发展程度差距还很大，与发达国家相比就更大。因此，十大强调'当前我们全民族最迫切的需求'是继续推进革新，使之更全面和配套，以'更快的速度实现可持续发展'。当前

---

① Đảng Cộng sản Việt Nam, *Văn kiện Đại hội đại biểu toàn quốc lần thứ XI Đảng Cộng sản Việt Nam*, HN: Nxb. Chính trị Quốc gia, năm 2011, tr. 236.

② Phạm Bình Minh, "Ngoại giao Việt Nam năm 2012: Vượt qua thách thức, vững bước hội nhập quốc tế", *Nghiên Cứu Quốc Tế*, số 1, năm 2013, tr. 5 – 16.

③ Đặng Đình Quý, "Bàn thêm về lợi ích quốc gia dân tộc trong hoạt động đối ngoại Việt Nam giai đoạn mới", *Nghiên Cứu Quốc Tế*, số 1, năm 2010.

至 2010 年任务是'早日使我国脱离欠发达状况，为 2020 年我国基本成为一个现代化工业国家奠定基础'。也就是说，为了发展而巩固和平，增强合作是中心任务，是我国在新阶段的头等重要目标。"①

尽管他仍强调发展利益，但我们注意到，他同时强调，为了发展，"巩固和平""增强合作"是"新阶段的头等重要目标"。这一时期，越南领导人追求的发展目标已由原先的"摆脱国内经济社会危机"，转向了"追赶世界发达经济体"。《2011—2020 经济社会发展战略》提出，"努力使国内生产总值达到 2010 年的 2.2 倍。国内生产总值达到人均 3000 美元"②。这一时期，在越南对外政策中，促进经济社会发展是增强国家综合实力，提高地区和国际地位、发挥影响力的基础，是为外交服务，而非前一时期的"外交为经济服务"。这表明，外交与经济之间的关系发生了本质性改变。这一点，从范家谦的讲话中可以得到证明：

"新阶段，我们继续更深地融入，更全面地参与，不只是在经济领域，还包括符合我国具体利益和条件的其他合作进程。……根据十大的外交部署，将多边外交作为外交的首要中心任务。随着我国日益融入国际，多边外交将日益重要，为促进双边关系和提高我国在国际上的地位创造有利环境。……将提高外交为经济服务效果作为第三中心任务。"③

这一时期，为了追求和实现影响利益，多边外交已成为越南外交中的首要任务，而前一阶段的首要任务"外交为经济服务"则不仅排在第三位，而且表述也调整为"提高外交为经济服务效果"。所以，这一时期，虽然仍以发展利益为中心，但为保障发展利益，以多边外交为主要形式，提高国际地位，扩大影响力已成为优先追求的国家利益，也是越南外交的指南针。

---

①　Phạm Gia Khiêm, "Đẩy mạnh triển khai thực hiện thắng lợi đường lối, chính sách đối ngoại đại hội lần thứ X của Đảng", *Tạp chí Cộng sản*, số 13, năm 2007.

②　Bùi Việt Bắc, *Hiểu biết văn kiện đại hội đại biểu lần thứ XI và điều lệ Đảng Cộng sản Việt Nam*, HN: Nxb. Thời Đại, năm 2011, tr. 76.

③　Phạm Gia Khiêm, "Đẩy mạnh triển khai thực hiện thắng lợi đường lối, chính sách đối ngoại đại hội lần thứ X của Đảng", *Tạp chí Cộng sản*, số 13, năm 2007.

第三节 越南的东盟政策演变

国际环境的演变、地区局势的发展，以及越南国家实力的增强，越南决策者对时代认识的变化，使越南决策者对越南国家利益的判断在不同时期出现不同的优先排序，而正是国家利益排序的变化，带来了越南对东盟政策的调整与演变。

一 冷战时期越南对东盟的敌对政策

冷战时期，在东西两大阵营的对峙中，东盟与越南分属不同的阵营，意识形态的不同，成为东盟与越南之间对立的主要归因。但20世纪70年代越南与东盟短暂的缓和说明，越南对东盟的敌对是出于对自身生存安全的关切，而非完全出于意识形态的分歧。

东盟成立时，越南正处于抗美战争时期，部分东盟成员国为美国提供便利，甚至是直接参与了越南战争。马来西亚曾提供专家帮助美国落实在南越的"战略村"计划；新加坡允许美国运往南越的战略物资过境；泰国、菲律宾则直接派兵参战。而且，设在泰国与菲律宾的美国空军基地是美国侵越战争中的主要基地，设在菲律宾的美军第13空军集团指挥部负责指挥整个对越南南方的空中作战。位于泰国呵叻（Korat）和菲律宾苏比克湾（Subic）的美国空军基地每年承担10%的印支战场军备武器运输任务。美国第七舰队长年驻扎菲律宾克拉克（Clark）空军基地，对该地区进行"威慑"。为了阻止共产主义蔓延，在越南战争中，东盟国家甘心充当美国侵略越南领土的跳板和后方基地。

正是基于对国家安全利益的担忧，越南对东盟有毫不掩饰的恶感。[1] 越南决策者认为，既然东盟在政治上，而且在经济上依赖美国，那么东盟就是美国任意使用的工具，东盟的外交政策就是服务于

---

[1] Nguyễn Huy Hồng, "Về quan hệ giữa Việt Nam và ASEAN", *Nghiên Cứu Đông Nam Á*, số 2, năm 1995, tr. 21 – 25.

美国利益的。越南学者在分析这一时期与东盟关系时也认为："这一时期，越南与东盟的对立并非因社会制度的差异或二战后世界的两极格局，而是因为东盟国家被美国拉入了破坏越南革命的战争之中。"①所以，越南决策者对于东盟的恶感，并非表面上的意识形态差异，更深层次是来源于对国家生存安全的担忧。

因此，这一时期，越南对东盟采取敌对政策。东盟在越南外交中的位置与关系如图 2—1 所示：

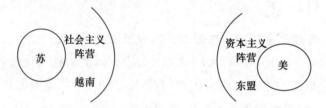

图 2—1　冷战时期东盟在越南外交中的位置与关系

基于对东盟的敌对政策，在冷战时期，越南与东盟关系始终处于对立与冲突状态。尽管 70 年代基于现实利益考虑，越南策略性地改善与东盟国家间关系，越南与东盟关系出现了短暂的缓和，但越南对东盟的敌对政策并没有发生根本变化。这也是越南与东盟这一时期不可能实现真正合作的原因。

二　冷战后越南对东盟的合作政策

为了打破政治孤立，改善外部安全环境，20 世纪 80 年代末到 90 年代中期，越南着重调整与中国、美国以及东盟的关系，为经济建设营造和平、稳定的国际环境。这一时期，越南一方面突出经济的重要性，另一方面提出了"增友减敌"方针。1989 年 3 月，越共六届六中全会强调，"将外交活动从以政治关系为主转向以政治经济关系为主，

① Lê Văn Quang, Quan hệ Việt Nam-ASEAN và những bài học kinh nghiệm, đề tài nghiên cứu khoa học cấp bộ, Đại học Quốc gia TP. HCM Trường Đại học Khoa học Xã hội và Nhân văn, năm 2001, tr. 13.

扩大经济关系，服务于建设与保卫祖国事业"①。1990 年 3 月，越共六届八中全会强调，"继续坚持增友减敌方针，扩大对外关系，维护和平，建设与保卫祖国"②。1991 年，越共七大文件进一步提出，"越南愿与致力于和平、独立与发展的所有国家成为朋友"，主张在和平共处原则基础上，同社会政治制度不同的所有国家进行平等互利的合作。③ 同时，越共七大进一步调整和完善了革新开放政策，确立了商品经济发展路径，并于 1992 年将这些成果写进宪法。这标志着越南彻底摆脱了苏联模式，走上了与中国相似的渐进稳健的发展模式。④

随着外交思维中意识形态的淡化，地缘政治的上升，越南对东盟的认识发生了改变。特别是在与东盟协调解决柬埔寨问题过程中，越南逐渐认识到东盟在国际社会中的影响力，以及在地区的主导作用。1986 年，越共六大提出，在 "发展和巩固印支三国特殊关系" 的同时，"努力发展与印尼和其他东南亚国家的友好合作关系"，"我们希望并随时准备与区域国家协商解决东南亚问题，将东南亚建设成为和平稳定和合作的区域"⑤。1988 年，越共政治局第 13 号决议提出，"应制定对东南亚的全面政策，首先要加强与印尼在多领域的合作关系，打破与泰国关系中的障碍，扩大与区域内国家在经济、科技和文化上的合作关系，以协商方式解决我国与这些国家间存在的问题，促进和平、稳定、友好与合作的区域建设"⑥。虽然越南在文件中并没

---

① "Báo cáo tại hội nghị lần thứ sáu Ban chấp hành trung ương Đảng（khóa VI），kiểm điểm hai năm thực hiện Nghị quyết đại hội VI，và phương hướng nhiệm vụ ba năm tới"，*Toàn tập Văn kiện của Đảng*（tập 49），HN：Nxb. Chính trị Quốc gia，tr. 905.

② Bộ Chính trị，"Nghị quyết hội nghị lần thứ tám Ban chấp hành trung ương Đảng（khóa VI），số 08A-NQ/HNTW ngày 27 tháng 3 năm 1990，về tình hình các nước Xã hội Chủ nghĩa，sự phá hoại của Chủ nghĩa Đế quốc và nhiệm vụ cấp bách của Đảng ta"，tài liệu lưu tại Cục lưu trữ，Văn phòng trung ương Đảng，tr. 40.

③ Đảng Cộng sản Việt Nam，*Văn kiện Đại hội đại biểu toàn quốc lần thứ VII Đảng Cộng sản Việt Nam*，HN：Nxb. Sự thật，năm 1991.

④ 游明谦：《当代越南经济社会发展研究》，香港社会科学出版社有限公司 2004 年版，第 95 页。

⑤ Đảng Cộng sản Việt Nam，*Văn kiện Đại hội đại biểu toàn quốc lần thứ VI Đảng Cộng sản Việt Nam*，HN：Nxb. Sự thật，năm 1987，tr. 100 – 108.

⑥ Đảng Cộng sản Việt Nam，*Nghị quyết 13 về đối ngoại của Bộ Chính trị*，tài liệu lưu tại Ban Đối ngoại Trung ương Đảng，năm 1988，tr. 12.

有直接提及东盟组织，但通过越南有意改善和加强与东盟成员国关系的表述，可以看出，越南已不再将东盟视为敌人，而是间接承认东盟在建立地区新秩序中的重要作用。

越南逐步明确加强与东盟国家关系，并考虑加入东盟的可能性。1989 年 3 月，越共六届六中全会进一步明确了从柬埔寨撤军的必要性，同时决定将加强与东盟邻国的经济合作作为外交重点，积极参与东南亚的和平、稳定、友好与合作进程。[①] 1990 年 3 月 27 日，越共六届八中全会进一步明确提出，为了突破包围禁运，创造和平稳定发展环境，应将扩大与区域内邻国的友好合作放在优先位置。1991 年 6 月，越共七大明确提出了对东南亚外交政策，"对于东南亚国家，我们主张在尊重独立和主权、不干涉内政、互惠互利原则下扩大多领域关系"。"发展与东南亚各国的友好关系，为东南亚的和平友好与合作而努力。"[②] 1992 年 6 月，越共七届三中全会就如何发展越南与东盟的关系做出具体指导，"应尽快加入《东南亚友好合作条约》，参加东盟的对话论坛，积极研究未来如何扩大与东盟关系"[③]。会议还正式承认国家利益已成为越南与地区国家间关系的指针。从国家利益与对外目标出发，越南提出，"发展与邻国和区域国家的友好合作关系，建立和平稳定周边环境，是党和国家对外活动的首要任务"[④]。越南还将"与社会主义国家和邻国加强友好团结与合作关系"写入了 1992 年《宪法》。

1993 年 10 月 15 日，越共总书记杜梅在访问泰国期间，宣布了越南对东南亚的"新四点"政策。即：

（1）越南实行独立自立外交政策，以全方位、多样化方针，在尊重独立、主权、领土完整、和平解决争端、不以武力相威胁，不结

---

① Nguyễn Thị Quế, Nguyễn Hoàng Giáp, *Việt Nam gia nhập ASEAN từ năm 1995 đến nay: thành tựu, vấn đề và triển vọng*, Nxb. Chính trị Quốc gia, 2012, tr. 47.

② Đảng Cộng sản Việt Nam, *Văn kiện Đại hội đại biểu toàn quốc lần thứ VII Đảng Cộng sản Việt Nam*, HN: Nxb. Sự thật, năm 1991, tr. 40.

③ Nguyen Vu Tung, "Vietnam-ASEAN Cooperation after the Cold War", Ph. D. Dissertation, Columbia University, 2004, p. 189.

④ Đảng Cộng sản Việt Nam, *Văn kiện Đại hội đại biểu toàn quốc lần thứ VII Đảng Cộng sản Việt Nam*, HN: Nxb. Sự thật, năm 1991, tr. 88.

盟对立，平等合作、互利、为各国在和平与发展的基础上，与国际社会所有国家扩展关系。（2）越南主张加强与每个邻国以及作为地区组织的东盟在多领域加强合作关系，在适当的时间随时加入东盟。（3）越南随时准备参加双方与多方对话，首先是地区内国家间，以寻找有效措施确保地区的和平、稳定与安全。在此精神下，越南随时积极参加区域政治安全论坛，在保证每个国家安全的基础上；发展与参加论坛的每个国家的平等关系，不做影响第三国的事。越南主张将东南亚变成和平、合作与发展，没有核武器和外国军事驻地的区域。（4）越南主张通过和平协商解决各国间的争端，包括南海上的海域与岛礁争端，以相互平等、理解与尊重的精神，尊重国际法与1982年海洋公约；尊重沿海国家对经济专属区和大陆架的主权；在积极促进协商寻找根本长久措施期间，各有关方应维持稳定，维持现状，保持克制，不做使情况复杂化的事情，不使用武力，共同寻找适当合作，包括在各方认可的方式及地区发展合作，当前可以在气象水文、航海、环境保护、援救、防海盗和禁毒领域合作。[1]

与1976年提出的"四点原则"相比，越南的东南亚地区"新四点政策"体现了越共对外思维的革新，受到东盟国家与国际社会的欢迎。虽然出于安全需要，越南开始调整与地区国家间关系，但应当看到，这一时期，东盟在越南的整体外交布局中仍处于外围。1992年6月，在七届三中全会上，越共总书记杜梅作了题为《当前的时局与我们的任务》的报告，对越南的外交战略和外交方针做出重大调整。杜梅提出，新形势下，越南的外交政策是"开放、全方位、多样化的外交政策"，既包括政治、经济、文化、科学技术方面，也包括党、国家和人民团体、非政府组织等方面。[2] 这是越南共产党首次提出"全方位、多样化"外交政策。在具体的对外政策方面，杜梅首先强调，应"坚持执行社会主义国家团结的一贯路线"，其次提

---

[1]　Đào Huy Ngọc, *ASEAN và sự hội nhập của Việt Nam*, HN: Nxb. Chính trị quốc gia, năm 1997, tr. 199 – 200.

[2]　Đỗ Mười, "Tình hình hiện nay và nhiệm vụ của chúng ta", *Tạp Chí Cộng Sản*, số 6, năm 1992, tr. 3 – 4.

出要"建立地区内各国的友好关系"和"扩大与发达资本国家的关系"①。

这一时期,越南仍认为社会主义国家,包括中国、古巴、朝鲜和老挝等是其最亲密朋友。东南亚其他国家只处于伙伴等级中的第三级,在印度和东欧前社会主义国家之后。东盟其他国家之后是其他国家组成的第四级,美国是主要敌人排在最外围。这一时期,东盟在越南外交中的位置与关系如图2—2所示:

图2—2 冷战后东盟在越南外交中的位置与关系

因此,这一时期是越南逐步与东盟缓和关系,开展合作的开始。虽然出于摆脱政治孤立困境的需要,越南回归地区,改善与东盟国家关系,并最终加入东盟,但关于东盟的认识在越南内部并不统一,这必然影响到东盟在越南外交中的地位与作用。

三 新世纪越南对东盟的融入政策

加入东盟是越南融入世界经济的起点,同时也是越南外交的突破,是越南逐步摆脱意识形态束缚的体现。但这一时期,对于东盟的定位与认识,在越南决策者内部仍存在不同的声音与看法。而且,1998年亚洲金融危机的冲击,也在一定程度上削弱了东盟的威望与实力。进入21世纪,越南确立了"融入国际经济"的外交总目标,在"外交为经济服务"的方针指引下,加强东盟的区域经济功能与

---

① Phạm Bình Minh, "Một số suy nghĩ về định hình chính sách đối ngoại mới", trích từ Phạm Bình Minh, *Định hướng chiến lược đối ngoại Việt Nam đến* 2020, HN: Nxb. Chính Trị Quốc Gia, năm 2010, tr. 41 – 65.

效果，为融入国际经济服务，成为越南对东盟政策的重要内容。

这一时期，东盟在越南的对外政策中并非重点。一方面，越南决策者对东盟的认识还很有限。越南在参与东盟机制下的合作中，不同程度地遇到一定的阻力，关于东盟规则会限制越南发展，出现"金笼子效应"的担忧也时常被提及。越南内部对于东盟在越南外交政策中的作用和地位尚未形成统一认识，对发展与东盟关系也并不积极。另一方面，为了追求发展利益，越南提出"融入国际经济"战略，并将改善与加强与大国关系定为外交重点。越南认为，在全球化进程中，只有尽早融入国际经济体系，才最有利于维护和实现越南的发展利益。而改善和加强与大国、国际经济组织之间的关系是快速有效融入世界经济体系的捷径。

所以，这一时期，越南的东盟政策并不积极，在"融入国际经济"总战略下，主要侧重于与东盟的经济合作。1996 年，越共八大强调，"努力加强与邻国和东盟其他成员国关系"[①]。2001 年，越共九大继承了八大的外交政策，强调"继续巩固与加强越南与共同边界邻国、社会主义国家与区域国家的友好合作关系"，关于东盟，补充了"提高与东盟国家的合作效果"，"加强东盟内一体化，限制外部分化影响，推动经济合作"等内容。越南外交政策中关于东盟的表述，着重于发挥东盟在越南融入国际经济中的作用，更多地体现出东盟的效用性。而且，为了维护和实现经济发展利益，越南九大强调"扩展与大的经济中心、领土以及国际与区域组织的关系"，东盟在其整体外交政策中并不是重点。[②] 2003 年越共九届八中全会决议《新形势下保卫祖国战略》也提出，"优先加强与邻国合作，注重推动与大国和各大中心的关系"。

关于东盟在越南外交政策中的位置，越南时任外长阮怡年 2005 年的外交工作总结可见一斑，他在讲到区域邻国部分时认为，包括中国、老挝和柬埔寨，其后是东盟国家，并提出"继续巩固和加强与

---

① Đảng Cộng sản Việt Nam, *Văn kiện Đại hội đại biểu toàn quốc lần thứ VIII Đảng Cộng sản Việt Nam*, HN: Nxb. Chính trị Quốc gia, năm 1996, tr. 78.

② Đảng Cộng sản Việt Nam, *Văn kiện Đại hội đại biểu toàn quốc lần thứ IX Đảng Cộng sản Việt Nam*, HN: Nxb. Chính trị Quốc gia, năm 2001, tr. 42 – 43.

东盟各国关系"①。这一时期，越南将有共同边界国家、社会主义国家视为最亲密国家，东盟作为区域国家，位于最亲密国家之后，是友好合作国家。游明谦认为，根据越共"九大"的对外战略格局，可分成三大层次，也就是三层外交圈，即第一圈是与老挝、中国的特殊关系，也希望把柬埔寨包括进去；第二圈是东盟和整个东亚各国的关系；第三圈是俄、美、印、西欧等大国和发达国家。② 较之前一阶段，美国等大国关系在越南外交中的地位得到了明显提升。同时也显示出，这一时期，东盟并不是越南外交的重点，东盟在越南外交中的位置与关系如图 2—3 所示：

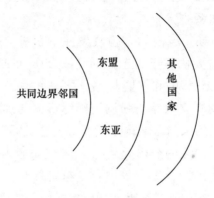

图 2—3　新世纪东盟在越南外交中的位置与关系

与总体外交政策相一致，越南这一时期的对东盟政策强调经济合作效果。所以，越南的东盟政策也更加披上了实用性外衣，即如何利用东盟增强自身实力，维护越南的发展利益。在对东盟的外交实践中，越南充分利用东盟新成员身份，改善其国际形象，并通过适应与维护东盟基本原则，强调成员间发展差距，在东盟框架内创造有利的发展条件。同时，越南积极利用东盟伙伴国资源，扩大对外交往，融入国际经济。

---

① Nguyễn Dy Niên, "Hoạt động đối ngoại 2005-một năm nhìn lại", *Tạp Chí Cộng Sản*, số 2，3 năm 2006.

② 游明谦：《新时期的越南外交战略：调整与重构》，《东南亚纵横》2002 年第 3—4 期，第 41—46 页。

四　新时期越南对东盟的积极政策

随着国家实力的增强，提升国家影响力和国际地位成为越南的优先国家利益。在追求地区与国际影响力的过程中，越南决策者越来越认识到东盟对于越南的战略意义。2008 年 8 月 8 日，越南总理阮晋勇在东盟成立 41 周年的讲话中强调：

"越南是东盟的有机组成部分，是东盟大家庭中的负责任成员。东南亚地区和东盟对于越南具有战略意义，因为它直接关系到越南的安全与发展环境。一个具有重要国际作用与地位，联合紧密、团结、统一的东盟，完全符合越南的基本利益与长期利益。……东盟成员国应继续努力巩固东盟的团结与统一，加强兄弟友情与共同体意识，加强合作，以和平方式解决分歧。同时，东盟应继续在地区问题上发挥主导作用，主动推动区域的对话与合作进程，为外部伙伴积极参与应对东南亚和亚太地区面临的挑战创造条件。越南主动、积极和负责任地参与东盟活动，为东盟共同体的成功建设做贡献。"[①]

阮晋勇在讲话中不仅将越南与东盟关系提升到战略层面，而且明确提出了"主动、积极、负责任"东盟方针。越南副总理兼外长范家谦（Phạm Gia Khiêm）发表文章强调，"我们应充分认识到并重视东盟对于我们建设和保卫国家的战略重要性"[②]。2009 年，范家谦在谈到东盟对于越南的重要性时强调，"在我们的对外政策中，东盟位于最优先地位，是外交重点中的重点，（东盟）不仅有助于维持和平、稳定和合作环境，而且能够增强越南在区域与世界的国际地位"[③]。越南学者分析认为，"东南亚和亚太日益成为越南发展和安全战略中的关键区域，这是越南的生存空间和安全地带，直接影响到越南的安全。提高越南在地区的地位与作用，在新的局势下将有助于提

---

① Nguyễn Tấn Dũng, "Bài phát biểu của thủ tướng Nguyễn Tấn Dũng nhân kỷ niệm ngày thành lập ASEAN, 8/8/2008", *Nghiên Cứu Quan Hệ Quốc Tế*, số 73, năm 2008.

② Phạm Gia Khiêm, "ASEAN Bước vào Giai đoạn Phát triển mới và Phương hướng Tham gia của Việt Nam", *Nghiên Cứu Quốc Tế*, số 73, năm 2008.

③ Phát biểu của Phó Thủ tướng Phạm Gia Khiêm, Chủ tịch Ủy ban Quốc gia về ASEAN 2010 tại lễ công bố biểu trưng và khai trương website ASEAN 2010 Hà Nội, ngày 19 tháng 10 năm 2010, http://www.mofa.gov.vn/vi/cs_ doingoai/pbld/ns091019181455.

升越南的国际地位，从而使越南在面对大国关系时更具优势"①。这一时期，从越南领导人到越南学界对东盟重要性的强调，反映出越南对东盟有了新的认识。在东盟不断加速的一体化进程中，越南认识到要提高越南的国际地位与影响力，需要借助东盟平台，需要提升越南在东盟中的地位与作用。

　　越南对东盟与东南亚地区重要性的强调是对自身地区身份的肯定。为了适应国际局势变化，提升影响力，越共十一大进一步提出了"主动、积极融入国际"的总体外交政策。只有借助一个团结强大的东盟，越南才有可能实现和追求其影响利益。所以，这一时期，越南领导人在东盟首脑峰会上常常强调，"一个紧密联合、团结和统一，具有重要国际作用与地位的东盟，完全符合越南的基本利益与长远利益"②。2011 年，越共十一大明确提出越南是"一个东南亚国家，一个东盟成员"。为什么在加入东盟 15 年后，越南需要清楚定位自己是"东南亚国家""东盟成员"？自革新开放开始，特别是 1988 年提出"减敌增友"外交目标以来，越南在不断地改善其国家形象。1995 年加入东盟，某种程度上也是为了借东盟成员身份改善越南的国家形象，以更好地塑造外部安全和发展环境。国家实力增强后，为了进一步提升越南的国际地位与影响力，越南不仅需要强调自己的东盟成员身份，更需要在东盟中发挥积极作用。所以，越南这一时期强调其"东南亚国家""东盟成员"身份，是其谋求在东盟有所作为，在地区和国际中发挥更大影响力的体现。另外，在美国"重返亚太"，中美博弈加剧的背景下，越南对其"东盟成员"身份的强调，也有表明其独立自主地位之意，以避免被大国拉拢、分裂，或被迫在大国博弈中选边站的危险。

　　所以，这一时期，东盟成为越南外交中的重点对象。越共十一大明确国家身份的同时，提出"优先与东盟发展伙伴关系"，并且"主

---

　　① Nguyễn Đình Ban, "Đối ngoại an ninh trong bối cảnh tòan cầu hóa hiện nay", trích từ Phạm Bình Minh, *Đường lối Chính sách đối ngoại Việt Nam trong giai đoạn mới*, HN：Nxb. Chính Trị Quốc Gia, 2011, tr. 122 – 141.

　　② Nguyễn Tấn Dũng, "Phát biểu của Thủ tướng tại Lễ kỷ niệm 43 năm ngày thành lập ASEAN và 15 năm Việt Nam gia nhập ASEAN", *Báo Nhân Dân*, ngày 7 tháng 8 năm 2010.

动、积极、负责任地建立强大东盟共同体，加强伙伴关系，继续在亚太区域合作框架内保持东盟的重要作用"①。越南的东盟政策明确了越南的"负责任成员国"身份；指明了"建设强大东盟共同体"目标；重申了"主动、积极和负责任"的参加东盟合作方针。从越南的东盟政策表述，我们看到，这一时期，东盟成为越南对外政策中的重中之重，优先等级与"有共同边界的邻国的传统友好合作关系"相等，② 如图 2—4 所示。

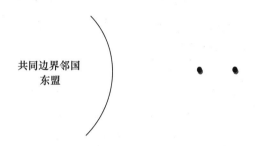

共同边界邻国
东盟

图 2—4　新时期东盟在越南外交中的位置与关系

为落实这一政策，在对东盟外交中，越南注重促进东盟内部一体化和引领政治安全合作。越南在起草、制定与批准《东盟宪章》的过程中，认识到"东盟团结则越南强，东盟不团结则越南无自信"③，所以越南支持并积极参与东盟加强一体化，建立东盟共同体等举措。同时，越南还加强了次区域合作机制，以越老柬三国为核心，加强与湄公河次区域国家的合作与联合，以提升越南在东盟的地位与作用。在积极推动东盟政治安全合作进程中，越南重视与大国关系。只有与大国建立更深入的合作关系，才能提升越南在东盟以及地区与世界中的地位与作用，才能服务于其影响利益。

---

① Đảng Cộng sản Việt Nam, *Văn kiện Đại hội đại biểu toàn quốc lần thứ XI Đảng Cộng sản Việt Nam*, HN：Nxb. Chính trị Quốc gia, năm 2011, tr. 237.

② Phạm Bình Minh, "Đường lối đối ngoại và sự phát triển tư duy đối ngoại của Đại hội Đảng lần thứ XI", http://www.mofa.gov.vn/vi/nr040807104143/nr040807105039/ns111010235902#zZXDi4XeOTh2.

③ 笔者 2014 年 10 月 15 日在越南外交学院会议室采访该校越南外交政策研究中心副主任阮雄山时，阮雄山对越南与东盟关系的概括。

小　结

从冷战时期的敌对，到冷战结束后成为东盟成员，再到21世纪初的合作，以及近年来在政治安全领域的积极推动，随着外部国际环境和地区局势的变化，以及内部越南国家实力的增强和决策者认识的转变，越南的东盟政策围绕不同时期的优先国家利益在不断调整。

冷战时期，两极格局塑造了东南亚的政治对立。不同的国家发展道路，使东盟国家与印支国家选择了不同的安全路径。尽管越南决策者对时代的认识受"两大阵营""三大潮流"和"四大矛盾"等意识形态左右，但东盟成员国作为美国盟友参与越南战争，为美国侵略印支国家提供后期保障等行为，是越南决策者将东盟视为"敌人"的主要考虑。这也是在意识形态没有改变的情况下，20世纪70年代越南与东盟关系会出现短暂而脆弱的缓和，70年代末又进入长达十年之久的政治对立的原因。所以，正是基于国家生存安全的优先利益，越南对东盟采取敌对政策。苏东剧变不仅在经济上使越南陷入困境，更重要的是在思想上对其产生极大冲击。这一时期，越南的国家利益并不简单的是一个经济问题，更重要的是涉及政权存亡与国家稳定的安全问题。为摆脱安全困境，越南调整战略思维，淡化意识形态，重视地缘政治，回归东南亚地区。东盟国际威望高、经济发展快，能够满足越南的利益需要。因此，加入东盟成为越南的最佳外交选择。

随着经济全球化的发展，东盟的区域一体化进程也加速发展。在"战争的危机已降低"，"和平与发展"成为时代特点的判断下，越南决策者将促进经济发展作为这一时期的优先国家利益，并提出"融入国际经济""外交为经济服务"等外交方针。为了实现发展利益，越南重视与东盟经济合作效果，突出东盟在融入国际经济进程中的作用。21世纪以来，随着中国实力的不断提升，地区乃至世界力量对比发生重大转变。面对复杂多变的国际局势，越南需要更大的战略空间和影响力，提升影响利益成为越南的优先国家利益。东盟在越南外交中的战略重要性得到充分重视。越南不仅清楚定位国家身份是"东南亚国家""东盟成员国"，提出了"积极、主动和负责任"的东盟政策，而且将东盟提升至外交优先等级。

第 三 章

生存安全与东南亚的政治对立
（1967—1986）

第一节　冷战时期越南与东盟之间的对立

冷战时期，在两极格局下，越南与东盟分属两个阵营。意识形态的冲突，越南战争的威胁，柬埔寨战争的爆发，使越南与东盟之间的对立不可避免，并成为冷战在区域层面的重要体现。

一　美苏中三角关系下的东南亚

"二战"后，随着雅尔塔体系的建立，国际社会逐渐形成了以意识形态划分的两大阵营：以美国为首的西方阵营和以苏联为首的东方阵营。随着两个阵营的形成，国际社会也进入了以意识形态主导的，国际局势总体稳定，但地区代理人战争持续不断的冷战时期。冷战中，东南亚因其独特的地缘位置，成为两个阵营对峙的前沿。

冷战时期，美国在东南亚的最大国家利益就是遏制并最终消除苏联在这一地区的影响，维持美国的霸权利益。为维护其战略利益，美国试图在这一区域扶植反对共产主义的地区力量。1945 年，越南宣布独立后，以美国为首的西方国家排斥越南，支持法国在当地的利益。因为法国是美国的意识形态盟友，也是美国支持的安全同盟的盟友，所以越南反对殖民主义的民族独立战争也就变成了冷战的一部分。1954 年 4 月 7 日，艾森豪威尔总统将法国在越南的失败比作"多米诺骨牌效应"。他曾对丘吉尔说："如果印支落入共产主义手中，最终对我们和你们的全球战略都将是致命的。"他警告，如果西方世界不能够一起努力，老挝、柬埔寨、南越、泰国、缅甸、马来西亚、新加坡、印度尼西亚和菲律宾将如"多米诺骨牌"一样，一个个倒向"共产主义者"①。

1954 年 7 月，日内瓦会议将越南以北纬 17 度线为临时军事分界线，划分为南北越，并规定于 1956 年 7 月举行全国自由选举。但美国认为这个协议是有利于共产主义扩张的"灾难"，② 并没有签署该协议。在冷战思维的影响下，美国将越南共产党（当时称越南劳动党）在北越反对殖民主义的胜利，视为自由世界的倒退。利用日内瓦协议中，法国从越南撤军的承诺，美国摆脱了殖民主义的牵累，成为越南反共事业的直接领导者；同时，利用协议中的临时军事分界线，美国将越南人民军排除出整个越南南方，着手扶植南越的反共政权。到 1956 年，美国已成为南越土地上唯一的外国政治势力。

为了确保南越反共政权的合法性，遏制北越"侵略"和"内部颠覆"，美国还缔造了一个多边的共同防御条约，以便于美国在必要时能够进行武装干涉。1954 年 9 月，美国、英国、法国、澳大利亚、新西兰、菲律宾、泰国和巴基斯坦八国外长在马尼拉开会，讨论美国拟订的条约草案。会议签署了《东南亚集体防务条约》（即《马尼拉条约》及议定书），议定书将"越南国"（即南越）、老挝和柬埔寨指定为条约保护国。从会议针对"侵略"③ 一词的争议就反映出，该组织成员与美国之间的利益分歧。另外，成员国除美国外，不是兵力薄弱，就是不愿效劳，而且东南亚国家，如缅甸、印尼等，主要是中立主义国家，也拒绝参与。所以，美国拼凑这一组织的真实目的，与

① Vishal Singh, "The End of the Conflict in Vietnam and Prospects for Southeast Asia", *International Studies*, New Delhi, Vol. 12, No. 4, October-December 1973, p. 544. M. Ghazali bin Shafie, "On the Domino Theory", *Pacific Community*, Tokyo, Vol. 7, No. 1, October 1975, p. 56.

② ［美］古恩特尔·莱维：《美国在越南》，纽约：牛津大学出版社 1978 年版，第 8—9 页。转引自时殷弘《美国在越南的干涉和战争（1954—1968）》，世界知识出版社 1993 年版，第 2 页。

③ 美国认为条约只应针对"共产党侵略"，而巴、英、法、澳、新五国则要求泛指侵略。

其说是有效的集体努力，不如说是便于行政当局今后在印度支那进行直接干涉的法律托词，这种托词在争取国会同意干涉时特别有用。①也就是说，该条约使美国获得了在发生共产党"武装入侵"时进行单边干涉的"权利"。

随着美国肯尼迪总统上台，美国对越南干涉大幅度升级。肯尼迪认为，"内部革命""颠覆""间接侵略""灌木丛火战"已成为共产主义扩张的主要方式，它们吞食和侵蚀"自由世界"，最终可能造成美国的孤立、屈服或毁灭。② 1960 年 12 月，越南南方民族解放阵线成立，越南南方革命蓬勃发展，特别是老挝与越盟之间的紧密联系，使美国的危机感大增。美国担心失去南越会大大加强苏联的力量，威胁美国的利益。就美国在东亚的国家利益，国务卿戴维·迪安·腊斯克（Rusk. Dean）在 1961 年 11 月递交给总统的一份备忘录中指出：

"南越形势的日益恶化需要我们对美国在该国利益的性质和范围引起注意。南越的丧失意味着将会有 2000 万人民从自由世界转入共产主义集团，使得任何有关东南亚对自由世界重要性的进一步探讨毫无意义。我们将不得不面对几乎可以确定的事实：东南亚的其他国家和印尼将完全和共产主义结合起来，如果不是正式并入的话。"③

他建议，"应下决心阻止南越倒向共产主义。为了这一目标，美国和东南亚条约组织（SEATO）军队的介入非常必要"④。对于美国而言，越南就如同柏林一样，是考验美国捍卫"自由世界"的亚洲试金石。为了显示美国遏制苏联扩张的决心，维持美国威望及美国力量的可信性，美国不断升级战争。从加大对南越的经济、军事援助，到 1964 年，以"北部湾事件"为借口，对越南北方进行大规模轰炸，再到派遣美国海军陆战队在岘港登陆，美国将侵越战争逐步升级

----

① 时殷弘：《美国在越南的干涉和战争（1954—1968）》，世界知识出版社 1993 年版，第 6 页。

② ［美］小陈瑟·施莱辛格（Arthur Schlesinger）：《一千天：肯尼迪在白宫》，康涅狄格州格林威治学院，1967 年，第 290 页。转引自时殷弘《美国在越南的干涉和战争（1954—1968）》，世界知识出版社 1993 年版。

③ "1961 Rusk-McNamara Report to Kennedy on South Vietnam", *New York Times*, July 1, 1971, pp. 5 – 6.

④ Ibid. .

到了局部战争。美国纠集澳大利亚、新西兰、菲律宾、泰国等国军队直接、全面卷入了这场冷战时期最大的局部战争。自20世纪50年代以后，东南亚地区就形成了以美苏为首的军事集团的冷战对峙局面，而越南战争的爆发，使东南亚局势由冷战转向热战。东盟国家与中南半岛毗邻，越南战争的爆发不仅使东盟国家切身感受到战争的威胁，而且在东南亚地区形成了东盟与印支三国的对立局面，东南亚地区形势急剧动荡。

而这一时期，苏联取得了与美国在战略武器上的平衡，开始加强其在拉丁美洲、亚洲、非洲的影响。起初，苏联在越南问题上采取了"不介入"政策，一方面是为避免与美国的正面冲突；另一方面，根据斯大林和苏共的考虑，按照国际共产主义运动的"分工"，中共应是越南的主要支持者和援助者。① 1965—1968年，随着中苏关系恶化，以及苏联推行世界革命的战略，苏联积极介入越南战争，加紧向东南亚和印度支那渗透。"这时，苏联亚洲战略的主要目标已不是与美国对抗，而是包围中国。"② 苏联提出建立"亚洲集体安全体系"，逐渐向东南亚渗透与扩张，妄图将本地区变成苏联的势力范围，形成孤立中国的态势。中苏两国都极力试图通过军事和经济援助，将越南拉到自己一边。自1965年，为了保证北越独立，防止美国完全控制越南甚至东南亚，同时，为了拉拢越南，苏联加强了对越南的援助。仅1965年一年，苏联就向越南提供了价值5.5亿美元的军事援助。1965—1968年，苏联不断增加对北越的援助。1967年，苏联对北越的援助占社会主义国家援助总额的36.8%，1968年，占援助总额的50%，超过中国，成为越南最大的援助国。③ 同时，苏联还利用其军事技术优势，不断向越南输送新式武器，秘密加强越南的空间防御系统。1969年胡志明去世后，实际执掌越共权力的黎笋（Lê Duẩn）等人越来越倒向苏联，在军事、政治和外交上也越来越依赖苏联的援

① 张建华：《塑造"苏联形象"：越南战争中的苏联军事专家及其影响》，《俄罗斯研究》2014年第1期，第92—138页。

② 马晋强主编：《当代东南亚国际关系》，世界知识出版社2000年版，序言，第17页。

③ Ilya V. Gaiduk, *The Soviet Union and the Vietnam War*, Chicago：Ivanur Dee, 1996, p. 58.

助。最终于 70 年代末与苏联结盟，并在苏联的支持下，入侵柬埔寨，走上了地区霸权的道路，成为苏联在亚洲建立反华同盟的马前卒。

二　东盟的成立及其政治安全合作

大国利益与政策对国际政治产生重要影响。特别是冷战时期，无论是"霸权""帝国主义"还是"修正主义者"，东南亚一直被大国政治深刻影响，成为冷战争夺的战场。但也正是在冷战期间，东南亚国家开始摆脱殖民统治，成为国际社会的独立行为体。取得民族独立的东南亚国家从维护本国利益出发，期望摆脱超级大国的控制，在地区安全、和平的格局中求得生存与发展。东南亚国家大多曾遭受殖民统治，甚至在独立后仍受制于原殖民统治者的政治观念。尽管在外交上，一些国家奉行不结盟原则，一些国家与苏联或美国结盟，但是，基于共同的国家安全与发展环境考虑，东南亚开始了区域联合的进程。

"二战"后，为了阻止"多米诺骨牌效应"的发生，当时的美国国务院政策计划室主任乔治·凯南提议，应该将（其前殖民地）菲律宾、（英国主导的）英联邦国家联合起来，并把东南亚地区视为一个整体抵御共产主义。于是，在美国的主导下，1954 年 9 月，东南亚条约组织（Southeast Asia Treaty Organization，SEATO）[1] 成立，其目标是建立一个保护东南亚免受共产主义威胁的互助体系。[2] 尽管 SEATO 成员中只有两个东南亚国家（菲律宾和泰国），但其总部设在曼谷，目标范围包括东南亚的南越、柬埔寨和老挝。所以，SEATO 成为东南亚地区唯一正式存在过的多边军事组织。它实质上是由美国一手操控的干涉东南亚政治事务（特别是印支事务）的工具。[3] 该组织曾在泰国和爪哇海举行军事演习，阻挠 1954 年关于越南问题的日内瓦协定的实施，并"以防御共产党侵略"为幌子，建立反对中华

---

① 也被称为《东南亚集体防御条约》，有 8 个成员国：澳大利亚、法国、新西兰、巴基斯坦、菲律宾、泰国、英国和美国。总部设在泰国曼谷，根据条约的一个附属文件，其保护范围延伸到南越、柬埔寨和老挝。

② Andrew Hall, "Anglo-US Relations in the Formation of SEATO", *Stanford Journal of East Asian Affairs*, Vol. 5, No. 1, Winter 2005, p. 116.

③ Ralph Braibanti, "The Southeast Asia Collective Defnse Treaty", *Pacific Affairs*, Vol. 30, No. 4, Dec. 1957, pp. 323 - 324.

人民共和国的军事包围圈。由于该组织成员组成复杂，利益分歧较大，常常无法达成一致，成员国渐渐对它失去了信心和耐心。1972年，巴基斯坦宣布退出了这一条约，法国从 1975 年开始也中断了对 SEATO 的财政支持。1975 年，该组织决定"分阶段解散"，1977 年6 月，SEATO 彻底瓦解。

另外，在美国的策划下，日本还曾以经济发展为目标，倡议并召开了"东南亚开发部长会议"。1966 年，第一次会议在东京召开，老挝、马来西亚、菲律宾、新加坡、泰国和南越正式参会，印度尼西亚和柬埔寨以观察员身份参加。会议以"经济开发"为主题，商定由日本提供资金和技术援助，帮助东南亚国家在农林水产、交通运输等领域的发展，并成立"促进东南亚经济发展中心"。尽管日本佐藤政府一再表白，这次会议不谈政治，只谈经济，要"超越意识形态""谋求经济发展""共同繁荣"，但在美国发动侵越战争的背景之下，其配合美国全球战略的政治性质显露无遗。① 另外，由于组织松散，对成员国没有约束力，因而成效不大，到 20 世纪 70 年代中期以后，该会议已基本停止活动。

为了顺应国际形势的变化，20 世纪 60 年代初，东南亚国家开始尝试自主地创建区域合作组织。1961 年，在马来西亚联邦总理东古·阿卜杜拉·拉赫曼的呼吁下，马来西亚、菲律宾和泰国宣布成立三国合作组织——东南亚联盟（Association of Southeast Asia，ASA）。其基础文件《曼谷宣言》宣称联盟的成立是为了"和平、自由、社会正义和经济富裕"，目标是"共同推动东南亚地区的经济和社会进步"，同时宣布，联盟不会同"任何外部力量集团"挂钩，也不针对"东南亚地区的其他任何国家"。尽管如此，由于在防务上菲律宾和泰国与美国结盟，马来西亚处于英马防务协议之下，所以，印度尼西亚总统苏加诺从一开始就反对该组织。他认为，虽然该组织没有直接涉及安全问题，但其经济发展的目标就是使共产主义陷入绝境之中。而且，东南亚联盟的成立不可避免地与美国在东亚的利益联系在一

_____

① 东梨:《"东南亚开发部长会议"是怎么一回事?》,《世界知识》1966 年第 9 期,第 30—31 页。

起。一位美国政治评论家对 ASA 的政治倾向做了如下结论，"ASA 将有助于形成太平洋北约，有效协调这一地区的防务。这是 1949 年北约创立以来自由世界的最大胜利"①。另外，ASA 并不是一个具有约束力的机制，只为成员国的沟通提供了渠道和机会。1963 年，马来亚在英国支持下，与沙捞越、沙巴及新加坡合并，建立马来西亚联邦。这被区域国家认为是英国新殖民主义的产物。印尼对马来西亚采取对抗政策，菲律宾宣称沙巴是菲律宾领土的一部分，反对沙巴并入马来西亚。1963 年 9 月 17 日，随着马来西亚与印尼、菲律宾断交，联盟最终夭折。同样，印尼推动下由马来西亚、菲律宾和印度尼西亚组成的马菲印尼联盟（Maphilindo）还没有正式启动，就因为成员国之间的纠纷而不了了之。

　　在越南战争日益升级的威胁之下，东南亚地区国家需要搁置分歧，寻求地区合作。只有把具有多元政治、社会、经济、文化特征的东南亚凝聚成一个整体，实现区域联合，才能共同抵制外部大国的干涉，才能促进区域的和平与稳定。1967 年 8 月初，印尼外交部部长亚当·马立克（Adam Malik）、马来西亚副总理、国防与国家发展部部长敦·阿卜杜拉·拉扎克（Tun Abdul Razak）、菲律宾外交事务秘书纳西索·拉莫斯（Narciso Ramos）、新加坡外交部部长拉惹勒南（S. Rajaratnam）和泰国外交部部长他纳·科曼（Thanat Khoman）在距曼谷东南不到 100 公里的海滨旅游胜地——邦盛（Bang Saen）聚会，他们在轻松的气氛中决定了在东南亚建立一个新组织。8 月 8日，他们签署了东南亚国家联盟（the Association of Southeast Asian Nations，ASEAN）仅有两页的基础文件《东盟宣言》（又称《曼谷宣言》）。《东盟宣言》只是个简单的意向性声明，不是地区机制，也没有任何法律意义上的约束力。尽管为了避免被认为是一个防务条约或军事联盟，东盟将自己定义为"地区合作的联盟"，《东盟宣言》重点强调了经济、社会、文化的合作，但从当时的情境和创建元老们的声明中可以清楚地看到，东盟建立者的重点是依靠"集体政治防

---

① Edgar Ansel Mowrer, "New Asian Agreement Will Help Stop Reds", in "Extension of Remarks of Walter H. Judd", *Congressional Record*, 87th Cong, 1st Sess. , p. A6518.

御", 确保地区安全。

在东盟成立当天, 他纳·科曼解释了新联盟成立的理由:

"我们想要自由, 我们不想在任何人的影响之下, 不管它是大国还是小国。我们不想依赖外部世界, 我们要相互依赖、依靠我们每个人。换句话说, 我们试图创造一种互相帮助的条件, 来保证我们未来的命运, 我们试图自己解决我们的问题。我们不想要来自欧洲的, 或者美国的, 或者莫斯科的, 或者北京的, 或者其他任何地方的指示。"[1]

关于东盟创建的原因, 科曼在后来的回忆中也曾表示, "最重要的原因是随着殖民国家的退出, 出现了一个吸引外部力量进入获取政治利益的权力真空"[2]。当时, 越南战争仍在持续之中, 而美国正在酝酿对亚洲政策的改变。东南亚国家对区域安全局势表示担忧, 迫切需要稳定的地区环境。印尼经历了"九三〇"事件后, 苏哈托接管了政权, 他需要重建印尼经济, 结束对外关系中的对抗状态, 包括与马来西亚之间的对抗, 与邻国建立稳固关系。马来西亚和菲律宾也需要消除关于沙巴的争议。东南亚国家决心联合在一起, 应对地区因冷战影响而造成的不确定性。正如东盟前秘书长塞韦里诺所言, "无论如何, 从当时的情境和创建元老们的声明中可以清楚也看到, 东盟建立者的核心是地区安全"[3]。马来西亚总理马哈蒂尔·穆罕默德 (Mahathir Mohamad) 也曾在1987年的东盟经济合作会议上表示: "你会同意我的观点, 即在东盟的头20年, 东盟主要的工作是政治性的。这是应该的, 我们没有后悔, 我们应当记住, 是邻国间的政治矛盾把我们集合到一起的。"[4]

所以, 东盟从成立初期到冷战结束, 一直以政治、安全合作为主, 经济合作并非首要任务。正如新加坡前总理李光耀在回忆录中所

---

①　曼谷外部信息司:《外交部长他纳·科曼会见集》, 1967年, 第50页。

②　Thanat Khoman, "ASEAN: Conception and Evolution", in *The ASEAN Reader*, Singapore: Institute of Southeast Asian Studies, 1992, pp. xvii – xviii.

③　[菲律宾] 鲁道夫·C. 塞韦里诺:《东南亚共同体建设探源: 来自东盟前任秘书长的洞见》, 王玉主等译, 社会科学文献出版社2012年版, 第142页。

④　Mahathir Mohamad, "Keynote Address in ASEAN at the Crossroads", in Noordin Sopiee eds., *Chew Lay See and Lim Siang Jin*, Kuala Lumpur: Institute of Strategic and International Studies, 1987, p. 1.

言，"当东盟宣布目标为经济、社会和文化时，所有人知道经济合作的进程会缓慢，我们聚在一起是为了政治目标，即稳定和安全"①。作为摆脱西方殖民统治不久的东南亚中小国家，东盟国家普遍具有较强的维护民族独立和地区稳定的诉求。他们认识到，在美苏争霸的冷战背景下，只有在地区和国际事务中联合起来，才能共同抵御外部势力的干涉与威胁。因此，在成立初期，东盟国家一方面致力于促进区域内国家间的和解，如"马印对抗""马菲沙巴争议"等；另一方面加强东南亚国家的联合，应对在印度支那以及更大范围内，由于大国争夺及干涉而引发的不确定性。这一时期，东盟国家内部矛盾得到协商解决。1971 年，马来西亚、新加坡、印尼三国政府发表联合声明，宣布共同管理马六甲海峡和新加坡海峡。

随着越南战争接近尾声，东盟国家看到了地区和平的曙光，并于1971 年提出"东南亚地区中立化"的政治主张，要求有关大国承认和尊重"东南亚和平、自由和中立区"。这是东盟成立后，第一次以一个声音表达政治诉求，表明东盟开始作为一支独立的政治力量介入国际事务。1973 年，东盟专门讨论了苏联"亚安体系"问题，一致拒绝苏联以"安全"为名，实为称霸的图谋，认为"亚安体系"不符合东盟政治中立的目标。东盟国家采取一致的外交行动，积极改善与第三世界国家关系，改善与中国的关系。

1976 年，越南南北统一，东南亚政治局势随之发生了重大变化：印支半岛同时出现了越南、老挝和柬埔寨三个共产主义意识国家，苏联势力大举进入该地区。同时，美国开始从亚洲收缩力量。在这种情况下，东盟认识到，美国这个保护伞已指望不上，他们的安全只有进一步联合起来提高自身的防御力才能得到保障。1976 年，东盟国家召开了首届东盟首脑峰会，签署了《东南亚友好合作条约》（*The Treaty of Amity and Cooperation in Southeast Asia*，TAC）和《东南亚国家联盟协调一致宣言》（*The Declaration of ASEAN Concord*）。这两个文件的签署标志着东盟在政治安全合作方面的加强，确立了以和平方式

---

① Lee Kuan Yew, *From Third World to First-The Singapore Story*: 1968 – 2000, Singapore: Times Media Private Limited, 2000, p. 370.

解决国家间纠纷的原则。印尼将其提出的"国家防御力"（national resilience）概念引申为"地区抗御力"（regional resilience），写入了 TAC，强调加强东盟各成员国及东盟组织的防御力，以区域的集体安全实现国家安全。《东南亚友好合作条约》增强了东盟内部的凝聚力，强化了东盟介入地区国际事务中的政治合作和协调能力，并成为东盟一贯的政治主张和主要准则，成为与世界各大国进行对话的武器。[①]《东南亚友好合作条约》本着团结精神，用和平方法解决区域内部分歧，是东盟行动的基础文件。而且，这在某种程度上，也使东盟摆脱了与美国结盟与区域内其他国家相对抗的"坏名声"，体现了东盟的团结性和建立区域和平的努力。[②]《宣言》作为东盟的纲领性文件，首次公开宣布"扩大东南亚国家联盟在经济、社会、文化和政治方面的合作"，第一次正式将政治合作写入东盟文件，并且重申将"地区中立化"作为政治合作的目标和纲领。尽管东盟在区域合作中取得一定进展，但冷战期间，东盟国际地位的显著提高却是在其介入柬埔寨问题之后。

1978 年年底，越南入侵柬埔寨，这不仅直接威胁到东盟成员国泰国的安全，而且使其他东盟国家感受到了极大的不安全感。东盟为解决这一棘手的地区问题，坚持以"一个声音"说话，长期不懈地努力争取柬埔寨问题的和平解决。东盟在柬埔寨和平解决中表现出的坚持不懈和出色能力，令国际社会刮目相看。东盟为自己赢得了较高的国际声誉和地位，也使东盟成为具有影响力的地区组织。同时，东盟国家的经济发展战略也逐渐取得成功，在 80 年代中后期，东盟地区的经济迅速崛起，也大大提高了东盟的实力与影响力。顺应冷战时期东南亚复杂的政治格局，东盟审时度势地采取协调一致立场，在与印支国家和域外大国的交往与应对中，逐渐在政治、外交、经济各方面结成了统一战线，取得引人注目的成绩。到 80 年代末，东盟已成为亚太地区一支不可忽视的力量，在地区和国际事务中发挥着日益重

---

① 陆建人：《东盟的今天与明天——东盟的发展趋势及其在亚太的地位》，经济管理出版社 1999 年版，第 2 页。

② Nguyễn Thị Quế, Nguyễn Hoàng Giáp, *Việt Nam gia nhập ASEAN từ năm 1995 đến nay: thành tựu, vấn đề và triển vọng*, HN: Nxb. Chính trị Quốc gia, 2012, tr. 102.

要的作用。

三　东南亚地区国家不同的安全路径

　　尽管东南亚各国是战后较早从殖民统治中独立出来的一批国家，但由于除泰国外，都长期遭受殖民统治，遗留了诸多的殖民遗产，如经济落后、结构单一、民族隔阂、领土纠纷等。再加上东南亚地区国家本身多是多元文化和多种民族的社会，所以，东南亚国家独立后都存在着复杂的国内矛盾，面临严峻的国家重建任务。

　　独立初期，由于受到原有殖民宗主国的影响，泰国、缅甸、菲律宾和印尼都选择了西方式的多党议会民主制作为基本的政治体制，在经济发展上走资本主义道路。由于西方式的议会民主制在东南亚缺乏历史、文化、经济和群众的基础，并不能发挥其在西方发挥的功能，无法有效解决东南亚国家独立后所面临的政治、经济等方面的问题，所以，从 20 世纪 50 年代末到 60 年代初，东南亚各国陆续转向集权统治。尽管进程不完全一致，但泰国、缅甸、印尼、新加坡、马来西亚、菲律宾等国都以一党独大、军人统治甚至个人独裁的方式，转向集权型的统治。随着集权统治在东南亚各国的确立，60 年代中期，多数东南亚国家，特别是东盟国家已进入政治相对稳定期，开始致力于经济建设和地区合作。东盟各国的经济也进入了快速发展时期。从 1965—1980 年，新加坡经济增长率达 10.1%，印尼 8.0%，马来西亚 7.3%，泰国 7.2%，菲律宾也达到了 5.9%，远远高于发展中国家这一时期 3.2% 的年均增长率。[①] 东南亚国家，主要是东盟国家在经济上发生了巨大的变化。新加坡成为“亚洲四小龙”之一，马来西亚、泰国、印尼成为中等发展程度的国家。

　　而印支三国的发展由于长期受到战争和其他外部因素的影响，呈现出与东盟国家不同的政治经济发展特点。印支人民在摆脱殖民统治、争取民族独立的过程中，受到共产主义思潮影响。1930 年，胡志明受共产国际的委托，在香港成立越南共产党，后改名为印度支那共产党，成为印支国家民族独立的领导力量。越南是东南亚国

---

　　①　世界银行：《世界发展报告》，中国财政经济出版社 1993 年版，第 220—221 页。

家中较早宣布独立的国家之一。胡志明领导的八月革命是越南民族解放运动，其组织越南独立同盟（以下简称越盟）是一个以抗日救国为宗旨的民族解放统一战线。越南民主共和国成立初期，为了争取国际上的同情和大国的支持，胡志明曾致函美、英、苏、中等国政府首脑，希望各大国帮助越南从法国统治下获得独立，并提出"越南愿意与世界上一切爱好和平的国家交朋友"。但美国认定胡志明是"国际共产主义代理人"，美国国务卿艾奇逊更称其为"彻头彻尾的共产主义者"①，拒绝承认胡志明领导的越南民主共和国政府。正是在这种冷战思维之下，美国默许和支持法国发动对越南的大规模殖民战争，并破坏日内瓦协议，扶植南越吴庭艳傀儡政府，最终在"多米诺骨牌"理论的鼓吹下，悍然发动了对越南和其他印支国家的侵略战争。

越南与印支国家人民长期处于战乱之中，经济生活严重落后。随着"二战"的结束与美苏对抗的展开，越南人民争取独立与统一的斗争逐渐成了社会主义与资本主义、中国—苏联与美国对抗的前沿阵地。法国代表的旧殖民主义势力与民族解放运动的矛盾、社会主义与资本主义的斗争、美国与苏联争夺以及新旧殖民主义的矛盾，越南一时成为当时世界上几乎所有大国争夺与斗争的重要战场。越南统一后，美国力量撤出了印度支那，随后苏联扩大了其在越南与印度支那的影响，越南逐渐成为苏联与美国在亚太争夺霸权的桥头堡。越南也成为苏联包围中国、对抗美国的工具。印支人民始终处于冷战对峙的前沿，连年不断的战争不仅破坏了原有的社会经济基础，而且使印支人民错失了发展时机。

同时，由于盲目照搬苏联模式，印支国家经济发展处于停滞，甚至倒退。70年代中后期，随着社会主义制度在印支地区的确立，印支三国进行了所有制改造，急于求成，盲目超前致使经济出现衰退。印支三国都是小生产占绝对优势的落后农业国，盲目照搬苏联模式，造成严重后果。根据革命两步走战略，在完成资产阶级民主革命阶段

①　［美］托马斯·G. 帕特森等：《美国外交政策》，李庆余译，中国社会科学出版社1989年版，第715页。

任务后，越南提出"不经过资本主义发展而直接走上社会主义"①。越南统一后，越共四大决定，在五年内"基本完成南方的社会主义改造"，"要想方设法使南方的中央和地方国营经济迅速壮大，在生产、流通、分配中占优势"②。为实现上述目标，越南南方急速完成对中小私营工商业的改造，开展农业合作化运动。这些不仅没有实现经济发展目标，反而导致南方经济的停滞和大批居民的逃亡。所以，70年代中后期，越南经济每况愈下，1976—1980年，越南的经济增长率仅为1.4%，国民收入的年均增长率为0.4%。③ 1982年，越共五大上，越共总书记黎笋承认，"在经济战线上，我们面临许多尖锐的问题"④。1985年6月，为了解决分配流通领域的尖锐问题，越共中央决定进行价格、工资、货币的同步改革，企图以此为突破口，一举理顺经济关系，但缺乏准备，急于求成，步伐过大，结果适得其反，使越南经济更加混乱。⑤

不同的发展路径决定了东南亚国家不同的安全策略。在政治思想上，由于受殖民宗主国影响，东盟国家的统治精英大多有亲西方倾向。东盟国家领导人作为杰出的民族主义者，大多在殖民宗主国接受过高等教育，接受民族自决、民主、自由等西方概念，与西方国家有千丝万缕的联系。菲律宾于1946年7月4日宣告独立，但其政治、经济、军事仍继续纳入美国战略体系，特别是美国在菲律宾保留了大量军事基地，成为美国在太平洋的战略基地。而且，东盟国家领导人在应对国内矛盾时大都经历过国内共产主义"叛乱"。所以，他们绝大部分都在外交上采取反共立场，在经济发展上走资本主义道路。另外，出于"遏制"战略需要，美国大肆鼓吹"多米诺骨牌效应"，并

①　*Những hoạt động 45 năm của Đảng Lao Động*, HN：Nxb. Ngoại giao, năm 1976, tr. 15 - 16.

②　Đảng Cộng sản Việt Nam, *Văn kiện Đại hội đại biểu toàn quốc lần thứ IV Đảng Cộng sản Việt Nam*, HN：Nxb. Ngoại giao, năm 1977, tr. 44, tr. 79.

③　Tổng Cục Thống kê, *Số liệu thống kê về kinh tế và tài chính Việt Nam*（1986 - 1990）, HN：Nxb. Thống kê Việt Nam, năm 1991, tr. 14.

④　Đảng Cộng sản Việt Nam, *Văn kiện Đại hội đại biểu toàn quốc lần thứ V Đảng Cộng sản Việt Nam*, HN：Nxb. Sự thật, năm 1982.

⑤　梁志明：《越南经济革新的历史背景》，《史学月刊》1996年第6期，第97—103页。

打着保护东南亚地区不被"共产党侵略"的旗号，在东南亚国家散布各种针对共产党的诬蔑性言论，制造东南亚地区的分裂与紧张。特别是在越南战争中，美国利用东盟国家对于地区和平稳定的渴望，说服部分东盟国家为其侵略印度支那国家提供便利，甚至直接出兵参战。所以，在成立初期（1967—1975），东盟一直视共产主义为主要威胁，并把抵制共产主义意识形态在东南亚地区的蔓延作为东盟成员国进行政治合作的基础。[1]

由于在安全上多依赖于美国的军事保护，越南战争结束后，随着美国军事力量的撤出，东盟对地区安全深感忧虑。与此同时，苏联在亚洲活动日益频繁，特别是其军事行为更使东盟担忧。东盟国家领导人认识到，"一个超级大国一走，另一个超级大国就会企图取而代之"[2]，想要摆脱大国控制必须要加强自身力量，以填补美国撤走后的势力空间。所以，东盟在安全战略上，提出了"和平、自由和中立区"倡议，以有利于调整地区力量的均衡。东盟国家认为，威胁东南亚和平和稳定的因素来自大国的角逐，决定区域能否稳定取决于地区内力量的均衡。"只有美国、苏联、中国——从经济角度来说还包括日本——在东亚实现均势，东南亚才有可能实现安全与和平。"[3]因此，在地区安全上，东盟主张巩固地区的独立、中立地位，推行大国力量均势（即均势外交）。当然，东盟的均势外交是明显向美国倾斜的，并将美国在地区的存在视为区域安全的保障与关键。

而越南则以意识形态为基础，选择与苏联结盟，通过谋求地区霸权确保其安全。早在法国殖民时期，法殖民者采取"分而治之"战略管理其殖民地，将越南人作为其殖民总督与印支殖民地人民之间的中间管理者。这是越南对老挝和柬埔寨一直怀有某种特殊情感的渊源。1975 年后，印支三国出现了连片的社会主义国家，特别是南北统一后，越南的民族自信心与自豪感达到了鼎盛。越南以其在东南亚

①　陆建人：《东盟的今天与明天——东盟的发展趋势及其在亚太的地位》，经济管理出版社 1999 年版，第 2 页。

②　《新华社香港 7 月 15 日航讯》综述，1976 年 7 月 18 日。转引自陆建人《东盟的今天与明天——东盟的发展趋势及其在亚太的地位》，经济管理出版社 1999 年版，第 15 页。

③　泰国《民族评论》，1977 年 9 月 29 日，转引自陆建人《东盟的今天与明天——东盟的发展趋势及其在亚太的地位》，经济管理出版社 1999 年版，第 16 页。

的军事优势，倚仗苏联的支持，走上了谋求地区霸权的道路。越南将与苏联结盟视为其外交政策的根本，将印度支那视为战略整体。1978年年底，越南分别与老挝和苏联签订《友好合作协定》，随后入侵柬埔寨。这造成了地区的长期对立与越南在政治、军事和经济上严重依赖苏联与东欧国家的局面。

所以，受到美国"遏制"思想影响，成立初期，东盟国家普遍认为越南是把持中南半岛印支三国的霸主，是共产主义在该地区的代理，支持和援助东南亚国家的共产主义运动。在东盟国家眼里，越南是好战的、企图推行共产主义思想的"入侵者"[1]。而在越南和印支国家眼中，东盟的成立就是东南亚条约组织的延续，是东南亚地区"亲西方的反共组织"。大国在东南亚地区的干涉深刻地塑造和影响了东盟与越南之间的关系。

第二节　20世纪70年代越南与东盟关系的短暂缓和

一　东南亚地区和平的曙光

随着停战谈判的开始，美国在越南的军事冲突已进入尾声，东南亚地区即将迎来和平的曙光。但，美国的撤出，也使原先处于其防务保护伞之下的东盟国家不得不重新考虑调整自身的防务战略及外交政策，以确保地区的安全与稳定。在某种程度上，正是由于同西方大国的疏远，东南亚的非共产党国家开始重新评估它们对邻国和外部世界的立场。[2] 顺应政治环境的变化，东盟提出建立和平稳定的东南亚，主张在维持并加强与美国、日本等西方关系的同时，逐步改善与苏联、中国的关系。同时，出于对安全与经济发展的需求，东盟国家希望改善与印支国家关系。因此，这一时期，越南与东盟之间出现了缓

---

[1]　Hari Singh, "Vietnam and ASEAN: The Politics of Accommodation", *Australian Journal of International Affairs*, Vol. 51, No. 2, Jul. 1997. pp. 215 – 229.

[2]　［新］尼古拉斯·塔林：《剑桥东南亚史》第Ⅱ卷，贺圣达等译，云南人民出版社2003年版，第491—492页。

和与合作的迹象。

随着美国战略收缩，地区出现防务真空，东盟国家意识到，"超级大国间的角逐迟早会破坏东南亚的稳定和安全"①。为了摆脱大国干涉的命运，1971年3月12日，在东盟外长会议上，马来西亚提出建立"和平、自由和中立区"（ZOPFAN）；1971年11月26—27日，东盟《吉隆坡宣言》正式宣布，要将东南亚建成"一个不受外部强国任何方式干涉的和平、自由和中立地区"。其初衷是，东盟希望大国尊重和承认东南亚作为一个和平、自由和中立的地区，不愿让大国随意卷入东南亚地区事务。1972年4月，东盟外长会议将这一主张细化为：（1）地区内各国相互尊重独立、主权、平等、领土完整和民族认同感；（2）各国都有在不受外来干涉、颠覆和胁迫情况下自由生存的权力；（3）区内各国互不干涉内政；（4）避免给区外大国制造干涉区内各国内政和地区事务的借口；（5）根据联合国宪章和平解决分歧或争端；（6）放弃威胁或使用武力处理国际事务的行为；（7）不介入区外任何大国的冲突，也不加入违背地区目标的任何条约；（8）不在区内各国领土上建立外国军事基地；（9）禁止在区内使用、储存、运载或试验核心武器；（10）在区内各国之间开展有效的地区合作。②

越南《人民报》给予了积极回应，署名光泰的评论称，"这是个值得关注的事件"，"表明东南亚人民摆脱了美国控制，争取和平、自由和中立符合东南亚国家的民族利益与历史发展趋势"③。为了加强地区间联系，构建地区和平发展态势，东盟开始加强与越南的关系，并提出东南亚国际关系的新框架。1972年7月13—14日，东盟在马尼拉召开会议，提出解决中南半岛问题的五点建议。1973年，在通过政治途径解决越南问题的过程中，马来西亚副总理在芭堤雅（Pattaya）举行的第6届东盟部长级会议上提到了扩大东盟的问题：

---

① 陆建人：《东盟的今天与明天——东盟的发展趋势及其在亚太的地位》，经济管理出版社1999年版，第6页。

② 同上书，第194页。

③ Quang Thái, "Về sự Trung lập của Đông Nam Á", *Báo Nhân Dân*, ngày 1 tháng 12 năm 1971.

"当2月份东盟国家的外长们在吉隆坡会晤时，他们同意东盟的成员国应该在适当的时候加以扩大，以包含整个东南亚地区。本代表团认为，这一举动无疑将给地区内国家带来更大力量、更精诚的团结和更紧密的关系，最终将导致这样一个形势，即地区中没有一个国家感到它们处于一个敌对的环境中。为了后一个目标，本代表团认为我们应该尽所有努力增进地区国家间的相互联系。"①

1973年2月，《巴黎协定》签订一个月后，东盟外长非正式会议发表声明，欢迎协定的签署，呼吁加强东盟与越南的相互了解，并提议设立印支国家经济援助计划，成立"恢复印支经济"东盟协调小组。东盟成员国也积极向越南表示友好，并开始与越南发展官方往来。1973年年初，印度尼西亚向越南派驻大使；3月30日，马来西亚与越南建交；新加坡官员与河内贸易公司代表商谈提升双边经济与政治关系，并于8月1日与越南建立大使级外交关系。1972年开始，菲律宾与泰国也开始与越南接触，并于1973年3月从南越撤军。1973年3月，泰国时任副外长差猜·春哈旺（Chatichai Choonhavan）将军说，泰国正在考虑与越南建立外交关系的可能，并要求泰国驻老挝大使直接与越南驻老挝大使联系会谈事宜。② 同时，泰国提议东盟邀请越南作为观察员，参加1973年4月在曼谷召开的东盟外长会议。

1975年越南解放南方后，进一步改变了东南亚的政治生态环境。越南战争后期开始，苏联就不断加大对越南的支持，妄图填补实力真空。东盟部分国家担心越南的胜利会使"多米诺骨牌效应"成为现实。在东南亚地区安全格局变化的背景下，东盟国家一方面要应对国内日益扩大的共产党游击活动，另一方面要面对地区共产主义势力的扩张。在对安全处境进行评估后，东盟认为，可以通过改善与越南关系来阻止和消除越南"征服"整个东南亚的企图。③ 同时，东盟国家

---

① ［菲律宾］鲁道夫·C. 塞韦里诺：《东南亚共同体建设探源：来自东盟前任秘书长的洞见》，王玉主等译，社会科学文献出版社2012年版，第44页。

② Noordin Sopiee, "The 'Neutralization' of Southeast Asia," Hedley Bull ed., *Asia and the Western Pacific: Toward a New International Order*, Canberra: Thomas Nelson Publisher, 1975, p. 148.

③ Hoang Anh Tuan, "Why hasn't Vietnam Gained ASEAN Membership?", *Contemporary Southeast Asin*, Volume 15, Number 3, December 1993, p. 284.

希望与不同社会制度的印支国家保持和平共处的关系，使其成为中国与苏联等外部共产主义国家与东盟之间的缓冲地带，以确保东盟国家的安全。

1975 年 5 月，西贡政权垮台后仅两周，第 8 届东盟外长会议召开。东盟外长们重新评估了变化后的区域力量对比，讨论了东盟国家与印支国家间关系问题。东盟各国领导人一致认为，不能继续敌视越南，"必须消除地区内部的猜疑和不信任，推进区域组织的密切合作与发展"①。在会议上，马来西亚总理拉扎克甚至向印支国家发出了加入东盟的邀请。② 1976 年 2 月 25 日，在印尼巴厘岛（Bali）举行的首届东盟首脑峰会签署了《东南亚国家联盟协调一致宣言》，同时通过了《东南亚友好合作条约》。东盟各国一方面强调缔约国之间要加强合作，以增强本地区的防御能力；另一方面表示愿同本地区所有国家发展和平互利关系。东盟首脑峰会的召开及两个重要文件的签署，明确了东盟的基本原则、机制与合作领域，标志着东盟加强内部合作的开始。会议将与印度支那三国和解，包括尽快建交，加强双边关系，以及邀请越南加入东盟作为东盟的重要任务。1977 年，在东盟部长级会议上，新加坡总理李光耀呼吁东盟国家"建设性和富有成效地与越南、老挝和柬埔寨建立友好关系"，同时；会议声明："东盟国家愿意与所有国家，包括柬埔寨、老挝和越南增进和平互利关系。"③ 这充分表明，东盟国家为了确保地区安全，迫切希望改善与越南关系，构建东南亚"和平、自由和中立区"。

这一时期，越南也改善和加强了与东盟国家之间的关系。1975 年 9 月，越南时任总理范文同（Phạm Văn Đồng）在越南民主共和国成立 30 周年讲话中宣布，"越南希望加强现有的友谊，并在相互尊重、相互平等、互不干涉内政的原则下，与东南亚国家和其他所有国

---

① ［澳］托马斯·艾伦：《东南亚国家联盟》，郭彤译，新华出版社 1981 年版，第 401 页。

② Shee Poon Kim, *The ASEAN States' Relations with the Socialist Republic of Vietnam*, Singapore：University of Singapore，1980，p. 8.

③ http：//www.aseansec.org/1240.htm，para.19. 转引自［菲律宾］鲁道夫·C.塞韦里诺《东南亚共同体建设探源：来自东盟前任秘书长的洞见》，王玉主等译，社会科学文献出版社 2012 年版，第 45 页。

家建立关系"①。1976 年 6 月，越南召开驻东南亚外交使节重要会议，提出对东南亚国家关系的四点原则，表达了希望扩大与东南亚国家关系的愿望。同年 7 月，越南总理特派员，副外长潘贤（Phan Hiền）率领外交代表团访问印尼、菲律宾和新加坡，并于 7 月 12 日与菲律宾建交。这是越南首次直接与东盟国家对话，标志着双边关系的新发展。同年 8 月，越南与泰国正式建交。至此，越南与所有东盟国家建立了外交关系。

1977 年 12 月—1978 年 1 月，越南外长阮维桢（Nguyễn Duy Trinh）率政府代表团访问了东盟五个成员国，与东盟国家签订了共同宣言，并与东盟各国签署了经贸、科技、航空和航海协定，开始建立和发展与东盟国家的经济合作关系。1978 年 7 月 6 日，越南副外长潘贤访问日本时，还纠正了以往越南对东盟的不当评价，承认"东盟是一个非军事性组织"，并表示希望在社会、经济等方面与东盟合作。② 同年 9—10 月，越南总理范文同出访东盟国家，开展"微笑外交"。

对于 70 年代越南与东盟国家的缓和与建交，越南学者普遍认为，1973—1978 年的越南与东盟关系是双边关系的"良好开端"③。越南前外交部副部长陈光基甚至认为，越南南北统一后越南就应该加入东盟，没有加入东盟使越南错失了发展时机。④

二　越南与东盟缓和背后：安全利益

如何理解 70 年代，特别是越南统一之后越南与东盟国家之间的关系缓和？一定程度上，越南是出于战后重建的经济发展需要。尽管越南时刻警惕"避免被东盟政府利用，对当地革命产生不利影响"⑤，

---

① ［新］尼古拉斯·塔林：《剑桥东南亚史》第 II 卷，贺圣达等译，云南人民出版社 2003 年版，第 493 页。

② 王士录：《当代越南》，四川人民出版社 1992 年版，第 24 页。

③ Lưu Văn Lợi, *Ngoại giao Việt Nam 50 năm*（*tập*2：1975 - 1995），HN：Nxb. Công an Nhân dân, năm 1998, tr. 247.

④ Trần Quang Cơ, *Hồi ức suy nghĩ*, HN：Nxb. Hà Nội, năm 1996, tr. 120.

⑤ The Annual Report of 1974, p. 34, in Nguyen Vu Tung, "Vietnam-ASEAN Cooperation after the Cold War", Ph. D. Dissertation, Columbia University, 2004. p. 129.

但越南决策者当时已有经济发展观念。越南从地缘经济出发，策略性地利用东盟国家，通过与东盟国家建立外交关系，促进双边经贸往来，实现越南的战后经济恢复与国家重建。为了取得东盟国家的信任，越南还减少和停止了对地区游击队的支持，同时密集出访东盟国家。

但是，越南与东盟缓和关系背后，更重要的是出于安全考虑。首先，这一时期东盟对越南的安全威胁减小了。随着越南战争的结束，菲律宾与泰国实现了从南越撤军。1974 年 7 月，泰国开始与美国协商，限制美国利用泰国领土上的军事基地对印支国家进行军事行动。同年，菲律宾也爆发了要求美国归还军事基地的示威游行。自 1975 年 4 月 30 日美国在西贡的傀儡政权倒台后，世界上 20 多个国家承认越南南方共和临时革命政府①是越南南方的唯一合法政府。泰国与菲律宾政府也承认越南南方共和临时革命政府，并积极谈判解决设在西贡的大使馆问题。菲律宾总统费迪南德·马科斯（Ferdinand Marcos）承认："美国在印支失败的后果已开始显露。我们应当承认我们无法控制印支国家的政策，东盟国家无力改变印支国家的路线。"② 尽管仍有部分东盟国家担心越南会支持东盟国家内部的革命力量，但马来西亚、泰国和菲律宾表示坚持与越南加强经济合作。1975 年 5 月，第 5 届东盟外长会议上，东盟国家一致表示，希望加强东盟与印支国家关系。1976 年，东盟形成了第一个正式协议，《东南亚友好合作条约》（TAC）。该条约承诺东盟各国在处理相互关系时遵守共同的行为规则：尊重国家主权和领土完整、不干涉他国内政、放弃使用武力、和平解决争端。TAC 是东盟为促进区域团结采取的积极举措，有助于区域和平。同时，TAC 的签署也标志着东盟作为美国在该地区同盟关系的结束，是东盟建立"和平、自由和中立区"的有力行动。这从根本上促进了越南与东盟关系的发展。

---

① 1969 年 6 月 6—8 日，越南南方民族解放阵线、民族—民主及和平力量联盟与越南南方的其他爱国力量一起，在解放区召开越南南方国民代表大会，决定建立越南南方共和制度，宣布成立越南南方共和临时革命政府和政府顾问委员会。

② Nguyễn Văn Lịch, *Hiệp hội Đông Nam Á*, HCM：Nxb. TP. Hồ Chí Minh, năm 1995, tr. 63.

1973 年，关于印支和平的《巴黎协定》签订后，特别是 1975 年南北统一后，越南的安全得到一定保障。出于改善周边安全环境和恢复战后经济的意图，越南有意改善与东盟国家关系。1976 年，越南外长阮维桢提出了"关于同东南亚国家建立友好关系的四点原则"：

一是相互尊重独立、主权与领土完整，互不侵略，互不干涉内政，平等互利，和平共处；二是不允许外部国家利用领土作为军事基地，用以对区域内其他国家进行干涉和入侵；三是在平等互利基础上，建立友好关系，经济合作与文化交流。以平等为基础，在相互理解与相互尊重精神下，以协商方式解决争端；四是为了东南亚国家的真正独立、和平与自由，为了全世界的和平利益，从各国基础与条件出发，发展区域间合作，促进区域繁荣。[①]

对比 TAC 与越南的地区问题四点原则，内容上并没有太大的差别，但显露出东盟国家与越南各自不同的安全担忧。东盟国家担心越南充当东盟国家内部反叛力量的后台，会引发东盟国家内部政局不稳、社会动乱。而越南则担心，美国在东盟国家仍留有军事基地，而且某些东盟国家仍是美国的盟友，东盟会再次成为美国入侵越南的跳板与帮手。所以，虽然这一时期出现了越南与东盟缓和的有利条件，但双方之间的安全顾虑与猜疑并没有完全随之消失。

其次，缓和与东盟国家关系有利于落实《巴黎协定》，实现越南国家统一。《巴黎协定》规定，各方应当尊重越南南方人民的自决权；越南南方人民通过民主普选决定南方的政治前途。为了帮助南方共和临时革命政府赢得民意，争取有利国际环境，孤立和分化西贡政权，越南对与美国关系良好，并与西贡有外交关系的东盟国家采取了争取策略。"如果我们发展与其他东南亚国家的关系，将能够使这些国家的政府与南方临时革命政府发展更恰当的关系，以弱化西贡政权的影响，从而为我国的统一创造更有利条件。"[②] 所以，在外交实践中，越南政府对东盟组织与东盟成员国进行区别对待。越南决策者认

---

① "Chính sách bốn điểm hữu nghị láng giềng đối với các nước Đông Nam Á của nước Cộng hòa Chủ nghĩ xã hội Việt Nam"，*Báo Nhân Dân*，ngày 6 tháng 7 năm 1976.

② Biannual Report for the the First Half of 1974，p. 29. In Nguyen Vu Tung，"Vietnam-ASEAN Cooperation after the Cold War"，Ph. D. dissertation. Columbia University，2004，p. 139.

为，东盟组织是美国破坏东南亚地区和平的工具，所以，与东盟合作是"反革命的"。而与东盟国家的合作，是出于革命的考虑，"越南民主共和国的旗帜和声音在东盟国家出现符合当地人民的愿望，将鼓舞他们的反帝精神"①。同时，与东盟国家之间的交往可以"把骑墙者争取到我方，使他们远离美国，孤立东盟中的反对派"②。这就是越南不愿与东盟发生关系，而改善与东盟国家关系的内在逻辑。

70 年代，越南先后与所有东盟国家建立了外交关系。为加强对东盟国家的研究与工作，1973 年，越南总理批准在越南社会科学院设立了东南亚研究部，1977 年，外交部下属的国际关系研究院也设立了东南亚研究部门。越南建立与改善东盟国家关系的目的，是"迫使美国和西贡政权遵守协定，维护和平，增强越南南方临时革命政府的政治优势，将东盟国家对西贡政权在物质和精神方面的支持降到最低"③。同样，越南参加地区活动的目标，是"鼓励积极的中立趋势，揭露假中立，并揭开侵略性军事组织的面具"④。所以，这一时期，越南与东盟关系的改善与合作，是基于越南安全利益的考虑，是策略性地利用东盟国家，以有助于其国家统一。

最后，越南改善与东盟国家关系，目的在于稳定周边，为其入侵柬埔寨做准备。随着中苏关系的破裂，越南选择倒向苏联一边，将中国视为直接威胁。为了顺利实施其"印支联邦"计划，越南欲与东盟缓和关系，以稳住东盟。这样既牵制中国，又减少实施联邦计划的阻力。⑤ 也就是说，越南改善与东盟关系，是为了创造有利的周边环境，称霸印支。为了取得东盟国家的好感，改善与东盟国家关系，越南逐步终止了对东盟国家共产党的支持。1976 年，在与马来西亚建

---

① The Annual Report of 1974, p. 34, in Nguyen Vu Tung, "Vietnam-ASEAN Cooperation after the Cold War", Ph. D. Dissertation, Columbia University, 2004, p. 129.

② Shee Poon Kim, *The ASEAN States' Relations with the Socialist Republic of Vietnam*, Singapore: University of Singapore, 1980, pp. 10 – 15.

③ The Annual Report of 1972, p. 23, in Nguyen Vu Tung, "Vietnam-ASEAN Cooperation after the Cold War", Ph. D. dissertation. Columbia University, 2004, p. 116.

④ Nguyen Vu Tung, "Vietnam-ASEAN Cooperation after the Cold War", Ph. D. Dissertation, Columbia University, 2004, p. 180.

⑤ 黄云静：《越南与东盟的关系：从对抗到合作》，《东南亚研究》1995 年第 3 期，第 43—45 页。

交前，河内中止了与马来共产党的关系；1978 年入侵柬之前，越南与老挝中止了对泰国共产党的支持。同时，越南开始主动出访东盟国家，积极解决争端，以增强东盟国家的信任。1978 年 7 月越南副外长潘贤访东盟；1978 年 10 月，越南总理范文同出访东盟国家，热情洋溢地向东盟国家表示友好；同年 12 月，越南外长阮维桢访问东盟国家，与泰国签署了《互建大使馆协议》。同时，越南领导人向东盟国家承诺不再支持当地游击队，并表示收回对"和平、自由、中立区"的保留态度，愿意签订 TAC 等。

这些外交举动并不能解读为是越南与东盟关系的突破，因为双方并没有建立基本的信任关系。越南决策者对于东盟的认知并没有发生改变，改善与东盟关系只是越南出于现实政治需要和地区局势压力而采取的策略与手段。也就是说，70 年代，越南与东盟关系中出现的短暂而脆弱的缓和，只是越南在外交上采取的权宜之计，是为了达到自己的战略目标而使用的外交手段，并非真正意义上的合作，其后发生的事实也证明了这一点。对于越南表面与东盟国家改善关系，私下加紧构筑其地区强权的做法，东盟国家领导人普遍表示反感。李光耀在回忆录中提到 1978 年 10 月 16 日越南总理范文同访问新加坡时，将其描述为"狂妄自大且令人反感"。根据新加坡前外交官艾瑞克·陶（Eric Teo）的说法，李光耀感觉被范文同背叛了。[①]

冷战时期，越南与大国结盟寻求安全的观念深刻地影响了越南与东盟之间的关系。东盟成立时，越南正在经历抗美战争，东盟成员国（泰国和菲律宾）不仅直接参战，而且充当美国对越南实施轰炸的跳板，对越南的国家生存构成直接的安全威胁。越南战争结束后，随着美国撤出东南亚地区，东盟国家对越南的现实安全威胁已大大减弱。但是，这一时期，随着不断向苏联靠拢，越南逐步恶化与中国关系，并将中国作为其最直接的安全威胁。为了防范中国，越南与苏联结盟，并在苏联支持下，试图在东南亚建立一个以越南

---

① 2003 年 6 月 26 日在金边对艾瑞克·陶（Eric Teo）的采访。转引自［菲律宾］鲁道夫·C. 塞韦里诺《东南亚共同体建设探源：来自东盟前任秘书长的洞见》，王玉主等译，社会科学文献出版社 2012 年版，第 152 页。

为首，与东盟相并立的地区集团。这种扩张性的安全观念成为越南推行地区霸权的借口，受到中国与东盟的有力抵制。这一时期，东盟呼吁建立"和平、自由和中立区"，希望以大国均势，限制大国对东南亚地区的干涉，以维持地区的和平与稳定。面对越南的扩张，东盟不仅担心越南在印支地区的称霸，更担心苏联对地区的干涉与侵犯。所以，东盟坚决反对越南对柬埔寨的入侵，拒绝承认越南在印支的霸主地位。这一时期，东盟与越南不同的安全诉求与安全路径，导致双方关系中的缓和注定是短暂的、脆弱的，而其后长达十年的政治对立则是不可避免的。

三　越南与东盟之间的防范与对立

这一时期，由于始终处于大国争夺之中，越南决策者认为民族独立与国家生存是优先国家利益。在冷战背景之下，作为一个中小国家，越南确保安全的最好方法，就是与大国结盟，选择一个阵营，以意识形态为主导思想，争取国家生存安全的利益最大化。意识形态是冷战时期的主要特征，是这一时期影响每一国家对利益判断和对外行为的重要因素。所以，意识形态是追求国家安全的需要，而非反之。这也正是在意识形态没有变的情况下，70年代越南与东盟关系会从对立到缓和，从缓和再到对立的变化原因。尽管有学者将这一时期越南与东盟关系的敌对，归因为意识形态的分歧，[①]但是，从深层次上看，越南之所以将东盟视为帝国主义的新殖民主义工具，是反共的军事联盟，[②] 正是基于越南维护国家生存与安全利益的需要。

冷战时期，越南对70年代初的国际缓和局势有着自己的判断与理解。1969年，因不堪持续近十年的越南战争拖累，美国提出尼克松主义，实施战略收缩。越南决策者认为，尼克松主义是一个阴谋，美国将以另一种更邪恶的方式在越南战争之后破坏越南革命，而东盟

① 周伟、于臻:《试析入盟以前的越南与东盟关系（1975—1995）》,《南海问题研究》2011年第1期，第17—23页。

② 黄云静:《越南与东盟的关系：从对抗到合作》,《东南亚研究》1995年第3期，第43—45页。

是美国计划中的重要工具。[①] 同样，对于 70 年代初美国国家安全事务助理基辛格访华、美国总统尼克松访华，中美关系正常化，越南认为是中国对越南的"出卖"和"背弃"，是"向快要淹死的尼克松扔救生圈"。[②] 对于美苏签订《反导条约》《防止核战争协定》等缓和关系的行为，越南决策者认为，这严重影响了地区革命运动，使地区内的共产党员迷失了方向，是对革命大好形势的误导。[③] 这些判断与认识，一方面是出于意识形态的差异，另一方面也是出于越南对自身独立与安全利益的担忧。

所以，尽管东盟积极推动地区的和平与稳定，主动改善与印支国家的关系，但越南一直将东盟看作其对手与敌人。越南战争中东盟国家对美国的支持，甚至直接参战极大地损害了越南的安全利益。越南始终认为，东盟是美国伪装在东南亚地区的军事联盟组织。[④] 1981—1986 年，越南外交部关于东南亚的文件中，仍将马来西亚、新加坡等东盟国家描述为"坏国家""帝国主义走狗""帝国主义跟班儿"等。[⑤] 所以，越南对东盟的政策以防范为主，对东盟的友好合作行为常常抱以怀疑态度。

1976 年 7 月 5 日，在接受越南新闻社采访时，越南外长阮维桢称，"在印支全面胜利，美国处于弱势之时，当前形势对东南亚国家成为真正的独立、和平、中立国家非常有利"，"越南人民完全支持东南亚人民独立、和平、民主和社会进步的正当性，我们支持东南亚国家成为真正的，领土之上没有帝国主义军事基地和武装力量的独

① Trịnh Xuân Lang, "Phản ứng chính sách của nước ta đối với các nước ASEAN và Mỹ 1975 - 1979", trích từ Sở Nghiên cứu Quốc tế Bộ Ngoại giao, Yếu sách Luận án Hội thảo ngoại giao Việt Nam 50 năm, năm 1995, tr. 51.

② 《1977 年 9 月 10 日李先念同范文同谈话备忘录》,《人民日报》1979 年 3 月 23 日。

③ Biannual Report for the First Half of 1972, p. 5k, in Nguyen Vu Tung, "Vietnam-ASEAN Cooperation after the Cold War", Ph. D. Dissertation, Columbia University, 2004. p. 128.

④ Lê Văn Quang, Quan hệ Việt Nam-ASEAN và những bài học kinh nghiệm, đề tài nghiên cứu khoa học cấp bộ, Đại học Quốc gia TP. HCM Trường Đại học khoa học xã hội và nhân văn, 2001, tr. 22.

⑤ International Organizations Department, Talking points for meeting by vice president Nguyen Huu Tho at the 8th NAM Summit, in Nguyen Vu Tung, "Vietnam-ASEAN Cooperation after the Cold War", Ph. D. Dissertation, Columbia University, 2004, p. 170.

立、和平与中立区"①。阮维桢的言语中明显暗示了东盟国家的不中立,不独立,以及对东盟国家与美帝结盟的担忧。这说明,即使是在双方关系表面缓和的 70 年代,越南与东盟之间也并未建立起相互信任,越南并不认可东盟在维持地区和平中的地位与作用。相反,越南时刻保持着对东盟的警惕与防范。越南认为,东盟提出的"和平、自由和中立区"是东盟国家加强资产阶级统治的工具,是"老酒装新瓶",② 其目的是压制国内革命运动,破坏地区革命形势,以从中牟利。

对于 1976 年 2 月东盟邀请其加入《东南亚友好合作条约》,越南表示拒绝,并在越共党报《人民报》上发表评论,指责美国利用东盟支持反革命运动,大肆批评东盟是东南亚条约组织的翻版。③ 1976 年 8 月,在科伦坡举行的不结盟首脑会议上,在越南的支持和授意下,老挝阻挠马来西亚重申建立"和平、自由和中立区"的主张,而这一主张在 1971 年举行的不结盟国家首脑会议上已被接受。不仅如此,老挝和越南还呼吁各国"支持东南亚人民开展反对新殖民主义的斗争"④。这是对东盟成员国政府合法性的挑战,是对颠覆这些国家政府行为的支持。

1976 年,越南提出的关于发展与地区国家关系的四点原则,虽然表达了越南发展与东盟关系的意愿,但其内容同时也体现出对东盟国家的批评。特别是第二点,"区域内国家不应允许外部国家利用本国领土作为军事基地,用以对区域内其他国家进行干涉和进攻",以及第四点,"应根据各国条件,相互合作,以利于东南亚地区真正的独立、和平与中立,为世界和平做贡献"。据当时参与此原则起草的越南官员回忆,有些外交官认为这一立场太过强硬,试图在将其翻译成英文时软化口气,以减少对越南与东盟关系的伤害。2003 年,越

① "Chính sách bốn điểm hữu nghị láng giềng đối với các nước Đông Nam Á của nước Cộng hòa Chủ nghĩ xã hội Việt Nam", *Báo Nhân Dân*, ngày 6 tháng 7 năm 1976.

② The Annual Report of 1970, p. 5Q, in Nguyen Vu Tung, "Vietnam-ASEAN Cooperation after the Cold War", Ph. D. Dissertation, Columbia University, 2004, p. 128.

③ [新] 尼古拉斯·塔林:《剑桥东南亚史》第Ⅱ卷,贺圣达等译,云南人民出版社 2003 年版,第 495 页。

④ 同上。

南某高级外交官在访谈中，回顾过去，也毫不犹豫地说，越南关于四点原则的态度是"傲慢的"①。1976 年 7 月，越南副外长潘贤在出访东盟五国时又阐述了对东南亚地区的四点原则，还打算将其写入《越南与菲律宾建交联合声明》。越南文件中所说的"真正的独立、和平和中立"使东盟国家明白，尽管越南与东盟关系有所改善，但越南仍对其采取敌对态度，拒绝承认他们的和平与中立。② 正是意识形态与安全利益的不同，使越南与东盟对"独立""和平""中立"等基本概念的理解存在根本性的分歧。正如新加坡学者所言，此时越南加入东盟是纯粹的假想，双方并没有相互认可，甚至双方对基本术语的理解都相去甚远。③

为了建立"和平、自由和中立区"，使东南亚免受美苏大国相争之累，东盟试图改善与越南关系。1976 年 8 月，印尼外长表示："如果东南亚各国有良好的关系，这个地区的和平就能得到维护。"④ 1977 年 8 月，在吉隆坡举行的第 2 届东盟首脑峰会上，东盟再次表示，"东盟五国将努力促进与越南的和平关系"⑤。同时，东盟国家甚至提出欢迎印支国家加入东盟，实现地区的和平与稳定。但是，越南并不认可东盟在地区中的主导地位，更不可能接受。一位越南高级官员曾说过，"自印支战争结束，东南亚地区出现了新局面。我们为什么要被吸收进入一个过去历史很清楚的组织？"⑥ 越南对东盟的不认可，一方面是受意识形态束缚，对东盟不信任；但另一方面是出于安全利益考虑。越南试图借助苏联的支持，在东南亚打造"印支联邦"，追求地区强权。

---

① Nguyen Vu Tung, "Vietnam-ASEAN Cooperation after the Cold War", Ph. D. Dissertation, Columbia University, 2004, p. 141.

② Carl Thayer, "ASEAN and Indochina: The Trends toward Dialogue", A Monograph dated May 13, 1998.

③ Shee Poon Kim, *ASEAN States' Relations with the Socialist Republic of Vietnam*, Singapore: University of Singapore, 1980, pp. 6, 10.

④ ［印尼］亚当·马利克：《印尼十年外交政策》，转引自林孝铿《东盟的安全战略》，《国际问题研究》1983 年第 1 期，第 50—55 页。

⑤ B. N. Pandey, *South and Southeast Asia*, 1945 - 1979, London: Problems and Policies, 1980, p. 172.

⑥ Frank Frost, *Vietnam's Foreign Relations: Dynamics of Change*, Singapore: Institute of Southeast Asian Studies, 1993, p. 59.

　　抗美战争胜利后，越南自信心得到极大提升，在处理与地区其他国家关系中有较强的心理优越感。特别是统一后，越南认为自己是东南亚地区，乃至是世界体系中的重要行为体。① 加之，在越南的周边，除中国之外，都是小国、弱国。所以，越南一方面以革命指导原则与国际义务为由，将老挝与柬埔寨划入自己的势力范围，与之发展特殊关系；另一方面则根据"两个阵营"思想，将东南亚地区组织东盟划入以美为首的资本主义阵营。

　　早在印支恢复和平之初，苏联就有意加强了对越南的援助与拉拢，支持越南实施其地区强权计划。20世纪50年代，苏联对印支国家的政策可概括为"不插手政策"或"脱身政策"，② 印支事务主要由社会主义阵营中的中国负责。随着苏联全球战略的推行，60年代中期，苏联开始加大对北越的经济与军事援助，特别是70年代，随着越南战争的结束，苏联反而加大了对越南的援助。1973年，苏联与东欧国家宣布，将1965—1972年战争期间给予越南的贷款全部改为无偿援助；1979年2月，苏联宣布，取消1975年以前越南所欠的所有债务。苏联的援助，尤其是军事援助，从越南战争进入尾声时开始明显上升，1974年，援助额约1.69亿美元，1975年年初的几个月就达到了1.23亿美元，并且向越南供应了75%的军事装备。③ 1977年7月，越南不顾东盟对建立地区和平的呼吁，与老挝签订了《友好合作协议》，建立了"特殊关系"；1978年6月，越南加入由苏联控制的"经互会"，并"决心发挥作为社会主义体系在东南亚的前哨作用"④；1978年7月6日，越共五届四中全会将中国认定为是"最直接的危险敌人"⑤；1978年11月，越南与苏联签订了有效期为25

---

　　① Lưu Văn Lợi, *Ngoại giao Việt Nam 50 năm* (1945 – 1995), HN: Nxb. Công an Nhân dân, năm 2004, tr. 352.

　　② 曹卫平：《20世纪后半期东盟国家与苏联的关系》，《湖南文理学院学报》（社会科学版）2005年第30卷第6期，第79—82页。

　　③ Douglas Pike, *Vietnam and the Soviet Union: Anatomy of an Alliance*, Boulder, Westview Press, 1987, p. 196.

　　④ 郭明：《中越关系演变四十年》，广西人民出版社1992年版，第113页。

　　⑤ MOFA Report "On the characteristics of the world situation since from early 1970s to the present" (April 1982) p. 9, in Nguyen Vu Tung, "Vietnam-ASEAN Cooperation after the Cold War", Ph. D. Dissertation, Columbia University, 2004, p. 151.

年的《越苏友好互助条约》，成为苏联的军事盟友，完全倒向苏联；并于 1978 年 12 月 25 日，入侵柬埔寨，发动了第三次印支战争；1979 年 1 月 7 日，越南扶植韩桑林成立柬埔寨民主共和国（DPK），并与之签署了友好合作条约。

随着美国力量的撤出，苏联以越南为基地大举南下进入东南亚。在苏联支持下，越南出兵柬埔寨，不仅直接威胁到东盟成员国泰国的安全，而且使东盟各国对自身安全和区域未来充满危机感。此时，东南亚地区实际上已分裂为以东盟国家为一方与以越南为代表的印支国家为另一方的两个对立集团。[①] 所以，尽管这一时期越南与东盟都希望在自己的认识和条件下发展双边关系，但是安全利益的不同，决定了它们之间无法弥合不同。[②] 所以，这一时期，越南与东盟之间不仅不可能有真正意义上的合作，而且随着越南入侵柬埔寨，推行区域霸权主义，双边关系不断恶化。

第三节　越南与东盟关系的恶化

一　柬埔寨问题

柬埔寨战争爆发后，东盟国家对越南公然使用武力侵犯一个主权国家的行为极为震惊。东盟一直将尊重主权与领土完整、互不干涉内政作为处理地区事务的基本原则，并致力于倡议和平、稳定东南亚秩序的建立。越南公然违反东盟一贯倡导和维护的区域安全基本原则，公然使用武力挑战区域的安全，引起东盟的极大不安。同时，越南在苏联的支持下占领柬埔寨，谋求地区霸权，也破坏了东盟倡导的建立东南亚"和平、自由和中立区"的政治主张。更重要的是，越南的入侵行为使东盟对自身的安全环境恶化深感忧虑。越南不仅占领民主柬埔寨大片领土和首都金边，而且进一步控制了老挝。东盟国家与印

---

① 梁志明：《东盟发展进程研究——东盟四十年回顾与展望》，香港社会科学出版社有限公司 2008 年版，第 21 页。

② Tim Huxley, *ASEAN and Indochina: A Study of Political Responses*, 1955 – 1981 , Canberra: Department of International Relations, The Australian National University, 1985, p. 85.

支三国毗邻，特别是泰国，与印支社会主义国家有着最长的边界。东盟担心越南将占领整个印度支那，并在越南与泰国边境地区大量陈兵，这会使泰国以及整个地区重新回到战争恐惧之中。不仅如此，越南还允许苏联太平洋舰队开进金兰湾，大量接受苏联军事顾问，使苏联在东南亚地区的军事存在成为现实。这引起东盟各国的严重不安和警惕。

东盟国家对于战争威胁及战争升级的可能普遍表示担心。菲律宾外长卡洛斯·罗慕洛（Carlos Romulo）认为，"越南与柬埔寨之间的冲突已成为一个新的不稳定因素，可能对东南亚局势构成威胁"①。1979年1月9日，越南占领金边两天后，印尼外长代表东盟国家发布通告，表达对柬埔寨局势的担忧，通告强调，"应尊重主权与领土完整，在协商基础上解决争端"，并要求"外国军队撤出柬埔寨"②。1979年1月12—13日，东盟召开外长特别会议，并发表联合公报，严厉谴责越南侵略柬埔寨的行为。公报强调，"柬埔寨战争的任何进一步升级或任何外国军队对泰国的入侵将会直接影响东盟成员国的安全"③。泰国被认为是印度支那与东南亚海岛国家之间的缓冲国。越南入侵柬埔寨的行为，使泰国处于战争前沿，面临直接的安全威胁。泰国政府强烈要求越南撤出柬埔寨，恢复地区和平状态。1979年6月，东盟外长会议再次呼吁外国军队立即撤出柬埔寨，并就团结一致支持泰国达成共识，要求越南军队撤出泰柬边境。④ 对于越南的入侵行为，东盟国家表现出空前的团结与合作。

在柬埔寨问题上，东盟采取坚定立场，并以一个声音说话。一方面，东盟加强了内部协调，统一在柬埔寨问题上的立场，防止越南侵略柬埔寨局势进一步恶化。越南入侵柬埔寨后，东盟在一个月内连续

①　Carlos Romulo, "Phát biểu tại Hội nghị ngoại trưởng ASEAN lần thứ 11 tháng 6 năm 1978 tại Pattaya-Thái Lan", TTXVN ngày 15 tháng 6 năm 1978.

②　Lê Văn Quang, *Quan hệ Việt Nam-ASEAN và những bài học kinh nghiệm*, đề tài nghiên cứu khoa học cấp bộ, Đại học Quốc gia TP. HCM Trường Đại học Khoa học Xã hội và Nhân văn, năm 2001, tr. 40.

③　参见陆建人《东盟的今天与明天——东盟的发展趋势及其在亚太的地位》，经济管理出版社1999年版，第18页。

④　*Far Easten Economic Review*（FEER），Vol. 105，No. 28，7/1979.

两次发表声明，表明东盟态度；同时，半年内连续四次召开外长会议，协调立场，支持泰国的诉求，敦促和呼吁外国军队立即从柬埔寨撤出，支持民柬联合政府和柬埔寨人民的抗越斗争。

另一方面，东盟积极寻求联合国和国际社会的支持，向苏联与越南不断施压。1979 年 7 月，东盟召开由东盟五国和美、日、澳、新以及西欧共同市场代表国家外长参加的 10 国外长会议，争取非东盟国家支持东盟谴责越南侵柬的立场和主张。这不仅促进了东盟内部团结，而且也密切了东盟与发达国家之间的政治合作关系。1979 年 8 月 20 日，东盟各国向联合国递交申请，要求将"柬埔寨问题"列入联合国的议事日程。1979 年 9 月，东盟明确统一立场，要求外国部队撤出柬埔寨，承认民主柬埔寨为唯一合法政府，要求在联合国监督下的柬埔寨自治权。新加坡甚至声称"如果泰柬边境局势继续恶化，不排除新加坡会以某种形式进行军事行动的可能"①。1979 年 11 月，在第 34 届联合国大会上，东盟提出《关于要求越南从柬埔寨撤军的决议》，并呼吁西方国家中断对越南的经济和人道主义援助。自第 34 届联合国大会开始，东盟国家在联合国大会的代表多次在联大全体会议上敦促越南从柬埔寨撤军，坚决维护民主柬埔寨在联合国的合法席位。东盟的不懈努力得到国际社会的普遍同情和支持。1979—1990 年，联合国一直支持东盟决议，并冻结越南在国外的财产，对越南实行贸易禁运。

随着越南侵略柬埔寨行动的进一步升级，东盟与越南关系全面恶化。1980 年 6 月 23 日，越南军队武装入侵泰国，在柬泰边境调集大量部队，并部署苏制米格 - 21 型飞机等先进武器。这严重威胁到东盟成员国泰国的安全，并进一步危及东南亚地区的和平与稳定，迫使东盟进一步加大了对越南的施压力度。泰国首先做出强烈反应，中断了与越南的一切贸易关系，明确了捍卫国家领土完整的决心。6 月 25 日，东盟在吉隆坡紧急召开东盟外长会议，美国、日本、加拿大、澳大利亚和新西兰受邀参加。东盟态度坚定，第一次用"侵略"这个字眼形容越南的行径，并予以强烈谴责，把越南列为头号敌人。②

---

①　*Thông tấn xã Việt Nam*，ngày 24 tháng 11 năm 1979.

②　Ton That Thien，*The Foreign Politics of the Communist Party of Vietnam*，New York：M. E. Sharpe，1989，p. 163.

"这种不负责任的危险行径，将导致影响深远的不良后果，并构成对泰国和东南亚地区最直接、最严重的安全威胁。"① 这次会议使东盟在柬埔寨问题上更加团结一致，并促进了东盟与美国、日本等国在安全上的合作。越南学者认为，柬埔寨问题从原先的柬埔寨内部问题，中国与印支的问题，已转变为印支与泰国，印支与东盟问题。② 总之，柬埔寨问题使越南与东盟关系从既对立又对话，彻底转变为完全对立，从此进入长达十年之久的僵滞、紧张甚至敌对阶段。

柬埔寨问题成为东盟国家间的黏合剂，凝聚了东盟国家力量。这一时期，反对苏联支持下越南的地区扩张成为东盟活动的主要内容，政治合作力度加强。东盟国家以"一个声音说话"，不仅促成了关于柬埔寨问题国际会议的召开，而且使国际社会在政治和经济上孤立越南。越南加入联合国的请求被连续三次遭到否决，越南的海外资产被冻结，绝大多数国家对越南实行贸易禁运政策。在一定程度上，这有助于最终迫使越南从柬埔寨撤军。在共同谋求柬埔寨问题和平解决的过程中，东盟成员国的内部凝聚力和区域合作意识空前增强，国际地位不断提高。柬埔寨问题的成功政治解决成为东盟作为东南亚区域组织成熟的标志。

关于导致越南与东盟关系恶化的原因，越南学者阮武松（Nguyễn Vũ Tùng）认为，是越南缺乏历史常识，未重视东盟作用。③ 他认为，越南应当在发动柬埔寨战争之前，与泰国和东盟进行沟通，重视东盟作用。因为柬埔寨问题不仅仅是印支问题，更是东南亚问题。他认为，通过沟通，就能够消除柬埔寨问题中的意识形态考量，就能够避免越南与东盟关系的对抗。这是越南学者从越南角度出发对柬埔寨问题单向度的解读。东盟极力反对越南入侵柬埔寨，并非仅仅出于意识形态原因，根本原因在于柬埔寨战争是对东盟规范和东盟国家安全的极大挑战。

首先，东盟担心苏联在东南亚的扩张与干涉。在冷战背景下，东

---

① 《东盟外长会议发表联合声明》，《人民日报》1980年6月26日第6版。

② Lê Văn Quang, *Quan hệ Việt Nam-ASEAN và những bài học kinh nghiệm*, đề tài nghiên cứu khoa học cấp bộ, Đại học Quốc gia TP. HCM Trường Đại học Khoa học Xã hội và Nhân văn, năm 2001, tr. 48.

③ Nguyen Vu Tung, "Vietnam-ASEAN Cooperation after the Cold War", Ph. D. Dissertation, Columbia University, 2004, p. 180.

盟不可避免地要从意识形态出发考虑问题。由于苏联支持越南,而且越南还加入了经互会,并与莫斯科签订了《友好互助条约》,成为苏联的盟友,所以,东盟认为,越南入侵柬埔寨是冷战条件下共产主义在东南亚的扩张。越南入侵柬埔寨后,就将共产主义势力扩张到了东盟的边界线上,使泰国和整个东盟面临随时被颠覆的威胁。更重要的是,苏联在背后支持越南,柬埔寨问题也是大国干涉和插手地区事务的表现。这与东盟建立"和平、自由和中立区"的安全路径是相违背的,是对地区安全与稳定的挑战。正如新加坡所言:"对河内采取强硬政策的部分原因在于越南是与莫斯科狼狈为奸的国家。"①

其次,尊重和捍卫国家主权、领土神圣不可侵犯是东盟的基本原则。东盟认为,无论执政者多么令人厌恶,都不能成为外部力量影响和改变该政权的理由。这是东盟的基本原则,也是东盟成员国之所以成立东盟组织的根本目标。对于越南所说的阻止柬埔寨波尔布特"种族灭绝"灾难,东盟并不认可。越南入侵柬埔寨的行为,不仅引发了东盟国家对越南使用武力的担心,也是对东盟原则的践踏。②

最后,也是最重要的一点,从地缘上看,越南入侵柬埔寨直接威胁到泰国以及整个东盟国家的安全。而且,一旦承认了越南对柬埔寨的占领,越南就有了形成印支联邦的基础。东盟不愿看到在东南亚地区出现一个与东盟相抗衡的组织。所以,一方面,东盟坚决反对越南的入侵行为,阻止其在越泰边境部署兵力,尊重并支持直接受害国泰国的立场;另一方面,东盟坚决防范越南占领整个印度支那,不承认越南的印支主导权,防止越南成立印支联邦形成与东盟相对抗的局面。

越南没有想到东盟对柬埔寨问题的反应如此强烈。越南一直希望东盟接受现状,承认其在印支的主导权,形成东南亚地区东盟与印支的权力平衡。为此,越南一方面安抚和威逼东盟接受现状,另一方面加紧巩固柬埔寨傀儡政权和构筑印支联邦。1980 年 1 月 7 日,越南首次组织召开了越老柬三国外长会议(FMC),试图以此作为印支协

---

① 〔英〕黛安·K. 莫齐:《东盟国家政治》,季国兴等译,中国社会科学出版社 1990 年版,第 288 页。

② Leszek Buszynski, "Vietnam's ASEAN Diplomacy: Recent Moves", *The World Today*, Vol. 39, No. 3, Mar. , 1983, pp. 98 – 105.

调机制，并与东盟展开对抗。1981 年 1 月 27—28 日，第三次 FMC 会议决定，由三国轮流举办，"将外交合作扩展到其他领域，加强三国之间的联盟关系"，同时提议"东南亚的两个区域组织（印支联邦与东盟）就相互关心的问题进行讨论，以达成东南亚和平稳定协议"。1981 年，越南外交部《关于东南亚形势的报告》中写道，"继欧洲之后，东南亚成为两个对立体系并存的地区，印支社会主义和东盟帝国主义"[①]。所以，越南提出同东盟举行"区域会议""双边或多边的区域性磋商""集团对话"等建议，目的就是迫使东盟承认印支联邦作为区域组织的地位，并将柬埔寨问题变成越南同东盟国家之间的"分歧"，以掩盖越南侵略柬埔寨的事实。

　　柬埔寨问题严重损害了越南的国际形象，并将国家经济带到了崩溃的边缘。20 世纪 60 年代到 70 年代初，越南战争是世界关注的热点，许多国家与国际组织都谴责美国对越南的侵略行径，支持越南人民的正义斗争。战争结束后，日本学者古田元夫（Furuta Motoo）认为，"越南进入'淡季'……越南形象某种程度上变得模糊，当时很少有人再关心越南"[②]。但是，随着中苏对抗的公开化，越南选择与苏联结盟，恶化与中国关系，甚至武力入侵柬埔寨，这严重破坏了越南的国际形象。越南从享有国际社会承认与尊重的"第三世界的英雄"，变成了"共产主义扩张者"，遭到国际社会的谴责与声讨。以美国为首的西方国家趁机对越南实施了严厉的经济制裁和政治孤立。1979 年，苏联入侵阿富汗，这更加让东盟和西方世界坚信，越南对柬埔寨的军事行动是苏联全球霸权的一部分。所以，各国对越南的制裁更趋严厉，许多国家都削减、中止了对越南的重建，甚至人道主义援助。瑞典、挪威等国家大幅削减了对越南援助，日本、英国、澳大利亚中止和撤销了全部对越援助，澳大利亚还中止了一切对越文化交流，甚至呼吁各国停止对越南的粮食援助，欧共体中止了总量 3.4 万

---

　　① MOFA Report "On the world situation and our Foreign Policy"（presented at the 16th Diplomatic conference in May 12, 1983), p. 50, in Nguyen Vu Tung, "Vietnam-ASEAN Cooperation after the Cold War", Ph. D. Dissertation, Columbia University, 2004, p. 158.

　　② Futura Motoo, "Thời đại mới của quan hệ Việt-Nhật", *Tạp Chí Nghiên Cứu Nhật Bản*, số 1, năm 1998, tr. 9 – 15.

吨的粮食援助。① 这致使越南对外贸易越来越依赖于苏联，并出现巨额贸易逆差和债务。1980 年，越南对外贸易总额为 16.53 亿美元，其中出口 3.39 亿美元，进口 13.14 亿美元，逆差 9.75 亿美元；1981年贸易总额为 17.83 亿美元，其中出口、进口额分别为 4.01 亿、13.82 亿美元，逆差 9.81 亿美元。这一时期，越南不仅存在严重贸易逆差，而且贸易总额也持续低于 1979 年的 18.47 亿美元。② 1981年底，越南外汇储备仅有 1600 万美元，而外债则高达 35 亿美元。③

持续的包围禁运、经济衰退，再加上 80 年代中期开始苏联政策的转变，越南开始接受政治解决柬埔寨问题。另外，随着大国关系缓和，越南对外部威胁感知也发生转变。虽然越南 1981 年宪法仍将中国视为"最直接的危险敌人"，但同时也认为中国忙于四个现代化建设，不会再发动第二次边境战役，来自中国的军事威胁减小。1981 年 10 月，越南外交部关于东南亚形势的分析认为："中国虽大，但不强，内部不稳定，同时与多国存在矛盾……因此，中国发动战争的可能性极小。"④特别是 1982 年，中苏关系出现正常化迹象，越南外交部认为"东南亚出现相对和平、稳定局面"。

但为了达到既成事实的目的，越南提出了各种解决方案，如，讨论建立一个"和平独立、自由中立、稳定与繁荣的东南亚区域"；没有预设前提地开展东盟与印支国家间的对话等。越南的目的是要东盟和国际社会承认越南对印支的主导权。东盟坚持认为，越南入侵柬埔寨是造成地区不稳定的主要原因，坚决要求将越南从柬埔寨撤军作为东盟同意双方对话的先决条件。

二　印支难民问题

这一时期，越南与东盟关系中存在的另一大问题是印支难民问

---

① 郭明、罗方明等：《越南经济》，广西人民出版社 1986 年版，第 257—258 页。

② Tổng Cục Thống kê, *Số liệu thống kê kinh tế -xã hội Việt Nam* 1975 – 2000, HN: Nxb. Thống kê Việt Nam, năm 2000, tr. 415.

③ 《世界知识年鉴（1983 年）》，世界知识出版社 1983 年版，第 102 页。

④ MOFA October 31, 1981 Report "On the situation in Southeast Asia and the Guidelines for our diplomatic plomatic offensives", p. 4, in Nguyen Vu Tung, "Vietnam-ASEAN Cooperation after the Cold War", Ph. D. Dissertation, Columbia University, 2004, p. 223.

题。印支难民外逃作为一种地区性的现象，开始于 1975 年，而印支难民问题变成一个突出的国际问题，则是 1978 年以后。[①]造成印支难民问题的原因错综复杂，美国发动越南战争及其后来的败退是引发印支难民潮的源头。1975 年，越南南方西贡政权倒台、柬埔寨和老挝共产党相继掌握政权，人们出于对未来的恐惧，大量逃亡国外。其后，印支国家的社会主义改造，特别是越南对南方经济进行社会主义改造过程中的一些极端措施，如将原南越政府人员送入"再教育营"、将"反动分子"驱赶到条件恶劣的"新经济区"等，迫使大量前南越政权职员、军官、资本家和工商业者逃亡国外，随后平民百姓，甚至北越政府的干部、党员等也加入了难民潮。1978 年年底，越南入侵柬埔寨，造成大量的柬埔寨难民外逃，使难民人数达到了高峰。20 世纪 80 年代，越南经济恐慌时期，也出现大量难民外逃现象。

在南方社会主义改造过程中，尤其是对华侨、华人的工商业改造中，越南采取十分过火、偏激的做法，导致越南南方经济的停滞和大批居民的逃亡。越南全面统一后，为使"南北经济早趋一致"，越南按北方模式对南方进行社会主义改革。越共四大决定，在五年内"基本完成南方的社会主义改造"，并"要想方设法使南方的中央和地方国营经济迅速壮大，在生产、流通、分配中占优势"[②]。为实现上述目标，越南南方各地抓紧进行农业合作化运动。1978 年 2 月，越共中央政治局会议决定全面禁止私营资本主义工商业，并于 3 月突然付诸实施，采取高压粗暴的方式，导致了严重的后果。对越南南方中小私营工商业的急速改造致使西贡、堤岸等工商业繁荣的城市，市场萧条，衰落下去。

另外，越南政府在解散全体资本主义工商业过程中，将中小华人资本作为打击对象，强行要求 3 万名华商及其 15 万名家属参加合作社，将他们的企业转换为公私合营形态。[③]越南采用取缔摊贩，宣布

---

① 赵和曼、张宁：《印支难民问题概论》，《印度支那》1987 年第 3 期，第 1—6 页。

② Đảng Cộng sản Việt Nam, *Văn kiện Đại hội đại biểu toàn quốc lần thứ IV Đảng Cộng sản Việt Nam*, HN: Nxb. Ngoại giao, năm 1977, tr. 44, tr. 79.

③ Tran Khanh, *The Ethnic Chinese and Economic Development in Vietnam*, Singapore, 1993, p. 85.

更换货币等激进措施打击华人中小企业。华人被迫改行从事农林渔业及手工业等，或者迁出胡志明市等南方城市回到乡下，或前往"新经济区"进行开荒等。从 1977 年开始，越南在中越边境实施"净化边境"政策，驱赶华侨华人，执行排华政策，迫使大量华人逃离越南。

这些举措给越南中小华人工商业以沉重打击，大多数华人都选择了作为难民逃离越南。越南战争结束时，拥有越南国籍的华人约 120 万人，占总人口的 5%。其中，约有 20 万人居住在中越边境地带（16 万人）和北部各城市，约有 100 万华人居住在以胡志明堤岸（Chợ Lớn）地区为中心的湄公河三角洲各省。① 随着中越关系恶化，这些华人成为越南的心头大患。越南通过各种手段大规模发动排华运动，驱赶越南的华人华侨。

1978 年年底，越南入侵柬埔寨后，印支地区局势又一次发生巨大变化。从 1975 年开始，越南与柬埔寨关系恶化，红色高棉不断驱赶在柬埔寨的越南侨民以及国内的亲越势力，边界不断发生冲突。1977 年，越南外交部曾以"一日不如一日"来形容越柬边界的状态。② 1978 年 12 月，越南出兵 20 万，占领柬埔寨，颠覆红色高棉政权，建立了亲越南的傀儡政府。连年的边界冲突与战争，以及越南入侵柬埔寨时的烧杀掠夺，以及在柬埔寨推行"越南化"政策，造成民不聊生，致使大批柬埔寨人外逃。1978 年和 1979 年是印支难民外逃人数最多的年份。

印支三国普遍存在的经济贫困状态也是造成难民潮不断的重要原因。越南的侵柬行为，遭到国际舆论的谴责，曾给越南以经济援助的西欧和日本等国纷纷停止了援助，美国禁止了与越南的贸易，中国也停止了对越南的援助，越南经济陷入停滞与困顿。印支三国普遍粮食供应短缺，失业严重，通胀蔓延，外逃人数猛增。受苏联模式的影响，印支三国经济政策僵化，人民生活贫困，也造成大量印支人民以

---

① ［日］北原淳等：《东南亚的经济》，刘晓民译，厦门大学出版社 2004 年版，第 180 页。

② Nguyen Vu Tung, "Vietnam-ASEAN Cooperation after the Cold War", Ph. D. Dissertation, Columbia University, 2004, p. 149.

各种手段大规模逃离家乡。据统计，80 年代中期，在全世界 211 个国家（地区）的国民生活水平排名中，越南排在 202 位（估计人均年收入 130 美元），老挝排在 208 位（人均年收入约 100 美元），柬埔寨排在 211 位，是全世界最穷国家（人均年收入只有约 50 美元）。① 在这样的经济状况下，为了称霸，越南当局仍把军队从 1975 年的 60 万人扩大到后来的 120 多万人，军费开支占财政支出的 60% 左右。② 这使越南人民的生活更加窘迫不堪。80 年代中期，越南出现大面积缺粮，发生了严重的饥荒，通货膨胀高达 393.8% ,③ 被称为"经济恐慌时期"。

在经济利益的驱使下，越南当局参与事实上的"难民贸易"，对难民外逃也起了推波助澜的作用。1978 年，越南允许华人在缴纳了高昂"出境税"后，可以乘船离境。当年，越南当局从难民出境税中获利达 1.15 亿美元。④"难民贸易"成为越南外汇收入的一个主要来源，一度超过国家的主要出口物资煤炭，成为越南最大宗的出口"商品"⑤。另外，在柬埔寨，波尔布特上台后，残暴的政权使许多柬埔寨人通过陆路逃到越南和泰国。在老挝，苗族人因在老挝秘密战争中曾经受雇于美国，所以巴特寮在内战中胜利后，他们不得不大规模跨过湄公河逃生。

这些事件不仅给印支人民造成了不可想象的苦难，同时也给东盟国家带来了难以承受的负担。对于这一时期发生的印支难民潮，记者巴瑞·韦恩（Barry Wain）称之为"当代人类悲剧之一""历史上最

---

① Rumbautr G. , "Vietnamese, Laotians, and Cambodian Americans", in Mzhoum, Gatewood J. V. , *Contemporary Asian America*, A Multidisciplinary Reader, New York: New York University Press, 2000, p. 178.

② 赵和曼、张宁：《印支难民问题概论》，《印度支那》1987 年第 3 期，第 1—6 页。

③ Tổng Cục Thống kê, *Niên giám thống kê Việt Nam*, HN: Nxb. Thống kê Việt Nam, năm 1995; Tổng Cục Thống kê, *Số liệu thống kê Việt Nam thế kỷ XX*, HN: Nxb. Thống kê Việt Nam, năm 2004.

④ Linda Hitchcox, *Vietnamese Refugees in Southeast Asian Camp*, Basingstoke, Hampshire: Macinllan, 1990, p. 73.

⑤ 陈肖英：《论香港越南难民和船民问题的缘起》，《史学月刊》2006 年第 8 期，第 55—58 页。

大的人口迁徙之一"①。人们乘坐着各种材料制造的大小不一的船只逃离家乡，这些被称作"漂浮棺材"的交通工具，也是印支难民被称为"船民"的原因。根据联合国难民署的统计，1975—1995 年，仅逃到东亚和东南亚的越南"船民"就有 796310 人，1979 年是高峰，仅一年就有 20 万人，多数人在上半年出逃，仅 6 月就有 54000 人。这些人中有 195833 人到了中国香港，更多的人则到了东盟国家，包括马来西亚（254495 人）、印尼（121708 人）、泰国（117321 人）、菲律宾（51722 人）以及新加坡（32457 人），还有一些人去了其他国家和地区。还有大批印支难民从陆路进入泰国，包括柬埔寨人（237398 人）、老挝人（359930 人）以及越南人（42918 人）。② 这些数字只是联合国难民署统计的数据，并不包括未在难民署登记，以及逃亡过程中死亡的人数。据估计，每 4 艘难民船中就有 1 艘葬身汪洋大海，至 1985 年，至少已有 27 万印支难民在海上遇难。③ 印支难民逃难的途径大致分为陆路和水路，陆路主要是逃往中国和泰国（大多是老挝和柬埔寨难民），多数人是通过水路先到达东南亚各国和中国香港等地，再转移至第三国。东盟国家尤其是泰国与印支三国地理位置相邻，成为大部分印支难民首先到达的国家。

印支难民的大量涌入，给东盟国家带来了巨大的社会问题和安全隐患。1978 年，东盟部长会议认为印支难民的存在是"东盟国家的重要负担"；④ 1979 年 1 月，东盟外长特别会议强调，难民的涌入会导致"严重的经济、社会、政治和安全问题"，特别是在马来西亚和泰国，并且认为越南是造成印支难民的根源。⑤ 据泰国的数据，"在泰老和泰柬边界，大量印支难民涌入造成了近 20 万泰国村民的生产生活受到严重影响"，"（泰国）正在承受巨大的压力，要向近 17 万

① Barry Wain, *the Refused: the agony of the Indochina refugees*, New York: Simon & Schuster, 1981, pp. 35, 80.

② United Nations High Commissioner for Refugees, *The State of the World's Refugees* 2000: *Fifty Years of Humanitarian Action*, Oxford University Press, 2000, p. 98.

③ 范宏贵：《十年来印度支那难民有多少》，《印度支那》1985 年第 4 期。

④ ［菲律宾］鲁道夫·C. 塞韦里诺：《东南亚共同体建设探源：来自东盟前任秘书长的洞见》，王玉主等译，社会科学文献出版社 2012 年版，第 156 页。

⑤ 同上。

印支难民提供临时避难所"①。1983 年，"难民流入大大加重了东盟国家的社会经济负担，同时也加大了被颠覆的危险"②。印支难民的涌入，不仅给邻近的东盟国家带来无法承受的经济社会压力，而且这些难民多与东盟国家境内的跨境民族有着千丝万缕的联系，再加上印支共产党借此途径混杂其中，使东盟国家面临政权与国家安全的威胁。

印支难民问题出现时，东盟尚未批准 1951 年的《关于难民地位的公约》和 1967 年的《关于难民地位的议定书》。东盟认为解决逃亡难民问题是整个国际社会的责任，发达国家应首先承担责任。同时，东盟指出，就印支难民问题发生的根源而言，越南负有重要责任。越南当局推行地区霸权主义，猖狂反华排华，发动侵柬战争，竭力控制老挝，是造成印支难民大规模持续外逃的主要原因。所以，东盟与联合国难民署合作，通过国际舆论持续施压，一方面迫使发达国家迅速对难民进行长久性安置；另一方面迫使越南解决"问题的根源"。1979 年 6 月 28 日，东盟第 12 届部长级会议指出，越南是难民制造国，并妄图使难民问题国际化。7 月 2 日，东盟五国外长与美、日、澳、新外长、欧共体代表举行会谈，讨论与印支难民有关的问题。东盟向全世界表明，尽管它只是五个中小国家的联盟，但有能力与大国共同维护地区的和平与安全。

恢复地区的和平与稳定才是印支难民问题的最终解决途径。根据联合国难民署统计，1975—1995 年，1311183 名印支难民被安置在了发达国家，如美国、澳大利亚、加拿大和法国。③ 1988 年，东盟要求越南"不要鼓动人员非法外逃，接受不合乎国际难民标准人员的遣返，扩大《有次序离境计划》（*Orderly Departure Programme*）落实

① ［菲律宾］鲁道夫·C. 塞韦里诺：《东南亚共同体建设探源：来自东盟前任秘书长的洞见》，王玉主等译，社会科学文献出版社 2012 年版，第 155 页。

② Tim Huxley, *Indochinese Refugees as a Security Concern of the ASEAN States*, 1975 – 1981, Canberra: Department of International Relations, Australian National University, 1983, p. 1.

③ United Nations High Commissioner for Refugees, *The State of the World's Refugees* 2000: *Fifty Years of Humanitarian Action*, Oxford University Press, 2000, p. 99.

范围"①。同年12月,越南和联合国难民署在《加速〈有次序离境计划〉的理解备忘录》上签字。只有柬埔寨问题得到政治解决,越南放弃其霸权思想,恢复与周边国家的正常关系,老挝和柬埔寨国内政权稳定,才能从根本上解决难民问题。否则,被东盟国家视作安全威胁的印支难民问题是不可能得到长期解决的。

小 结

东南亚地区因其独特战略位置而成为冷战对峙的前沿。这一时期,民族独立与国家生存是越南的主要国家利益。两极格局下,越南以意识形态为纽带,在社会主义阵营中加强与中国、苏联关系,以确保国家安全。东盟国家惧怕共产主义运动,视越南为地区的"入侵者",并通过参与越南战争寻求美国的安全保护。部分东盟成员国直接参与越南战争,为美国提供军事支持,使越南对东盟充满敌意,并将东盟视为是美国主导下东南亚条约组织的翻版。虽然意识形态不同使越南与东盟分属两个阵营,但越南与东盟敌对的根本原因却是东盟对越南生存安全的威胁。

《巴黎协定》的签订,美军力量的撤出促使东盟调整其外交与防务政策。东盟倡议建立"和平、自由、中立区",希望改善与越南关系,实现东南亚地区的和平稳定。为了开展战后重建,争取有利于南北统一和地区强权的周边环境,越南策略性地与东盟缓和关系,出现了70年代越南与东盟国家间的短暂缓和。这也证明了越南对东盟外交政策背后的决定力量是国家安全利益,而非意识形态。也正是为了追求国家安全利益的最大化,越南认为,两极格局下,只有追随大国,借力大国才能满足其生存和安全需求。东盟并不能从根本上满足越南的利益需求。所以,东盟提出的"和平、自由、中立区",越南提出的"与东南亚关系四点原则"都只能各说各话,无法达成共识

---

① 〔菲律宾〕鲁道夫·C.塞韦里诺:《东南亚共同体建设探源:来自东盟前任秘书长的洞见》,王玉主等译,社会科学文献出版社2012年版,第157页。

与合作。此后不久，越南倒向苏联，充当苏联在东南亚的"前哨"，构筑"印支联邦"充分体现了越南与东盟寻求安全的不同路径。越南与东盟之间短暂的缓和，只是越南实现其国家利益的权宜之计，双方不可能产生真正的合作。越南入侵柬埔寨，最终将越南与东盟关系带入长达十年之久的僵滞与对抗。

第四章

安全困境与越南加入东盟
（1987—1995）

第一节 冷战结束对越南的影响

一 国际局势缓和下的东南亚

20 世纪 80 年代中后期，美苏中之间的关系开始出现缓和。1985 年 3 月，米哈伊尔·戈尔巴乔夫（Mikhail Gorbachev）正式成为苏联共产党总书记，他提出"新思维"，推行"改革"和"公开"政策。① 外交上，苏联优先改善与中美之间的关系。苏联不仅与美国进行核武器控制谈判，而且随着美苏关系的缓和，两国开始相互配合解决区域冲突。自 1985 年开始，美苏就亚洲问题每年举行副外长级会晤。1988 年，在莫斯科，美苏高层会晤首次讨论柬埔寨问题的政治解决。美苏关系缓和之下，苏联也努力改善与中国关系。1986 年 7 月 28 日，戈尔巴乔夫在海参崴发表讲话称，苏联愿意同中国讨论减少边境地区的军事力量问题，并正式宣布苏联将开始从阿富汗撤军，同时讨论苏军撤出蒙古的问题。② 从 1987—1988 年开始，苏联全面实施战略收缩，并调整其亚太战略。1988 年 4 月，苏联签署了《日内瓦协议》，同意从阿富汗撤军；同年 12 月，苏联同意古巴军队从非洲南部撤出；1989 年 2 月，苏联外长爱德华·谢瓦尔德纳泽（Ed-

---

① Leszek Buszynski, *Garbachev and Southeast Asia*, London, Rostledge, 1992.
② 马叙生：《结盟对抗均不可取——忆八十年代中苏关系实现正常化的过程》，《俄罗斯中亚东欧研究》2001 年第 2 期，第 61—66 页。

uard Shevardnaje）访华，讨论柬埔寨问题，并达成一致；同年 5 月 16 日，戈尔巴乔夫访华，两国关系实现正常化。大国间的缓和使柬埔寨问题的政治和平解决成为可能，也为东南亚地区的和平稳定创造了条件。

20 世纪 90 年代初，东欧剧变与苏联解体标志着冷战的结束，世界格局发生了重大变化。这种变化成为各国重新判断自己国家利益的首要依据。冷战结束后，两极对抗的格局瓦解了，世界格局逐渐向多极化转变。世界格局的变化改变了国家间关系。冷战时期国家之间相对稳定的基于意识形态的一致性逐渐消失，国家利益和共同利益决定下的国际合作增强。所以，区域化成为新地缘政治的动力，地域和文化同一性的概念不断取代了意识形态同一性的作用，区域或次区域经济合作和安全合作成为对外合作的重点。[1] 东盟作为东南亚唯一的区域组织，在形成地区共同价值和共同目标，推动地区合作中的作用日益凸显。冷战结束后，东南亚不再是不同意识形态与社会制度国家间的对抗目标。随着外部力量的减弱，东南亚在区域政治中的相对独立性开始增强，区域价值被广泛承认，关于区域及区域命运的认识更加接近。

随着苏联势力从东南亚消退，越南从柬埔寨撤军，柬埔寨问题从国际争端转变为柬埔寨的内政问题，东盟各国与越南之间的政治对抗结束了。柬埔寨问题解决后，不仅东盟与越南关系改善了，越南与中国的关系也得到改善并实现了正常化。中国与东盟之间的合作也逐步开启并不断加强。国际和地区环境的变化为东盟带来了有利的发展条件。在世界经济区域化趋势加强的背景下，东盟也调整了发展方向，开始从强调政治安全合作向促进成员间的经济合作转型，鼓励与区域外大国，特别是经济强国和世界经济组织开展合作。

促进区域的经济合作与发展成为东盟的首位任务。随着世界经济区域化、集团化加剧，特别是北美自贸区、亚太经合组织（APEC）的相继成立，东盟的外部经济压力加大，推动区域内经济联合与一体化成为应对之策。1987 年，东盟国家发表了《马尼拉宣言》，强调区

---

① 阎学通：《中国国家利益分析》，天津人民出版社 1996 年版，第 56—57 页。

域的内聚力对于安全稳定和经济增长至关重要。东盟国家内部的领土争端等矛盾冲突已得到进一步缓解，加强经济合作成为东盟事务中的重点。1990 年，马来西亚总理马哈蒂尔提出建立"东亚经济集团"，即将位于东北亚与东南亚的国家和地区组成一个区域性经济集团，以共同应对外部挑战。后来，东盟将其改为"东亚经济核心论坛"（EAEC），主要目的：一是利用东亚经济腾飞势头，加快东盟经济发展；二是抗衡北美和欧洲集团；三是谋求东盟在东亚的核心作用。1992 年，根据泰国总理阿南·班雅拉春（Anan Paniarachun）的提议，第 4 届东盟首脑峰会一致同意建立东盟自由贸易区（AFTA），以提升东盟贸易合作水平。会议签订了《加强东盟经济合作框架协定》和《共同有效优惠关税协定》，决定从 1993 年 1 月 1 日起，在未来 15 年内建成东盟自由贸易区。这是一个全面加强东盟经济合作以实现区域经济一体化的发展规划。[1] 东盟自由贸易区的建立是东盟发展史上的一个重要里程碑，它大大推进了区域的经济合作，并为东盟的扩大和东南亚共同体的建立创造了条件。[2] 1994 年，东盟将实现东盟自贸区的时间缩短为 10 年，即从原定 2008 年提前到 2003 年。

另外，东盟积极加强与印支国家的经济合作。随着柬埔寨问题政治解决进程的不断推进，泰国率先提出"变战场为商场"。新加坡也不甘落后，最早解除对越南的贸易投资禁令，扩大对越南的贸易与投资规模，成为越南的主要贸易合作伙伴。越南、老挝、缅甸三国有1.2 亿人口，劳动成本极为低廉，土地、自然资源丰富，是极具潜力的巨大市场。这对正处于经济产业转型阶段的东盟国家具有极大的吸引力。所以，出于自身发展需要，东盟国家加大了对越南及其他印支国家的投资与贸易力度。这在一定程度上有助于印支国家逐步走出战争阴影，恢复国民经济发展。东盟的经济联合推动了东南亚区域化进程，在亚太地区产生了一定影响，成为东亚唯一的贸易集团，增强了东盟的国际地位和作用。

在促进区域经济发展的同时，东盟也推动了区域的和平与合作进

---

① 曹云华：《东南亚的区域合作》，华南理工大学出版社 1995 年版，第 15—16 页。

② 梁志明：《东盟发展进程研究——东盟四十年回顾与展望》，香港社会科学出版社有限公司 2008 年版，第 23 页。

程。越南是东南亚仅次于印尼的第二大国，印支是东南亚不可分割的一部分，东盟无论是推进地区的经济联合与一体化，还是维护地区的和平与稳定，都需要越南的参与，需要将印支国家包括在内。东盟组织在整个东南亚的扩展不仅是保障区域稳定发展的迫切需要，而且也是扩大东盟影响力的现实要求。1994 年 5 月，东盟成员国与印支三国以及缅甸的高级官员、专家在马尼拉召开会议，讨论建立包括东南亚十国的"大东盟"问题。会议达成了"东南亚应成为一个共同体"的共识。越南在印支地区的特殊地位使其成为东盟扩展进程中的突破口。这一时期，发展与越南的合作关系，考虑接纳越南加入东盟是东盟外交中的优先问题。

二 苏东剧变对越南的冲击

20 世纪 80 年代末至 90 年代初，接踵而来的东欧剧变和苏联解体，对越南产生了剧烈的冲击，不仅在经济社会层面，而且在越南政权内部也出现了重大的意见分歧。这种冲击所带来的困境与反思，是越南冷战后外交调整与转型的源动力。

（一）越南面临的安全困境

对于东欧剧变和苏联解体所带来的变化，时任外交部副部长陈光基曾表示，"国际棋局完全改变……世界两极秩序中的一个超级大国的崩溃，造成国际政治一个巨大的真空，打破了已经存在近五十年的全球平衡"[1]。作为严重依赖苏联的盟友，苏联的解体使越南陷入经济社会与政治权力的双重困境。

在经济社会方面，由于越南严重依赖苏联以及东欧社会主义国家的援助与贸易，冷战后，越南出现"经济社会恐慌"，经济几近崩溃。越南经济严重依赖东欧及苏联的援助，1982—1986 年，苏联对越南的经济援助每年约 10 亿美元，对越南的军事援助每年约 15 亿美元。[2] 这一时期，越南对苏贸易额占越南外贸总额的 60% 以上，"三·五"头一年开始，越南进口猛增，贸易逆差居高不下，"三·

① Trần Quang Cơ, "Tình hình thế giới mới và vận mạnh nhà nước Việt Nam", *Nghiên Cứu Quốc Tế*, số 1，năm 1992.

② *The Nation*，May 15, 1987.

五"期间几乎每一年的逆差都是"二·五"最高纪录（1980 年）的 2 倍。① 几乎所有日常生活用品和生产用品都依赖进口。越南干部、职员、武装部队、学生和城市居民的"饭碗中一半是进口的"②。另外，继 1986 年和 1987 年连续两年人口年增长 2% 和粮食年产量减少 2% 之后，1988 年年初，许多地方缺粮，全国有 700 万人面临饥荒威胁，通货膨胀高达 393.8%。③ 1988 年，越南贸易逆差加剧，出口额只等于进口额的 1/3，国民生产总值约 100 亿美元，而外债却高达 87 亿美元，人均外债近 120 美元，大大超过了正常的还债负荷力。④ 1989 年，虽然农业生产有所恢复，但工业生产大滑坡，工人失业率高达 20%，据越南《人民报》1989 年 11 月 20 日报道，1989 年 4—6 月，全国工业产值先后下降 5%、8.2%、8%。所以，历史上，越南把这一阶段称作"经济社会恐慌"时期。⑤

更为紧迫的是，越南政权面临严重的生存危机。为了寻求政权安全，越南急于与中国改善关系。越南曾认为中国是其主要威胁，并通过与苏联建立正式军事同盟，以外部制衡方式对抗来自中国的威胁。⑥ 1986 年年底，越共六大基于对国际局势的新认识，表示"愿意不论何时，不论何地，不论何级别地与中国就两国关系正常化问题开展谈判"⑦。1988 年 10 月，在中国 39 周年国庆的贺词中，越南正式承认中国仍是社会主义国家。1988 年 12 月，越南修改了 1986 年

---

① 高伟浓：《1976 年以后苏联对越南的经济援助评析》，《东南亚研究》1989 年第 2 期，第 1—12 页。

② Tổng Cục Thống kê, *Số liệu thống kê Việt Nam thế kỷ XX*, HN：Nxb. Thống kê Việt Nam, năm 2004, tr. 24.

③ Tổng Cục Thống kê, *Niên giám thống kê Việt Nam*, HN：Nxb. Thống kê Việt Nam, năm 1995；Tổng Cục Thống kê, *Số liệu thống kê Việt Nam thế kỷ XX*, HN：Nxb. Thống kê Việt Nam, năm 2004.

④ 罗四维：《1988 年的越南经济》，《印度支那》1989 年第 1 期，第 11—12 页。

⑤ Học viện Chính trị Bộ Quốc phòng, *Quan hệ giữa xây dựng tổ quốc Xã Hội Chủ Nghĩa và bảo vệ Xã Hội Chủ Nghĩa trong ý thức người Việt Nam hiện đại*, HN：Nxb. Chính trị Quốc gia, năm 2010, tr. 18.

⑥ Alexander L. Vuving, "Strategy and Evolution of Vietnam's China Policy：A Changing Mixture of Pathways", *Asian Survey*, Vol. 46, No. 6 (November/December 2006), pp. 805 – 824.

⑦ Đảng Cộng sản Việt Nam, *Văn kiện Đại hội đại biểu toàn quốc lần thứ VI Đảng Cộng sản Việt Nam*, HN：Nxb. Sự thật, năm 1987, tr. 107.

《宪法》序言，删除了关于中国是"最危险的直接敌人"的表述，并呼吁停止两国间的对抗宣传，缓解陆地边境紧张。随着柬埔寨问题的政治解决，中越关系正常化谈判也取得突破性进展。1990 年 9 月 3 日，两国在成都召开中越峰会，中国同意两国关系正常化，但拒绝了越南关于在意识形态基础之上的结盟建议。1990 年 12 月，中国时任总理李鹏出访东盟四国，表示中共不再与任何东盟国家的共产党保持联系，并宣布意识形态不再影响中国与东盟关系的发展。

越南逐渐认识到，中国已淡化意识形态在国家关系中的作用，通过与中国结盟解决政权安全的希望不大。这一时期的越南外交部文件中写到，"中国口头保卫社会主义，但中国从未讲过要在国际层面保卫社会主义，这意味着中国只保卫中国的社会主义和霸权地位"①。1991 年 11 月，越南时任越共总书记杜梅、部长会议主席②武文杰访华，标志着中越关系正常化。越南学者认为，两国关系"不像过去十年那样不正常，但也不像五十、六十年代那样亲密"，是在"和平共处五项原则和不损害第三方"基础上的国家间关系。③ 在越共看来，这样的中越关系无法满足其政权安全需要，中国不会为越南的政权安全承担责任与义务。1992 年，越共中央会议认为，在当前国际背景及国家形势下，"革新和整顿党"是当前最重要任务，要提高党的领导力、战斗力，这对整个革命事业具有决定意义。④

同时，随着革新开放事业的开启，越南逐步向西方国家开放市场，越共政权面临的"和平演变"风险加大。为了统一党内思想，

---

① MOFA December 21，1990 report，"On Same Strategic and Tactial Issue in our Struggle for a Solution to the Cambodia Problem and Improvment of International Relations"，p. 18，in Nguyen Vu Tung，"Vietnam-ASEAN Cooperation after the Cold War"，Ph. D. Dissertation，Columbia University，2004，p. 208.

② 越南政府总理的不同名称，1981 年 7 月 4 日—1992 年 9 月 24 日，越南将政府总理改称为部长会议主席（Chù Tịch Hội Đồng Bộ Trưởng），1992 年 9 月 24 日后又改为政府总理。武文杰于 1991 年 8 月 8 日—1992 年 9 月 24 日任部长会议主席，1992 年 9 月 24 日—1997 年 9 月 25 日任政府总理。

③ Intervew for Foreign Minister Nguyen Manh Cam to Greater Solidarity newspaper，December 1991，in Nguyen Vu Tung，"Vietnam-ASEAN Cooperation after the Cold War"，Ph. D. Dissertation，Columbia University，2004，p. 209.

④ "Thời báo Hội nghị lần thứ ba Ban Chấp hành Trung ương Đảng khóa VII"，Tạp Chí Cộng Sản，số 7，năm 1992，tr. 3 - 5.

应对外部社会主义阵营剧变所带来的冲击，越共七大首次在文件中明确提出了胡志明思想。越共七大认为，"胡志明思想正是在我国具体条件下创造性地运用马克思列宁主义的成果"。胡志明主席是马列主义与越南工人运动、越南人民爱国运动相结合的"最完满的化身"，是"阶级与民族、民族与国际、民族独立与社会主义相结合的光辉典范"①。同时，针对当时党内存在的一些错误观点，越共七大政治报告明确表明，"真正的民主既不是独断擅权，也不是无政府的自由主义"，"必须对打着民主旗号蛊惑人心，制造混乱的行径保持警惕"。同时，报告指出："有人认为，只有多党政治体制才有民主。实际上，民主与否并不取决于一党制还是多党制。"② 越共七大政治报告中的这些表述，反映了越共作为执政党当时所承受的外部压力与挑战。1992 年 5 月 14 日，一些旅法越南人以组织、社团等名义向越共总书记杜梅发出警告信，"反对越共领导下的独裁统治"，并起草了"越南后共产党阶段计划书"等。1993 年，阮富仲（Nguyễn Phú Trọng）指出，一些海外势力公开攻击越共，他们的"首要目标是如何早日推翻共产党的领导地位，推翻革命政权，改变我国的政治制度"③。所以，冷战结束后，越南的政权安全与合法性面临着严重威胁与挑战。如何确保党的执政地位，增强党的领导力，成为这一时期越共党内争论的焦点。

（二）越共党内的路线争论

80 年代中期，戈尔巴乔夫的"新思维"和苏联外交政策的调整，引发了越南党内关于世界观与国家政策转型的争论。从 80 年代末到 90 年代初，社会主义阵营经历了中国"天安门"事件、东欧剧变与苏联解体等一系列变化，越南执政者在思想上受到极大的冲击。这种思想上的冲击与影响远远大于对其经济的冲击与影响。关于如何维护越共政权的稳定，如何走出经济社会的恐慌，越南政权内部产生了激

---

① Đảng Cộng sản Việt Nam, *Văn kiện Nghị quyết Đại hội đại biểu toàn quốc lần thứ VII Đảng Cộng sản Việt Nam*, HN: Nxb. Chính trị Quốc gia, năm 1992.

② Như trên.

③ Nguyễn Phú Trọng, "Luận điệu mới của các thế lực chống Đảng Cộng sản", *Tạp Chí Cộng Sản*, số 4, năm 1993, tr. 23 – 26.

烈的争论。这些争论直接影响到越南后来的外交思维革新与外交政策的转型。

80 年代中后期，相互依赖概念通过戈尔巴乔夫的"新思维"进入越南。① 越南前外交部部长阮基石（Nguyễn Cơ Thạch）是这一概念的积极推动者。他认为，相较于过去的军事力量，当前时代下，经济力量和科技革命在衡量全球力量分布时发挥了更重要的作用。国际社会是一个以经济为基础的相互依赖体系，国家命运已不再取决于武器竞赛，而代之以"经济竞赛"。所以，越南应当把发展经济放在国家政策的首要位置。② 越南前总理武文杰、副总理武宽也是这一战略主张的推崇者。他们认为，经济增长是增强国家实力、实施内部制衡的最好方式，而经济落后于周边国家则是越南面临的最大危险。只有融入世界经济，与金融和技术大国合作，才能实现复合型相互依赖，才能追求和实现越南的国家利益。③ 这部分人认为，在外交上，越南不应再以意识形态判断敌友，以结盟方式保障安全；而应通过外交关系的多样化，在大国间相互制衡寻求安全，特别是应加强与美国等西方国家的关系。

越南党内的另一部分人则强调意识形态的重要性。他们认为，社会主义与帝国主义之间的冲突与竞争仍是时代的主题，社会主义只是暂时处于弱势，帝国主义最终将会被取代。④ 他们主张，越南应继续以意识形态为主导，团结社会主义国家，加强防范帝国主义的破坏。他们高度警惕"开放""融入世界经济"过程中"和平演变"对越

---

① Ramesh Thakur and Carlyle A. Thayer, *Soviet Relations with India and Vietnam*, London: Macmillan, 1992, pp. 53 – 61, 69 – 70; and Thayer, "The Soviet Union and Indochina", in Roger E. Kanet, Deborah Nutter Miner and Tamara J. Resler, eds, *Soviet Foreign Policy in Transition*, Cambridge: Cambridge University Press, 1992, pp. 236 – 255.

② Nguyễn Cơ Thạch, *Thế giới trong 50 năm qua* (1945 – 1995) *và thế giới trong 25 nam tới* (1996 – 2020), HN: Nxb. Chính trị Quốc gia, năm 1998.

③ Vũ Khoan, "Một số vấn đề quốc tế của Đại hoi VII", và Nguyễn Mạnh Cầm, "Giá trị lâu bền và định hướng nhất quán", trích từ Bộ Ngoai Giao: *Hội nhập Quốc tế và giữ vững bản sắc*, HN: Nxb. Chính trị Quốc gia, năm 1995, tr. 71 – 76, tr. 223 – 230.

④ Lê Khả Phiêu, "Cán bộ, chiến sĩ lực lượng vũ trang Kiện định mục tiêu độc lập dân tộc và Chủ Nghĩa Xã Hội, đường lối kết hợp hai nhiệm vụ chiến lược", *Báo Nhân Dân*, ngày 25 tháng 3 năm 1996.

共政权的危害。他们认为，"越南的社会主义方向将会受到市场经济和外国政治文化的不良影响"①，并预言越南将会成为"外国反动分子与帝国主义（海外越南人与美国）"进行"和平演变"的目标。他们甚至呼吁："应当像保卫国家的陆海空领土一样保卫马列意识形态和胡志明思想。"② 这部分人认为，越南应继续坚持从意识形态出发看待世界与国家未来的发展，应加强与中国关系，以确保越南政权的稳定与安全。

这两种思想在越共党内形成了激烈的争论。这种争论充分地反映在越共八大的政治报告准备过程中。1995 年 8 月，越共政治局成员、总理武文杰向政治局提交了长达 21 页的机密文件以备讨论。在文件中，他认为世界体系的主要特点已从社会主义与帝国主义的对抗让位于多极化，"不同于过去，国家利益、地区利益及其他全球利益（和平、环境、发展、工业、全球化）正在国际关系中发挥重要作用……"他分析称，因为每个国家都仍在寻找适合的发展途径，四个现存的社会主义国家（中国、越南、朝鲜和古巴）无法形成联合的经济力量，也没有国际价值。另外，冷战后的国际体系已发生了重大改变，意识形态已不再是国际关系中的决定性因素。这种改变使国际社会更容易接受越南这样的一党制国家。越南与美国关系正常化，成为东盟成员国正说明了这一点。在当前时代下，越南的国家生存与政权稳定不会受到威胁，而经济如果持续落后，则会危及越共的执政地位。所以，他警告称，"越南如果不推进革新进程，领导地位将受到威胁"③。同时，他们呼吁，并致力于加强与美国关系。在越南与美国关系实现正常化后，武文杰称，"如果我们沿此路径走下去，将更加获益"。他们认为，越南正处于自 1945 年以来最有利的国际环境中，应当采取果断步骤从中获利。

意识形态保守派也起草了一份长达 10 页的报告作为回应。报告

---

① Bùi Phan Ký, "Mấy vấn đề về xây dựng và bảo vệ tổ quốc Xã Hội Chủ Nghĩa trong bối cảnh thế giới ngày nay", *Tạp Chí Cộng Sản*, số 16, năm 1996, tr. 18 – 20.

② Lê Xuân Lưu, "Về mối quan hệ giữa xây dựng và bảo vệ tổ quốc trong giai đoạn cách mạng mới", *Tạp Chí Cộng Sản*, số 10, năm 1996, tr. 7 – 10, tr. 14.

③ Võ Văn Kiệt, "Thư ngỏ văn kiện gửi Bộ Chính Trị", *Việt Luận* (Paris), No. 1053, ngày 5 tháng 1 năm 1996, tr. 30 – 31, tr. 58 – 60.

认为，越南成为东盟成员国，以及与美国关系正常化，并非完全是越南外交的胜利，而是美国通过鼓励民主力量发展，瓦解越共统治战略的一部分。报告认为，美国不仅推动经济自由，而且还将推动政治自由，美国将最终迫使越南放弃共产主义……同时，报告警告称，美国投资的真实意图是控制越南市场，美国将会支持党内的改革分子。①

　　这两种战略思想与主张在越南党内长期存在并相互弥补。在亚洲工业国家兴起与中国改革成就的激发下，1986—1988 年，阮基石等人推动下的经济社会革新开放和外交政策转型先后起步。阮基石主张与美国发展关系，并尝试与美国进行关系正常化谈判，但没有成功。随后发生的东欧国家政权更迭和中国 1989 年政治风波，极大地冲击了越共政权，保守派势力在党内占据了主流。越共总书记阮文灵与国防部长黎德英（Lê Đức Anh）担心美国等西方国家试图从世界上消灭共产主义，所以，决定加强马列主义世界观，强调社会主义与资本主义在全球的长期敌对，将保护社会主义，反对帝国主义放在优先位置。② 在外交政策上，阮文灵与黎德英寻求与中国结成意识形态同盟，希望中国高举社会主义大旗，并时刻准备与中国领导人讨论团结问题。中国 1989 年政治风波发生后，越共党内坚决猛烈地打击了忽视意识形态作用的改革派，并重新加强正统马列主义思想。③ 1991 年7 月，越共召开七大，阮基石辞去外交部部长职位，退出中央政治局，而军警出身的黎德英任国家主席，政治局成员陶维松（Đào Duy Tùng）负责意识形态和宣传工作。尽管中国拒绝了越南的结盟要求，将中越关系定位为"同志而非同盟"，但阮文灵与其继任者仍在其后的十年里努力在意识形态基础上加强中越关系。根据越南原高层领导回忆录，直到 1992 年年底，越南仍在党的内部保密文件中以意识形

　　① 　Võ Văn Kiệt, "Thư ngỏ văn kiện gửi Bộ Chính Trị", Việt Luận (Paris), No. 1053, ngày 5 tháng 1 năm 1996, tr. 30 - 31, tr. 58 - 60.

　　② 　Nguyễn Văn Linh, "Phát biểu của đồng chí tổng bí thư Nguyễn Văn Linh, bế mạc Hội nghị 7 của BCH TW Đảng", Tạp Chí Cộng Sản, số 9, năm 1989, tr. 5 - 12; Đỗ Minh, "Có nên lấy Chủ nghĩa Mác-Lê-nin làm nền tảng tư tưởng hay không", Tạp Chí Cộng Sản, số 5, năm 1991, tr. 56 - 57; Nguyễn Văn Dục, "Một Trật tự thế giới mới hay là một hình thái đấu tranh mới?", Tạp Chí Quốc Phòng Toàn Dân, số 1, năm 1992, tr. 57 - 61.

　　③ 　Như trên.

态决定外交的优先顺序。①

　　尽管传统马列主义的意识形态在越共党内得到了加强，但经济发展与革新思想在党内也普遍达成了共识。越共七大上，改革派势力受到打击，影响力在党内受到抑制。但通过争论，越共党内关于经济因素的重要性，时代发展特点等观点也得到了普遍的认同。② 同样，尽管西方国际关系概念与马列主义基本前提相悖，但西方国际关系术语，如"世界科技革命""相互依赖""国际化趋势"和"国际秩序"等也广泛被越共接受。③ 越共八大政府文件将社会主义推动力量从"阶级斗争"改为了"经济增长"，也体现出越共党内在该问题上已达成共识。越共八大文件中还删除了"阶级斗争""敌友区分"和"两条道路之争"等字眼，强调越南应融入地区和世界经济，外交关系的重点在于建立国际经济关系而非意识形态同盟。④ 正如澳大利亚的越南问题专家卡莱尔·A. 塞耶（Carlyle A. Thayer）所言，在越南，意识形态与国家利益并不相斥，两者可以相互重叠和共存。⑤ 同样，两种战略思想也并不必然冲突，两者之间相互弥补、相互借鉴。

三　越南安全观念的转变

　　苏东剧变所带来的冲击使越南决策者开始转换战略思维，关于国家安全与政权稳定的观念也出现了新的内容。较之以往，越南决策者开始更加重视经济因素在国际关系中的作用；在坚持社会主义道路与发展方向的基础上，逐渐淡化意识形态在外交中的作用，提出"增

---

　　① Bui Tin, *Following Ho Chi Minh: The Memoires of a North Vietnamese Colonel*, London: Hurst & Company, 1995, p. 191. 关于意识形态在越南外交政策中的概述参见 Eero Palmujoki, *Vietnam and the World: Marxist-Leninist Doctrine and the Changes in International Relations*, 1975 – 1993, London: Mcmillan Press Ltd. , 1997。

　　② Murray Hiebert, "More of the same", *Far Eastern Economic Review*, 11 July 1991, p. 10 and "Cutting red tape", *Far Eastern Economic Review*, 22 August 1991, p. 11.

　　③ Trần Trọng Thìn, "Cán cân quân sự đang thay đổi chiến lược gì cho ngày mai?" *Tạp Chí Cộng Sản*, số 4, năm 1991, tr. 57, tr. 59.

　　④ Đảng Cộng sản Việt Nam, *Văn kiện Đại hội đại biểu toàn quốc lần thứ VIII Đảng Cộng sản Việt Nam*, HN: Nxb. Chính trị Quốc gia, năm 1996, tr. 27.

　　⑤ Carlyle A. Thayer, "Vietnamese Foreign Policy: Multilateralism and the Threat of Peaceful Evolution", pp. 1 – 24, in Carlyle A. Thayer and Ramses Amer, eds. , *Vietnamese Foreign Policy in Transition*, Singapore: Institute for Southeast Asian Studies, 1999.

友减敌"；重视地缘政治，回归东南亚地区，逐步将越南的国家安全
与区域的和平稳定联系在一起。

早在 20 世纪 70 年代，一些政治学家就认识到了军事力量在国际
斗争中的局限性。1977 年，美国政治学家罗伯特·基欧汉和约瑟
夫·奈（Joseph S. Nye）指出，军事实力不可能转换为经济实力，所
以军事实力并不能解决经济问题。① 80 年代，一些政治家注意到，武
力并不是维护国家利益的最有效手段，增强军备和发展经济应当保持
一定的平衡，发展经济和加速科技进步才是更为有效地维护国家利益
的途径。越南执政者从 70 年代开始，也认识到经济的重要性。但在
冷战时期，由于处于两大阵营对抗的前沿，越南不得不把国家安全放
在首位，重视军事力量的作用。80 年代中后期，面对国内的经济社
会危机，特别是受到苏联"新思维"的外部影响，② 越南领导人在衡
量全球力量分布时，相较于过去强调军事因素，现在则更加强调经济
力量和科技革命的作用。③ 阮文灵曾说过，"我们已经统一认识，扩
大对外经济，积极参与国际分工"。并指出："在当前经济如此国际
化的情况下，国家如果闭关自守，自给自足，不与外国进行经济交
流，就无法生存和发展。"④ 1991 年，越共七大第一次提出了"民富
国强"的战略目标，并将这一目标作为越南党和国家在当前和今后
较长时间内努力的方向。"努力使个人与国家都富裕"⑤，这体现了以
人为中心，充分发挥个人潜力，重视经济利益的思想转变。这是越南

---

① Robert O. Keohane & Joseph S. , Nye, *Power and Interdependence-World Politics in Transition*, Boston: Little, Brown and Company 1977, Chapter 1 & 2.

② Ramesh Thakur and Carlyle A. Thayer, *Soviet Relations with India and Vietnam*, London: Macmillan, 1992, pp. 53 – 61, 69 – 70; and Thayer, "The Soviet Union and Indochina", in Roger E. Kanet, Deborah Nutter Miner and Tamara J. Resler, eds. , *Soviet Foreign Policy in Transition*, Cambridge: Cambridge University Press, 1992, pp. 236 – 255.

③ Vũ Khoan, "Một số vấn đề quốc tế của đại hội VII" và Nguyễn Mạnh Cầm, "Giá trị lâu bền và định hướng nhất quán" trích từ Bộ Ngoai Giao: *Hội nhập Quốc tế và giữ vững bản sắc*, HN: Nxb. Chính trị Quốc gia, năm 1995, tr. 71 – 76, tr. 223 – 230.

④ 梁志明：《经济全球化与面向 21 世纪的越南》，《东南亚纵横》2003 年第 2 期，第 36—40 页。

⑤ Đảng Cộng sản Việt Nam, *Văn kiện Nghị quyết Đại hội VII*, HN: Nxb. Chính trị Quốc gia, năm 1992.

经济革新过程中提出的一个重要的思想观点，是新经济思维的重要部分。①

对经济因素的强调使越南决策者逐渐接受和形成了综合安全观念。冷战结束后，和平与发展成为世界的主旋律。世界大战的威胁已基本解除，国家的安全威胁减弱。两极格局下世界的割裂与对立也随之消失，经济全球化和区域化迅速发展，各国在经济上的相互依赖不断深化。世界安全环境也随之发生变化，大规模军事冲突的可能性减小，而资源短缺、生态恶化、非法移民、跨国犯罪等非传统安全挑战加剧。在此背景下，"综合安全"②（comprehensive security）观念得到重视。综合安全将安全从传统的军事领域扩展到政治、经济、社会、文化等非军事领域，形成一种全方位、多因素的新安全概念。1986年后，越南认为，构成一国安全的要素有"强大经济，足够国民防御，扩展的国际合作关系"③，"任何国家的安全都应基于其科技、经济发展水平，同时，也与他国的安全相互依赖"④，这些表述已体现出越南决策者对于非军事因素的重视。1988年，越共政治局第13号决议强调，"经济薄弱、政治孤立、经济封锁是我国安全和独立的主要威胁，保卫和平、发展经济是最高战略目标，是全党和全体人民的利益"⑤。决议中强调"经济""政治"对国家安全的威胁，

①　梁志明：《越南革新的理论思维与发展观念综述》，《东南亚》1996年第2期，第1—11页。

②　早在20世纪70年代，日本就提出"综合安全"概念，当时石油危机对日本的安全造成严重威胁，野村综合研究所于1977年提出了"综合安全"研究报告。1980年，大平正芳首相的智囊机构又提出《综合安全保障战略》，将安全的内涵界定为"保护本国的国民生活不受各种威胁"，特别将能源、资源、粮食、防灾等列入"综合安全"范畴。参见周季华、陆建人等《中日关系与东亚的安全》（研究报告），北京东亚研究中心，1995年，第3页。

③　Text of the 13th Politburo Resolution, May 1988, p. 4.

④　越南的新安全观接近于东亚和东南亚国家的"全面安全"和"相互安全"。参见Ogasawara Takauki, "Vietnam's Security Policy in the Post-Cambodia Period: Diplomatic Dimension", in Dao Huy Ngoc and Matsunaga Nobuo eds. , Asia-Pacific and Vietnam-Japan Relations, Hanoi: Institute for International Relations, 1994, pp. 107 – 108. See also, Nguyen Vu Tung, "Vietnam's New Concept of Security", in Kurt Radtke and Raymond Feddema eds. , Comprehensive Security in Asia: Views from Asia and the West on a Changing Security Environment, Boston: Brill, 2000, pp. 409 – 410。

⑤　Text of the 13th Politburo Resolution, May 1988, pp. 3 – 4, in Nguyen Vu Tung, "Vietnam-ASEAN Cooperation after the Cold War", Ph. D. Dissertation, Columbia University, 2004, p. 193.

较之于以往将军事视为是安全主要威胁的思想，标志着越南这一时期已形成了全新的安全认识，即综合安全观念。同时，越南决策者认为，调整外交战略，扩展对外关系才是破除政治孤立、经济封锁，建立"强大经济"的必要条件。

在对外经济与外交领域，越南逐步突破了意识形态的束缚。越共六大提出，"国家间分工合作不断扩大是历史趋势，与不同社会经济制度的国家合作，是我国社会主义建设事业中不可缺少的条件"。并且主张"利用好各种机会，扩大与外部世界的贸易、经济与科技合作，服务于社会主义事业"①。在这一政策思想的指引下，1987年12月，越南颁布了《外国投资法》，"不区分社会政治制度"，吸引世界各国投资。这是越南在对外经济领域突破意识形态束缚的标志。80年代中后期，越南对国际关系的认识也已放弃了"谁胜谁""三股革命潮流"等旧概念，而使用新术语，如"世界科技革命""相互依赖""国际化趋势"和"国际秩序"等。② 正如越南学者潘莺南（Phan Doãn Nam）所言，"和平共处是一种不同社会政治体制的国家能像友好邻居一样共处，能在所有领域（经济、科技等）合作的国际秩序。""如果在国际关系中仍以意识形态区分敌我，我们将会不可避免地犯错误。"③

为了适应新的时代特点，在外交实践中，越南逐步淡化意识形态。一方面，越南减少了在意识形态方面的国际义务及世界革命承诺，发展与老挝、柬埔寨的正常国家关系；另一方面，越南提出"增友减敌"的口号，强调不区分政治制度，与所有国家交朋友。1987年，越南政治局发布了关于老挝、柬埔寨关系的第35、36号决议，决定取消设在老挝、柬埔寨的专家指挥部。1988年年底，越南撤回了所有派驻在老挝和柬埔寨的专家团，并开始通过外交渠道处理

---

① Đảng Cộng sản Việt Nam, *Văn kiện Đại hội đại biểu toàn quốc lần thứ VI Đảng Cộng sản Việt Nam*, HN: Nxb. Sự thật, năm 1987, tr. 31.

② Eero Palmujoki, "Ideology and foreign policy: Vietnam's Marxist-Leninist Doctrine and global change, 1986 – 1996", in Carlyle A. Thayer, Ramses Amer eds., *Vietnamese Foreign Policy in Transition*, Singapore: Institute for Southeast Asian Studies, 1999, p. 31.

③ Phan Doãn Nam, "Một vài suy nghĩ về đổi mới tư duy đối ngoại", *Tạp Chí Cộng Sản*, số 2, năm 1988, tr. 54, tr. 79.

三国之间的国家关系，通过政党渠道处理党务关系。这一时期，越南由意识形态驱动的世界观已开始发生改变，但直到 1988 年，越共政治局第 13 号决议才正式提出"全方位外交政策"。决议强调"维护和平，利用有利世界局势"以"稳定国内局势，为今后十到十五年经济发展打基础"①。越共第 13 号决议成为越南外交转变的重要标志。决议不仅体现了越南开始在外交上逐步淡化意识形态，而且反映了越南在外交中不断加强国家利益的作用。

　　明确国家利益的重要性逐渐成为越南战略思维转变的重点。此前，越共以意识形态为标准发展对外关系，"阶级利益""国际义务"高于"国家利益"。越共政治局第 13 号决议则表明，"国家利益"已成为"对外政策制定"首要考虑的因素。1990 年 3 月，越共六届八中全会进一步转变外交思维。会议明确提出，国际义务应符合国家实力，符合世界潮流，不"包办"，不"代办"，尽国际义务应符合越南的利益。1992 年 6 月，越共七届三中全会明确提出，"对外工作应当服务于民族利益，这也是我们实现国际主义的最好方法"。会议制定的处理对外关系的四个方针中，第一个方针就是"保障真正的民族利益"②。时任越共中央对外通讯司主任的红河曾讲过，"现在，为国家利益服务越来越成为越南以及各国对外政策的最高原则"③。在谈到 1986—1990 年的越南外交政策时，卡莱尔·塞耶认为，"八十年代后期，越南领导人对外交政策的认识发生了根本性转变……从充满意识形态思想的对外路线转向重视国家利益与现实政治思想的对外路线"④。

　　在安全战略上，越南开始由关注国内安全转向基于地缘政治的区域安全。与越共六大相比，1988 年第 13 号决议不仅反映出越南外交

---

① Nguyễn Dy Niên, "Tiếp tục đổi mới và mở cửa vì sự nghiệp công nghiệp hóa, hiện đại hóa đất nước", *Tạp Chí Cộng Sản*, số 12, năm 1996, tr. 47.

② Đặng Đình Quý, "Bàn thêm về lợi ích quốc gia dân tộc trong hoạt động đối ngoại Việt Nam giai đoạn mới", *Nghiên Cứu Quốc Tế*, số 1, năm 2010.

③ Hồng Hà, "Tình hình thế giới và chính sách đối ngoại của Việt Nam", *Nghiên Cứu Quốc Tế*, tháng 12 năm 1992, tr. 10 – 34.

④ Carlyle A. Thayer, Ramses Amer, *Vietnamese Foreign Policy in Transition*, Singapore: Institute for Southeast Asian Studies, 1999, p. 1.

政策的新变化，而且也体现了越南关于地区和平与安全问题上的新认识。越共认识到越南的国家安全和地区安全之间是相辅相成、相互依存的；认识到东盟的地位日益重要，是该地区和平、稳定、合作与发展的一个重要因素。越南开始从地区视角看待自身的安全问题。这成为推动越南与区域内国家开展合作的动力。1992 年 6 月 18 日，越共七届三中全会确立了重视地区的外交方向，并指出，地区外交"具有地缘政治价值，是建立与大国关系的桥梁"①。这种思维的改变也体现在越南对国家的身份定位上。1992 年 3 月，《共产杂志》发表了时任越南副外长丁儒廉（Đinh Nho Liêm）题为《亚太大趋势中的越南》的文章。文章认为，越南的国家安全和社会主义经济建设，要求越南对亚太地区采取优先外交政策，并指出，越南将"成为和平、独立和发展的亚太成员"②。这篇文章是越南开始回归和重视地缘政治的体现，也是新时代下，越南对国家身份的调整。冷战时期，越南将自己定位为社会主义在东南亚的前哨。越南前驻联合国大使郑春郎曾认为："1975—1979 年期间，我们对局势缺乏警觉和灵敏性，并僵硬地看待敌友关系。"③ 冷战结束后，越南将自己定位为一个亚太国家、地区成员，强调地区对其安全的重要作用。越南学者认为，无法与中国建立意识形态的同盟，也促使越南转向基于地缘政治的外交，并在加强与东南亚联系的同时，开始重视地区外交。④

从世界观，到对外经济，再到外交领域，越南逐步开始从意识形态向国家利益转变，并在对外战略上开始从以意识形态画线，到考虑地缘政治的重要性。当然，这只是转变的开始，并不代表越南决策者完全摆脱了意识形态的束缚。虽然越共提出了"在和平共处原则基

① Nguyễn Mạnh Cầm, "Triển khai chính sách đối ngoại mới", *Tạp chí Cộng sản*, số 8, năm 1992.

② Đinh Nho Liêm, "Việt Nam trong xu hướng Á Châu-Thái Bình Dương", *Tạp Chí Cộng Sản*, số 3, năm 1992.

③ Trịnh Xuân Lang, "Phản ứng chính sách của nước ta đối với các nước ASEAN và Mỹ 1975 – 1979", trích từ Sở Nghiên cứu Quốc tế Bộ Ngoại giao, *Yếu sách Luận án Hội thảo ngoại giao Việt Nam 50 năm*, năm 1995, tr. 19.

④ Nguyen Vu Tung, "Vietnam-ASEAN Cooperation after the Cold War", Ph. D. Dissertation, Columbia University, 2004, p. 212.

础上，不区分社会政治制度，与所有国家平等合作"，但是，这一时期越共仍以意识形态划分敌友，仍以"帝国主义"称呼美国等西方国家。1992 年，越共党刊《共产杂志》发表的社论中，在谈到利用外资借贷时，称"不能空等帝国主义的'好心'来建设社会主义"①。所以，在追求对外关系"全方位、多样化"的同时，越共七届三中全会还通过了《关于保卫政策和国家安全的决议》，以反对"和平演变"，保障国家安全和政权安全。

在经济全球化、区域化趋势之下，越南认识到东南亚地区对于国家利益的重要性。越南学者认为，面对时代发展的特点，国家有三种选择：第一，将经济全球化、区域化当作"万能药"，过高地评估其作用；第二，只看到其负面影响，而选择逃避；第三，清楚其优点和缺点，能够积极主动地融入这一趋势。在"清楚地看出区域化的积极性、局限性和重要"基础上，越南选择第三种。② 面对东盟国家的快速发展，越南认识到不能再置身于外。而地缘上的相近也是越南发展与东盟国家关系的主要考虑，"我们的地区外交政策应当受到更加重视，因为这具有地缘政治意义"③。1992 年，越南正式提出了"开放、全方位、多样化"外交政策，并提出要"建立地区内各国的友好关系"。1993 年，越共总书记杜梅在访问泰国期间，提出了越南对东南亚区的"新四点"政策，加大与东盟国家的合作力度。在此背景之下，越南与东盟之间的关系也走向了缓和与合作。

第二节　越南与东盟的缓和与合作

20 世纪 80 年代，苏联长期面临的政治、经济、社会等问题已变得相当严重。戈尔巴乔夫上台后，提出了一系列改革措施，在外交上提

---

① Xã luận, "Độc lập tự chủ, tự lực tự cường xây dựng và bảo vệ đất nước", *Tạp Chí Cộng Sản*, số 2, năm 1992, tr. 3 - 4.

② Hà Văn Thầm, "Việt Nam gia nhập và tư tưởng Hồ Chí Minh về đoàn kết quốc tế", *Tạp Chí Cộng Sản*, số 8, năm 1995, tr. 50 - 51.

③ Nguyen Vu Tung, "Vietnam-ASEAN Cooperation after the Cold War", Ph. D. Dissertation, Columbia University, 2004, p. 197.

出"新思维",主张改善与美国关系。随着苏联政策的调整,美苏之间出现缓和,美苏在第三世界,特别是热点地区的关系也得到了改善。苏联逐渐改变了以往赤裸裸的军事干涉政策,在不放弃苏联的传统利益和盟友的基础上,积极鼓吹通过对话和谈判实现政治解决。这是促成世界热点在 1988 年普遍降温,地区冲突纷纷趋于政治解决的一个重要原因。这也为柬埔寨问题的政治解决创造了有利的国际条件。

一　柬埔寨问题的政治解决

越共六大开启革新开放后,越南决策者认识到柬埔寨问题不解决,革新开放将很难取得实效。为了克服国内经济危机,越南希望以市场导向替代计划经济,吸引外资等手段推进经济改革。这需要越南改善国际形象,创造和平、稳定的外部安全环境。政治解决柬埔寨问题,是改善与邻国及地区国家关系的突破点,是为国家发展争取和平、稳定环境的前提条件。所以,柬埔寨问题的全面解决成为当务之急。1986 年 12 月,在提出全面革新政策的同时,对于柬埔寨问题,越共六大主张"随时准备与各方合作,以达成柬埔寨问题的政治解决"①。1987 年,越共政治局第 2 号决议对越南的国家安全政策做出战略性调整,决定从柬埔寨、老挝撤军,同时实行裁军。② 1987 年 7 月,越南外长以印支代表身份与印尼外长（代表东盟国家）签订了联合声明,就有关各方关于柬埔寨问题的政治解决方案,开启了两个国家集团间的对话。1988 年,越共政治局第 13 号决议进一步明确,政治解决柬埔寨问题是越南对外任务之一。③ 此后,越南陆续开始从

---

①　Đảng Cộng sản Việt Nam, *Văn kiện Đại hội đại biểu toàn quốc lần thứ VI Đảng Cộng sản Việt Nam*, HN: Nxb. Sự thật, năm 1987, tr. 108; Nguyễn Thị Quế, Nguyễn Hoàng Giáp, *Việt Nam gia nhập ASEAN từ năm 1995 đến nay: thành tựu, vấn đề và triển vọng*, Nxb. Chính trị Quốc gia, 2012, tr. 47.

②　Carlyle A. Thayer, "Vietnam's Strategic Readjustment", in Stuart Harris and Gary Klintworth, eds., *China as a Great Power: Myths, Realities and Challenges in the Asia-Pacific Region*, Melbourne: Longman Australis Pty Ltd., 1995, pp. 185 – 201; and Thayer, *The Vietnam People's Army Under Doi Moi*, Pacific Strategic Paper, No. 7, Singapore: Institute of Southeast Asian Studies, 1994, pp. 14 – 17.

③　Nguyễn Thị Quế, Nguyễn Hoàng Giáp, *Việt Nam gia nhập ASEAN từ năm 1995 đến nay: thành tựu, vấn đề và triển vọng*, Nxb. Chính trị Quốc gia, 2012, tr. 47.

柬埔寨撤出其司令部及驻军。

越南一直努力在自己设定的前提条件下政治解决柬埔寨问题。越南政治解决柬埔寨问题的目标是"确保柬埔寨基本革命成果,确保越老柬三国友好关系"①。其实质是想要最大限度地确保越南在柬埔寨的利益,迫使东盟和国际社会承认其扶植的韩桑林政权。1986年7月,越共政治局强调,"解决柬埔寨问题应以守住柬埔寨革命成果为前提,加强三国间同盟以及三国与苏联间的同盟关系"②。

但是,苏联的战略收缩,以及对越南援助的削减迫使越南不得不在柬埔寨问题上调整战略。为了缓和与中国关系,推进其外交新战略,早在1987年3月,戈尔巴乔夫就曾派遣外长谢瓦尔德纳泽劝说越南从柬埔寨撤军,并支持包括红色高棉在内的所有柬埔寨政治力量寻求和解方案。1987年5月,越共总书记阮文灵访问莫斯科时,戈尔巴乔夫再次表示支持柬埔寨各方的和解方案。到了1988年,他和其他苏联领导人多次表示愿意敦促越南政治解决柬埔寨问题,认为关于阿富汗问题的日内瓦协议为柬埔寨问题的解决提供了"一个榜样"。这迫使越南最终不得不对其国家安全政策做出战略性调整,决定从柬埔寨和老挝撤军,并进行裁军。这不仅是越南外交政策改变的开始,也最终推动了柬埔寨问题政治解决的进程。

在外部压力与内部需求的共同作用之下,越南加快了政治解决柬埔寨问题的步伐,并将柬埔寨问题的解决与改善东盟关系、推动革新开放直接联系起来。为了尽快解决柬埔寨问题,以扫除与东盟国家关系中的主要障碍,1989年3月,越共六届六中全会提出"积极政治解决柬埔寨问题,同时准备早日撤军。与东盟国家建立新型关系,积极参与地区和平、稳定、友好与合作"③。会议还谈到柬埔寨问题解

---

① Đảng Cộng sản Việt Nam, *Văn kiện Đại hội đại biểu toàn quốc lần thứ VI Đảng Cộng sản Việt Nam*, HN: Nxb. Sự thật, năm 1987, tr. 108.

② Bộ chính trị, *Nghị quyết 32 về "tình hình thế thới và chính sách đối ngoại của Đảng nước ta" tháng 7/1986*, tài liệu lưu tại cục lưu trữ, văn phòng trung ương Đảng, tr. 18, dẫn từ Nguyễn Thị Hoài, *Chính sách đối ngoại của Đảng Cộng sản Việt Nam với khu vực Đông Nam Á từ năm 1995 đến năm 2006*, Luận án Đại học Khoa học Xã hội và Nhân văn, 2011, tr. 25.

③ Đảng Cộng sản Việt Nam, *Nghị quyết Hội nghị lần thứ sáu BCH TW (khóa VI)*, HN: Nxb. Chính Trị Quốc Gia, tr. 40.

决与越南的获益，"我国《投资法》的出台和柬埔寨问题的解决前景正推动东盟国家、西方国家和国际组织加强与我国来往，并开始筹划柬埔寨问题解决后的经济合作计划"。因此，会议明确提出，"争取时机政治解决柬埔寨问题，同时做好 1989 年全部撤军的准备"①。1989 年 5 月 5 日，越南政府宣布，无论是否最终达成柬埔寨政治解决方案，越南都自愿全部撤军。这为越南外交争取了主动，获得国际舆论的一致好评，改善了越南的国际形象。1990 年 9 月，中越两党和两国政府最高领导人江泽民、李鹏与范文同、阮文灵、杜梅在成都举行了历史性会晤，达成关键性共识，有力推动了柬埔寨问题的最终解决。

　　东盟在促进柬埔寨问题的政治解决中发挥了主导作用。为了推动柬埔寨问题的政治解决，东盟不仅多次协调统一内部立场，而且主动推动与越南等印支国家的沟通与协调。1985 年 2 月，东盟同意派印度尼西亚为代表与印支国家对话。自 1986 年 3 月，东盟开始着手拟定柬埔寨问题政治解决的方案，即《支持民柬联合政府提出的关于政治解决民柬问题的八点建议》，要求越南从柬埔寨分阶段撤军，支持柬埔寨人民的自决权。1987 年 7 月，越南与印尼在胡志明市签署了联合声明，正式开启了两个国家集团间的对话，并就柬埔寨问题政治解决方案展开谈判。这是越南与东盟和平解决柬埔寨问题的开始。作为东盟代表，印尼还曾提出通过举办"鸡尾酒会"的方式，就商议柬埔寨问题的政治解决方案，为柬埔寨抵抗力量三方和越南支持的韩桑林政府提供非正式会谈的平台。这为后来的正式会谈打下了良好基础。1988 年 7 月 25—28 日，在印尼茂物举行了由东盟各国代表、印支国家代表及柬埔寨各方参加的第一次非正式会谈（JIM I），1989年 2 月 19—21 日，各方在印尼雅加达举行了第二次非正式会谈。这不仅为各方的沟通与谅解提供了重要的机制与平台，而且使各方就柬埔寨问题解决原则等达成一致。

　　在与印支国家积极接触的同时，东盟还通过各种外交方式对苏联

---

　　① "Báo cáo tại Hội nghị lần thứ sáu Ban Chấp hành Trung ương Đảng (Khóa VI), kiểm điểm hai năm thực hiện Nghị quyết Đại hội VI, và phương hướng nhiệm vụ ba năm tới", *Toàn Tập Văn Kiện của Đảng (tập 49)*, HN: Nxb. Chính trị Quốc gia, tr. 903.

施压。东盟各国协调立场，分别召见苏联驻东盟成员国的大使，要求苏联停止向越南提供援助。泰国外长访问苏联，敦促苏联领导人放弃对越南侵略柬埔寨的支持，以恢复东南亚地区的和平与稳定。东盟历次外长会议和首脑会议都始终坚持谴责越南的侵略罪行，呼吁柬埔寨问题的政治解决，要求越南立即无条件撤军，实现柬埔寨人民的民族自决。在联合国、不结盟国家会议等国际场合，东盟国家都揭露越南违反联合国宪章和国际关系准则的罪行，呼吁国际社会的理解与支持。正是由于东盟国家的积极努力，国际社会对柬埔寨问题始终采取公正的立场，支持东盟的正义诉求。

苏联与柬埔寨问题的解决有着密不可分的关系。1986 年 7 月，戈尔巴乔夫发表海参崴讲话后，苏联调整了其亚太政策，对柬埔寨问题的处理也更加灵活。1987 年 3 月，苏联外长谢瓦尔德纳泽出访亚太六国，在印尼、泰国和越南期间均把柬埔寨问题作为重要议题。1988 年 5 月，泰国总理访苏时，苏联表示，"支持以政治手段迅速解决柬埔寨问题"①。1988 年 5 月底 6 月初的美苏高级会晤中，苏联对柬埔寨问题也做了积极表态。在越南入侵柬埔寨的第 10 个年头，即 1989 年，柬埔寨问题政治解决的前景终于开始显现。1989 年 2 月 19—21 日，第二次雅加达非正式会谈在雅加达召开，印尼外长以柬埔寨问题雅加达非正式会谈主席的名义发表声明，宣布就政治解决原则达成一致，即柬埔寨问题必须政治解决，建立一个主权独立、和平中立和不结盟的柬埔寨，谋求全面、公正、持久和一揽子解决方案。经过大国和东盟的外交努力，1989 年 7 月 30 日—8 月 1 日柬埔寨问题国际会议在法国巴黎举行。

1989 年 9 月底，在政治解决方案尚未完全达成的情况下，越南完成了从柬埔寨全部撤军。这使泰国和其他东盟国家转变了对越南的态度，柬埔寨问题进入和平阶段。1990 年 2 月 26—28 日，关于柬埔寨的非正式会议在雅加达召开，双方不仅就柬埔寨问题的政治解决达成一致，还就下一步的经济合作进行了商讨。1990 年 8 月 28 日，联

---

① 艾冰：《泰国积极推进柬埔寨问题的政治解决》，《世界知识》1988 年第 14 期，第 5—6 页。

合国达成《柬埔寨冲突全面政治解决框架》，对解决柬埔寨问题起了决定性作用。1991 年 10 月 21—23 日，关于柬埔寨问题的巴黎国际会议第二轮会议召开，正式签订《柬埔寨冲突全面政治解决协定》《关于柬埔寨主权、独立、领土完整、中立和国家统一协定》《柬埔寨恢复与重建宣言》和《柬埔寨问题巴黎会议最后文件》，完成了柬埔寨问题的和平政治解决，结束了柬埔寨长达 13 年的战争。

柬埔寨问题的和平解决，不仅使东南亚恢复了和平、稳定，而且也将东盟推上了国际政治舞台。冷战后期激烈的地区冲突使东盟经受了一次严酷的挑战和考验。东盟在谋求柬埔寨问题政治解决的过程中，显示出中小国家反对侵略、反对外来干涉的坚定态度，以中立化目标带动全局，不支持冲突中的任何一派或卷入冲突的任何大国的中立立场，赢得了广泛的国际同情和支持。面对共同的外部威胁，东盟成员国加强团结，以一个声音说话的整体立场，显示出区域组织的集体力量。在争取国际社会的支持中，东盟与区域内外的大国和联合国等国际组织形成了良好的合作关系，并能够始终掌握外交主动权，增强了东盟的国际地位与影响力。柬埔寨问题的政治解决，使东盟成长为成熟的地区组织，成为国际事务中不可忽视的政治力量。

柬埔寨问题的和平解决也为越南的发展扫清了障碍。越南时任外长阮孟琴在评价这一事件时称，"（协定）为我们与其他国家，特别是与东南亚国家及亚太地区国家，在平等互利基础上实现正常化，发展合作关系，扫清了最后的障碍"[1]。柬埔寨问题的解决不仅解除了国际社会对越南的贸易禁运，而且，促进了越南与东南亚、东亚国家外交关系的正常化。越南与东盟、中国，之后是韩国、西欧、澳大利亚、日本和中欧国家恢复了外交关系。1991 年年底至 1992 年年初，越南与东盟所有成员国恢复了外交关系，与东盟组织结束了长达十年的敌对关系。

在解决柬埔寨问题的同时，根据变化的国际局势，越南也弱化了与老挝、柬埔寨间的"特殊关系"，发展与两国在新时代背景下的正

---

[1]　Bộ Ngoại Giao, *Hội nhập Quốc tế và giữ vững bản sắc*, HN: Nxb. Chính trị Quốc gia, năm 1995, tr. 79 – 80.

常国家关系。越共政治局第 13 号决议指出，"印支国家将在尊重各自合理国家利益的基础上，保持传统团结，加强有效合作。按照老方法处理问题，既不符合已经变化的现实情况，也不利于加强三国间的友好关系"①。1987 年 12 月，越共中央政治局发布第 35、36 号决议，宣布取消驻柬埔寨、老挝专家指挥部。1988 年年底，越南驻老挝、柬埔寨的专家撤团。越南共产党与老挝人民革命党、柬埔寨人民党开始通过政治局进行党派间联系，而国家间联系则通过外交渠道。

柬埔寨问题的和平解决，不仅解除了东盟与越南之间的敌对关系，也缓和了印支国家之间的对立情绪。尽管柬埔寨内部各政治派别之间仍有武装冲突，但柬埔寨已不再是世界级的"热点"问题，东南亚地区的政治形势日趋稳定，和平、合作与发展已成为区域的主流。

二　越南与东盟的对话与合作

随着柬埔寨问题的解决，越南与东盟国家之间的对话与合作不断加强。越南与东盟国家间互访增多，促进了与东盟国家和东盟组织间的相互了解。同时，越南与东盟国家之间的合作领域也不断拓宽。

（一）越南与东盟之间的互访增多

随着越南从柬埔寨撤军，东盟国家频频对越南发出友好信号，东盟国家领导人频繁访问越南。1987 年 12 月，在马尼拉召开的第 3 届东盟首脑峰会上，菲律宾总统阿基诺宣布不再将越南视为是菲律宾的威胁；1988 年 8 月，泰国总理差猜·春哈旺提出"将印支从战场变成市场"；1989 年 1 月，泰国外长访问越南，宣告中断十年之久的两国经济关系正式恢复，并达成了五项有关渔业经济合作的协议。1990 年 11 月，印尼总统苏哈托成为首个正式访问越南的东盟国家领导人，进一步打破了双边关系的僵局，同时也引发了外界关于越南是否会成为东盟下一个成员国的猜测。② 1991 年 1 月，马来西亚外长宣

---

① Text of the Resolution, in Nguyen Vu Tung, "Vietnam-ASEAN Cooperation after the Cold War", Ph. D. Dissertation, Columbia University, 2004, pp. 9 – 10.

② Kawi Chongkitthawon, "Vietnam's Backdoor to ASEAN", *The Nation*, 24 November 1990.

布，东盟欢迎越南、老挝、柬埔寨和缅甸加入东盟；新加坡总理吴作栋宣布，90 年代东盟的挑战之一是帮助越老柬缅改造经济。1991 年 10 月，柬埔寨问题解决一周后，新加坡前总理、内阁资政李光耀受邀担任越南的经济顾问，帮助越南推进经济革新与发展。

东盟各国竞相与越南展开各领域合作。1991 年 11 月 16 日，新加坡宣布废除对越南的投资禁令；12 月，由 12 家公司组成的新加坡高级商贸代表团赴越寻找商机。1992 年 1 月 10—11 日，泰国总理阿南·班雅拉春访问越南，发表了《共同宣言》，并修改了《经济技术合作贸易协定议定书》。同年 4 月 20 日，马来西亚总理马哈蒂尔带领 200 名企业家组成的代表团访问越南，就马来西亚向越南提供橡胶技术，以及文化、科技合作等进行会谈，同时，还与越南签订了在南海区域勘探油气的合作协议。1992 年 4 月、1993 年 11 月和 1995 年 3 月，新加坡前总理李光耀先后三次访问越南，为越南的发展提供建议。自 1993 年开始，越南与东盟国家间的各类交流访问团逐渐增多，包括工业、贸易、劳工、国会、军事等政府代表团，以及商人、记者等民间团体。1994 年 3 月，新加坡总理吴作栋、泰国总理川·立派(Chuan Leetpai)、菲律宾总统菲德尔·拉莫斯（Fidel·Ramos）相继访问越南。

越南也派出多个党和国家高级代表团出访东盟国家。1991 年 10 月，越南部长会议主席武文杰率越南高级代表团访问了印尼、泰国和新加坡，签订了农业、橡胶、油气等合作协定。此次访问打开了越南与邻国关系的新篇章。1992 年 1—3 月，武文杰又率团分别出访了马来西亚、文莱和菲律宾，就文化、教育、旅游、农业发展合作等进行磋商，并签订了投资协定、"经济、科技和贸易合作混合委员会"协定、航海合作协定等。武文杰在半年内正式访问东盟六国，体现了越南加强与东盟成员国相互了解，改善关系的迫切意愿，也标志着越南重返地区，重视东南亚地区外交的开始。越南学者评价称，"时间仿佛回到了越南与东南亚关系的历史最高潮时期 1976—1977 年"①。

---

① Carlyle A Thayer, "ASEAN and Indochina: The Dialogue", in Alison Broinowski ed., *ASENA into the 1990s*, London: Macmillan Publishers, 1990, pp. 138 – 161.

1992 年 7 月 23 日，武文杰出访印尼、马来西亚，并与马来西亚签订合作协定，相互给予最惠国待遇。1993 年 10 月，越共总书记杜梅正式访问了东盟国家马来西亚、新加坡和泰国，以及新西兰、澳大利亚、日本、韩国和缅甸。在访问泰国期间，杜梅公布了越南对东南亚的"新四点政策"，不仅表示"越南将加强与邻国及东盟的多领域合作"，而且正式提出"越南计划提升与所有东盟成员国的双边关系，以及与作为地区组织的东盟的多边关系，越南准备在适当的时间加入东盟"①。1994 年是越南的外交年，这一年越南共迎来了 5 位元首、10 位总理、4 位国会主席、近百个部长级代表团（包括 14 个外长），其中包括 3 位东盟国家元首。② 这一年，越南领导人也完成了对 3 个东盟国家的出访。

　　与前一时期相比，这一时期越南与东盟的外交关系表现非常活跃。尽管越南学者习惯将这一时期越南与东盟关系的密切往来，与 70 年代末的短暂缓和相类比，但两者之间其实有着本质的区别。单从数据上，就可以看出两个时期外交往来的不同。1986—1994 年的 9 年时间里，越南与东盟国家间有近 135 次外交往来，其中包括 16 次元首级会晤（越南出访东盟国家 13 次，东盟国家到访越南 3 次），57 次部长级互访（越南出访 29 次，东盟到访 28 次）。而 1975—1985 年的 11 年里，仅有近 43 次外交往来，其中只有 1 次元首级访问（1976 年越南总理范文同出访东盟），21 次部长级互访（越南出访 16 次，东盟到访 5 次）。③ 从上述外交往来次数与频率可知，这一时期的越南与东盟关系较之前一时期的双边关系有着本质的不同。

　　（二）越南与东盟之间的经济合作加强

　　自 1987 年 12 月《外国投资法》颁布后，特别是柬埔寨问题的前景不断明朗后，越南与东盟国家的经济往来开始不断增多。1989

---

　　① People's Army, October 17, 1993, in Nguyen Vu Tung, "Vietnam-ASEAN Cooperation after the Cold War", Ph. D. Dissertation, Columbia University, 2004.

　　② Đinh Xuân Lý, *Tiến trình hội nhập Việt Nam-ASEAN*, HN: Nxb. Đại học Quốc gia, 2001, tr. 76.

　　③ Lưu Văn Lợi, *Ngoại giao Việt Nam 50 năm* (tập2: 1975 – 1995), HN: Nxb. Công an Nhân dân, năm 1998, tr. 254.

年年底，越南完成了从柬埔寨的全部撤军，进一步促进了东盟国家与越南间的经贸往来。1991 年，越共七届二中全会通过了《关于1992—1995 年稳定发展经济社会的任务与办法》，文件的第三部分，"扩大与提高对外经济效果"，专门指出，"应扩大市场，首先是区域市场。……对于东盟国家，应加强合作，扩大市场"①。在越南与东盟国家频繁的双边互访中，发展经济，促进贸易与投资是主要议题之一。这一时期，越南与东盟国家签订了一系列的贸易协定，仅1991—1992 年，越南与东盟各国就签订了近 40 个协定，包括保护与投资协定、免二次征税协定、邮政协定、航空航海协定等。1995 年 1月，为了使越南加入东盟后能够顺利融入区域经济，东盟高级官员代表团访问越南，专门调研了越南的贸易制度、关税体系等问题。

越南与东盟国家间的贸易往来得到迅猛发展。从贸易规模看，越南与东盟贸易从 1985 年的 1.07 亿美元，增长到 1992 年的 17.3 亿美元。② 越南与印尼双边贸易额从 1990 年的 0.7 亿美元，增长到 1995年的 2.3 亿美元；越南与马来西亚之间的双边贸易额从 1990 年的0.51 亿美元，增长到 1995 年的 3.5 亿美元；越南与新加坡双边贸易额从 1990 年的 6.91 亿美元，增长到 1995 年的 21 亿美元；越南与泰国双边贸易额从 1991 年的 0.72 亿美元，增长到 1995 年的 5.5 亿美元。③ 同时，东盟国家也加大了对越南的投资。截至 1991 年 9 月底，东盟国家已对越南投资 34 个项目，注册资金 1.73 亿美元，占越南外资项目的 12.4%，外资总额的 7.2%。④ 1991—1994 年 3 年时间，东盟对越南的投资增长了 10 倍，占到越南外资总额的 15%，1994 年上

①　"Nghị quyết Hội nghị lần thứ hai Ban Chấp hành Trung ương Đảng khóa VII, số 02 - NQ/HNTW, ngày 4 tháng 12 năm 1991, Về nhiệm vụ và giải pháp ổn định, phát triển kinh tế -xã hội trong những năm 1992 - 1995", *Toàn Tập Văn Kiện của Đảng* (*Tập* 51), HN: Nxb. Chính Trị Quốc Gia, năm 2007, tr. 903.

②　Phạm Đức Thành, *Việt Nam-ASEAN*, HN: Nxb. Khoa học Xã hội, năm 1996, tr. 50 - 51.

③　Phạm Đức Thành, *Việt Nam-ASEAN: cơ hội và thách thức*, HN: Nxb. Chính trị Quốc gia, năm 1998, tr. 93.

④　Vietnam Weekly (Hanoi), 21 October 1991, p 13. Figures for individual countries: Indonesia 4 Projects, $13.8 million; Malaysia 4 Projects, $66.5 million; Philippines 4 projects, $400 million; Singapore 8 projects, $18 million and Thailand 14 projects, $34.2 million.

半年，东盟国家投资 147 个项目，已投入资金 14 亿美元。东盟各国对越南的具体投资如表 4—1 所示：

表 4—1　　　　截至 1994 年年底东盟国家对越南投资情况①

国别	项目数量	投资总额（百万美元）
新加坡	76	1028
马来西亚	32	585
泰国	45	282
印度尼西亚	11	160
菲律宾	11	57
文莱	1	1.4

（三）越南积极参与东盟活动

随着越南从柬埔寨全部撤军，东南亚地区又恢复了和平与稳定。为了表明维护地区和平稳定的立场，1989 年 2 月，越南与老挝宣布随时加入东盟 1976 年通过的《东南亚友好合作条约》（TAC）。TAC 是东盟的基础性文件，加入 TAC 是加入东盟的必备前提。为了改善国际形象，打开外交局面，在增强与东盟国家双边关系的同时，越南采取多种措施积极参与东盟的多边活动。1991 年 9 月 16 日，越南外交部部长正式向各个东盟国外长发出了外交信函，申请加入 TAC。这既表明了越南建设和平稳定东南亚的立场与决心，也是推行越南"全方位、多样化"外交关系的切实需要。1992 年 7 月 22 日，在马尼拉召开的第 25 届东盟外长会议上，越南、老挝正式加入 TAC，并成为东盟观察员国。加入 TAC，就意味着正式宣布放弃在对外关系中使用武力或以武力相威胁，并承诺在 TAC 机制下以非武力方式解决冲突。这标志着越南与东盟关系进入了和平合作的新时期。

自 1992 年开始，作为东盟观察员国，越南与老挝每年都参加东盟外长会议。自 1993 年开始，东盟在东盟外长会议期间，专门设立

---

① Hoa Hữu Lân, "Quan hệ kinh tế VN-ASEAN", *Việt Nam và Đông Nam Á ngày nay*, số 7, năm 1995.

了东盟与越南协商会议机制。在第26届东盟外长会议上，越南受邀参加了东盟地区论坛（ARF），商议亚太地区的政治安全问题。越南因此成为该论坛的创始国之一。1994年7月，越南外长参加了在曼谷召开的首届东盟地区论坛（ARF）。另外，东盟还邀请越南参加东盟在五大领域：科技、环境、卫生、文化和旅游上的合作计划与项目。1994年9月，越南首次受邀参加第26届东盟经济部长会议。自1992年开始，越南已加入了6个东盟的委员会，5个功能性合作项目，40多个合作协定，包括贸易、科技、环境、卫生服务、人口、旅游、文化、民用航空和航海等。这些合作与活动不仅为越南融入地区提供了契机，而且也为越南进一步了解东盟组织提供了窗口。

第三节　越南加入东盟的利弊考量

1988年年底，越共总书记阮文灵在会见来访的菲律宾外长曼那布斯（Raul Manglapus）时表示："越南渴望加入东盟。"[1] 1989年1月，在胡志明市召开的亚太记者圆桌会上，阮文灵表示，"越南随时准备与东盟国家和区域其他国家发展友好关系"[2]。1990年11月，印尼总统苏哈托访问越南期间，越南部长会议主席杜梅正式表示："越南希望加入东盟。"为了研究加入东盟的利弊，1991年8月，越南社会科学院、中央经济管理研究院与新加坡信息资源中心共同主办了"越南的新课题与东盟经验"研讨会，部长会议副主席潘文凯（Phan Văn Khải）在会议上表达了越南与东盟成员国合作的愿望，"东盟可以成为越南与世界的桥梁"[3]。1993年2月19日，越共中央政治局表示，"越南将于适当时候加入东盟"，并同意参与东盟部分合作项目，

---

[1]　*Indonesian Newsletter*（Information Section, Embassy of the Republic of Indonesia in Canberra）, No. 1, January 1989, p. 1.

[2]　Phạm Đức Thành, "Quá trình Việt Nam tham gia ASEAN", *Nghiên Cứu Đông Nam Á*, số 2, năm 1995.

[3]　Remarks by Phan Van Tiem, chairman of the State Price Commitee quoted by Andrew Sherry, *Agence France Presse*（AFP）, Hanoi, 25 August 1991.

为最终成为成员国做准备。① 当时，越南预计需要较长时间才能成为正式成员国。1994 年，国家主席黎德英在正式访问印尼时宣布，"越南正采取切实措施以早日成为东盟正式成员国"②。

1994 年 7 月 21 日，在曼谷召开的第 27 届东盟外长会议上，东盟各国宣布接受越南成为东盟成员国，并提出最好是在 1995 年年底东盟首脑峰会前加入。1994 年 7 月 22 日，越南政治局开会讨论并决定于 1995 年加入东盟。1994 年 10 月 17 日，越南外长阮孟琴致信文莱外长（东盟轮值主席国），正式递交加入东盟申请。1994 年年底，东盟成员国批准了越南的加入申请。1995 年 7 月 28 日，在文莱斯里巴加湾，第 28 届东盟外长会议接纳越南入盟，越南成为东盟第七个成员国。作为东盟观察员国仅 3 年，越南政治局决定加入东盟仅 1 年后，越南便正式成为东盟成员。这么短时间内就成为东盟正式成员，不仅让越南感到出乎意料，也引起了世界的关注。

促使越南快速加入东盟的因素有很多。就东盟而言，吸纳越南入盟是扩大其影响力的重要举措。随着美苏等传统大国撤出这一地区，东盟担心其他势力填补权力空白，开始更加积极主动地安排区域安全事务。特别是 1995 年的美济礁事件，更成为加快东盟与越南合作的催化剂。对于越南，尽管越南成为东盟观察员国，并获邀参与东盟活动，但越南对东盟的了解还很有限。在越共内部，对东盟的认识以及东盟与美国关系问题上仍存在猜忌与不信任。关于是否加入东盟，也一直是越共党内持续争论的焦点。是什么促使越南做出了这一决定？越南为什么要早日加入东盟？这引发了学者们对于越南入盟原因的分析。

一 制衡中国？

西方学者从现实主义的权力制衡理论出发，认为越南加入东盟是以制衡方式谋求安全。随着苏联的瓦解，越南与苏联之间的同盟关系

---

① Transcripts of the politburo meeting on February 19, 1993, in Nguyen Vu Tung, "Vietnam-ASEAN Cooperation after the Cold War", Ph. D. Dissertation, Columbia University, 2004, p. 201.

② MOFA ASEAN Department November 1995 report "On Vietnam-ASEAN relations", p. 3, in Nguyen Vu Tung, "Vietnam-ASEAN Cooperation after the Cold War", Ph. D. Dissertation, Columbia University, 2004, p. 191.

终结，在内部国家实力有限的情况下，越南只能通过寻找新的结盟对象，以外部制衡的方式确保其安全。从结盟的可能性来看，越南与东盟有共同的威胁认知，即对中国扩张的担心。所以，西方学者普遍将越南加入东盟视为与东盟共同应对来自中国不断增长的威胁。越南问题专家卡莱尔·塞耶（Carlyle Thayer）认为，越南的东盟成员身份有助于越南"抵御外部威胁，保障越南的国家安全，获得更加和平的国际环境"[1]。大卫·沃菲尔（David Wurfel）认为，越南加入东盟"一定程度上是利用东盟阻挡中国的扩张"[2]。唐纳德·柴哥利亚（Donald Zagoria）也认为，越南与东盟之所以能够合作，是因为"越南与东盟国家对中国有相同的威胁感知，双方合作是为了更好地保障有利的战略环境"[3]。西蒙的论文《越南的安全：中国与东盟之间》，从地缘政治、安全威胁和外部制衡角度出发，分析了越南为实现自身安全的最大化，在地区组织东盟与外部强国中国之间，选择了平衡外交政策。[4]

部分越南学者认可这种解释。90 年代初苏联解体后，越南曾试图建立意识形态基础上的越中同盟关系，遭到中国拒绝后，越南开始调整安全观念，重视区域作用。如果越南加入东盟，中国就不能对越南采取单独行动，而要面对东盟集体力量。也就是说，越南开始重视以区域集体安全战略确保国家安全。所以，"越南政权改善与东盟关系有中国因素，这与当前的'中国威胁'时代主题有关"[5]。而有的越南学者反对制衡中国的提法。越南外交学院教授黄英俊认为，越南

① Carlyle Thayer, "Vietnamese Foreign Policy: Multilateralism and the Threat of Peaceful Evolution", in Carlyle Thayer and Ramses Amer eds. , *Vietnamese Foreign Policy in Transition*, Singapore: Institute for Southeast Asian Studies, 1999, p. 7.

② David Wurfel, "Between China and ASEAN: the Dialectics of Recent Vietnamese Foreign Policy", in Carlyle Thayer and Ramses Amer eds. , *Vietnamese Foreign Policy in Transition*, Singapore: Institute for Southeast Asian Studies, pp. 149 – 175.

③ Donald Zagoria, "Joining ASEAN", James Morley and Masashi Nishihara eds. , *Vietnam Joins the World*, New York: M. E. Sharpe, 1997, pp. 154 – 172.

④ Sheldon Simon, "Vietnam's Security: Between China and ASEAN", *Asian Affairs*, Vol. 20, No. 4, Winter 1994, pp. 187 – 204.

⑤ Richard Betts and Thomas christensew, "China Getting the Question Right", *National Interests*, No. 62, Winter 2000/2001, pp. 17 – 29.

加强与东盟国家关系是越南优先发展与邻国关系，努力实现国际关系多样化的外交政策使然。他进一步解释，越南位于中国与东南亚国家之间，所以保持与中国和东盟的关系平衡对于越南非常重要。而且，越南的历史已证明，"一边倒"只会使越南陷入政治孤立与经济危机。所以，越南不会倒向中国，给东盟国家施加压力，或者反之。他指出，尽管一些东盟国家有意拉拢越南防范中国，但"倒向东盟对抗中国并不是越南的目的"①。

　　这一时期，越南已改变了原有将中国视为主要外部威胁的认识。1978 年，越共四届四中全会将中国认定为"越南直接危险的敌人"，视中国为越南的最主要威胁，并将其写入 1981 年《宪法》。20 世纪80 年代，特别是越共六大后，随着国际局势演变，大国关系缓和，越南逐步改变了对中国的认知，开始尝试改善与中国关系。1988 年 5月，越共政治局的第 13 号决议认为，"经济落后和政治孤立是越南安全独立的最大威胁"，要摆脱威胁，需要恢复与中国正常关系。1988 年，在祝贺中华人民共和国建国 39 周年的贺词中，正式承认中国"仍是社会主义国家"，并于年底，删除了《宪法》中关于中国"最直接危险敌人"的表述。

　　越南要维护政权稳定与经济社会安全，需要与中国保持友好关系。中国改革开放后，经济快速发展，已取得显著成果。在东欧国家政权更迭，苏联解体的背景下，中国成为最大的社会主义国家。面对冷战后经济恐慌、政权不稳的困境，越南不仅需要学习中国改革开放的成功经验，尽快摆脱原有苏联模式的束缚，而且需要中国在思想政治理论等方面的经验与支持，以巩固其政权基础，确保社会主义发展道路。这一时期，政权稳定与经济社会安全是越南的优先国家利益，发展与中国的友好关系无疑是维护其国家利益的必要条件。所以，这一时期，越南积极改善与中国的关系。80 年代，越南曾多次提出与中国改善关系，但因柬埔寨问题而一直未果。随着越南在柬埔寨问题上的积极行动，1989 年，越南与中国曾举行了两

　　① Hoang Anh Tuan, "Why hasn't Vietnam Gained ASEAN Membership?", *Contemporary Southeast Asia*, Vol. 15, No. 3, December 1993, pp. 288–289.

轮会谈，其后于 1990 年又先后在河内、北京举行了两轮会谈，最终于 9 月 3 日在成都举行中越峰会，就恢复两国关系正常化达成共识。1991 年 11 月，越共总书记杜梅、总理武文杰访华，标志着中越关系的正常化。

另外，随着越南安全观念的转变，越南已改变了原有的以结盟方式寻求安全的思维。冷战结束后，世界和平趋势加强，国家面临的生存安全威胁降低，地区主义趋势明显，世界各地的地区合作加强。在此背景下，越南认识到，依靠增强军事实力保护国家安全的方法已难以持久，依赖冷战时期的双边军事条约、结盟等方式确保安全更不现实。早在 1988 年，越共政治局就提出"增友减敌"的外交方针，关于安全与发展、国际力量组合与结盟等观念已发生了根本改变，综合安全观念已在越南决策者中被普遍接受。与冷战时期的安全观念不同，越南决策者认识到，在经济全球化和相互依赖普遍存在的国际社会中，安全要素已从军事转向经济；安全的重心也从一国内部转向外部；安全的范围已从国内转向地区。1991 年，越共七大确立的建立"开放、全方位、多样化"的外交关系，也体现出，越南已放弃与大国结盟方式寻求安全的路径。回归地区，通过维护区域共同安全，实现国家安全，成为越南这一时期的最好选择。

这种安全观念的变化是越南加入东盟的重要原因。在不可能于东南亚地区建立另一个组织的前提下，① 越南考虑加入东盟，以集体安全维护越南的国家安全。这一时期，越南认识到外交在维护国家安全中的作用。迈克尔·威廉（Michael C. William）曾引用过一位越南外交官的话，"我们第一次依靠外交保卫国家安全，而以前，外交只是被作为军事胜利的王冠"②。东盟在地区及国际中的地位与影响力，无疑将为越南开展外交提供有利条件。而且，东盟"作为一个参与解决区域问题的重要实体……特别是当前，这对东南亚各国解决东海

---

① 1992 年 11 月 7 日，越共中央政治局提出两个问题让外交部进行研究：（1）在东南亚和平稳定友好合作与发展中，是否可能建立另一个组织？（2）东盟文件中是否有任何内容表明其反共反社会主义反越南？

② Michael C. William, *Vietnam at the Crossroad*, London: The Royal Institute of International Affairs, 1992, p. 60.

（即我南海）问题更加有利"①。所以，加入东盟正是越南安全观念变化后维护其安全利益最好的选择。

虽然越南并非以制衡中国为目的加入东盟，但是东盟在中国与越南关系中却有着特殊的作用。由于毗邻大国的地缘因素，及历史认知的不同，越南对于"北方巨人"②始终怀有一种不安与忧虑，既担心会受制于中国，失去独立性；又唯恐被中国疏远，丧失发展机遇。这种不安与顾虑来自于越南与中国在地理、历史、实力等各个领域的"不对称性"③。加入东盟，成为东盟组织的一员，一定程度上有助于缓解越南的这种不安与顾虑。越南副总理武宽在与前东盟秘书长谈到越南加入东盟原因时说，"五六年前，很难想象越南会成为东盟成员国，因为那时我们的关系并不太好。为了加强地区合作，促进地区的和平、稳定和合作，越南决定加入东盟"。他强调，越南并不谋求将东盟成员国身份作为一种"平衡"中国的手段，但"东盟是关系到越南国家安全和繁荣发展的护身符"④。所以，将越南与中国、东盟之间的关系简单地理解为是"外部威胁"和"结盟"并不妥当，也不准确。

二　经济利益?

20 世纪 90 年代，东盟国家的快速发展令人瞩目。这时，东盟已是总产值达 4000 亿美元的巨大经济体，1994 年的 GDP 增长率达到了7.75%，而且将继续保持强劲发展的势头。⑤越南希望通过与东盟合作，带动越南国内经济的发展。基于越南经济社会落后和面临困境的

---

① Phạm Đức Thành, "Quá trình Việt Nam tham gia ASEAN", *Nghiên Cứu Đông Nam Á*, số 2, năm 1995.

② 布兰特利·沃马克（Brantly Womack）认为，越南将中国视为"不可预测的北方巨人"，"即便是和平时期，对于和平与战争的决定权大部分在巨人手中，所以越南仍是惧怕巨人的"。参见 Brantly Womack, *China and Vietnam: The Politics of Asymmetry*, New York: Cambridge University Press, 2006, p. 9。

③ 参见 Brantly Womack, *China and Vietnam: The Politics of Asymmetry*, New York: Cambridge University Press, 2006。

④ 对越南副总理武宽的专访，2003 年 10 月 21 日，转引自［菲律宾］鲁道夫·C. 塞韦里诺《东南亚共同体建设探源：来自东盟前任秘书长的洞见》，王玉主等译，社会科学文献出版社 2012 年版，第 49 页。

⑤ 薛晨：《从近期越南的外交举措看其对外政策的特点》，《国际展望》1995 年第 14 期，第 10—13 页。

现实，有学者认为越南加入东盟主要是出于经济利益考虑。越南时任副总理、贸易部部长武宽也曾解释，"苏联解体及俄罗斯经济的重组使越南失去了70%的市场，因此，越南需要东南亚作为其贸易及技术合作对象"①。

　　发展经济是越南改善与东盟国家关系的原因，但并不是越南早日加入东盟的决定性因素。从越南入盟前的经济发展状况来看，越南已在经济上打破了包围禁运，走上了发展道路。1988年4月，越共政治局通过了第10号决议，提出了农村政策改革，宣布废除中央指令性的计划生产指标，改进农村承包制，承认国营、集体、私人与个体经济成分长期并存，调动了农民的生产积极性，粮食产量迅速提高。1988年、1989年、1990年，越南粮食产量分别达到1699.97万吨、1899.63万吨和1922.51万吨，每年增长8%—9%。② 越南不仅扭转了粮食一直依赖援助和进口的状况，而且还实现了向印尼等国的出口。1985—1995年，越南国内生产总值年增长率达6.4%，是《1996年世界发展报告》所列40个最穷国中最高的。越南的贫困率从1985年的75%降至1995年的50%左右。③ 特别是1992年，越南的通货膨胀和经济恐慌得到控制。1990—1991年，通货膨胀率每年是70%（即平均每月4.4%），1992年，通货膨胀率明显下降，大约控制在15%（平均每月1.2%）左右。④ 1993年年初，越南农业食品工业部的调查显示，有12%—20%的家庭已富起来，有50%—60%的家庭为中等收入，并有能力富起来，有10%—25%的贫困户，其中有5%—10%为特困户。⑤ 越南经济社会实现了基本稳定，人民的恐慌情绪得到控制。同时，越南农业、工业

---

　　① 对越南副总理武宽的专访，2003年10月21日。转引自［菲律宾］鲁道夫·C. 塞韦里诺《东南亚共同体建设探源：来自东盟前任秘书长的洞见》，王玉主等译，社会科学文献出版社2012年版，第49页。

　　② Tổng Cục Thống kê, *Số liệu thống kê kinh tế -xã hội Việt Nam*（1975-2000），HN: Nxb. Thống kê Việt Nam, năm 2000, tr. 91.

　　③ 戴维·多拉尔：《越南经济发展状况》，新加坡《东盟经济公报》1996年第13卷第2期。

　　④ Võ Văn Kiệt, "Phát huy đà chuyển biến tốt của năm 1992, đẩy nhanh nhịp độ phát triển kinh tế xã hội năm 1993", *Tạp Chí Cộng Sản*, số 1, năm 1993, tr. 5-13.

　　⑤ Vũ Chí Công, "Hoàn thiện Nghị quyết số 10 của Bộ Chính trị, tiếp tục cải cách thể chế quản lý kinh tế nông nghiệp", *Báo Nhân Dân*, ngày 12 tháng 4 năm 1993.

产量和出口都得到增长，经济衰退势头已得到扭转。

这一时期，越南的外国投资与援助项目也在不断增加。1987 年 12 月，越南国会通过了《外国投资法》，规定了外国投资组织与个人的权利和义务、投资方式和保护措施等，这是越南实行经济开放的第一个重要步骤。[①] 随着柬埔寨问题的政治解决，越南的外部经济环境得到极大的改善，国际合作不断增加。1989 年，越南与国际货币基金组织、世界银行等国际金融组织展开谈判，建立了合作关系。这一时期，外国投资从零升至 1995 年的占国内生产总值的 7% 左右，商品出口额也从 1988 年的 5 亿美元左右增至 1995 年的近 50 亿美元。[②] 1992 年，日本恢复了对越南的发展援助和低息贷款，1992 年达到 3.8 亿美元，1993 年 5.5 亿美元，1994 年 6.65 亿美元，1995 年 8.05 亿美元。[③] 1993 年 10 月，亚洲银行、世界银行和国际货币基金组织也同时恢复了中断多年的对越南贷款。自 1994 年，日本对东南亚的援助主要集中于越南，而之前主要集中于泰国、印尼和菲律宾。在投资与援助不断增加的背景之下，越南经济增长势头明显。1991—1995 年，越南国内生产总值年均增长率计划为 5%—6%，前 4 年的增长率分别达到了 6%、8.6%、8.1% 和 8.5%，年均增长率为 7.8%，已超过了"五·五"计划指标。[④] 表 4—2 是 1986—1995 年越南外贸及外资情况，也反映出自 1992 年开始，越南的外贸及外资均得到明显提高。

表 4—2　　　　　1986—1995 年越南外贸与外资情况[⑤]　　（单位：亿美元）

年份	1986	1987	1988	1989	1990	1991	1992	1993	1994	1995
外贸总额	29.44	33.09	37.95	45.12	51.56	44.25	51.21	69.09	98.80	136.04
进口总额	21.55	24.55	27.57	25.66	27.52	23.38	25.41	39.24	58.26	81.55

---

　　① 梁志明：《经济全球化与面向 21 世纪的越南》，《东南亚纵横》2003 年第 2 期。

　　② 戴维·多拉尔：《越南经济发展状况》，新加坡《东盟经济公报》1996 年第 13 卷第 2 期。

　　③ Nguyễn Hoàng Giáp, "Một số điều trong chính sách Đông Nam Á của Nhật Bản những năm 90", *Nghiên Cứu Quốc Tế*, số 19, năm 1997, tr. 36 – 40.

　　④ 赵和曼：《一九九四年的越南经济》，《东南亚纵横》1995 年第 1 期，第 6—10 页。

　　⑤ Tổng Cục Thống kê, *Số liệu thống kê về kinh tế - xã hội Việt Nam*（1975 – 2000），HN: Nxb. Thống kê Việt Nam, năm 2001, tr. 355, tr. 415.

续表

年份	1986	1987	1988	1989	1990	1991	1992	1993	1994	1995
出口总额	7.89	8.54	10.38	19.46	24.04	20.87	25.81	29.85	40.54	54.49
贸易逆差额	-13.66	-16.01	-17.18	-6.20	-3.48	-2.51	-0.07	-9.39	-17.72	-27.06
投资项目数	—	—	37	68	108	151	197	269	343	370
协议资金额	—	—	3.72	5.82	8.39	13.23	21.65	29.00	37.66	65.31
注册资金额	—	—	2.88	3.12	4.08	6.64	14.18	14.69	17.30	29.87

这一时期，越南经济的增长主要来自外部投资，这表明随着柬埔寨问题的解决，越南已逐步打开世界的大门。80年代末期，特别是90年代初，越南与东盟国家间的经贸合作已经开启，并取得了良好成效。东盟国家的经济经过70—80年代的快速增长，需要向外寻求出口市场和金融、资本的输出地。经历了长期战争，刚刚恢复和平的印支国家，以其丰富的自然资源、廉价劳动力、百废待兴的市场，自然成为东盟国家经济开拓的目标。早在柬埔寨问题还未解决时，马来西亚、新加坡等国就与越南开始了贸易往来。随着泰国政局变化，1988年差猜总理上台后，调整泰国对外政策，也提出从发展经济、贸易关系着手，"同越南修好""变印度支那战场为商场"。他鼓励泰国企业与越南企业合资经营，对泰商前往越南投资大开绿灯。

越南与东盟国家之间的经济合作在入盟前已取得显著成效。1990—1994年，越南从东盟国家的进口额占进口总额的55%，向东盟国家的出口额占其出口总额的29%。截至1994年，东盟6国对越南投资172个项目，投资总额达20.374亿美元，占越南外资总额的16%。[①] 1994年，新加坡超过日本成为越南最大的贸易伙伴。4个东盟国家已位居越南外资来源国的前15名，其中新加坡、马来西亚分列第6位和第7位。[②] 1995年，泰国政府还计划成立支持印支国家经

---

① Hoa Hữu Lân, "Quan hệ kinh tế VN-ASEAN", *Việt Nam và Đông Nam Á ngày nay*, số 7, năm 1995.

② Data on foreign investment provided by the State Committee for Cooperation and Investment as of 11 August 1994.

济建设的印支国家基金会，以低息贷款的形式援助印支三国。① 所以，加入东盟并不是越南发展与东盟经济关系的必要条件。

另外，90 年代初，越南决策者并不理解东盟自由贸易区（AF-TA），也不明白共同有效优惠关税协定（CEPT）的规则。相反，越南学者分析认为，加入东盟并不能给越南经济带来多大的实惠。1991 年，作为东盟真正一体化或经济一体化的开始，东盟国家提出AFTA 创意。1993 年，东盟开始落实 AFTA，要求任何加入东盟的国家，同时必须参加 AFTA。东盟自贸区的主要内容是到 2006 年将 15类产品的关税降至 0—5%，1994 年又调整为到 2003 年完成。这一时期，东盟内部贸易量很小。1993 年，东盟内部贸易量只占其贸易总量的 18.1%，1994 年占 20.7%，1995 年占 19.6%。这说明东盟的外部贸易大于内部贸易，东盟国家间经济互补性差。在内部贸易量本身就不大的情况下，AFTA 也只是对几十个贸易类别中的 15 类产品减税而已，所以，AFTA 对促进东盟内部贸易的作用有限。② 东盟各国，包括越南以及其他将要加入的国家，不可能通过加入东盟，参与AFTA，达到快速增加与东盟国家间贸易的目的。

当然，加入东盟的确给越南经济发展带来了更多有利条件。比如，东盟国家的小型商业模式适合越南劳动密集特点，其发展模式对越南有参考性；通过参与东盟经济合作进程可以促进越南的国内经济体制改革，等等。但越南不可能依靠加入东盟解决其所有经济问题。因为东盟国家仍需要从外部获取技术与投资，所以越南在与东盟国家发展经济关系的同时，仍需从日本、美国、韩国及其他国家或地区吸引先进技术和投资。③ 世界银行专家也指出，越南加入东盟并不能对其经济改革产生很大的直接影响，但却能带来间接的好处。④

---

① 《泰准备设立支持印支国家基金会》，《东南亚南亚信息》1995 年第 19 期，第20 页。

② Hoàng Anh Tuấn：“Những Tác động của việc mở rộng Asean-7 lên Asean-10”，*Nghiên Cứu Quốc Tế*，số 16，năm 1996.

③ Hoang Anh Tuan，“Vietnam's Membership in ASEAN: Economic, Political and Security Implications”，*Contemporary Southeast Asia*，Vol. 16，No. 3，December 1994，pp. 259 – 273.

④ 戴维·多拉尔：《越南经济发展状况》，新加坡《东盟经济公报》1996 年第 13 卷第 2 期。

而且，越南加入东盟的谈判进行得非常困难，原因是越南想争取更长的时间以做好兑现 CEPT 承诺的准备。最后达成的共识是，与东盟缔约国一样，越南将用自加入生效日起 10 年时间，将关税降低到 0—5%，即 2006 年 1 月 1 日前完成降税。据东盟前秘书长回忆，"关于为什么要坚持时间间隔，越南和柬埔寨的回答表明，远不是因为他们在意关税收入上的损失，而是出于对潜在的政治经济冲击的不确定性的考虑"①。所以，经济利益一定不是越南早日加入东盟的直接动力。越南在是否加入东盟的考量中，更多关注的是政治经济的稳定与安全。

三　还是安全需要？

越南加入东盟并非单纯出于经济利益考虑，而是政治安全的需要。中国拒绝越南建立意识形态盟友要求后，越南失去了来自大国的政治安全承诺。如果放弃意识形态，将以什么身份，如何立足于国际社会？这是越南面临的最大安全困境。这一时期的安全困境不同于第一阶段。第一阶段处于战争冲突之下，关系到国家的生死存亡，而这一阶段处于和平发展时代，有关稳定与发展。所以两个阶段的安全困境性质不同，决定了越南采取的外交政策不同。这一时期，越南从现实政治出发，重视地缘政治。东盟自然成为越南破解这一安全困境，重塑身份与国家形象的最好选择。

关于越南加入东盟是出于战略安全考虑的观点，得到越南学者与官员的普遍认可。越南外交部国际关系研究所所长郑广清（Trịnh Quảng Thanh）认为，应从政治安全角度分析越南加入东盟的原因。苏联解体后，越南发现自己已经没有了盟友，因此开始寻求东盟成员国地位。②他的同事刘营兄（Lưu Doanh Huynh）也指出，"1992 年，越南获得了自由，但也失去了盟友，这是一种自由和'身份危机'相混

---

① ［菲律宾］鲁道夫·C. 塞韦里诺：《东南亚共同体建设探源：来自东盟前任秘书长的洞见》，王玉主等译，社会科学文献出版社 2012 年版，第 191 页。

② 郑广清（Trịnh Quảng Thanh）在第三次亚欧圆桌会议上的讲话：《和平与和解：亚洲和欧洲的成功与教训》，河内，2003 年 10 月 20 日。转引自［菲律宾］鲁道夫·C. 塞韦里诺《东南亚共同体建设探源：来自东盟前任秘书长的洞见》，王玉主等译，社会科学文献出版社 2012 年版，第 49 页。

杂的深切感受",而加入东盟对于越南"意味着回到了源头"①。越南
学者所描述的关于越南加入东盟这种失而复得的感受,在东盟前秘书
长塞韦里诺(Rodolfo C. Severino)那里也得到了印证。塞韦里诺曾
在其著作中谈到,"与老成员相同,新成员加入东盟不是从经济角度
考虑,而是为了增加归属感,在此当中不论新老成员,都有着很深的
利益"②。越南外交学院黄英俊不仅认同从安全角度分析越南加入东
盟原因,而且还明确指出,"东盟具有较高的国际声誉,加入东盟能
够将越南的安全与整个东南亚融合在一起,所以,获取和平环境,确
保国家安全是越南加入东盟的首要目标"③。

因此,正如东盟接受越南、老挝、缅甸和柬埔寨四个新成员是源
于区域安全与稳定的考虑,越南等新成员选择加入东盟同样是出于政
治、战略原因。为了维护安全利益,越南选择加入东盟主要体现在以
下三个方面。

(一)越南加入东盟有利于维护越共政权的稳定

90年代初,通过密集的高层互访,越南对东盟有了更多的了解。
1994年,越共总书记杜梅、国家主席黎德英出访东盟国家,越南共
产党也与东南亚的执政党开始发展党际间关系。这增进了越南领导人
对东盟的认识,"与之前的认识相比,我们发现东盟国家与我们有很
多共性",并且"东盟国家的国家建设与对外目标有百分之八十与我
们是一样的"④。同时,越南发现东盟国家大都是威权统治,与越南
的共产党一党专政有相似之处。基于东盟与越南在统治特点上的相似
性,越南领导人对东盟的认识发生了根本转变。这对于推动越南与东
盟之间的关系发展起到了积极作用。越南外交部东南亚处1994年的
内部报告写道:"1994年是越南外交的转折点,因为越南与东盟关系

① 参见 Nguyen Vu Tung, "Vietnam-ASEAN Cooperation after the Cold War", Ph. D. Dissertation, Columbia University, 2004。

② [菲律宾]鲁道夫·C. 塞韦里诺:《东南亚共同体建设探源:来自东盟前任秘书长的洞见》,王玉主等译,社会科学文献出版社2012年版,第170页。

③ Hoang Anh Tuan, "Why Hasn't Vietnam Gained ASEAN Membership", *Contemporary Southeast Asia* 15, No. 3, December 1993, p. 283.

④ Nguyen Vu Tung, "Vietnam-ASEAN Cooperation after the Cold War", Ph. D. Dissertation, Columbia University, 2004.

发生了本质变化。怀疑与敌对变成了双边和多边的全面合作。"①

　　越南与东盟关系发生本质变化的基础，是摒弃意识形态之分已成为越南与东盟国家的共识。1988 年年底，马来西亚总理马哈蒂尔指出，"东盟未来是否接受越南成为成员国，取决于越南是否认同东盟原则"②。1989 年年初，印尼武装总司令也强调，"意识形态不应成为越南加入东盟的障碍"③。1990 年 1 月，泰国总理差猜·春哈旺公开表示支持印支加入东盟，前提只有一个，就是解决柬埔寨问题。④冷战后，实现区域的安全与稳定是东盟追求的最重要利益，阻碍这一利益实现的是越南对柬埔寨的入侵，而不是印支国家不同于东盟的意识形态。随着 20 世纪 80 年代美苏之间的第三次缓和，东南亚地区基于意识形态的对峙与分歧也逐渐弱化。通过柬埔寨问题的政治解决进程，越南对东盟国家与东盟组织有了更深的了解，找到了更多的共同点。为了摆脱越南面临的困境，"通过东盟实现国际化和全球化"，越南领导人也"与马列主义意识形态保持距离"，这"既是为了吸引外国投资，实现贸易增长，也是给越共一个新的合法性"⑤。所谓"越共新的合法性"，就是为越共找到新的执政基础。加入东盟，是越南首次加入非意识形态联盟，体现了越南淡化意识形态的努力。同时，东盟成员国身份也促使越南在外交政策和实践中进一步淡化意识形态。所以，加入东盟无疑为越共执政赋予了新的内涵。

　　通过双边和多边的接触与了解，越南认为东盟组织性质和组织原则，有利于越南政权的安全与稳定。东盟不仅不是一个反共反社会主义的军事联盟，甚至不是一个有约束力的地区组织。东盟主要依靠领导人、部长以及高官们的个人关系，还有同行之间的影响，进行非正

---

① Nguyen Vu Tung, "Vietnam-ASEAN Cooperation after the Cold War", Ph. D. Dissertation, Columbia University, 2004.

② Caryle A. Thayer and Ramses Amer eds., *Vietnamese Foreign Policy in Transition*, Singapore: Institute of Southeast Asian Studies, 1999, p. 9.

③ Ibid. , p. 10.

④ Christopher Goscha, "Could Indochina Join ASEAN?", *Bangkok Post*, Vol. 24, November 1990.

⑤ John Funston ed., *Government and Politics in Southeast Asia*, Singapore: Institute of Southeast Asian Studies, 2001.

式的、松散的磋商，而非强制性的法律制度或惩罚措施。历史因素、国家环境和国际关系共同塑造了东盟独特的"东盟方式"，即协商一致、不干涉内政、强调循序渐进和照顾各方舒适度的决策和运作模式。这种方式营造了东盟的和谐、平等氛围，为所有成员国之间的开放交流提供了平台。它强调成员国之间的协商一致，而非少数服从多数。如果有成员国认为某一提议有损于其国家利益，并明确反对，东盟就不会达成一致意见。而且，东盟没有像其他国际组织那样，设定有无法取得一致意见时的投票程序。所以，越南完全不必担心因加入东盟组织而发生不得不违背国家利益的情况。

相反，加入东盟将有利于维护越南的主权独立与领土完整。东盟奉行不干涉内政原则，这在某种程度上为越南政权稳定提供了保障与承诺。东南亚国家在种族、宗教、文化、政治制度等方面的多样性，以及殖民历史遗留下来的争端与冲突，使相互之间干涉内政，成为东南亚国家面临的主要周边安全威胁。所以，不干涉内政原则是东盟成员国间互不侵犯，确保周边安全的相互承诺，是促进东南亚地区稳定的重要措施，也是东盟宗旨中的核心内容。东南亚国家之间交织着各种具有煽动性的不稳定因素，彼此之间极易引发冲突，而且东南亚本身的地理特点，也常常受到区域外势力的干涉。正如前东盟秘书长所说，不干涉内政原则是"源于阻止外部压力对国家或者政权利益施加影响的实际需要"①。这种尊重成员国主权独立，不干涉其内部事务的精神，是东盟组织的精髓，也是团结和凝聚成员国的法宝。这符合越南维护政权稳定、确保社会主义发展道路的利益需要。

（二）东盟身份有助于越南摆脱政治孤立与经济恐慌困境

冷战结束后，越南面临经济恐慌与政权危机，如何摆脱这一困境是越南决策者优先考虑的问题。1988 年 5 月，越共政治局第 13 号决议认为，"经济落后和政治孤立是越南安全和独立的最大威胁"②，并提出"增友减敌"外交方针。越共总书记杜梅强调："我们重视与世

---

① ［菲律宾］鲁道夫·C. 塞韦里诺：《东南亚共同体建设探源：来自东盟前任秘书长的洞见》，王玉主等译，社会科学文献出版社 2012 年版，第 82 页。

② Đảng Cộng sản Việt Nam, *Nghị quyết 13 về đối ngoại của Bộ Chính trị*, tài liệu lưu tại Ban Đối ngoại Trung ương Đảng, năm 1988.

界大国关系的根本性改变，同时，我们也努力快速发展与地区国家的关系。"① 为了打开外交局面，改善越南国际形象，越南将改善和发展与东盟国家关系视为与大国关系根本性改变的前提。越南时任外长阮孟琴曾专门解释为何将与东盟的良好关系作为改善与大国关系的基础。他指出，因为东盟与美、日、欧等大国具有友好合作关系，东盟成员国身份将有利于越南提升与上述国家的友好合作关系，这将为他们进入更广阔世界"架起桥梁"②。

　　加入东盟改善了越南的国际形象，成为越南对外政策的突破口。越南加入东盟的申请改善了国际社会对越南的认识，越南从"共产主义麻烦制造者"转变成了致力于发展"市场经济导向"的发展中国家。这为越南打破贸易禁运，与政治孤立局面提供了有利的条件。越南主动将东盟成员身份作为改善与美国关系的有效促进因素。越南决策者认为，越南作为"和平伙伴"的转变将会吸引美国决策者对越南的关注。③ 1994 年，当越南正式申请加入东盟时，美国仍没有解除对越南的贸易禁运。1995 年 7 月 11 日，美国在越南正式加入东盟前实现了与越南关系的正常化，同时公开提到将与越南签订贸易协定，以促进双边经贸合作关系。同时，越南决策者也认识到，作为东盟成员的越南对于中国有更加重要的战略意义。越南加入东盟后，越南与中国关系也有了新发展。1995 年 11 月，时任中共中央总书记江泽民访问越南，两国宣布将拓宽合作领域，加强双边关系。另外，越南与日本和欧盟之间的关系也有了积极进展。自加入东盟后，越南明显改善了与大国间关系，摆脱了被包围孤立的局面，进入了融入地区的发展阶段。越南学者普遍认为，如果没有东盟成员国身份，越南与各大国的关系发展很难能够如此顺利。④

　　加入东盟为越南的经济发展争取到了更多的外部支持。加入东盟

---

① Nguyen Vu Tung, "Vietnam-ASEAN Cooperation after the Cold War", Ph. D. Dissertation, Columbia University, 2004, p. 197.

② Ibid. .

③ Hoang Anh Tuan, "Why Hasn't Vietnam Gained ASEAN Membership", *Contemporary Southeast Asia* 15, No. 3, December 1993, pp. 288 – 289.

④ Nguyễn Thị Quế, Nguyễn Hoàng Giáp, *Việt Nam gia nhập ASEAN từ năm 1995 đến nay: thành tựu, vấn đề và triển vọng*, Nxb. Chính trị Quốc gia, 2012, tr. 59.

后，越南的外部安全环境大大得到改善，为越南的经济发展奠定了基础。越南加入东盟的同时，就通过东盟自由贸易区（AFTA）建设中的各项承诺，参与到了东盟经济一体化进程当中。这意味着越南经济开始逐渐与地区经济融为一体。加入东盟后，越南一方面扩大了与东盟国家间的经济合作领域与规模；另一方面加强了与东盟国家的发展交流，为越南更好地适应新形势提供了经验。越南在参与区域经济合作中不断熟悉国际贸易概念和实务，为其融入亚太地区和世界经济打下了扎实基础。同时，在如何加强宏观经济管理、促进贸易自由化、进行国企改革等问题上，东盟国家成为越南参考学习的榜样。另外，加入东盟也成为越南不断推进经济革新的强大精神支柱，进行经济改革并非易事，而作为东盟一体化中的一员，越南并非单枪匹马，这更加有利于越南将改革进行到底。① 当然，加入东盟后与大国及国际组织关系的改善与缓和，也为越南的经济发展获得更多的外部资源提供了可能。

（三）加入东盟使越南的国家安全与区域安全融合在一起

从战略角度来看，加入东盟使越南获得了更加有利的外部安全环境。一方面，东盟较高的国际声誉提升了越南的外交地位，有利于越南突破外交孤立局面，建立"全方位、多样化"国际关系；另一方面，通过加入东盟，越南将国家安全与整个东南亚安全融合在一起，有助于维护国家安全，提升越南自身实力。

90 年代初，随着柬埔寨问题的政治解决，越南把打破外交孤立、经济包围作为保障国家安全利益的首要外交政策。加入东盟，不仅可以使越南改善与周边国家的关系，确保和平稳定的周边安全环境，而且还可以利用东盟的外交资源与优势拓展越南与大国关系，提升越南的国际形象与地位。通过与东盟之间的互动与沟通，越南对东盟在国际与地区中的影响力与作用有了新的认识。东盟不仅与美、日、欧等西方大国有着良好的合作关系，而且在不结盟运动等发展中国家组织中也具有重要地位和影响力。东盟所提倡的"和平、自由和中立区"

---

① 戴维·多拉尔：《越南经济发展状况》，新加坡《东盟经济公报》1996 年第 13 卷第 2 期。

思想，"东盟方式"的独特性，都体现了东盟在地区及世界中的价值与作用。越南学者认为，20 世纪 90 年代，亚太地区存在美、中、日、俄和东盟并存的五极，东盟是推动多极化和巩固地区与国际安全，推动经济合作的积极因素。① 在对外战略上，东盟以大国平衡战略为核心，通过多边外交提升自身的国际地位，保障地区国家的利益。这与越共七大提出的"开放、全方位、多样化"原则在实质上是相通的。所以，越南时任副总理武宽曾表示："东盟成员国身份可以为我们带来一个和平、稳定、合作的发展环境，这符合我国的利益需要。"② 借助东盟组织和东盟身份，越南不仅可以更有效地确保其国家主权的独立性，而且还为其与大国交往提供了更有利的优势。

失去盟友后的"身份危机"以及安全困境，促使越南回归地区，寻求集体安全。加入东盟，即表明越南选择了将越南的国家安全与地区安全融为一体的集体安全战略。东盟早在 1976 年就签署了《东南亚友好合作条约》（TAC）。东盟各国承诺，在处理相互关系时遵守共同的行为规则，即尊重国家主权和领土完整、不干涉他国内政、放弃使用武力以及和平解决争端，以确保区域内的和平与稳定。作为加入东盟的必备条件，1991 年，越南签署了该条约，承诺遵守以上行为规则，维护区域的和平与稳定。同时，越南加紧与东盟国家就相关领土、领海争端等进行沟通，并达成相关协议，为加入东盟创造条件。对于越南而言，签署 TAC、加入东盟的安全获益并不仅仅只限于可以减少其在西南边境的国防开支。通过与地区安全的融合，越南不仅获得了更大范围的安全保障，而且确保国家安全的手段与方式也更加多元化。由于东南亚国家不仅对来自邻国干涉的可能性极为敏感，而且受到来自地区外干涉的制约。所以，1987 年，东盟通过修正案，允许非区域内国家加入 TAC，为东南亚地区创建更有利的外部安全环境奠定了基础。另外，东盟还成立了专门就地区安全问题进行沟通和协商的机制（东盟地区论坛），签署了《东南亚无核武器区条约》等，东盟国家可以就共同关心的区域热点问题与域外大国进行平等讨

① Trần Khánh, "Vị thế Địa-Chính Trị Đông Nam Á", *Tạp Chí Cộng Sản*, số 19, năm 2002.

② Vũ Khoan, "Việt Nam và ASEAN", *Tạp Chí Cộng Sản*, số 11, năm 1994, tr. 31.

论，有效管控和应对区域安全问题，切实维护区域的和平与发展。越南加入东盟后，这些安全规则与机制有效地确保了越南的国家安全，并将越南的国家安全与区域安全紧密联系在一起。

东盟成员身份使越南在面对国家安全、地区争端等问题时，可以借助东盟集体力量共同应对，增强其在博弈中的优势。特别是在南海问题上，越南认为，东盟成员身份有利于维护其南海"主权"。尽管1991 年越南已与中国关系实现正常化，但南海争端仍是两国之间的难题。1992 年，借出任东盟外长会议主席国之机，菲律宾将南海问题列入东盟议程，并形成东盟第一份关于南海问题的正式声明，《关于南中国海问题的东盟宣言》（即《马尼拉宣言》）。这使越南认识到东盟在应对南海争端中的作用，在某种程度上也增强了越南申请加入东盟的意愿。越南学者认为，东盟成员身份"有利于建立我国与大国及域外国家交往中的优势地位"，加入东盟后，"南海问题将从双边问题变成中国与东盟的多边问题"[1]。所以，加入东盟就是将越南的国家安全与整个东南亚地区安全相融合的过程，这有助于更好地维护越南国际利益，提升越南的实力地位。

对于越南，东盟成员身份不仅可以确保和平稳定的周边环境，而且有助于在威权政治、人权、民主等问题上共同应对西方。基于东南亚地区多数国家实行威权统治，人权问题一直是东盟国家备受国际舆论关注的问题。冷战结束后，美国卸掉了因反共而必须支持强权政府的包袱，开始向东南亚威权政府施压。这一时期，东南亚各国都不同程度地面临着外部压力。随着东盟国家经济实力的增强，"东盟各国民族意识和区域主义日益高涨，它们强烈希望摆脱美国的外来干涉"[2]。1993 年 9 月，东盟通过《吉隆坡人权宣言》，强调促进人权要以尊重国家主权为基础，反对西方以人权为借口干涉他国内政。东盟强调，人权不仅仅只包括西方所谓的公民政治权利，公民的经济、社会、文化权利也同等重要，人的"发展权利"是人权不可分割的一部分，保护个人权利与保护集体权利同等必要。东盟主张，在人权

---

　　① Nguyễn Phương Bình, "Về việc Việt Nam Gia nhập ASEAN", *Nghiên Cứu Quốc Tế*, số 5, năm 1994, tr. 26.

　　② 曹云华：《东南亚区域合作》，华南理工大学出版社 1995 年版，第 212 页。

保护问题上，应"对特殊文化、社会、经济、政治环境保持适当尊重"，倡议国际社会"尊重国家主权、领土完整和不干涉原则"。对一些国家来说，因为它们的特殊环境，所以更严厉的规矩、国家更密切的指导以及减少人们的自由，可能对公民获得高标准生活和维护更多人的尊严是有必要的，因此，其他国家不应干涉此进程。① 新加坡前总理李光耀也曾警告美国，"以民主、人权这些政治问题（对东盟）施加太大压力，只会把事情搅得一团糟"②。越南与多数东南亚国家有着相似的关于人权、民主等方面的困扰，所以，加入东盟后，越南"很高兴躲在马来西亚、新加坡的后面"③。

　　所以，战略安全，才是越南早日加入东盟的真正原因。越南学者也指出，经济、发展和地区的共同安全利益并不是越南最初加入东盟的目标。加入东盟只是越南为打破包围孤立，改善冷战后安全环境及改善国际地位的一个外交措施与方法。④ 而冷战后，为促进东南亚地区的安全与稳定，真正实现区域的合作与一体化，东盟也需要吸收越南等地区国家加入，以应对日益激烈的国际经济区域化浪潮的挑战。因此，可以说，越南加入东盟，是一个"双赢"的结果。

小　结

　　苏东剧变不仅在经济上使越南陷入困境，更重要的是在思想上对其产生极大冲击。如何维护越共政权的稳定与合法性？如何摆脱国家经济社会危机，是以意识形态为基础与中国结盟，还是放弃意识形态向美国等西方国家开放？这一时期，越南的国家利益并不简单的是一个经济问题，更重要的是涉及政权存亡与国家稳定的安全问题。为摆脱安全困境，越南调整战略思维，淡化意识形态，重视经济因素作

---

① ［菲律宾］鲁道夫·C. 塞韦里诺：《东南亚共同体建设探源：来自东盟前任秘书长的洞见》，王玉主等译，社会科学文献出版社 2012 年版，第 134 页。

② 参见马勇《论李光耀的美国观》，《东南亚》1996 年第 4 期，第 53—56 页。

③ Trần Khánh："Vị thế Địa-Chính Trị Đông Nam Á"，*Tạp Chí Cộng Sản*，Số 19，năm 2002.

④ Nguyễn Hùng Sơn，Vai trò của ASEAN trong Trật tự Đông Á tới năm 2020 và Định hướng chính sách đối ngoại của Việt Nam，Luận án Học viện Ngoại giao，năm 2013.

用，并逐渐形成综合安全观念。明确国家利益的重要性逐渐成为越南战略思维转变的重点。在安全战略上，越南由关注国内安全转向基于地缘政治的区域安全，并认识到东南亚地区对于国家利益的重要性。

在柬埔寨问题的政治解决中，越南积极与东盟配合，主动提前完成撤军任务。这为越南与东盟之间的关系发展扫清了障碍。随着柬埔寨问题的解决，越南与东盟国家之间的高层对话与经贸合作不断加强。这不仅有助于越南在经济和外交上打破包围禁运，而且也有利于越南决策者更深入地了解东盟。当摒弃意识形态之分成为越南与东盟国家的共识，越南与东盟关系开始发生本质变化。首先是越南决策者对东盟的认识发生了根本转变。越南放弃了对东盟原有的"敌人"认识，开始更加积极地寻找双方的共同点。包含不干涉内政、协商一致、照顾各方舒适度等内容的"东盟方式"既符合越南维护政权稳定、确保社会主义发展道路的利益需求，又能够确保越南政府独立自主、平等有效参与地区事务的权益。失去盟友后的"身份危机"是越南摆脱困境的关键，加入东盟，即表明越南选择了将越南的国家安全与东南亚区域安全融合在一起的集体安全战略。东盟成员国身份不仅仅是越南对抗外部威胁的凭借，或巩固和发展越南经济社会的平台，更是越南摆脱安全困境，追求国家利益的最好护身符。

第五章

经济发展与越南融入东盟
（1996—2007）

第一节　全球化背景下的东盟一体化

　　冷战后，经济事务成为世界政治的中心之一，经济发展成为国家追求的目标。20 世纪 90 年代，大国关系更趋于多元化，经济竞争成为大国竞争的主战场，美日、美欧之间多次爆发贸易战。发源于美国的信息技术革命，以惊人速度向世界扩散，并日益深刻地影响着经济全球化。

一　亚太地区发展与东盟区域化进程

　　20 世纪 90 年代末到 21 世纪初，随着各国市场的进一步开放和贸易自由化的继续推进，世界经济的一体化进程加快。国家间的相互依存与国际分工进一步深化。但与此同时，经济全球化带来的贫富差距、发展不均衡等问题，也推动了区域内部的经济联合。同时，各区域经济组织间的相互联系也进一步加强，合作的领域和范围进一步拓展，促进了生产要素的自由流动。

　　在此背景下，经济问题成为亚太地区各国内外政策的核心。美国重新修订了其全球战略和亚太战略，更加突出经济因素，强调将精力用于解决国内问题和发展与各国的经济关系。但"9·11"之后，美国一方面借反恐之名，巩固和加强其原有同盟关系，"合法化"地在东亚部署其军事力量；另一方面加强经济手段的运用，通过建立双边的自由贸易协定，以确保美国在东亚经济增长中的利益。在原有自由贸易谈判的基础上，美国和新加坡于 2003 年 1 月达成协议，形成东亚的第一个双边自由贸易协定。经过多年的交往与合作，东盟与美国的经济已密不可分，特别是东盟已形成对美国经济的依赖关系。尽管东盟已建立东盟自由贸易区，减少关税，促进区域内贸易往来，但东盟内部贸易只占其贸易总额的 1/5，主要仍依赖美国等西方国家。

日本在东南亚地区经济发展中发挥重要影响作用。战后，日本以战后赔偿的名义，在东南亚国家获得了重要的原料产地和商品出口市场、资本输出场所。20 世纪 70 年代中后期，随着美国撤出东南亚，日本更加重视与东南亚关系，提出"福田主义"①，进一步扩大日本在东南亚地区的政治、经济影响。1979 年，日本发表"日本对东南亚的政策"，将与东南亚关系作为日本外交的主要支柱之一，并将加强与东盟政治关系，作为日本迈向"政治大国"的重要一步。冷战后，日本更是将与东盟关系视为仅次于日美关系的重要关系。1993 年，日本宫泽首相在曼谷发表了被称为"宫泽主义"的题为《亚洲太平洋新时代及日本与东盟的合作》的演说，提出在日本、东盟、印支之间建立共存共荣、互利互惠关系。日本长期保持着东盟最大的贸易伙伴、最大的投资国地位，同时还是最大的援助国。随着亚洲金融危机的爆发和欧盟的欧元启动，日本的大国地位受到一定影响，所以日本更加迫切地需要依靠东南亚这个"经济后院"，形成以自己为核心的国际经济合作体系。

中国经济快速增长，与东盟经济合作加强。这一时期，中国继续贯彻"韬光养晦"政策，对于中国周边存在的安全问题与矛盾，总体上采取现实的、克制的和不激化矛盾的"搁置争议"政策。中国大力推进经济发展，不断融入国际经济体系，积极参与多边经济合作。作为重要的周边地区，中国积极加强与东盟之间的合作，双边贸易关系发展迅速。1975 年，中国与东盟的双边贸易额为 5.23 亿美元，1980 年上升到 20.64 亿美元，1990 年突破 60 亿美元，1996 年

---

① "福田主义"要点如下：（1）日本始终不渝坚持和平，不做军事大国；（2）日本同东南亚各国在广阔领域建立心心相印的相互依赖关系；（3）通过同东盟积极合作，增进同印支各国的相互理解，为建立东南亚地区的和平与繁荣做出贡献。

突破 200 亿美元。[①] 另外，中国与东盟之间的相互投资也有较大发展。中国与东盟之间日益紧密的经济关系，为双方经贸机制建设奠定了基础。为加强双边合作，东盟与中国成立了两个委员会，负责协调双方的经贸合作和科技合作。1997 年，首次东盟—中国领导人非正式会议召开，确立了中国与东盟面向 21 世纪的睦邻互信伙伴关系。亚洲金融危机爆发后，中国勇于承担，帮助东盟国家克服危机，不断扩大与东盟之间的合作，增强了在该地区的影响力。1999 年，第三次东盟—中国领导人非正式会议，提出加强双边贸易与金融合作；2001 年，第五次东盟—中国领导人非正式会议达成意向，启动中国—东盟自由贸易区谈判。2003 年，中国作为首个域外国家加入《东南亚友好合作条约》，并与东盟签署了《面向和平与繁荣的战略伙伴关系联合声明》。中国与东盟之间经济合作的加深，政治互信的增强，不仅为双边合作关系奠定了牢固的基础，而且还推动了东盟与东亚及亚太区域合作的深化。

在亚太经济快速发展的背景下，东南亚地区的经济区域化和一体化趋势明显增强。1992 年，第 4 届东盟首脑峰会批准建立东盟自由贸易区，并签署了《共同有效优惠关税协定》，要求签署国在指定时间段内将东盟内部贸易关税降到 0—5%，最后完成期限是 2008 年。其后，东盟不断加快内部经济一体化步伐。1994 年，东盟将最后完成降税的期限提前到 2003 年。1997 年 7 月，在东盟成立 30 周年之时，由泰国开始的亚洲金融危机爆发，并迅速蔓延到其他东南亚国家，给东盟国家以空前的冲击，并触发了一些国家的政治与社会危机。最先遭受危机冲击的泰国，内阁更迭。受危机打击最为严重的印尼，也政局动荡，统治印尼 30 余年的苏哈托军人政权被迫下台。世界货币组织和美国对危机反应迟钝，改革方案不考虑东盟国家实际情况，使东盟国家大失所望。金融危机使东盟国家认识到，只有更加紧密地联合在一起，才能抵御外部的冲击。所以，东盟国家进一步增强了地区合作与一体化的信念与决心。1998 年，在河内召开的第 6 届

---

①　崇泉：《开放性合作——新形势下中国与东盟国家经贸合作前景》，《国际贸易》1999 年第 5 期，第 20—22 页。

东盟首脑峰会上，东盟首批六个签署国决定将最后期限再次提前一年，到 2002 年年初完成降税。

这一时期，东盟实现了包括东南亚十国在内的"大东盟"梦想。自 1995 年越南加入东盟后，1997 年老挝和缅甸正式加入东盟，因国内政治原因，柬埔寨推迟至 1999 年加入东盟。东盟完成了从六国向十国的扩展，成为包括东南亚十国在内的区域组织。"大东盟"形成后，东盟的地理面积总和由 305 万平方公里扩大为 448 万平方公里，增加了 47%，超过印度，居世界第六位；人口从 3.5 亿上升到近 5 亿，增加了 43%，仅次于中国和印度，居世界第三位；国内生产总值超过 7000 亿美元，总体经济规模强于印度、澳大利亚等区域大国。[①]

"大东盟"的形成对东南亚及亚太地区的国际关系产生了诸多影响。东盟的扩展结束了地区内国家的分裂与对抗，迎来了东南亚地区和平合作的新阶段。东盟吸纳意识形态不同的印支国家和缅甸加入东盟，不仅使动荡不安的东南亚由对抗转为合作，而且使东盟的协调一致原则成为解决东南亚事务共同遵循的基本原则，这有利于地区的稳定。同时，"大东盟"的形成也为东盟在东南亚及亚太地区发挥更重要作用奠定了基础。在美国、俄罗斯、日本和中国四大力量汇集亚太，多极化格局形成过程中，"大东盟"的形成使东盟成为亚太地区的第五支力量。尽管东盟是较小的一极，但亚太地区的国际事务都离不开东盟的声音。

尽管遭受亚洲金融危机的冲击，部分东盟国家发生了政治和社会动乱，但东南亚地区的一体化进程并没有因此而中断。2003 年，第 9 届东盟首脑峰会通过了《巴厘第二协约》，宣布于 2020 年建成东盟共同体，其中包括：经济共同体（AEC）、政治安全共同体（APSC）和社会文化共同体（ASCC）。这是东盟发展史上的新里程碑。在此背景下，东盟的法律化和机制化也得到加强。2004 年，为改善和加强东盟组织的效率，第 10 届东盟首脑峰会开始起草和制定《东盟宪

---

① 东盟第二次非正式首脑会议宣言《东盟 2020 年展望》，1997 年 12 月 15 日，东盟秘书处。

章》，同时通过了《安全与文化社会行动计划》，并决定将"10＋3"机制提升为东亚峰会。2005 年，首届东亚峰会（EAS）在马来西亚召开。2007 年，第 13 届东盟首脑峰会正式通过了《东盟宪章》。《东盟宪章》的通过为东南亚地区的一体化进程提供了制度和法律的保障，也使东盟组织具有了法人资格，提高了活动的有效性。东盟已有经济合作机制，以及区域化合作进程的设置为越南等新成员国提供了更多的发展机遇。

二　越南经济社会的发展需求

加入东盟后，发展经济成为越南的优先国家利益。通过与中国关系正常化、加入东盟、与美国外交正常化等外交举措，越南已打破了政治孤立，逐步打开了外交局面，改善了外部安全环境。通过吸引外资、发挥市场作用等经济手段，越南工商业得到恢复，经济出现复苏迹象，消除了国内经济恐慌情绪。1996 年，越共八大宣布"我国已摆脱了严重的持续 15 年的社会经济危机，已具备了转向新发展阶段（即加强工业化、现代化）的必要前提"[①]。越共执政地位得以巩固，经济社会趋于稳定，为国家建设与发展创造了条件。正如越共八大所总结的"我国的地位与实力已发生了实质性转变"[②]。越南已摆脱安全困境，开始进入集中力量发展经济阶段。

在外交关系和经济基础方面，越南已为实现发展利益奠定了良好的基础。自 1991 年越共七大确立"全方位、多样化"外交政策之后，越南已于 1991 年 11 月，与中国关系正常化；于 1992 年 11 月，恢复了日本官方援助；于 1995 年 7 月，先后与美国关系正常化、加入东盟，并与欧盟签订了框架协议。越南不仅与中、美等大国实现外交正常化，而且与欧盟等国际组织建立联系，初步打开了外交局面，建立了经济合作渠道。在吸引外资方面，越南也已显示出初步成效。美国解除了对越南的贸易禁运与制裁后，美国公司纷纷进入越南。国际货币基金组织、世界银行和亚洲开发银行相继恢复了对越南的贷

---

① Đảng Cộng sản Việt Nam, *Văn kiện Đại hội đại biểu toàn quốc lần thứ VIII Đảng Cộng sản Việt Nam*, HN: Nxb. Chính trị Quốc gia, năm 1996, tr. 12.

② Như trên.

款，并加大援助力度，外商在越南投资不断扩大。1995 年年底，外商协议总金额约达 190 亿美元，到位资金额近 1/3。① 越南不仅迎来了革新开放以来的外国投资高潮，而且 GDP 增长达到 9.5% 的历史新高。越南的对外经贸关系也日益扩大，已与近 100 个国家与地区建立了经贸关系，实现了出口市场多元化，对外贸易以 2 位数增长。1995 年，越南出口总额达 53 亿美元，比 1994 年增长 38%。② 2000 年，越南外贸总额达到 301.19 亿美元（1986 年为 29.44 亿美元），外资总额 20.12 亿美元，出口大米 400 万吨，在国际大米市场中占较大份额，仅次于泰国，居世界第二位。1996—2000 年，越南 GDP 年均增长率达 7%，社会总投资 400 亿美元，年均增长率达 8.6%，其中外资占 24%，增长了 1.5 倍。③

但另一方面，越南经济经历了长期的战争破坏，而且受到苏联模式的深刻影响，要在根本上扭转经济发展趋势，仍面临诸多挑战与困难。虽然越南经济已呈现出一定的良好发展势头，但是也面临着重大的政策难题，比如，加强宏观经济管理（特别是使通胀率降至一位数），进一步放宽对外贸和外国投资的限制等。越共八大曾指出，越南的革新事业正处于初期阶段，经济发展程度仍很低、技术落后，负债沉重，"仍是世界上最贫困国家之一"④。要扭转这种贫困与落后状况，越南需要外部的资金、技术与经验，需要进一步革新开放，调整经济体制，加强市场作用。正如越南学者所言，在经济上，要满足穷困国家现代化、工业化的需求，越南需要"争取外部力量"⑤。

所以，越南明确了以经济发展为中心的工作重点。这一时期，越南认识到经济全球化是客观趋势，国家要实现发展，不可能置身全球

① Đỗ Mười, "Báo cáo chính trị tại Đại hội lần thứ VIII", Báo Nhân Dân, ngày 29 tháng 6 năm 1996.

② Kim Ngọc Chủ, Kinh tế thế giới năm 1995 – tình hình và triển vọng, HN：Nxb. Khoa học Xã hội, năm 1996, tr. 282.

③ Tổng cục Thống kê, Số liệu về sự biến đổi xã hội ở Việt Nam thời kỳ đổi mới, HN：Nxb. Thống kê, năm 2000.

④ Đảng Cộng sản Việt Nam, Văn kiện Đại hội đại biểu toàn quốc lần thứ VIII Đảng Cộng sản Việt Nam, HN：Nxb. Chính trị Quốc gia, năm 1996, tr. 63 – 64.

⑤ Nguyễn Vũ Tùng, Khuôn khổ quan hệ đối tác của Việt Nam, HN：Học viện Quan hệ Quốc tế, năm 2007, tr. 23.

化之外。如果不参与这一进程，越南将失去在世界贸易体系中的平等地位，更没有机会和能力保护国家的利益。只有集中力量，抓住机遇，全面推进革新开放事业，才能为越南21世纪的经济起飞打下良好的基础。为了实现"2020年基本实现现代化工业国家"的目标，有效争取外部资源，2001年，越共九大提出了"积极主动融入地区与国际经济"的外交总目标。①

为落实这一政策，越共九大同时提出了"外交为经济服务"的口号。外交部副部长周俊吉（Chu Tuấn Cát）强调，"一切对外政治活动，要确保政治目标与经济目标的协调一致，要为经济目标服务"②。为落实"外交为经济服务"，2001年12月10—15日，在越南外交部第23次部门会议上，越南要求各驻外机关、国内涉外单位、各省市外事机构以及各涉外企业等要统一认识，利用一切外交资源，为企业经营活动提供帮助。为充分调动一切力量为经济服务，2004年2月，越南政府专门发布了关于越南海外机构为经济服务的第8号决议，进一步在全国范围内，明确要求外事工作以促进经济发展为中心。为了动员和吸引海外越南人参与国家发展，同年3月26日，越共政治局还发布了关于海外越南人的第36号决议，明确了"海外越南人是越南民族不可分割的一部分"，③ 并出台具体措施，如海外定居越南人免签证，允许越侨在越南置业，保护越侨合法权利等。这一时期，越南动员一切力量为越南经济发展服务。

加入东盟，就意味着越南已与东南亚地区的经济结合在一起。但要真正融入地区经济，加强同东盟的经济联系，越南必须在宏观经济政策改革等方面不断取得进展。这也成为越南不断推进和深化改革，融入地区与国际经济体制的动力。尽管越南仍面临经济改革的压力，存在与东盟国家间的发展差距，但是，正如越南时任外长阮孟琴所

---

① Đảng Cộng sản Việt Nam, *Văn kiện đại hội Đại biểu toàn quốc lần thứ IX Đảng Cộng sản Việt Nam*, HN: Nxb. Chính trị Quốc gia, năm 2001, tr. 29.

② Chu Tuấn Cát, "Phối hợp hoạt động chính trị đối ngoại và kinh tế đối ngoại", *Tạp Chí Cộng Sản*, số 22, năm 2002.

③ Phạm Bình Minh, "Một số suy nghĩ về định hình chính sách đối ngoại mới", trích từ Phạm Bình Minh cb., *Định hướng chiến lược đối ngoại Việt Nam đến* 2020, HN: Nxb. Chính Trị Quốc Gia, năm 2010, tr. 41 - 65.

言，"加入东盟是正确的决定"①。

三 越南对东盟认识的转变

尽管加入东盟现在被普遍认为是正确的外交决策，但在当时，越共内部关于是否加入东盟一直存在争议，"甚至在越南外交部部长阮孟琴已上路参加第27届东盟外长会议（接受越南成为东盟成员）时，党内仍存在激烈争论"②。这种争论在越南正式加入东盟后，也并没有立即消失。这特别体现在1996年越共八大政治报告的起草过程中。越南时任总理武文杰认为，与美国外交关系正常化和加入东盟是越南主要外交成就，并呼吁进一步加强与美国关系，以"从中获益"③。而政治局成员陶维松等给武文杰的观点贴上了"偏离社会主义"的标签，不仅对越南加入东盟采取保留态度，而且警告，"美国不仅推动经济自由，还会推动政治自由"④。

这样的争论，反映出越南决策者对东盟的认识并没有随着越南加入东盟，而自然地变成可信任的朋友。尽管随着越南与东盟高层互访和经贸合作的频繁与密切，越南已不再将东盟视为"敌人"，但越南领导人仍未完全摆脱意识形态影响，对东盟的认识仍受到意识形态的束缚。1996—2001年，黎德英在任越南国家主席时，仍"对东盟伙伴持怀疑态度，视之为资本主义，是社会主义长期的竞争者"⑤。越南学者也认为，"越南与东盟因为柬埔寨问题而长期紧张，即便越南

---

① Lee Kim Chew, "Vietnam Has No Regrets About Joining ASEAN'", *The Straits Times*, Vol. 10, September 1996.

② Nguyễn Hùng Sơn, Vai trò của ASEAN trong Trật tự Đông Á tới năm 2020 và Định hướng chính sách đối ngoại của Việt Nam, Luận án Học viện Ngoại giao, năm 2013.

③ Võ Văn Kiệt, "Thư ngỏ văn kiện gửi Bộ Chính Trị", *Việt Luận* (Paris), No. 1053, ngày 5 tháng 1 năm 1996, tr. 30 – 31 và 58 – 60.

④ Đảng Cộng Sản Việt Nam, Dự thảo các văn kiện trình Đại hội VIII của Đảng, tài liệu dùng tại Đại hội Đảng cấp cơ sở, mật, lưu hành nội bộ, tháng 12 năm 1995; "Dự thảo báo cáo chính trị của Ban Chấp Hành Trung ương Đảng khóa VII trình Đại hội lần thứ VIII của Đảng", *Báo Nhân Dân*, ngày 10 tháng 4 năm 1996; "Báo cáo chính trị", *Quân Đội Nhân Dân*, ngày 30 tháng 6 năm 1996; Vũ Khoan, "Đại hội VIII và công tác đối ngoại", *Tuần báo Quốc tế*, số 26, năm 1996.

⑤ Alexander L. Vuving, "Strategy and Evolution of Vietnam's China Policy: A Changing Mixture of Pathways", *Asian Survey*, Vol. 46, No. 6, November/December 2006, pp. 805 – 824.

成了东盟成员，不信任感仍然存在"[①]。

所以，加入东盟后，越南关于东盟的认识经历了一个发展变化的过程。受意识形态和历史经验的影响，越南在一定程度上仍对东盟存在怀疑与不信任。1995年，成为东盟成员国后，越南在外交与经济合作上都取得了突破性的进展。东盟成员身份改变了越南的国际形象，为越南融入地区与世界创造了有利的条件。而且，柬埔寨问题政治解决后，东盟的地区与国际影响力达到鼎盛。同时，东盟国家政治稳定，经济高速发展，特别是1990—1996年，东盟国家GDP年均增长率达到7%—8%。[②] 这一时期被称为东盟的"黄金发展期"。因此，东盟也被越南视为一个成功的政治安全与经济合作组织。随着入盟后，越南在外交、经济、安全上的获益，越南对东盟抱有较高的期待，对作为东盟成员国持乐观态度。

亚洲金融危机的爆发在一定程度上削弱了东盟的威信与实力。短时间内，金融危机迅速扩散到东南亚和东亚地区，东盟的GDP平均骤降至–8%，其中印尼降至–13%，泰国降至–7%，东盟的发展前景被蒙上了一层阴影。[③] 金融危机也致使部分东盟成员内部发生冲突与动乱，对东盟的整体形象也造成了负面影响。尽管越南因融入国际与区域程度较低，受影响较少，但危机的爆发使有些人开始对东盟发展模式产生怀疑，并对加入东盟的意义产生质疑。另外，加入东盟后，在与东盟的合作中，越南发现与东盟合作不仅手续繁杂，而且还要花费大量时间与其他东盟成员协商，以达成一致。而且，东盟框架内的项目标准与要求比双边的官方发展援助（ODA）项目普遍偏高。所以，越南国内出现了轻视和怠慢东盟的心理。

进入21世纪，随着越南实现工业化、现代化步伐加快，以及"外交为经济服务"的提出，越南决策者开始肯定和重视东盟作用。2000年，在越南加入东盟5周年之际，时任外长阮怡年（Nguyễn Dy Niên）

---

① Hoàng Anh Tuấn: "Những tác động của việc mở rộng Asean-7 lên Asean-10", *Nghiên Cứu Quốc Tế*, số 16, năm 1996.

② ［日］北原淳等：《东南亚经济》，刘晓民译，厦门大学出版社2004年版，第76页。

③ ［菲律宾］鲁道夫·C. 塞韦里诺：《东南亚共同体建设探源：来自东盟前任秘书长的洞见》，王玉主等译，社会科学文献出版社2012年版，第80页。

接受采访称，"东盟是促进东南亚、亚太和世界和平、稳定、合作发展的重要因素"①。2001 年，越南国家主席陈德良（Trần Đức Lương）在接受采访时也表示，"一个和平、稳定、发展的东盟有利于每个东盟成员国的发展"②。2001 年，陈德良在谈到越南与东盟关系时，提出了"东盟在推动越南繁荣发展中能够做什么？"的问题，并着重分析了东盟对于越南经济发展的作用：

"作为东盟成员国，我们特别重视发展与东盟组织的关系，越南与其他东盟国家的经济贸易与投资关系增长迅速，有助于越南的经济增长，东盟目前占越南国际贸易总额的 1/4，占外国投资总额的 1/4。东盟自由贸易区、东盟投资区、东盟工业合作计划等东盟经济自由化计划，能够为越南带来经济贸易、投资和科技等方面的便利，有助于越南增强吸引外资和引进科技的能力，并为越南加入 APEC、WTO 等经济合作机制铺平道路。"③

这一时期，越南对东盟的认识主要是考虑东盟对促进其经济发展的实用性。同时，由于政治制度不同、东盟效率低下等原因，越南在对东盟的认识中还存在着一定程度的担心。越南领导人担心，随着越南实力的提升，与大国合作的深化，东盟的规则机制会束缚越南的发展，即所谓"金笼子效应"④。2001 年，越南时任外长阮怡年在谈到东盟面临的问题时强调，"尽管东盟是一个区域组织，但同时其本身及其成员国又是世界的一部分。东盟应参与全球的共同发展。东盟的发展不应成为东盟及各个成员国融入世界的障碍"⑤。

越南决策者对于东盟的以上认识，影响了这一时期的东盟外交政

---

① Bộ trưởng Ngoại giao Nguyễn Dy Niên trả lời phỏng vấn báo Quốc tế（Nhân dịp kỷ niệm 5 năm Việt Nam tham gia ASEAN），http：//www. mofa. gov. vn/vi/cs_ doingoai/pbld/ns040818142 61863.

② Chủ tịch nước Trần Đức Lương trả lời phỏng vấn phóng viên hãng "Images，Words Ltd."（Anh）（ngày 25 tháng 7 năm 2001），http：//www. mofa. gov. vn/vi/cs _ doingoai/pbld/ns04081814261647.

③ Như trên.

④ ［英］延·多施：《越南加入东盟：获得良机抑或身陷金笼子》，《南洋资料译丛》2008 年第 2 期，第 27—37 页。

⑤ Nguyễn Dy Niên，"Đóng góp tích cực của Việt Nam vào sự phát triển của ASEAN"，http：//tapchicongsan. org. vn/data/tcc/Html_ Data/So_ 02. html.

策与实践。加入东盟后，越南内部对于东盟在越南外交政策中的作用和地位尚未形成统一认识，也并未足够重视与东盟关系。正如越南学者阮雄山（Nguyễn Hùng Sơn）所言，"越南加入东盟的前十年，东盟政策并不积极，带有被动性、应付性"[①]。也就是说，这一时期，东盟并非越南外交的重点。

　　为了追求发展利益，越南的外交重点是大国关系，重心是融入国际经济。越南时任外长阮孟琴在谈 1998 年对外工作时指出，"外交活动着重于扩大经济合作，大力争取外部力量，这是当前最重要的目标"[②]。郑翠英也认为，1997 年亚洲金融危机后，越南外交活动从政治转向以扩大经济合作为中心。[③] 针对一些东盟国家在金融危机中暴露的问题，越南提出在融入地区和国际经济的同时，要坚持"主权独立"和"快而稳"原则。为了实现经济社会的稳定增长，越南积极拓展对外经济合作，争取大国的支持与援助。2001 年，越南的三大外交目标是"融入国际经济、妥善处理同大国关系、搞好周边关系"[④]。2003 年，越共九届八中全会《关于新形势下保卫祖国的战略决议》指出，"优先加强与邻国合作，注重推动与大国和经济中心的关系"[⑤]。所以，这一时期，为了追求和实现发展利益，越南的总体外交政策已从以政治安全为主调整为以经济发展为中心，在具体外交实践中，强调与大国关系的重要性。

　　与总体外交政策相一致，越南这一时期的对东盟政策注重经济合作效果。所以，越南的东盟政策也更加披上了实用性外衣，即如何利用东盟增强自身实力，维护越南的发展利益。在对东盟的外交实践

---

　　① Nguyễn Hùng Sơn, Vai trò của ASEAN trong Trật tự Đông Á tới năm 2020 và Định hướng chính sách đối ngoại của Việt Nam, Luận án, Học viện Ngoại giao, năm 2013.

　　② Nguyễn Mạnh Cầm, "Công tác đối ngoại năm 1998", *Tạp Chí Cộng Sản*, số 4, năm 1999, tr. 18.

　　③ 郑翠英：《试论冷战后越南外交战略和外交政策的调整》，《东南亚研究》2001 年第 3 期，第 36—41、49 页。

　　④ Phạm Bình Minh, "Một số suy nghĩ về định hình chính sách đối ngoại mới", trích từ Phạm Bình Minh cb., *Định hướng chiến lược đối ngoại Việt Nam đến* 2020, HN: Nxb. Chính Trị Quốc Gia, năm 2010, tr. 41 - 65.

　　⑤ Đảng Cộng sản Việt Nam, *Văn kiện Đại hội đại biểu toàn quốc lần thứ IX Đảng Cộng sản Việt Nam*, HN: Nxb. Chính trị Quốc gia, năm 2001, tr. 50.

中，越南充分利用东盟新成员身份，改善其国际形象，并通过强调成员国间的发展差距，在东盟框架内创造有利的发展条件。另外，越南积极利用东盟伙伴国资源，扩大对外经济交往，加快融入国际经济的步伐。

第二节　东盟新成员国：越南
经济发展的助推器

　　成为东盟成员国，是越南融入地区与世界的开始，也是越南重塑其国际形象的开始。加入东盟后，越南通过学习和适应东盟规则，积极参与东盟活动，向国际社会展示了越南的新形象。同时，作为新成员国，越南主动落实东盟经济一体化承诺，推动与东盟成员国间的贸易合作，以融入地区经济，加快国内改革。大力呼吁"缩小成员国间的发展差距"不仅使越南成为东盟新成员国的"代言人"，而且也为其争取东盟内部及外部资源提供了便利。

一　改善越南国家形象

　　基于"外交为经济服务"的指导方针，东盟成员身份对于越南，也成为一张对外交往的有用名片，实现了从"革命国家"到"正常国家"的形象转变。越南加入东盟后，打破了政治孤立与经济包围困境，打开了外交新局面。1995 年，随着越南与美国关系的正常化，与欧盟框架协议的签订，在外交上，越南实现了与联合国五大常任理事国关系的正常化；在经济上，越南建立了与世界三大经济中心（欧洲、北美和东亚）之间的联系。截至 1996 年年底，越南已与 163 个国家建立外交关系，而在 1989 年，越南只与 23 个非共产主义国家有外交关系。[①] 这充分体现了国际社会对越南的认可与接受，同时，也是对越南成功塑造国际新形象的肯定。

---

　　① Vũ Dương Huân, *Ngoại giao Việt Nam hiện đại vì sự nghiệp đổi mới* 1975 – 2002, HN: Học viện Quan hệ Quốc tế, năm 2002.

越南主要通过以下三个方面展现其新形象。

（一）积极学习和适应东盟规则，维护东盟基本原则，展现越南的合格东盟成员形象

加入东盟后，为了满足越南与东盟外交的需要，越南在机构设置、人员培训、机制运行、思维更新等方面不断努力，做了大量工作。为了推动加入东盟的进程，1993 年年底越南政府专门成立了"越南—东盟联络部"，该机构隶属于越南驻印尼大使馆，其主要目的是保持和东盟秘书处的经常性接触。1994 年 9 月 24 日，越南外交部正式成立东盟处，负责协调与东盟组织及东盟国家的外交往来。1996 年，越南成立国家东盟委员会，由一名副总理牵头，负责协调越南与东盟组织的工作。越南各相关部委也都相继设立了东盟专职机构，如文化信息部下设东盟—文化信息委员会等。

在参与东盟活动中，面对每年需要参加的几百场会议，越南最大的问题是缺少懂英语的业务干部。正如越南副外长黎功奉（Lê Công Phụng）在东盟成立 35 周年讲话中所言，"这是我们第一次参加一个内容丰富、合作领域多样而复杂，要求几乎所有部委，甚至要求大量地方干部直接参与的合作组织"[①]。在入盟之前，越南已考虑到人员培训问题，但仍然无法满足现实工作的需要。在新加坡、加拿大、日本、马来西亚、澳大利亚以及联合国发展署、英语国家联盟等国家和国际组织的帮助下，越南组织了多期关于东盟的培训班和语言训练班，参加者包括中央机关、部委，以及各省市的干部和专员。为了加强东盟业务知识，外交部东盟处还紧急编写出版了《东盟手册》。到 1997 年，尽管越南不断适应东盟合作方式，干部队伍的专业能力与外语水平都有了飞跃式提高，但培养干部队伍仍是东盟合作中需要克服的困难。[②] 越南注重在实践中培训和锻炼干部，并通过国际合作与交流为干部提供各种进修、学习的机会。越南副外长黎功奉认为，"通过不断挖掘潜力，主动、积极、有效地参与东盟各项合作活动，

---

① Lê Công Phụng, "ASEAN trong hành trình 35 năm qua và chặng đường phía trước", http://tapchicongsan. org. vn/data/tcc/Html_ Data/So_ 19. html.

② Nguyễn Phương Bình, "Quan hệ Việt Nam-Asean và những vấn đề đặt ra trong tương lai", *Nghiên Cứu Quốc Tế*, số 19, năm 1997.

越南在东盟中得到了快速成长"①。2002 年，加入东盟七年后，越南成功组织了东盟经济部长会议（AEM）、东盟公务部长会议，担任了东盟议院联盟会议（AIPO）主席，并成功组织了 AIPO 大会。这表明越南已经适应，并且能够运用东盟活动规则，有效地参与东盟事务了。

加入东盟前，越南只参加过苏联的经互会，由于长期受到意识形态的束缚，对于地区和国际游戏规则比较陌生。越南时任外长阮怡年曾说过，"加入东盟后，我们意识到要遵守一个新游戏规则，而且有些地方还不完全符合我们的环境与条件"②。加入东盟后，在理解和认识东盟规则的过程中，越南遇到很多与其原有历史经验和文化传统相冲突的地方。这需要越南在思维习惯与行为方式上不断地进行调整与适应。关于争端解决方式，基于建国以来几场战争胜利后的自信，越南更倾向于以军事和武力方式解决争端。而东盟解决争端的方式，是通过争端各方的对话与谈判，最终达成一个各方都接受的妥协方案。尽管这里"妥协"是双赢的结果，但在越南语中"妥协"常常被理解为失败。所以，越南人必须学习在东盟框架之内去理解和使用这个词，改变他们对争端管理的认识。柬埔寨问题的政治解决是越南通过对话协商解决争端的良好开始，加入东盟进一步促进了越南对东盟争端方式的认识、理解与遵守。

越南在逐渐理解和接受"东盟方式"的基础上，强调以越南国家利益为着眼点维护东盟原则。越南认识到，"东盟方式"体现的是友好亲善的态度，谨慎有节，避免对抗。③ 关于东盟的协调一致原则，尽管需要长时间的谈判过程，但能够保证和考虑到所有成员的国家利益。而且，东盟的平等原则，体现在东盟的所有事务之中，从专员任命，到会议地点，都是建立在轮流基础之上。在领会和接受"东盟方式"的开放性，以及协商一致、相互尊重、不干涉内政等原

---

① Lê Công Phụng, "ASEAN trong hành trình 35 năm qua và chặng đường phía trước", http：//tapchicongsan. org. vn/data/tcc/Html_ Data/So_ 19. html.

② Bộ trưởng Ngoại giao Nguyễn Dy Niên, "Quan hệ Việt Nam-ASEAN phát triển trên mọi lĩnh vực", http：//www. mofa. gov. vn/vi/cs_ doingoai/pbld/ns050728105813.

③ Nguyễn Thị Quế, Nguyễn Hoàng Giáp, *Việt Nam gia nhập ASEAN từ năm 1995 đến nay：thành tựu, vấn đề và triển vọng*, HN：Nxb. Chính trị Quốc gia, 2012, tr. 108.

则的同时，越南形成了自己独特的灵活、弹性方式，巧妙应对区域内部以及东盟与对话国关系中的复杂敏感问题，有效维护国家利益。

对于东盟原则，越南注重接受与维护相统一。1997年7月柬埔寨政局动荡、1998年亚洲金融危机、1999年东帝汶等事件的连续爆发，不仅使东盟承受巨大的外部舆论压力，而且在东盟内部也开始出现了对"不干涉内政"原则的动摇。马来西亚副总理安瓦尔（Anwar Ibrahim）首先提出了"建设性干预"（constructive intervention）概念，泰国外长素林（Surin Pitsuwan）提出了"弹性介入"（flexible engagement）概念。① 东盟官员与学者提出的这些"东盟特点的干预"方式，引起了越南极大的关注与警惕。不干涉内政原则一旦被挑战，被干涉内政的事情早晚会发生在自己身上，而且，东盟对柬埔寨国内事务的干预也是对越南传统利益的挑战。所以，越南学者指出，"无论是'建设性干预'还是'东盟方式的干预'仍无法回避'干预'的事实，这将对东盟未来的行动原则造成深远影响"②。越南外长阮怡年指出，"多样但仍能够一致，不相互干涉内政但仍能够推动东盟的发展，这是过去东盟成功的最大秘诀。在当前复杂多变的时代，动摇这一原则无异于是对东盟本质的损毁"③。在缅甸入盟问题上，越南与东盟一起坚持对缅甸采取不干涉政策，并顶住了来自美国和欧盟国家的外部压力，最终成功接受缅甸加入东盟。这不仅防止了外来干涉，维护了区域政治安全环境的稳定，而且也维护了东盟的不干涉内政原则和东盟的国际形象。

（二）积极解决与其他成员国间的争端，加强区域内合作，展现越南的和平合作形象

越南通过解决诸如遣返越南难民、划定大陆架和重叠领土等问题，主动改善与东盟成员国间的关系。加入东盟前，越南已与马来西亚协商共同开发两国大陆架重叠区，并与泰国、马来西亚共同商定在

---

① 马晋国主编：《当代东南亚国际关系》，世界知识出版社2000年版，第335—337页。

② Nguyễn Phương Bình, "Quan hệ Việt Nam-Asean và những Vấn đề đặt ra trong tương lai", *Nghiên Cứu Quốc Tế*, số 19, năm 1997.

③ Nguyễn Dy Niên, "Đóng góp tích cực của Việt Nam vào sự phát triển của ASEAN", http://tapchicongsan.org.vn/data/tcc/Html_Data/So_02.html.

三国大陆架重叠区开发油气。加入东盟后，越南继续加紧解决与东盟成员国间存在的问题与争端。1995 年 11 月 7 日，经过四论谈判，越南与菲律宾签订了关于两国处理南海区域争端的九项原则；1997 年 8 月 9 日，越南与泰国签订了《泰国湾重叠区划界协定》。长期以来，这些历史遗留问题阻碍了东盟国家与越南进行深入合作的意愿。妥善解决东盟内部存在的问题与争端，有利于越南培育与东盟其他成员国间的信任关系，同时，也有利于越南与这些国家从竞争到合作关系的转变。

越南积极促进与东盟国家间的双边往来与合作。1995 年，越南与东盟国家互派了 35 个重要代表团，包括越南国家主席黎德英访问菲律宾，马来西亚苏丹访问越南，新加坡前总理李光耀访问越南等。这一时期，越南与印尼之间来往密切，高层互访频繁。1995 年到 2005 年，越南国会主席农德孟、国家主席陈德良先后两次访印尼，外长阮怡年出访印尼；同一时期，印尼国会主席不仅访问越南，而且历任总统，包括哈比比（Habibie）、瓦希德（Wahit）、梅加瓦蒂（Megawati）和苏西洛（S. B. Giudogiono）等，都曾访问越南。频繁的首脑互访推动了越南与印尼之间在各领域的合作。越南与印尼先后签署了贸易、经济文化科技合作、鼓励保护投资、海运、民用航运、林业合作等协定。越南与新加坡之间的经贸关系发展不断增强。

新加坡是较早与越南开展经贸合作的东盟国家。在加入东盟前，作为越南政府邀请的顾问，新加坡资政李光耀就曾多次访问越南，为越南的经济制度改革出谋划策。1996 年 5 月，新加坡总理吴作栋访问越南，其后，越南国家主席陈德良（1998 年 3 月）、外长阮怡年（2000 年 3 月）都曾访问新加坡。越南与新加坡于 2004 年 3 月签订了《二十一世纪双边全面合作框架》，于 2005 年 12 月签订了《越南—新加坡联系框架协定》，进一步将双边合作关系机制化。

越南与泰国间的双边关系也得到增强，1995—2001 年，越南政府总理武文杰、外长阮怡年两次访泰，越南国家主席陈德良访泰；泰国历任总理班汉·西巴阿差（Banharn Silpa Archa）、差瓦立·永猜裕（Chaovalit Yong Chaiyudh）和川·立派（Chuan Leekpai）、他信（Thaksin）都曾访问越南。越南与泰国不仅较早互设总领事馆和贸易代表处，而且还先后签订了文化科技合作、军事安全交流、贸易投资、航海等30多个协定，建立了军事随员交流机制。菲律宾总统埃斯特拉达（J. Estrada）和阿罗约（G. Arroyo）分别于1998年和2002年访问越南，文莱国王哈桑纳尔·博尔基亚（Hassanal Bolkiah）也曾于1998年访问越南。从东盟国家领导人对越南的访问频率，可以看出东盟对越南的重视程度。当然，这一时期，越南领导人也频繁出访东盟国家。2001年，国家主席陈德良出访柬埔寨、文莱、菲律宾与印尼，2004年4月21—23日，越南总理潘文凯正式访问了马来西亚。越南与东盟国家双边关系的加强不仅改善了越南的国际形象，也增强了越南在东盟的合作效果。

越南与东盟成员国之间已形成多个双边合作机制和框架，比如：越南与新加坡的经济联系机制、越南与泰国的年度合作机制，以及与印尼、马来西亚、缅甸、菲律宾在多个领域的合作机制等。加入东盟后，越南特别强调发展与邻国的友好合作关系，提高与东盟国家全面合作的效果与质量。通过成功化解与部分共同边界邻国及东盟国家间的争端与问题，越南日益融入地区。越南与东盟全面合作关系的发展，为越南提升与大国关系中的实力与地位奠定了基础。

（三）积极主办区域和跨区域会议，承担东盟义务，展现越南融入地区与国际的亲善形象

1998年，越南成功主办了第6届东盟首脑峰会，成为第一个主办东盟会议的新成员国。同时，越南还有效参与完成了《河内宣言》《河内行动计划》等会议文件的起草，为落实《2020愿景》，深化东盟发展提出了具体目标。在亚洲金融危机爆发的背景之下，越南主办的第6届东盟首脑峰会不仅加强了成员间的合作，而且巩固和增强了东盟的发展信心。进入21世纪，随着东盟国家经济的复苏和越南九大关于"积极融入国际经济"的提出，越南与东盟关系进一步加强，越南参与东盟事务的范围进一步拓展。2000—2001年，越南出任东盟轮值主席国，国会主席阮文安担任东盟议院联盟主席。2001年7月，作为东道国，越南成功主办了第34届东盟外长会议、第8届东盟地区论坛、东盟与对话国外长会议，以及第2届湄公河—恒河合作会议等，展现出了较高的组织协调能力。此外，越南还首次被选入联

合国人权委员会，任联合国教科文组织（UNESCO）协调委员会副主席。2004 年 10 月，越南代表东盟成功承办了第 5 届亚欧首脑会议。2006 年 11 月，越南成功主办了亚太经合组织（APEC）第 14 届领导人非正式会议。越南政府在短时间内连续主办大型国际会议，一方面表明越南在东盟中的地位与作用已得到东盟组织及其他成员国的认可；另一方面也向世界展现了越南的东盟成员新形象，标志着越南加快了融入地区与国际的步伐。

在承担东盟事务工作的同时，越南还对东盟的发展提出建议，促进东盟国际地位的不断提高。越南积极推动东盟新老成员间的对话，商讨如何缩小新老成员间的发展差距问题，促成了《河内宣言》的签署。《河内宣言》不仅满足了东盟想要加强内部一体化的要求，也为四个新成员国设定了努力的方向。作为东盟地区论坛的创始国，越南主动参加并推动东盟地区论坛进程，使其成为亚太地区重要的安全对话论坛，并有效维护东盟的主导作用。另外，越南还积极参与和推动东盟与对话国关系，很好地完成了担任东盟与大国协调国的任务。2001 年，越南外长阮怡年说，"越南已成为东盟稳定发展的成员国"[1]。这不仅体现出越南摆脱经济社会危机，开启工业化、现代化之后的发展自信，而且也表明了越南对东盟成员的身份认同。2005 年 7 月，在越南入盟十周年之际，越南外长阮怡年总结道，"积极参与东盟合作提升了越南在地区的作用与地位，改善了越南的国际形象，使世界更加熟悉了解作为东盟成员国的越南"[2]。

二 强调成员间发展差距

越南加入东盟后，积极推动东盟接纳老挝、缅甸和柬埔寨。大东盟的形成标志着地区内国家分裂与对抗的时代已经结束，开启了东南亚地区和平合作的新纪元。[3] 对于越南，促进东盟新成员的加入是增

---

[1] Nguyễn Dy Niên, "Đóng góp tích cực của Việt Nam vào sự phát triển của ASEAN", http://tapchicongsan. org. vn/data/tcc/Html_ Data/So_ 02. html.

[2] Bộ trưởng Ngoại giao Nguyễn Dy Niên, "Quan hệ Việt Nam-ASEAN phát triển trên mọi lĩnh vực", http://www. mofa. gov. vn/vi/cs_ doingoai/pbld/ns050728105813.

[3] Nguyễn Thị Quế, Nguyễn Hoàng Giáp, *Việt Nam gia nhập ASEAN từ năm 1995 đến nay: thành tựu, vấn đề và triển vọng*, HN: Nxb. Chính trị Quốc gia, 2012, tr. 109.

强其在东盟中地位与作用的有效途径。东盟新老成员之间的差异性，成为越南重塑地区领导力的重要资源。所以，强调缩小发展差距，为新成员提供发展扶持等成为越南在东盟的一贯主张，也是越南在东盟事务中努力推进的重点内容。

（一）力促新成员加入

自1995年7月加入东盟后，越南积极促进其他东南亚国家加入东盟的进程。通过培训东盟事务官员、提供东盟信息咨询、协助与东盟机构对接等，越南主动帮助老挝熟悉东盟事务，加快其入盟进程。作为东盟成员国，越南坚定地支持东盟排除外部压力，按期接纳缅甸入盟。在柬埔寨内政出现动荡，国际舆论压力加大的背景之下，利用1998年担任东盟首脑峰会主办国之机，越南进行了大量外交斡旋，极力说服东盟成员尽快接纳柬埔寨入盟。可以说，1997年和1999年，老挝、缅甸和柬埔寨分别加入东盟，是越南外交努力的结果，也是越南外交的胜利。

首先，加入东盟，成为东盟成员国，为越南与传统友好国家老挝与柬埔寨建立新型伙伴关系提供了新身份。自法国殖民时期开始，越南就形成了"印支老大"的认知，冷战时期，借助苏联的支持，越南曾试图建立与东盟平起平坐的"印支联邦"。冷战结束后，为了改善其因入侵柬埔寨而受损的国际形象，越南一方面革新和开放其国内经济；另一方面调整和"多样化"其外交关系。在此背景下，越南认识到，"按老方法做事已与变化的现实不相称，也不利于加强三国间友好关系"[1]。因此，关于越南与老挝、柬埔寨关系，越南提出应发展与老挝、柬埔寨的正常国家关系，也就是说将政党间关系与国家间关系剥离开，尊重老挝、柬埔寨的国家利益。但如何在正常国家关系之外体现与老挝、柬埔寨之间的"特殊友好关系"呢？1999年，柬埔寨加入东盟后，越南外交部下属报刊评论称，"加强越老和越柬传统友好关系的时机已经到来"[2]。"东盟新成员国"成为越南发展与

---

[1] Nguyen Vu Tung, "Vietnam-ASEAN Cooperation after the Cold War", Ph. D. Dissertation, Columbia University, 2004, tr. 214.

[2] Đồng Lộc, "Việt Nam-Campuchia: một lịch sử mới trong quan hệ", *Tuần Báo Quốc Tế*, ngày 14 – 20 tháng 6 năm 1999.

老挝、柬埔寨关系的新身份，为加强三边关系提供了新名义。

其次，越南通过促进新成员加入东盟，逐渐成为东盟新成员国的"代言人"，确立了其在东盟的地位与作用。东盟希望通过接纳越南、老挝、缅甸和柬埔寨，加强地区内国家间的友好关系，避免区域冲突。同样，越南也希望通过加入东盟，为其国家建设创造一个和平稳定的周边环境，为国家发展争取更有利的外部条件。中国学者认为，在东盟组织中，越南利用与老挝、柬埔寨的特殊关系，结成了一个令东盟其他国家不容忽视的小集体，从而发挥自己的作用。① 东盟国家也意识到，新成员的加入的确使东盟内部形成了两类国家，6 个老成员国是经济较发达国家，而 4 个新加入国家几乎都是贫困国家。越南学者认为，顺理成章地，越南成为加强两类国家间关系的"桥梁"②。中国学者认为，通过精心谋划，越南成为东盟新成员国的"代言人"③。无论如何表述，新成员的加入的确从事实上增强了越南在东盟中的地位与作用，为其在东盟框架内保障与争取利益创造了有利条件。

有了东盟新成员"代言人"的身份和地位，越南就有了在东盟发挥更大作用的基础。东盟从六国扩展为十国，并不仅仅是单向地将东盟方式扩大到整个地区。东盟的活动原则是以协商一致为基础，成员之间需要相互妥协以达成一致。所以，东盟政策的制定是一个双向影响的过程。东盟成员国不论大小、不论新老都对东盟的政策制定发挥作用。新成员加入后，必然会对东盟的发展方向产生影响。作为新成员"代言人"，越南具有影响东盟发展的条件与能力，以使之更加符合越南的国家利益需求。

（二）强调成员间发展差距

随着东盟的扩展，有关"双层东盟"④ 的问题被广泛关注。东盟新老成员之间在经济发展水平和经济体制上存在巨大差距，成为东盟

① 王国平：《2001 年越南全方位外交的新发展》，《东南亚》2002 年第 1 期，第 41—45 页。

② Nguyễn Thị Quế, Nguyễn Hoàng Giáp, *Việt Nam gia nhập ASEAN từ năm 1995 đến nay：thành tựu, vấn đề và triển vọng*, HN：Nxb. Chính trị Quốc gia, 2012, tr. 104.

③ 何胜：《越南加入东盟后的发展及其角色转变》，《东南亚》2008 年第 1—2 期，第 55—59 页。

④ 指东盟六国与四个新成员国（越南、老挝、柬埔寨和缅甸）之间的发展差距。

内部的"南北问题"。位于南部的六个老成员国，人均国民收入约为1700美元（1996年数据，下同），而北部的四个新成员国，即越南、老挝、柬埔寨和缅甸，人均国民收入仅为271美元，相差6倍多。最小却最富的新加坡，人均国民收入约为26400美元，而越南则为250美元，柬埔寨为215美元。东盟前秘书长辛格将东盟的这种贫富差距形容为"几个富裕的岛屿被淹没在一片贫穷的汪洋中"，他认为，这种情况下，"不可能建立和谐的睦邻关系"①。新老成员之间的这种差距，客观上使东盟内部形成了两大力量，并引发不同的诉求。

　　但东盟新老成员之间的差距也有被政治化利用的嫌疑。东盟前秘书长塞韦里诺认为，东盟新老成员之间的差距并不像评论所说的那样明显。他认为，突出新老成员间的发展差异是一种政治现象。② 从国内政治来看，强调发展差距是新成员国内部支持加入东盟者的政治需要。支持入盟者需要以"东盟正在帮助我们追赶老成员"为理由，以消除国内保守派和怀疑者的顾虑与反对。而且，从现实利益来看，强调发展差距对于新成员国也是有用的。这不仅可以获得老成员在贸易问题上的让步，而且是从发达国家和国际金融机构获得发展援助的手段。同时，在东盟内部区别身份，形成不同的利益团体，也成为某些国家利用的政治资源。而越南正是"双层东盟"概念的有力推动者。

　　越南领导人在各类东盟会议和活动中，不断强调东盟成员间的发展差距以及由此带来的严重后果。越南副总理阮孟琴认为，随着全球化的迅猛发展，国家间的相互依赖日益紧密，帮助欠发达国家和地区发展已成为整个国际社会的生存利益。③ 针对东盟的贫富差距，越南学者警告，贫富差距可能会在欠发达国家造成潜在的不稳定，进而威胁到整个区域的共同稳定。④ 越南关于东南亚问题的专家陈庆认为，

---

　　① ［印度］辛格：《走向一个东南亚》，《东盟经济公报》1997年第14卷第2期，第129页。

　　② ［菲律宾］鲁道夫·C. 塞韦里诺：《东南亚共同体建设探源：来自东盟前任秘书长的洞见》，王玉主等译，社会科学文献出版社2012年版，第64页。

　　③ Nguyễn Mạnh Cầm, "Thu hẹp khoảng cách phát triển giữa các nước thành viên ASEAN", *Tạp Chí Cộng Sản*, số 2, năm 2001.

　　④ Hoàng Anh Tuấn, "Những Tác động của việc Mở rộng Asean-7 lên Asean-10", *Nghiên Cứu Quan Hệ Quốc Tế*, số 16, năm 1996.

"成员间发展差距是区域组织一体化合作中的主要障碍与挑战"①。关于解决成员间发展差距问题的重要性，越南外长阮怡年将其比作"是东盟解决成员国间所有问题的钥匙"②。

　　越南强调东盟成员间发展差距，一方面是为了构建新成员间的共有观念，以形成东盟内的利益团体，提升其在东盟中的地位与作用；另一方面是为了争取更多外部资源，以更好地实现国家发展利益。尽管越南与老挝是"特殊关系"国家，与柬埔寨建立了"友好"关系，三个国家历史上就有着传统关系，但在新的时代和环境下，越南要融入地区与国际，需要有新的国家形象，必须要淡化和摒弃原有历史阴影。所以，"东盟新成员国"给了越南与原有势力范围一个新背景下的新身份，"缩小成员间发展差距"则成为把它们凝聚在一起的共同利益。在经济发展方面，缅甸与印支国家面临着相似的问题。所以，东盟四个新成员国成为东盟内部的一个利益团体，他们在东盟内部有共同的身份和共同的利益诉求。为了更好地保护和争取团体利益，在东盟层面的讨论之前，四国往往先协调形成一致意见，以加大在东盟讨论中的影响力。另外，强调成员间发展差距不仅能够帮助新成员国在东盟内部争取到更多资源，同时，也有利于从东盟对话伙伴国以及国际组织等方面争取更多的援助，比如湄公河流域开发、消贫减饥、跨境次区域发展等。

　　（三）具体外交实践

　　为推动区域经济同步发展，缩小发展差距，1997年，第二次东盟非正式首脑峰会通过了《东盟2020年远景目标》。1998年12月，作为主办国，越南将第6届东盟首脑峰会的主题定为"为和平、稳定、均衡发展的东盟而团结合作"，"均衡发展"成为会议的突出议题，旨在缩小成员间发展差距和促进新成员融入的《河内行动计划》（HPA）获得通过。HPA是东盟为落实《东盟2020年远景目标》的一个重要文件，确定了东盟在经济、政治安全与外交关系等领域的合

① Trần Khánh, " Liên kết ASEAN-xét từ góc độ lý luận của khu vực hóa", *Tạp Chí Cộng Sản*, số 31, năm 2003.

② Nguyễn Dy Niên, "Đóng góp tích cực của Việt Nam vào sự phát triển của ASEAN", http: //tapchicongsan. org. vn/data/tcc/Html_ Data/So_ 02. html.

作方向。HPA 确定了 10 个优先合作领域与 230 个具体项目，并制订了《1999—2004 年计划》。越南一直努力推动 HPA 的落实，其中有两个重点项目对越南经济发展具有重要意义，即湄公河次区域与东西经济走廊建设项目。2000 年，在新加坡召开的第 4 届东盟非正式首脑会议上，为缩小成员间差距，提高东盟竞争力，东盟领导人决定就"缩小发展差距"推出一项特别项目——《东盟一体化倡议》（IAI）。该倡议主要强调东盟一直以来对地区经济一体化的承诺，向新成员国保证东盟一体化计划不会排斥它们从中获利，同时重申新成员融入东盟的重要性。根据越南的提议，2001 年 7 月，在河内召开的第 34 届东盟外长会议发布了关于缩小发展差距、加强东盟一体化的《河内宣言》。越南学者认为，落实好这一宣言将切实有效地促进越南的经济发展。[①] 该宣言确定了 IAI 的落实措施，主要是在基础设施、信息通信和人力培训方面，帮助越南、老挝、柬埔寨和缅甸快速缩小与其他东盟国家间的发展差距。为切实做好落实工作，会议决定在东盟秘书处组建 IAI 特别小组进行管理。

越南利用各种机会，强调缩小东盟成员间发展差距的重要性。2000—2001 年，越南在担任东盟地区论坛主席国期间，"不断强调东盟成员间发展差距问题，并使东盟清楚认识到成员间发展差距对东盟未来的挑战"[②]。2001 年 9 月，越南在其主办的第 33 届东盟经济部长会议上，呼吁东盟发达成员国帮助欠发达成员国融入东盟自贸区、东盟投资区等区域经济机制，支持欠发达成员国加入亚太经合组织（APEC）、世界贸易组织（WTO）等国际经济合作机制。会议最终决定自 2002 年 1 月 1 日起，对柬埔寨、老挝、缅甸和越南实行贸易优惠机制。据估计，四个新成员国每年可从该贸易优惠机制中获利 4 亿美元。[③] 同时，会议还表示支持柬埔寨、老挝和越南加入 WTO 的谈判；并承诺为新成员发展经济提供援助。2004 年 11 月，在老挝万象

---

① Hoàng Anh Tuấn, "Những Tác động của việc Mở rộng Asean-7 lên Asean-10", *Nghiên Cứu Quốc Tế*, số 16, năm 1996.

② Lê Công Phụng, "Việt Nam có nhiều đóng góp quan trọng nhằm tăng cường hơn nữa sự đoàn kết nhất trí trong ASEAN", http://www.mofa.gov.vn/vi/cs_ doingoai/cs/ns04081808401146.

③ 《第 33 届东盟经济部长会议闭幕》（http://news.sina.com.cn/w/2001 - 09 - 15/358405. html）。

召开的第 10 届东盟首脑峰会上，越南积极与老挝配合，起草《万象宣言》（VAP），确保其继承《河内宣言》的内容，继续强调发展差距问题。

在东盟以及外部力量如日本、亚洲银行、欧盟等援助下，在东盟框架内，目前已有多个旨在缩小发展差距的次区域发展计划与项目，最突出的是包括了四个新成员国的湄公河流域合作项目。在已形成的多个合作机制基础上，越南又提出了湄公河流域东西经济走廊（WEC）合作框架，并在第 6 届东盟首脑峰会获得通过。湄公河流域东西经济走廊，是从越南中部，连接老挝中南部，柬埔寨东北部，泰国东北部和缅甸东北部的欠发达地区经济发展计划。WEC 的成功落实将惠及越南中部的 18 个省 2200 万人，对越南实现经济社会发展目标具有重大意义。

2001 年 7 月 23 日，越南总理潘文凯在第 34 届东盟外长会议上的主旨讲话，充分体现了这一时期越南的东盟政策方向，"越南在东盟的作用体现在越南坚决维护东盟团结和协商一致基本活动原则上，体现在集中力量缩小和克服成员间发展差距的迫切性上"[1]。他指出，这两者之间相互联系，相互作用，是东盟未来发展的基础。

三　落实东盟经济一体化承诺

作为东盟新成员国，越南积极落实东盟经济一体化承诺，加强与东盟国家的双边合作。为了实现国家的发展利益，越南需要改革经济体制、培育现代市场、完善政府职能等，而落实东盟的经济一体化承诺则为越南提供了现实动力与外部压力。

（一）越南落实 CEPT/AFTA 承诺

东盟新成员国加入《共同有效特惠关税协定》（CEPT）是东盟经济整合，形成东盟自由贸易区（AFTA）的关键。1995 年 12 月 15 日，越南签订了 CEPT，承诺自 1996 年 1 月 1 日开始，将减税目录下的所有商品关税减到 0—5%，到 2006 年 1 月 1 日完成。1996 年，越

---

① Nguyễn Dy Niên: "Hoạt động đối ngoại trong năm 2001 đầy biến động", *Tạp Chí Cộng Sản*, số 6, năm 2002.

南降低了 857 种东盟商品的关税，1997 年又公布了 621 种商品。1995—2000 年，越南共向 CEPT 提交了 4233 种降税商品，占优惠进口税表所列商品总量（6332）的 67%。按照 AFTA 的要求，到 2003 年，越南基本完成了 CEPT，97% 的降税商品最大降税幅度达 20%，[①] 具体减税情况如表 5—1 所示：

表 5—1　　　　　1996—2006 年越南完成 CEPT 关税削减进程[②]

目录	1996 年	1997 年	1998 年	1999 年	2000 年	2001 年	2002 年	2003 年	2004 年	2005 年	2006 年
IL（%）	7.0	6.8	5.8	5.6	4.7	3.9	3.8	2.8	2.6	2.5	2.3
TEL（%）	19.9	19.9	19.9	19.9	19.8	19.6	19.4	17.5	13.4	8.9	3.9

注：IL：削减关税目录；TEL：暂时排除目录，数据为平均税率。

从表 5—1 可知，到 2003 年，越南基本完成了 IL 目录下的降税任务，自 2003 年，越南也开始削减 TEL 目录下的商品关税。削减关税不仅会给越南财政收入造成损失，也会使国内企业面临巨大生存压力。据越南财政部测算，1996—2000 年，全国因调低关税损失 0.9 亿—1.8 亿美元。[③] 但是，越南坚定地按减税计划执行降税任务。在完成削减关税计划的同时，越南还与东盟各国配合，落实非关税壁垒的各项工作，如参加东盟海关合作计划，对东盟货物设立绿色通道等。虽然经济发展程度不高，但越南被评价为是落实东盟经济一体化承诺最好的四个东盟成员国之一。[④] 同时，越南还积极落实其他经济一体化合作计划，如东盟贸易自由化区域框架协定（AFAS）、东盟工业合作框架协定（AICO）、东盟投资区域框架协定（AIA）、东盟一体化倡议（IAI）等；参与东盟发展计划，如援助新成员的东盟一体化倡议（IAI）；参与次区域合作机制，如湄公河次区域发展合作

① Nguyễn Hoàng Giáp, Nguyễn Hữu Cát, Nguyễn Thị Quế, *Hợp tác liên kết ASEAN hiện nay và sự tham gia của Việt Nam*, HN: Nxb. Lý luận Chính trị, năm 2008, tr. 169.

② Bộ tài chính Việt Nam, *Dự án năm 2006*, lưu hành nội bộ.

③ 《西贡经济时报》1996 年 2 月 8 日，转引自黄辉华《越南与东盟国家的经贸关系》，《东南亚纵横》1996 年第 3 期，第 7—9 页。

④ Nguyễn Thị Quế, Nguyễn Hoàng Giáp, *Việt Nam gia nhập ASEAN từ năm 1995 đến nay: thành tựu, vấn đề và triển vọng*, HN: Nxb. Chính trị Quốc gia, 2012, tr. 142.

计划（GMS）、湄公河委员会（MRC）、柬老越发展三角（CLV）、柬老越缅四国合作（CLMV）等。

当然，积极兑现对 CEPT/AFTA 的各项承诺，也为越南带来了切实的利益。首先，参与东盟经济一体化为越南吸引外资创造了有利条件。AFTA 框架下的降税有助于加快东盟发展程度较高国家（如马来西亚、泰国、新加坡等）的国内产业结构转型，有利于劳动密集产业和 AFTA 税率优势行业向越南转移。同时，东盟的丰富资源与越南的廉价劳工相结合，也促进了区域外国家对越南的投资。更重要的是，越南参与落实 AFTA，使东盟和世界投资者看到了越南承诺开放市场和融入经济的决心。另外，越南融入东盟经济一体化的过程，也是建立良好竞争环境，统一度量标准，建立通畅的区域共同经济网络的过程，这有助于规范越南的贸易行为，建立符合国际标准的经济市场，有利于吸引外资。落实 AFTA 以来，东盟国家对越南的投资在外国直接投资（FDI）中的比重不断增加，1995—2003年平均达到 18.5%。

其次，完成 AFTA 承诺为越南进一步融入区域与国际经济积累了经验。越南政府在贯彻落实承诺的同时，也加强了越南各经济部门、行业和企业对融入国际经济的认识，加强了各单位之间的密切配合，使宏观经济管理和经营活动更加有效，更具有竞争力。同时，越南有关经济政策与法律法规，特别是关税、进出口手续、公司企业法等都逐渐得到完善，更加符合国际标准，有助于推动改革、开放和融入进程。当然，在兑现承诺的过程中，也推动了越南国内市场的形成与发展。越南副外长黎功奉认为，"加入东盟后，越南参与区域与国际经济的机会增多了。CEPT/AFTA 的确是我们加入 WTO 的初步演练与准备"①。另外，越南兑现 AFTA 承诺的过程，也是与东盟各国协调发展方向，加强政府间信息交流的过程。通过首脑会议、外长会议和各类专业会议，越南可以分享和学习各国的发展经验，有利于越南逐步缩小与东盟老成员间的发展差距。

---

① 　Thứ trưởng Thường trực Bộ Ngoại giao Lê Công Phụng trả lời phỏng vấn Báo Quân đội Nhân Dân nhân dịp kỷ niệm 10 năm Việt Nam gia nhập ASEAN, http：//www. mofa. gov. vn/vi/cs_ doingoai/pbld/ns050728110855.

最后，CEPT 削减关税计划加强了越南与东盟间的经济关系，缩小了发展差距。1996 年，CEPT 实施第一年，越南与东盟的双边贸易总额就增加了 20%，并且逐年增加，1996—2003 年，年均增长 15.8%。1997—2002 年，越南对东盟的出口额从 19 亿美元增至 25 亿美元，年均增长 3.2%，进口额从 31 亿美元增至 45 亿美元。2005 年，越南对东盟出口总额达 57 亿美元，比 2004 年增长了 47%。① 兑现 CEPT 降税承诺使越南初步形成了区域化产品，如纺织品、电子产品和消费类产品（如木器、塑料制品和化工产品），这对越南经济的影响巨大。东盟国家对越南投资规模加大，到 2000 年，东盟国家在越南投资 422 个项目，投资额达 92 亿美元，比 1995 年增长了 3.2 倍，其中新加坡最多为 66.12 亿美元，泰国 11.03 亿美元，马来西亚 10.25 亿美元。② 随着越南对外经贸关系的不断扩大，越南与东盟老成员间的发展差距也在不断缩小。1994—2000 年，越南与地区国家间的人均 GDP 差距不断缩小，从 1994 年与新加坡相差 17.1 倍降到 2000 年的 15 倍；与其他国家相差的数字分别为：马来西亚从 5 倍降到 4.2 倍，泰国从 4.4 倍降到 3.4 倍，印尼从 2.3 倍降到 1.7 倍，菲律宾从 2.5 倍降到 1.9 倍。③

但随着 CEPT/AFTA 的深入落实，越南与东盟贸易增长趋势却逐渐弱化。越南与东盟贸易额占贸易总额的比重从 1996 年的 30% 降到 2002 年的 20%，出口额比重从 1996 年的 34% 下降到 2002 年的 17%，进口额比重分别为 33% 和 22%。也就是说，落实 CEPT 的效益日益削减，不少商品，包括电子产品、纸业、水泥等，都与东盟成员国形成竞争。这对越南兑现承诺的意愿产生了消极影响。2003 年，越南甚至有意放缓了有关摩托车配件产品的申报。东盟其他自由化计划，如东盟投资区、东盟服务框架协议等也进展缓慢。东盟合作中出

① Phạm Đức Thành, *Liên kết ASEAN trong Thập niên đầu thế kỷ XXI*, HN：Nxb. Khoa học Xã hội, năm 2006, tr. 311.

② Nguyễn Đình Bin, *Ngoại giao Việt Nam* (1945 – 2000), HN：Nxb. Khoa học Xã hội, năm 2002, tr. 349 – 350.

③ Nguyễn Thị Quế, Nguyễn Hoàng Giáp, *Việt Nam gia nhập ASEAN từ năm 1995 đến nay：thành tựu, vấn đề và triển vọng*, HN：Nxb. Chính trị Quốc gia, 2012, tr. 114.

现的这种缺乏效果的现象，不仅仅是越南的问题，也是东盟贸易自由化实施体系的问题。

（二）越南参与东盟内部合作

这一时期，围绕国家的发展利益，越南在外交工作中突出"外交为经济服务"的方针，对东盟的外交实践也不例外。加入东盟促进了越南与东盟之间的经济关系发展。就投资领域而言，截至 1995 年年底，东盟国家在越南投资 234 个项目，总投资额达 32 亿美元，占越南 FDI 的 15%。1997 年 5 月 16 日这一数字分别上升为 312 个项目和 76 亿美元，占越南外资总额的 20%。新加坡在越南投资项目（156 个）和投资总额（51 亿美元）均占第一。[①] 2004 年，已有总金额 100 亿美元的 600 多个项目是来自东盟国家（主要是新加坡、马来西亚和泰国），占同期越南外资总额的 27%，其中 80 亿美元来自新加坡。[②] 东盟国家在越南设立了著名的工业区：越南—新加坡工业区（平阳）；越南—泰国 AMATA 工业区（同奈）；越南—马来西亚工业区（岘港）；越南—马来西亚工业区（内排）等。

越南与东盟在经济上的合作与一体化，不仅推动和促进了越南的经济活动，而且改进和完善了其经济运行方式。越南参考东盟经济发展模式，明确了依靠出口和比较优势的外向型发展模式。通过不断推进革新，越南完善市场经济体系，推动国企股份化改造，建立现代企业制度，同时，还积极促进私人投资，扩大就业，增加收入。越南在加大经济管理改革的同时，也注重加强国家的协调和管理效力。

依托东盟优势，越南与东盟之间的贸易额不断上升。1995 年，越南与东盟的贸易额为 29.15 亿美元。2002 年实现 CEPT/AFTA 后，双边贸易额猛增至 72.03 亿美元，其后每年以 20% 的速度持续增长。如图 5—1 所示：

---

① Le Quoc Phuong, "FDI of ASEAN Countries in Vietnam to Increase", *Saigon Times Daily*, Vol. 21, May 1997. Figures for the other ASEANstates: Malaysia 56 projects, $1.1 billion; Thailand 72 projects, $949 million; Indonesia 13 projects, $333 million; and the Philippines 15 projects, $191.5 million. Brunei's investment figures are negligible.

② "Việt Nam 10 năm gia nhập ASEAN", ngày 27 tháng 7 năm 2005, http://vietbao.vn/Kinh-te/Viet-Nam-10-nam-gia-nhap-ASEAN/55075539/88/.

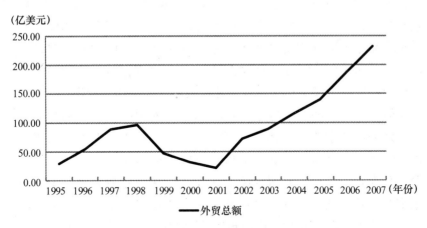

（亿美元）

图5—1　1995—2007年越南与东盟的贸易情况①

　　但是，越南与东盟之间的经济发展并不足以带动越南经济的腾飞。自90年代初开始，东盟一直致力于促进地区的经贸自由化和经济一体化。虽然取得一定成绩，但并未真正在经贸关系中实现突破性发展。经过十多年的努力，东盟内部贸易额只占东盟贸易总额的25%，而且各成员国间存在相似性竞争。另外，东盟国家中也没有一个真正称得上强大的经济体。东盟国家与外部伙伴的经贸关系仍在各自贸易中占较大比重，对外部经济体的依赖程度日益严重。所以，东盟与外部经济体之间的贸易自由化就成为东盟争取更大贸易空间的必由之路。自2002年开始，在加强内部合作的同时，东盟通过一系列与重要伙伴的自贸区（FTA）谈判启动了更广泛的经济一体化进程。

　　加入东盟后，越南在与东盟的经贸活动中争取到很多切实利益，促进和扩大了经济关系，学习和分享到东盟成员国的管理和发展经验。但是，越南也日益认识到东盟的局限性，特别是越南与东盟国家的出口商品结构相似，在价格和市场上存在竞争。尽管与世界贸易组织（WTO）的关税承诺相比，东盟自贸区（AFTA）更优惠，客观上

---

　　① Bộ công thương, *Hợp tác kinh tế Việt Nam với ASEAN và ASEAN mở rộng*, HN：Nxb. Công thương, 2010, tr. 133–141.

应当更有利于越南货物进入区域市场，但越南对东盟的出口增长幅度仅相当于越南出口增长的平均值（约2.1倍），而且越南出口东盟的主要产品是原油（占对东盟出口总额的40%，2005年占到46.6%）和大米（占10%以上）等初级产品。所以，在完成与东盟内部经济一体化的同时，越南更加重视与外部大国和经济体的合作。

但完成东盟经济一体化承诺是越南融入国际经济的前提。因为更好地完成与东盟的一体化承诺，一方面有利于促进和推动越南国内经济体制和市场的完善，为融入国际经济体系打好基础；另一方面，只有真正实现了东盟经济的一体化，东盟才能成为一个经济发展配套、具有竞争力的经济区域，越南才能够从东盟与外部伙伴的经济合作中获益。正如越南总理阮晋勇所说，"一个经济强大、紧密团结的东盟是所有成员发挥各自实力的前提。内部一体化和经济共同体的建立将有助于越南早日与伙伴国形成自贸区，并从自贸区中争取最大机会"①。

第三节　东盟伙伴关系：越南增强
国家实力的外部资源

基于东盟内部贸易发展的局限性，越南更加注重开发利用东盟的外部资源，重视与东盟外部对话伙伴（基本都是世界大国与区域大国）的关系发展。利用原有与大国之间的历史传统及交往经验，越南通过担任东盟协调国，与世界主要大国、区域重要国家及重要国际组织等建立了广泛的联系。随着国力的增长和规则的适应，越南代表东盟，主办了多场区域、跨区域的国际会议。这既宣传了越南的新国家形象，又实现了其对外关系的"全方位、多样化"，为其实现"融入国际经济""外交为经济服务"等国家目标奠定了基础。

---

① Phát biểu của Thủ tướng Nguyễn Tấn Dũng tại Hội nghị Thượng đỉnh kinh doanh và đầu tư ASEAN（ABIS）Singapore，ngày 18 tháng 11 năm 2007，http：//www. mofa. gov. vn/vi/cs_doingoai/pbld/ns071120135308.

一　越南加强与大国的双边合作关系

（一）东盟与对话伙伴国合作机制与情况

随着经济全球化的不断发展，为了应对外部竞争压力，区域内的经济一体化趋势加强的同时，各区域间，以及国家之间的贸易自由化发展也得到加强。进入 21 世纪后，东亚地区的各类自由贸易区（FTA）开始激增，具体增加情况如表5—2 所示：

表5—2　　　　东亚 FTA 增加情况（1976—2007）[①]

年份	FTA 数量	FTA 情况		
		已签订	谈判中	建议中
1976	1	1	0	0
1986	1	1	0	0
1996	4	3	0	1
2000	7	3	1	3
2001	10	5	2	3
2002	14	6	4	4
2003	23	9	5	9
2004	42	14	16	12
2005	67	21	30	16
2006	96	31	42	23
2007	102	36	41	25

为了克服东盟内部经济一体化的困境，东盟希望通过签订贸易自由化协定的方式，加强与周边国家和区域外国家的经济合作。如表5—2 所示，2000 年后，随着东亚地区自贸区建设的兴起，以东盟为中心的经贸合作也进入了高潮。2001 年，在第 5 届东盟与中国领导人的"10＋1"会议上，双方就 2010 年前建成中国—东盟自由贸易区达成一致意见。2002 年 11 月，在金边第 6 届"10＋3"峰会上，东盟

---

① ADB Institute，*Economic Intergration and FTA Initiatives in East Asia*.

与中国签订了《全面经济合作框架协议》。中国与东盟自贸区的建设对东盟与伙伴国加快贸易自由化进程产生了"催化效应"。2002年年底，美国宣布实施"繁荣东盟计划"，加大与东盟之间的经济合作力度。2002年11月5日，在金边召开了"东盟—日本峰会"，签订《东盟日本全面经济伙伴关系共同宣言》；2003年10月8日，在巴厘岛签订了《东盟日本全面经济伙伴关系框架协议》，日本承诺给予未加入WTO的东盟成员以最惠国待遇。2003年10月，在第二次东盟—印度领导人会议上，印度与东盟签署了《全面经济合作框架协议》，计划到2012年建成东盟—印度自由贸易区。2004年11月，东盟与澳大利亚、新西兰领导人会议签署了《东盟—澳大利亚—新西兰万象宣言》，决定于2005年年初正式启动东盟—澳大利亚—新西兰自由贸易协议谈判，并在两年内完成谈判。2005年12月，在吉隆坡第9届"10+3"峰会上，东盟与韩国签订了自由贸易区协定。2005年11月17日，东盟与美国签订了《东盟—美国伙伴关系共同宣言》。

东盟与外部伙伴间的双边自贸区合作，拓展了东盟经济发展的资金来源与外部市场。从吸引外资的情况看，2004年，东盟吸引外资总量达256亿美元，2007年达615亿美元，分别来自欧盟143亿美元、日本89亿美元、美国51亿美元、韩国27亿美元、中国10亿美元、澳大利亚10亿美元。① 随着自贸区的建立，东盟与伙伴国之间的贸易额也在不断增长。根据中国—东盟自由贸易区"早期收获"计划，从2004年年初开始下调农产品关税，到2006年，约600项农产品的关税将降为零。随着该计划的实施，2004年中国—东盟的双边贸易额就突破了1000亿美元。② 2004年11月，第8届东盟与中国领导人会议签署了《中国—东盟全面经济合作框架协议货物贸易协定》《中国—东盟争端解决机制协议》。随着中国—东盟自贸区建设中各项机制的建立与完善，2008年，中国—东盟自由贸易区双边贸

---

① Joint Media Statement of the Fourtieth ASEAN Economic Ministers (AEM) Meeting, Singapore 2008, http：//www. aseansec. org/21886. htm.

② Agreement on Trade in Goods of the Framework Agreement on Comprehensive Economic Cooperation between the Association of Southeast Asian Nations and the People's Republic of China, http：//www. aseansec. org/16646. htm.

易额达到 1920 亿美元。与此同时，东盟与其他伙伴国之间的贸易额也得到大幅提高。2008 年，美国—东盟双边贸易额达 1780 亿美元，日本是东盟 2008 年的最大贸易伙伴，双边贸易额达 2114 亿美元，占东盟贸易总额的 12.4%，比 2007 年增长了 22%。[①] 表 5—3 列出了 2000—2006 年东盟的 10 个主要伙伴国对东盟出口增量和从东盟进口增量，反映了东盟与外部伙伴间的贸易增长情况。

表5—3　　2000—2006 年对话伙伴国对东盟出口增量、从东盟进口增量[②]

国别	出口增量（亿美元）	进口增量（亿美元）
澳大利亚	38.2	139.6
加拿大	13.1	24.0
中国	539.7	673.5
印度	96.3	137.9
日本	71.0	202.4
新西兰	7.8	25.6
韩国	119.1	115.9
俄罗斯	7.8	24.1
美国	99.2	242.5
欧盟	235	363.5

在谈到国际合作、大国合作对于东盟的重要性时，东盟学者认为，"东盟的区域主义从未排除外部参与"，"如果没有伙伴国支持，东盟无法实现一体化计划；没有大国参与，东盟将无法实现共同体目标"[③]。因此，区域外伙伴对东南亚区域的和平、繁荣和安全有重要

---

① Remarks by the Secretary-General of ASEAN, H. E. Surin Pitsuwan At the Singing Ceremony of the Memorandum of Understanding（MOU）between the ASEAN Secretariat and Japan, External Trade Organization（JETRO）. ASEAN Secretariat June 29, 2009, http：//www. asean. org/23132. htm.

② 李玉举：《东盟与对话伙伴国合作的差异性及我国的选择》，《世界贸易组织动态与研究》2009 年第 6 期，第 31—37 页。

③ Push pa Thambipillai, "External parter in ASEAN Community building：Their significance and complementarities", http：//library. fes. de/pdf/bueros/sigapur/0480/2007 - s/pushpa. pdf.

意义。但是，东盟经济对外依赖程度过高也影响了东盟内部经济的发展。2004 年东盟的外贸依存度为 132%，远远高于世界平均水平46%。东盟与美、日、欧和中国四大贸易伙伴的贸易额占其贸易总额的比重为 46.9%，东盟内部贸易额所占比重仅为 22.5%。① 这一方面反映出对于大部分东盟国家，区域外经济合作比区内更重要；另一方面也反映出东盟国家在争夺外部资本、技术和市场资源中的激烈竞争。所以，在参与东盟与伙伴国多边经济合作的同时，东盟成员国也积极与伙伴国签订双边贸易协定，比如新加坡已与日本、澳大利亚、美国、新西兰、韩国等签订了双边自贸区协定。

（二）越南加强与东盟伙伴国的双边合作

越南在发展对东盟关系中，一直强调借助东盟身份与平台，改善和加强与大国关系。特别是 2003 年，越南调整了敌友划分标准后，进一步深化了与东盟伙伴国的关系。2003 年 7 月，越共九届八中全会明确了敌友划分标准，即以“国家目标”而非意识形态，作为区分敌友关系的标准。实用主义在越南外交政策中明确成为一个原则。② 这一变化表明越南在对外关系中更加注重与大国关系。

该决议为越南进一步发展与美国关系扫清了思想障碍。2003 年，“国家目标”敌友标准确立后的五个月里，越南派出了贸易部、计划投资部、外交部和国防部四位部长、一个副总理访问美国，并接待了越战结束 75 年来首次来访的美国海军代表团。当然，越南发展与美国关系并不意味着以其他伙伴关系为代价。2005 年，武文杰解释道，越南的安全战略“不是寻找一个大国去依赖，而应当通过大国在地区的利益，将它们围拢和束缚在一个对越南有利的网络中”③。也就是说，越南加大对美国的外交力度，并不是倒向美国，而是使越南的地缘政治更加平衡。2005 年，越南对大国的高层访问安排即反映了这一战略思想，越南总书记农德孟（Nông Đức Mạnh）访问法国，总理潘文凯首

---

① 徐瑞、冯金丽：《东盟一体化的现状与未来展望》，《特区经济》2007 年第 216 卷第 1 期，第 83—84 页。

② Alexander L. Vuving, "Strategy and Evolution of Vietnam's China Policy: A Changing Mixture of Pathways", *Asian Survey*, Vol. 46, No. 6, November/December 2006, pp. 805 – 824.

③ Võ Văn Kiệt, "Đóng góp ý kiến vào báo cáo tổng kết lý luận và thực tiễn 20 năm đổi mới", tháng 4 năm 2005, http://www.ykien.net/tl_ viettrung90.html.

次访问美国，国家主席陈德良出访中国。所以，越南与东盟伙伴国家之间的双边合作，也应放在越南这种大国平衡思维下去理解。

中越关系这一时期不断得到加强，两国首脑实现了多次互访，并达成多项共识。1999 年 2 月，越南总书记黎可漂访华时，双方提出了"十六字方针"；12 月，中国总理朱镕基访越时，双方宣布解决领土领海问题，并于 12 月 30 日签订了《陆地边界协定》。2000 年 12 月，越南国家主席陈德良访华时，双边签订了《二十一世纪全面合作共同宣言》，以及《北部湾划界协定》《渔业合作协定》。2005 年 11 月，时任中共中央总书记、国家主席胡锦涛访问越南，提出"好邻居、好伙伴、好朋友、好同志"，并创新合作观念，拓展合作途径，为中越经贸合作注入新活力。1996—2001 年，越南与中国的双边贸易年均增长 33.5%，占越南贸易总量的 15%—20%。[1] 1995 年，中越双边贸易额为 10 亿美元，2005 年则达到 88.9 亿美元。[2] 2008 年突破 150 亿美元，到 2015 年已增至 959.7 亿美元。[3] 目前，中国已持续 12 年成为越南第一大贸易伙伴，而越南则已跃升至中国在东盟的第二大贸易伙伴。越南在中国亚太贸易版图中的地位和作用日益提升。

这一时期，越美关系发展中的经济因素作用突出。1994 年 2 月 3 日，美国解除对越南的贸易禁运，1995 年 7 月 11 日，越美关系正常化，1995 年 8 月美国国务卿沃伦·迈纳·克里斯托弗（Warren Minor Christopher）正式访越，实现了双边经贸关系的正常化。到 1995 年年底，美国已在越南设立了 150 个代表处，400 个公司企业在越南开展业务。1998 年 3 月 10 日，美国总统克林顿宣布不再对越南使用"杰克逊—范尼克修正案"（Jackson-vanik Amendment），[4] 为美国对越

---

[1]　Phạm Đức Thành, *Liên kết ASEAN trong thập niên đầu thế kỷ XXI*, HN：Nxb. Khoa học Xã hội, năm 2006, tr. 315.

[2]　Bùi Trường Giang, "Việt Nam với tiến trình hình thành Cộng đồng kinh tế ASEAN", *Tạp Chí Nghiên Cứu Kinh Tế*, số 6, năm 2006, tr. 3.

[3]　《中越经贸合作的现状分析及发展对策建议》（http：//www. govinfo. so/news_ info. php？id = 56003）。

[4]　该法案是 1972 年美国国会对苏联限制移民政策所做出的反应，该法案规定在满足了美国所确立的自由移民标准后才给予非市场经济国家享受最惠国待遇。该法案是美国发展与共产主义国家贸易关系的一个障碍。

南投资扫清障碍。到 1998 年年底，美国对越南投资共 75 个项目，投资额达 11 亿美元，2000 年 6 月，有 91 个项目，11.82 亿美元；2005 年 10 月，共有 245 个项目，14 亿美元。① 2000 年 7 月，越南贸易部部长武宽访问美国，并签订了双边贸易协定。根据该协定，美国给予越南最惠国待遇，使越南进入到美国市场产品的平均关税从 40% 降至 3% 左右。1995 年，越南对美国出口只有 1.7 亿美元，2000 年和 2001 年，分别增至 7.4 亿美元和 12 亿美元。2002 年是越南享受最惠国待遇的第一年，越美双边贸易额比 2000 年增长了 2 倍多（从 2000 年的 10.53 亿美元到 2002 年的 23.95 亿美元），2005 年达到 75 亿美元（其中越南出口 50 亿美元）。② 2005 年 6 月，潘文凯访问美国，双方签订了《友好伙伴关系协定》，进一步为两国经济发展奠定了基础。2006 年 12 月 10 日，美国国会通过法案，给予越南永久正常贸易关系地位，为越南加入世界贸易组织扫清了道路。

日本长期是越南经济发展中最大的援助国。1995 年 4 月，越共总书记杜梅访问日本，进一步促进了两国经贸发展。1995 年 9 月，越南与日本签署了《避免双重征税协定》；1998 年 10 月，签署了《技术合作协定》；2004 年 7 月，签署了《面向高层次的信赖伙伴关系》；同年 12 月，签署了《促进与保护投资协定》；2006 年 10 月，签署了《面向亚洲和平与繁荣的战略伙伴关系的联合声明》。这些协定的签署极大地推动了越南与日本经贸合作的快速发展。2008 年 12 月 30 日，越南与日本签署了《越南—日本经济伙伴协定》。根据该协定，未来十年，两国 92% 以上的商品将取消关税，基本实现双边贸易自由化。日本是越南重要的贸易伙伴之一。过去 15 年，日本一直是越南的最大援助国，日本提供的官方发展援助（ODA）占越南 ODA 总额的 30%。③ 1999 年 11 月，日本在越南投资有 297 个项目，

---

① Võ Hồng Phúc, "Những thành tựu kinh tế xã hội qua 20 năm Đổi Mới（1986－2005）", trong *Việt Nam: 20 năm Đổi Mới*, tr. 166－167.

② Nguyễn Dy Niên, "Ngoại giao Việt Nam trên đường Đổi Mới", trích từ *Việt Nam: 20 năm Đổi Mới*, tr. 448.

③ Nguyễn Minh Triết, "Việt Nam mong muốn các nhà đầu tư Nhật Bản mở rộng hợp tác với Việt Nam trong nhiều dự án phát triển kinh tế xã hội quan trọng", *Báo Nhân Dân*, ngày 22 tháng 11 năm 2007.

投资额 38 亿美元；2005 年 6 月，达到 59.5 亿美元。①

　　欧盟的资本、技术、市场和现代管理方法有助于越南融入国际经济。1995 年 5 月 31 日，越南与欧盟签订了《合作框架协定》，对投资越南的欧洲投资者提供支持。1996 年 7 月 16 日，越南与欧盟签订了《纺织品贸易协定》，1997 年 10 月，签订《金融合作协定》，进一步促进了双边贸易发展。2000 年 5 月，越共总书记黎可漂访问欧欧，欧盟表示承认越南的市场经济地位；10 月，越南贸易部部长武宽访问欧洲，欧盟明确支持越南的革新融入进程，鼓励对越投资和对越援助，支持越南加入世界贸易组织。2004 年 10 月，在参加越南主办的第 5 届亚欧首脑会议时，欧盟高级官员与越南总理潘文凯举行了会谈，欧盟表示将加快关于越南加入世界贸易组织的谈判进程。1995 年签订《合作框架协定》之后，越南与欧盟的双边贸易额年均增长 15%—20%，1997—2001 年，越南对欧盟出口年均增长 20%，进口年均增长 14%。1991 年，越南对欧盟贸易只占其贸易总额的 5.7%，2001 年则上升至近 20%。2000 年 5 月，欧盟对越南投资 322 个项目，投资额 54 亿美元，占其 FDI 总额的 12.6%；2004 年共有 384 个项目 70 亿美元，其中法国 25.8 亿美元、英国 18 亿美元、荷兰 11.7 亿美元。2005 年欧盟对越南投资 539 个项目 77 亿美元，占越南外资总量的 15%。② 2006 年欧盟对越南援助 8 亿欧元，比 2005 年增长 11%，是越南无偿援助的最大来源地。

　　越南还与印度、俄罗斯、韩国等区域国家建立了紧密的联系。印度在科技、教育培训、软件工业、人力资源等方面具有优势，与越南经济有较大的互补性。双边贸易额从 1995 年的 0.72 亿美元，到 2006 年的近 10 亿美元，年均增长 20%。印度对越南的直接投资 2006 年为 5.8 亿美元，2007 年印度埃萨和塔塔集团对越南投资的钢铁项目取得重大进展。③ 越南是印度在东盟投资最多的国家，而且两

---

① Võ Hồng Phúc, "Những thành tựu kinh tế xã hội qua 20 năm Đổi Mới（1986 – 2005）", trích từ *Việt Nam*：20 *năm Đổi Mới*, tr. 166 – 167.

② Như trên.

③ Nguyễn Tấn Dũng, "Đưa Việt Nam-Ấn Độ lên tầm cao mới", *Báo Nhân Dân*, ngày 29 tháng 6 năm 2007.

国政治关系密切，在国际与地区事务中相互配合与支持。

俄罗斯与越南于 1994 年签订了《越俄友好关系基本原则协议》，正式恢复两国传统友好关系。1998 年，越南国家主席陈德良访俄，两国加强了在经贸、科技等领域的合作。2001 年 2 月，俄罗斯总统普京访越，签订了《越俄关于战略伙伴的联合声明》，正式宣布建立"战略合作伙伴关系"。在越南与俄罗斯政治关系加强的同时，双边贸易与投资也发展迅速。1997 年，越俄双边贸易额是 3.5 亿美元，1998 年达到 4.2 亿美元，1999 年 4.5 亿美元，2003 年 6.5 亿美元，2005 年达到 10 亿美元，年增长 15%。在投资方面，2000 年，俄罗斯对越南的投资额为 16 亿美元，截至 2005 年 6 月，俄罗斯在越南共投资有 46 个项目，投资额达 26.9 亿美元。[①] 越南与俄罗斯之间的合作互补性较强，油气、能源是两国传统合作领域，采矿、冶金、武器、科技等领域的合作也在不断扩大。

越南与韩国的经贸关系发展迅猛。1993 年 2 月，越南与韩国签署了《越韩经济技术合作协定》，同年 5 月，越南时任副总理武文杰访问韩国，签署了《越韩贸易协定》《越韩投资保护协定》和《越韩航空协定》。随着经济合作的加深，越南与韩国之间的政治关系也得到不断提升。2001 年，越南与韩国确立了"二十一世纪的全面合作伙伴关系"；2009 年 10 月 21 日，韩国总统李明博访越，将两国关系提升至"战略合作伙伴关系"。1992 年越南与韩国之间的双边贸易总额仅为 3.05 亿美元，2006 年达到 47.51 亿美元，2007 年为 65.84 亿美元。[②]

越南与东盟伙伴国之间的密切合作体现了越南以发展为优先的国家利益排序。如前所述，这一时期为了实现经济发展目标，越南在突出与东盟合作效果的同时，更加注重大国与国际经济组织在"融入国际经济"中的作用。而东盟则是越南发展和加深与大国关系的桥梁与平台。东盟与外部伙伴的经济合作机制不仅扩展了越南商品的出

---

① Võ Hồng Phúc, "Những thành tựu kinh tế xã hội qua 20 năm Đổi Mới (1986 – 2005)", trích từ Việt Nam: 20 năm Đổi Mới, tr. 166 – 167.

② 郑国富、杨从平：《越南与韩国双边经贸合作关系的论析》，《广西民族师范学院学报》2012 年第 1 期，第 55—58 页。

口市场，而且为越南加强与大国的双边关系提供了有利条件。如果没有东盟多边框架下的接触与合作，越南与大国关系很难取得如此大的进展。如果不参与东盟的一体化，越南也不可能在较短时间内适应和融入国际经济体系。所以，尽管这一时期越南总体外交更注重大国关系和"融入国际经济"，但与东盟关系和参与东盟经济一体化是越南达到这一目标的关键。

二　从 APEC 到 WTO：越南积极参与多边经济合作

为了"积极融入国际经济"，越南以东盟国家身份，通过组织跨地区的多边会议和论坛，加强了与欧洲国家，以及亚太国家之间的经济合作关系。通过东盟框架下与伙伴国的自由贸易区合作，越南获得了域外大国的经济贸易自由化承诺与认可，为其加入亚太经合组织（APEC）和世界贸易组织（WTO）等国际经济机制奠定了基础。

作为亚太地区的重要经济合作机制，亚太经合组织是越南加入东盟后进一步融入地区的重要目标。1996 年 6 月 15 日，越南正式申请加入亚太经合组织。1996 年 11 月，越共政治局专门发布了《1996—2000 年扩大与提高对外经济工作效果的五年计划》，该计划的主导思想即"发挥内力，争取外部力量"，强调主要任务是"快而稳地推进与美国的贸易协定谈判，以及加入 APEC 和 WTO 的谈判"[①]。作为东盟成员国，越南自 1996 年 1 月开始积极地落实东盟内的减税计划及市场经济体制的改革措施，这不仅为越南赢得了国际赞誉，也为越南加入 APEC 创造了条件。1998 年 11 月，越南正式成为 APEC 成员国。

加入亚太经合组织为越南带来了切实的利益。首先，加入 APEC 有助于巩固越南在区域与世界的形象与地位。亚太经合组织是一个成熟的，具有较高国际声誉的多边经济合作机制。作为亚太经合组织的成员，越南在国际经济合作中具有了更多的便利与优惠。特别是 2006 年 11 月，越南主办了第 14 届 APEC 非正式领导人会议，不仅获得 10 多亿美元的投资承诺，而且吸引了国际企业家、投资家对于越

---

① Đảng Cộng sản Việt Nam, *Văn kiện Đại hội đại biểu toàn quốc lần thứ VIII Đảng Cộng sản Việt Nam*, HN：Nxb. Chính trị Quốc gia, năm 1996.

南的特别关注。越南通过积极参与论坛活动，进一步塑造了其融入国际的国家形象，得到国际社会的认可。其次，加入 APEC 为越南更好地融入地区与国际经济创造了条件。亚太经合组织汇集了越南的主要经贸伙伴，越南 75% 的国外投资，50% 的官方发展援助（ODA），73% 的贸易出口和 79% 的贸易进口来自亚太经合组织成员。APEC 一年有 100 多场会议与研讨会，在合作实践过程中，促进了越南与主要贸易伙伴的贸易与投资交流。APEC 的合作项目，如水产、农业、旅游，以及人才培训等，与越南经济中的优先发展领域相似，有助于越南促进国内经济的发展。最后，APEC 是促进越南与区域经济体进行双边合作的重要渠道。APEC 框架下的例会机制，为越南与区域伙伴进行高级别的双边会谈提供了机会。这种高层交流也为越南与大国之间的相互理解和信任建立创造了条件。

越南革新开放以来，尤其是 20 世纪 90 年代以来，越南经济出现了前所未有的高速增长。自 1992 年，越南年均 GDP 增长 8% 以上，1995 年，GDP 一度达到 9.5%。大量的外资、外援以及外国产品不断涌入越南的同时，越南市场的开放程度也有了很大提高，为进一步融入世界经济带来了动力。正是在这一背景下，越南于 1995 年 1 月正式提出了加入世界贸易组织的申请。然而，越南经济基础薄弱、计划经济体制下的遗留问题严重，以及准备不足等原因，致使谈判进展缓慢。1997 年亚洲金融危机爆发后，越南外资锐减，出口零增长，出现了"自革新以来最严重的经济衰退"，经济增长降至 5.8%。是否进一步开放市场、深化改革，在越南国内出现了争论。在"国家安全更胜于经济发展"的思想主导下，越南一度决定调整并放慢改革的步伐。因担心经济主权失控进而影响到政权的稳定，所以越南经济融入热情降低，入世谈判也因此而搁浅。

改革放缓不仅没有改善越南经济的衰退状况，反而使国内政治、经济面临更大的压力。1999 年，越南 GDP 增长率降至革新开放以来的最低点（4.7%）。严峻的现实使越南决策者认识到，只有加快改革步伐，尽快与世界经济接轨，才能从根本上解决越南经济社会面临的困难与问题，才能从经济全球化中获益。2000 年 7 月，越南贸易部长武宽访美，并签署了因谈判僵滞而搁置多年的《越美贸易协定》，这是在 WTO 原则基础上的第一个双边协定，成为越南加快入世步伐的推动力。2001 年，中国的成功入世对越南也是一种激励与鞭策。越共九大正式确立了建立"社会主义定向市场经济"的改革目标，表明了越南实行以市场开放为取向的改革已是不可逆转的趋势。为加快入世谈判进程，越南还制订了《2005 年加入 WTO 的工作行动计划》。

越南的东盟成员身份为其入世谈判提供了有利条件。越南早在 1994 年 6 月就已获得关贸总协定（GATT）的观察员身份。1995 年 1 月 1 日世贸组织（WTO）正式成立，越南成为世贸组织观察员。1997 年 4 月，WTO 正式受理了越南的申请，并成立了 WTO 越南工作组，就越南加入 WTO 展开谈判。越南在完成东盟 CEPT/AFTA 承诺的同时，也为 WTO 谈判奠定了基础。随着东盟减税计划的基本完成，2003 年底，越南与 WTO 越南工作组也进行了七轮谈判，并进入了实质性谈判阶段。同时，多数世贸成员国代表也是东盟的对话伙伴国，如欧盟、美国、澳大利亚、日本、中国等。所以，越南通过东盟平台与这些国家已建立了良好的经济合作关系，并在东盟框架下已形成了相应的经贸合作机制，这使越南与这些国家间的入世谈判更加顺利。

经过 11 年的谈判，2007 年 1 月 11 日，越南成为世界贸易组织的第 150 个成员。正式加入 WTO，有助于促进越南与成员国间的贸易往来，获得更多的贸易机会。越南加入 WTO 后，与几乎所有的国际金融货币组织建立了联系，如国际货币基金组织（IMF）、世界银行（WB）、亚洲开发银行（ADB）等。入世后，原材料进口关税的降低增强了越南的出口竞争优势，比如丝线进口关税削减了 5%，面料削减了 12%，平均关税从 17.4% 降至 13.4%。同时，越南企业也有更多机会共享价廉质优的服务和科学先进的管理方式。因为越南以欠发达国家身份入世，根据 WTO 的相关协定，越南可享受提供给欠发达国家的优惠待遇（如适当的补贴等）。这有利于保护越南处于初级发展阶段的产业。另外，加入 WTO 后，越南还可以通过 WTO 提供的多边贸易争端解决机制维护自己的合法权益。

越南的入世也标志着越南这一阶段经济发展利益的基本实现。从

90 年代恢复与各国关系，签订双边经济贸易投资协定，到加入东盟，加入亚欧合作、加入亚太经合组织，到最终加入世界贸易组织，我们看到，从双边，到次区域、区域、跨区域，再到全球，越南逐步融入了国际经济。目前越南已与 170 多个国家与经济体建立了经贸关系，签订了近 60 个双边经贸协定，其中涵盖了所有大国、发达国家和主要国际市场。到 2005 年，越南已签订了 87 个双边贸易协定，48 个投资协定，42 个免征二次关税协定，37 个双边文化合作协定。[①] 这不仅为越南进一步利用外部力量提供了机会，也加强了越南的对外经济活动效果，增强了国家经济实力。从 1980 年，越南贸易额尚不足 50 亿美元，主要贸易伙伴只有几个东欧国家，到 2006 年越南与 170 多个国家与经济体有贸易往来，贸易额达到 850 亿美元，并且与 70 多个国家与经济体有投资关系，项目数量达 7000 个，注册资金 600 亿美元。越南成为区域内最具吸引力的投资地，外资已是国民经济的重要组成部分，贡献约 16% 的 GDP，占出口总额的 60%。[②]

融入国际经济，加快了越南的改革进程，增强了经济的竞争力。越南已逐步形成和完善了社会主义定向的市场经济，为宏观调控完善了必要的法律架构，为生产经营和经济发展创造了开放的环境。同时，通过融入地区与国际，越南企业逐步适应并参与到国际竞争中，竞争能力得到改善，并日益提高。随着越南经济改革的发展和入世后积极效应的体现，越南潜在的经济能力会得到进一步释放。

越南经济在革新开放后，连续以每年 7% 的速度增长，日益融入世界。越南学者认为，"这是当前，也是未来越南与东盟合作关系发展的重要基础"[③]。也就是说，东盟有助于越南实现国家的发展利益，是越南与东盟关系的基础。为实现经济发展利益，越南通过主动兑现东盟经济一体化承诺，改善其国际形象和国内经济体制；利用东盟与伙伴国合作机制发展与大国 FTA 合作，推动大国对其市场经济地位

---

① Lương Văn Tự, "Chủ động hội nhập kinh tế, những thành tựu quan trọng", trích từ *Việt Nam*: 20 *năm Đổi Mới*, tr. 24 – 125.

② Phạm Gia Khiêm, "Việt Nam tự tin vững bước trên con đường hội nhập", *Tạp Chí Cộng Sản*, số 780, năm 2007.

③ Nguyễn Thị Quế, Nguyễn Hoàng Giáp, *Việt Nam gia nhập ASEAN từ năm 1995 đến nay*: *thành tựu, vấn đề và triển vọng*, Nxb. Chính trị Quốc gia, 2012, tr. 167 – 169.

的承认。2007 年 5 月 3 日，在文莱召开的第 13 届东盟经济部长会议上，东盟秘书处宣布，一致承认越南是完全市场经济，并呼吁其他国家与地区尽快承认越南的完全市场经济地位，为越南经济的进一步融入国际争取有利条件。

小 结

进入 21 世纪，经济全球化与区域化不断加强。东盟经济一体化不断深化，并提出了东盟共同体目标。在和平有利的国际与地区环境下，越南完成了从"摆脱经济社会危机"到"向工业化、现代化迈进"的转变，即生存与安全问题已基本解决，追求经济发展利益成为当务之急。这一时期，改变经济社会落后面貌，增强国家实力，促进经济发展是越南的优先国家利益。越南提出了"融入国际经济""外交为经济服务"的外交政策，重视与大国关系，积极加入国际经济机制。尽管随着柬埔寨问题解决后，越南与东盟的高层互访与经贸合作日益频繁与密切，越南已不再将东盟视为"敌人"，但越南决策者也并没有随着越南加入东盟，而将东盟视为可依赖的"伙伴"。由于越南决策者对东盟的信任与认同程度较低，东盟在越南外交中的地位并不突出，东盟外交政策也呈现出被动特点。

在以经济发展为中心，融入国际经济体系为目标的外交政策中，越南对东盟的外交也带有明显的"效用性"特点。通过适应和维护东盟基本规范与原则，力促新成员加入和积极主办东盟和跨区域会议，越南树立了亲善、友好、合作的国际新形象，为改善与大国关系，扩展经贸市场奠定了基础。通过强调成员间发展差距和兑现经济一体化承诺，越南成为东盟新成员的"代言人"。这不仅确立了越南在东盟中的地位与作用，而且为其经济发展提供了更多便利与机遇。在充分利用东盟框架内的经济合作机制之外，越南还重视通过加强与东盟对话伙伴国关系，扩大与域外国家的经济合作。加入亚太经合组织和世界贸易组织，既是越南融入国际经济，实现其经济利益的体现，也为越南进一步在地区和国际社会中发挥作用提供了有利条件。

第 六 章

战略空间拓展与越南力推东盟
安全合作(2008 年至今)

第一节　中国崛起中的东南亚

　　2008 年国际金融危机的爆发是国际格局演变的分水岭。中国崛起成为亚太地区，甚至是国际体系中的突出事件。这不仅在世界范围内形成了中美之间的冲突与竞争，也深刻影响着地区安全与秩序。随着中国在经济领域的重要性上升，参与地区机制的不断深化，中国在东南亚地区的影响力也得到了大幅度提升。这不仅引发了美国的"重返"，也吸引了俄罗斯、日本、印度等地区强国对东南亚的"关注"。大国的关注与大国利益的交叉，使东南亚地区的重要性增强，为东盟施展大国平衡战略提供了有利条件。同样，这也为越南提升国家的影响力与地位提供了机会。

一　大国的东南亚政策

　　尽管中国与东盟国家在冷战时期就建立了外交关系，但中国与东盟组织的关系以 1991 年钱其琛外长出席东盟第 24 届外长会议为标志，才算真正揭开新的篇章。冷战后，中国在"以邻为伴、以邻为善"和"睦邻、安邻、富邻"为主要内容的周边外交方针指导下，加强了与东盟之间的合作。中国重视东盟在地区的影响力，积极参与东盟主导的地区合作机制。1996 年，中国由东盟磋商伙伴国升格为东盟全面对话伙伴国。

　　1997 年的亚洲金融危机成为中国与东盟关系的转折点。中国在应对金融危机中的表现，改变了东盟眼中的中国形象，也使中国开始更多从自身战略角度思考对中国东盟关系的塑造。① 2000 年，在新加坡召开的中国—东盟领导人会议上，中国首次提出建立中国—东盟自由贸易区，这也是中国倡导建立的第一个多边合作机制。此后，中国与东盟国家之间的经济合作更加机制化，利益捆绑更加紧密。

　　中国将东南亚看作是中国崛起的重要地缘保障，是中国和平崛起道路上的示范区和政治依托。② 东南亚是中国的南大门，是中国和平发展向外延伸的重点地区，也是确保中国稳定发展的重要地缘环境。为了消除东盟国家对中国发展的战略疑虑，2002 年，中国与东盟各国签署了《南海各方行为宣言》（DOC），强调通过友好协商和谈判，以和平方式解决南海争端。2003 年，中国作为第一个非东盟国家签署了《东南亚友好合作条约》（TAC），承诺"相互尊重彼此的独立、主权、平等、领土完整和民族特性"，"用和平方式解决分歧和争端"，"不以武力相威胁或使用武力"，并将中国与东盟关系上升到战略合作伙伴层次。中国对地区和平与稳定的承诺，为中国与东盟国家间经济合作的进一步发展奠定了坚实的基础。2009 年，中国成为东盟的最大贸易伙伴。2010 年，中国--东盟自贸区正式建立。2011 年，中国与东盟的双边贸易额达到 3629 亿美元，约为 2001 年 416.2 亿美元的 9 倍。③ 同时，中国还是东盟最重要的投资国与援助国。作为"与邻为善、以邻为伴"政策落实的重点区域，东盟始终是中国积极塑造的稳定周边中重要的一环。2013 年，李克强在出访东盟时提出要打造中国与东盟关系的"钻石十年"，习近平出访印尼时进一步提出了"海上丝绸之路"的构想，呼吁与东盟建立"命运共同体"。在我国倡导的"一带一路"战略中，东盟是重要的一环，对于"一带一路"建设能否成功具有至关重要的作用。

---

　　① 王玉主：《影响中国东盟关系的因素以及未来双边关系的发展》，《学术探索》2010 年第 3 期，第 37—44 页。

　　② 李晨阳：《对冷战后中国与东盟关系的反思》，《外交评论》2012 年第 4 期，第 10—20 页。

　　③ 《中国—东盟贸易额 20 年来规模扩大 45 倍》，2012 年 7 月 14 日，中国经济网（intl. ce. cn/specials/zxxx/201207/12/t20120712_ 23486604. shtml）。

中国经济实力以及地区影响力的迅速提升，引起了美国的高度警惕。美国奥巴马总统上台后，提出"战略东移"，即将其战略重心由欧洲、中东向东亚转移。2009 年 7 月，美国国务卿希拉里在曼谷宣布"美国归来"，并与东盟签订了《东南亚和平友好条约》（TAC），加强了美国与东南亚关系。2010 年，首届美国—东盟峰会在纽约召开，美国向东盟国家承诺将加强美国在东南亚地区的存在。2012 年，美国进一步提出"亚太再平衡"战略，通过加强与亚太盟友的关系，加大在亚太地区的军事部署，确保美国在该地区的国家利益与战略优势。同年，美国发布新版《国家军事战略报告》，强调加强与菲律宾、泰国、越南、马来西亚、巴基斯坦、印尼以及新加坡等国的军事关系。同时，美国还加强了与东盟的经济关系，拉拢东盟国家参与其推行的跨太平洋伙伴关系协定（TPP）。为了维持美国在该地区的影响与权力，美国极力阻止其他大国在该地区确立绝对优势地位。

在美国"亚洲再平衡"战略中，南海占有重要地位，成为中美博弈的主要战略区域。美国以其惯用的"离岸平衡"手段，给东盟释放强烈信号，美国将注意力转移到东南亚，以平抑中国影响力。东盟相关国家于是趁机炒作中国航母建造和威胁，在南海一再侵犯中国主权等，尤其是菲律宾、越南等国家更是表现得咄咄逼人。一方面，美国保持西太平洋强大军力，对中国保持军事上的威慑；另一方面，美国直接介入南海问题，指责中国"单方面改变南海现状"，偏袒菲律宾、越南等南海争端国。2014 年 12 月 5 日，美国发布报告《海洋界限：中国南海海洋主张》，对中国南海 U 形线的性质做出评论，有意向仲裁庭传递美国立场，通过抹黑中国合理诉求的方式支持和偏袒菲律宾的不合理诉求。[1]

为了与中国争夺在东南亚的影响力，积极介入南海争端也成为日本外交的重点。安倍内阁上台后，日本不加掩饰地推行"制衡中国"战略，[2] 介入南海问题也成为其中的一部分。日本对于南海问题的介

---

　　① 林蓁：《美国〈海洋界限：中国南海海洋主张〉报告评析》，《亚太安全与海洋研究》2015 年第 2 期，第 1—10 页。
　　② 朱锋：《国际战略格局的演变与中日关系》，《日本学刊》2014 年第 4 期，第 1—10 页。

入不断深化，从以中间人或调停者的姿态尝试协调，到以非传统安全为切入点加强合作，再到加强与南海周边国家的军事合作，拉拢域外大国介入南海争端，最后已出现了开始准备军事介入南海争端的新动向。[①] 为了提高日本防卫能力，制约中国军力增强，日本安倍政府接连通过了《国家安全保障战略》、新《防卫计划大纲》和《中期防卫力量整备计划》三份有关安保政策的重要文件，同时大幅度增加其防卫预算。随着中日在东海问题上的矛盾日益激化，日本加大了在南海的动作。通过与美国进行联合巡航，与菲律宾举行双边军事演习等方式，日本加大了军事介入南海问题的力度，以期推行"两海联动"策略进一步对中国施压。在此背景下，日本加强了与东盟的军事安全合作，并以南海问题为支柱，重视与"想法一致"国家的双边安全合作。[②] 日本与越南、菲律宾和印尼的国防安全合作引人注目。2013年 1 月，安倍在访问印尼期间发表了对东盟外交政策的新五项原则，强调与东盟关系是日本外交"最重要的支柱"[③]。为增强越南、菲律宾的军事实力，日本向两国出口巡逻艇等海上军事设备的同时，加强了与两国之间的联合演习。2015 年 6 月，日本与菲律宾签署《日菲共同宣言》和《为了加强战略伙伴关系的行动计划》，明确将双方在南海的安全合作列为重要内容。

俄罗斯为了实施其融入亚太战略，加快经济重心向东转移，也加强了与东盟的合作。2010 年 10 月，俄罗斯—东盟第 2 届峰会在河内举行。2011 年，俄罗斯成为东亚峰会的正式成员国，并参加了当年举办的第 6 届东亚峰会。东盟也一直是印度"东向政策"和确立其亚洲大国地位的重点区域。2004 年 11 月，在老挝万象举行的第三次印度—东盟峰会上，印度与东盟签署了《和平、进步与共同繁荣伙伴关系协定》，开启了双方在各领域的全方位合作。2012 年 12 月 20

---

① 朱清秀：《深度介入南海争端：日本准备走多远？》，《亚太安全与海洋研究》2015年第 2 期，第 27—39 页。

② Nguyen Hung Son，"ASEAN-Japan Strategic Partnership in Southeast Asia：Maritime Security and Cooperation"，Rizal Sukma and Yoshihide Soeya（eds.），Beyond 2015：ASEAN-Japan Strategic Partership for Democracy，Peace，and Prosperity in Southeast Asia，JCIE，2013，p. 222.

③ The bounly of the Open Seas：Five New Principles for Japanese Diplomacy，http：//www. kantei. go. jp/foreign/96_ abe/statement/201301/18 speech_ e. html.

日，在纪念印度与东盟建立对话关系 20 周年的印度—东盟纪念峰会上，印度与东盟宣布升级为战略伙伴关系。

二 东盟的大国平衡战略

作为一个由中小国家组成的国际组织，东盟自身实力有限。为了维护地区的和平与稳定，避免受到外部势力的干涉，东盟国家提出了各自不同的安全战略。印尼曾积极主张不结盟政策。苏哈托时期，印尼是不结盟运动的重要代表，苏哈托认为不结盟可以将大国排除在本区域之外，由本区域内各国来处理自己的事务。马来西亚也将大国介入东南亚事务视为该地区安全的主要威胁，提出了"东南亚中立化"设想，其后，又提出由大国保障的"中立化计划"。这种观点后来发展成为"和平、自由和中立区"的概念，强调地区内各国遵循互不干涉、互不侵犯原则，不卷入大国竞争，以保证本区域的中立。新加坡倾向于保持大国力量均势，"不排除大国对区域内事务的干预，而要平衡它们的影响力并使之有助于维护东南亚的稳定与繁荣"①。新加坡认为，大国在东南亚地区拥有重要利益，要想完全排除大国在地区的存在是不可能的，如果能够使大国的存在与影响保持均衡，则有助于区域的和平与稳定。菲律宾和泰国在安全上一直得到美国的保护，安全政策上具有实用主义特征。

东盟认为，威胁东南亚和平和稳定的因素来自大国的角逐，因此，地区的稳定与否完全取决于地区的力量均势。在美国军事力量撤出越南，苏联大举南下的背景下，东盟认为美国继续在本地区保持其军事实力，如让美国在菲律宾保留基地，是必要的。在继续保持与美国、日本等西方国家关系的同时，东盟注重改善与中国、苏联和印支国家的关系。同时，东盟推行多边外交，开展与第二世界国家对话，以缓解大国在地区的争夺活动。

随着冷战后地区局势的变化，特别是亚洲金融危机和"9·11"事件后，新加坡的大国平衡战略逐渐被大多数东盟国家接受，成为东

---

① 曹云华：《在大国间周旋——评东盟的大国平衡战略》，《暨南学报》2003 年第 25 卷第 3 期，第 11—21 页。

盟各国处理与大国关系的一个基本原则。大国平衡战略是东盟基于自身实力有限,为了顺应冷战后急剧变化的地区局势而做出的一种战略选择。其实质是,借助某一个或几个大国的力量去抗衡其他强国,避免某一大国势力在地区单独称霸,使大国势力在东南亚地区达到一种相互牵制的平衡状态,从而实现地区的安全与稳定。

从 20 世纪 90 年代中期开始,东盟就着力推行其大国平衡战略,创建各种多边机制。1994 年,东盟区域论坛成立,其成员除东盟成员国外,还包括东盟的对话伙伴国,如美国、加拿大、欧盟、日本、澳大利亚、韩国、中国、俄罗斯等国家。东盟区域论坛作为一个东盟与周边大国的政治安全对话机制,是以东盟为主导,通过就共同关心议题的对话与磋商,影响美国、日本和中国等大国在区域的行动,使各大国互相制约,最终实现区域的稳定与安全。亚欧首脑会议是东盟倡议下的另一个多边外交机制,其目的是进一步加强与欧盟的合作,以制约和防止美国在该地区的势力过分膨胀,不让美国单独主宰东南亚地区的事务。另外,东盟还积极推动与大国之间的多边经济合作,如中国—东盟自由贸易区,以加强与中国的经济合作关系,减少对美国和日本经济的依赖性。同样,东盟加强与美国的军事与安全合作,将印度、俄罗斯等区域强国拉入东盟主导的多边机制,都是其大国平衡战略的实践。

随着中国成为"正在兴起的亚洲大国",东盟国家普遍感觉到了压力。"中国迅速发展的经济必将对亚太地区产生政治和军事压力",而东盟作为近邻,将首先受到这种强大压力的冲击。[①] 由于历史、地缘政治以及南海争端等问题,东盟对中国的崛起始终存在着疑虑与不安。

在中国崛起的背景下,东盟的大国平衡战略最明显的体现是"经济上靠中国、安全上靠美国",在中美之间两面下注。[②] 一方面,东盟积极发展与中国的经济关系,试图通过接触、对话将中国纳入地

[①] [菲律宾] F. 拉莫斯:《建设东盟的安全结构》,载《东盟的安全和地区秩序及外部大国的作用》,菲律宾战略与研究所,1997 年,第 14 页。

[②] Greg Torode, "Region Looks to China for Profit, U. S. for Security", *South China Morning Post*, November 15, 2010.

区机制，并从中国经济发展中获取实惠。另一方面，东盟国家不断加强与美国的军事和安全关系，利用美国在本地区的军事存在，平衡中国在该地区的影响力，缓解可能的安全压力。① 也就是说，东盟希望从中国获利，但又对中国存在一定的战略防范心理。它们不愿让中国主导，又不想与中国作对，更不希望在中美之间"选边站"。所以，保持美中势力在东南亚的相对均衡，最符合东盟利益。同时，东盟也希望拉拢更多的地区大国（如日本、俄罗斯、印度、澳大利亚等）介入地区安全事务，以更好地维护地区和平稳定。新加坡学者吴翠玲（Evelyn Goh）称之为"大国的全部陷入"（omni-enmeshment of major powers）战略。"陷入"指的是与目标大国的频繁接触，建立了持续的交换和联系网络，将目标大国整合进地区社会中。② 其实，这是东盟实施大国平衡战略的一个表现。正如越南学者在讲到俄罗斯在东南亚地区作用时所言，"对于东盟，短期看，俄罗斯还不是重要经济伙伴，但俄罗斯在区域的出现，有助于实现大国在东南亚的权力平衡，有利于地区的和平与稳定"③。中国学者认为，东盟的大国平衡战略主要的特点是"卡位"和"利用大国"，所谓"卡位"，就是东盟要选择合适的话题，从而在国际战略格局中占据有利位置；所谓"利用大国"，就是要充分利用中国、美国、日本、印度等大国之间的矛盾，获取利益的最大化。④

东盟大国平衡战略的特点充分反映在南海问题上。在美国调整东南亚政策的背景下，2009 年，东盟部分国家在南海问题上态度强硬，公开拉拢美国介入南海主权争端，而同时，东盟仍与中国保持接触，大力发展与中国的经贸合作。尽管东盟与中国在经济领域的合作得到了快速的发展，但是东盟国家普遍对中国"近而不亲"，甚至猜忌、

---

① Evelyn Goh, "Great Powers and Hierarchical Order in Southeast Asia", *International Security*, Vol. 32, No. 3, Winter 2007/8, pp. 113 – 157.

② Evelyn Goh, "Meeting the China Challenge: The US in Southeast Asian Regional Security Strategies", *Policy Studies*, No. 16, East-West Center Washington, 2005, p. 4.

③ Nguyễn Hoàng Giáp, "Các giai đoạn phát triển của quan hệ Liên Bang Nga-Việt Nam", *Nghiên Cứu Quốc Tế*, số 27, năm 1999, tr. 13 – 19.

④ 李晨阳：《对冷战后中国与东盟关系的反思》，《外交评论》2012 年第 4 期，第10—20 页。

不信任。2009 年 10 月，新加坡前总理李光耀公开呼吁美国保持在东南亚的军事存在，以遏制中国在东南亚的影响。[1]

东盟想要运用好大国平衡战略，需要提高和加强东盟组织及成员国间的协调能力及内部一体化程度。因此，东盟确定了具体的目标、办法和实施路径，按期于 2015 年 12 月 31 日宣布东盟共同体成立。这一方面是东盟加强内部合作与团结，增强自身实力的举措；另一方面也是东盟成员国发挥各自优势，提升自身在东盟中的作用与地位的契机。

三 越南国家定位的转变

面对日益复杂的国际局势演变，越南需要更加灵活的外交策略和更加广阔的战略空间。越南自 1988 年提出"增友减敌"外交方针后，先后提出"希望与国际社会所有国家成为朋友"，"愿意与世界各国成为朋友"，"是值得信赖的朋友和合作伙伴"等外交政策，表达了越南不再受制于意识形态，愿与不同政治制度国家开展合作的立场和态度。尽管越南提出建立"开放、全方位、多样化"外交政策后，已突破原有与大国结盟为特点的外交模式；正如我们所看到的，越南除与传统友好国家恢复和加强关系之外，也与美国恢复了外交正常化，与欧洲国家加强了联系；但随着国际合作的深化，越南外交中合作与竞争的矛盾日益突出，在摆脱意识形态束缚的同时，越南需要进一步明确外交的基本原则。2003 年，越南提出"不再简单、主观地区分朋友与敌人，而以辩证、灵活的方式判断敌友关系"，[2] 即提出判断敌友的新标准。"凡尊重越南的独立和主权，在友好、平等和互惠互利基础上扩大与越南关系者，都是越南的合作伙伴；凡破坏越南建设国家和保卫祖国者，都是我们斗争的对象。"[3] 这一新标准的确定，标志着越南明确了以国家利益为中心的外交。以国家利益为标准看待和判断与其他国家之间的关系，"每个斗争对象与我们有合作

---

[1] Speech by Mr. Lee Kuan Yew, at US-ASEAN Business Council's 25th Anniversary Gala Dinner, October 27, 2009, Washington, DC, http://www.news.gov.sg/public/sgpe/en/media_ releases/agencies/mica/speech/S - 20091027 - 1. gtml.

[2] Ban tư tưởng văn hóa Trung ương Đảng Việt Nam, *Tài liệu học tập của Nghị quyết hội nghị lần thứ tám khóa IX*, HN: Nxb. Chính trị Quốc gia, năm 2003.

[3] Như trên.

的一面，每个合作伙伴与我们也有利益冲突和分歧的一面"①。

敌友判断的新标准是越南进一步形成大国平衡战略的基础。越南的国土狭长，呈"S"形，南北长 1650 公里，东西宽 600 公里，最窄处只有 50 公里；同时，越南东部和南部面对广阔的南海，北面与强大的中国接壤，西面则与相对较弱的老挝与柬埔寨为邻。从地缘特点上看，越南在国土安全方面具有明显的脆弱性，而且越南处于亚太大国矛盾与斗争、利益与合作的中心点，易受外部影响。越共九届八中全会强调，在对外关系中，与任何国家的关系都存在斗争与合作的两面性，僵硬和主观地只选择对抗或合作都会导致错误；"斗争并不意味着面对面的对抗"，斗争是为了推动发展和合作。② 武宽也曾说过，"如果我们有一个聪明的对外政策，能掌握好实际情况，能合理地集中力量，虽然实力还不很大，但我们也能在国际社会中增强自身的价值并发挥影响"③。越南学者认为，越南应当利用和思考大国之间的矛盾，尤其是美国和中国之间的矛盾。④ 中国作为越南毗邻的大国，美国作为世界性大国，都对越南产生重要的影响。在制定对外政策时，越南决策者一定会将中美两国之间的博弈关系考虑在内。越南所提到的将"时代特点"与"发挥内力"相结合，注重"合作与斗争的两面性"等，其实就是越南大国平衡思维的表述。敌友新标准的确立，实质上为越南进一步推行其大国平衡战略扫清了障碍。2003 年后，越南明显加强了与美国在政治与军事上的往来与合作，2005 年，越南总理潘文凯访美后，开启了越美之间的全面合作。

越南要增强影响力，拓展战略空间，实现其影响利益，需要明确国家利益是对外政策的基本原则。尽管越南在外交实践中以维护国家

---

① Ban tư tưởng văn hóa Trung ương Đảng Việt Nam, *Tài liệu học tập của Nghị quyết hội nghị lần thứ tám khóa IX*, HN：Nxb. Chính trị Quốc gia, năm 2003.

② Phạm Quang Minh, *Chính sách đối ngoại đổi mới của Việt Nam*（1986 – 2010），HN：Nxb. Thế Giới, năm 2012, tr. 153.

③ Vũ Khoan, "Lợi ích an ninh, phát triển và giá trị trong chính sách đối ngoại", trích từ Nguyễn Vũ Tùng, *Chính sách đối ngoại Việt Nam-Tài liệu tham khảo phục vụ giảng dạy*（tập 2：1975 – 2006），Học viện Quan hệ Quốc tế, HN：Nxb. Thế giới, năm 2007, tr. 66.

④ Vũ Dương Huân, Cải cách tư tưởng trong sự hoạt động đối ngoại Việt Nam, *Nghiên Cứu Quốc Tế*, số 1 năm 2007, tr. 9 – 19.

利益为目标，但在越共文件中并没有清楚的表述。这表明越南决策者还没有完全摆脱意识形态在外交中的影响，在一定程度上也束缚着越南大国平衡战略的实施。随着地区与国际力量对比的加速转变，以及地区热点问题的爆发，越共十一大明确提出"民族—国家利益，既是外交活动的目标也是最高原则，是近九千万越南人民的最高利益，也是四百万海外越南人的最高利益"①。这是越南首次在党和政府文件中明确提出"国家利益是外交最高原则"。越共十一大同时还强调了多边外交的重要性，提出了要做"负责任的国际成员"，"积极融入国际"的总战略。

为了实现这一目标，越南重视在地区与国际社会中的地位与影响，主张"积极、主动、负责任"地参与东盟事务。在身份上，越南进一步明确其"东南亚国家""东盟成员国"身份，同时树立其"负责任国际社会成员"形象，以利于其能够更好地在东盟内部发挥作用，并借东盟拓展其战略空间，扩大影响力。

第二节　越南的战略自信源于东盟一体化

随着经济的快速增长，以及国际格局的复杂演变，越南日益认识到促进国际合作，拓展战略空间，提升国家影响力，才能更有效地维护越南的国家利益。而东盟是越南扩大影响、促进合作的重要平台。东盟的团结与强大是越南在国际上发挥影响与作用的基础，只有不断推进东盟的一体化，才能持续增强越南的战略自信。所以，越南一方面积极推动东盟共同体的建设，增强东盟自身实力；另一方面主动引领东盟内的次区域合作，提升越南的地区影响力。

一　东盟团结则越南强

随着地区和国际力量对比的变化，越南对于东盟的战略重要性有

---

① Phạm Bình Minh, "Đường lối đối ngoại và sự phát triển tư duy đối ngoại của Đại hội Đảng lần thứ XI", http：//www. mofa. gov. vn/vi/nr040807104143/nr040807105039/ns111010 235902#zZXDi4XeOTh2.

了新的认识。这一时期，越南不仅清楚地定位自己是"东南亚国家""东盟成员国"，而且将东盟提升至越南外交的优先等级。积极主动地参与东盟事务，推动东盟的一体化，也成为越南外交的中心工作。

（一）东盟一体化的重要性

在起草和审批《东盟宪章》的过程中，越南对东盟之于越南的作用、越南在东盟中的角色等问题进行了广泛而深入的讨论与思考。随着东盟一体化程度的不断加深，越南应当持何态度，如何发挥作用？面对中国的不断崛起，越南更加强调其东盟成员身份，重视东盟在其外交战略中的作用。作为东盟成员的越南，可以借力东盟更好地保持独立性；一个团结一致的东盟，能够为越南拓展国际空间提供更有力的支持。因为东盟能够满足越南这一时期扩展影响利益的需求，所以，越南对东盟采取"积极、主动、负责任"的外交政策。越南不仅在外交上积极参与东盟事务，而且在全党、全国范围内统一思想，加大了对东盟的宣传力度。越南领导人不断强调和承诺，将积极支持和推动东盟的一体化进程。2009 年 12 月，越南副总理兼外长范家谦在《人民报》上发文，认为越南担任 2010 年东盟主席国的工作重心是加强东盟的团结与一体化，有效落实《东盟宪章》和《东盟共同体建设路径》。[1] 2010 年 8 月 7 日，阮晋勇在东盟成立 43 周年暨越南加入东盟 15 周年大会上呼吁，"为了发挥区域优势，东盟应加强团结，推动内部一体化，将国家利益与区域利益相结合，提高东盟'多样中的统一'"[2]。

与此同时，越南也看到东盟薄弱的一面。东盟只是一个松散的、一体化程度还很低的区域合作组织。由于受到许多主观和客观因素的影响，特别是政治、经济、文化、宗教、民族等的多样性，要增强东盟"多样中的统一"，达到一致还很困难。而且，在国际体系加速转型之下，东盟也面临严峻挑战。尽管如此，只有凭借东盟的力量，越

---

① Bài viết của Phó Thủ tướng, Bộ trưởng Ngoại giao Phạm Gia Khiêm về việc Việt Nam đảm nhiệm cương vị Chủ tịch ASEAN năm 2010 (dành cho *Báo Nhân Dân*, tháng 12/2009), http: // www. mofa. gov. vn/vi/cs_ doingoai/nr070523093001/ns091228180910.

② Nguyễn Tấn Dũng, "Phát biểu của Thủ tướng tại Lễ kỷ niệm 43 năm ngày thành lập ASEAN và 15 năm Việt Nam gia nhập ASEAN", *Báo Nhân Dân*, ngày 7 tháng 8 năm 2010.

南才能在国际社会"发出自己的声音"，"东盟只有团结一心，才可能对区域问题拥有话语权"①。作为中小国家，东南亚各国只有更加紧密地联合在一起，才能提升各自的价值与地位。2014 年 7 月 28 日，在越南入盟 19 周年之际，越南副外长范光荣接受采访时说，"东盟应当加强自身实力，最重要的是确保东盟共同体建设的顺利实施。东盟强大了才能发挥自身作用，并对每个成员国产生影响"②。所以，加强东盟的组织建设，增强东盟机制有效性，是东盟成员国价值提升的前提条件。《东盟宪章》的提出与诞生正是推进东盟一体化进程的需要。

（二）《东盟宪章》与加强东盟一体化

东盟机制一直被批评效率低，执行力差，是东盟内部一体化迟缓的症结。成立之初，东盟只有一个《共同宣言》，没有提出具体的约束性条款，也没有关于内部合作的任何规定，只有每年领导人间的见面会等。成立九年后，东盟才有了秘书处。2007 年 11 月，在新加坡召开的第 13 届东盟首脑峰会上，经过三年多的准备，东盟正式通过了《东盟宪章》。同东盟方式的诞生一样，《东盟宪章》的诞生也是与时俱进的产物，是东盟的又一大壮举。③ 这是东盟发展的转折点，东盟从一个"松散"的国家间非正式组织成为一个具有法人资格的政府间合作组织。《东盟宪章》不仅将原有东盟的原则、规范和惯例都以法律文件的形式系统地做了汇集与法理化，使合作善意与自愿精神成为法律义务与承诺，而且还补充了一些新的内容与原则，如赋予东盟组织以法人资格，加强对重大事件的咨询等。越南副总理范家谦认为，"最重要的是《东盟宪章》确定了东盟的性质，以法律形式明确了主权平等原则，体现了东盟领导人对建成一个团结紧密东盟的政

---

① Nguyễn Thị Quế, Nguyễn Hoàng Giáp, *Việt Nam gia nhập ASEAN từ năm 1995 đến nay: thành tựu, vấn đề và triển vọng*, Nxb. Chính trị Quốc gia, 2012, tr. 174.

② Thứ trưởng Ngoại giao Phạm Quang Vinh trả lời phỏng vấn báo chí nhân dịp kỷ niệm 19 năm ngày Việt Nam gia nhập ASEAN, http://www. mofa. gov. vn/vi/nr040807104143/nr040807105039/ns140729151451.

③ 张锡镇：《〈东南亚国家联盟宪章〉解读》，《亚非纵横》2008 年第 1 期，第 35—39 页。

治决心与远见"①。越南副外长黎功奉谈到对《东盟宪章》的认识时称，"《东盟宪章》将增强东盟共同体意识，人民将能够从东盟合作计划和项目中更多获益"②。

《东盟宪章》对于越南具有特殊的意义。首先，这是越南第一次在自己参与制定的法律文件下参与东盟合作。过去，越南无论是加入东盟还是参与东盟活动，都是接受和遵守东盟已有的规范。在《东盟宪章》起草阶段，从维护国家利益出发，越南始终坚持东盟的基本原则，如地区和平稳定与一体化目标、缩小东盟发展差距、协商一致和不干涉内政原则等，并提出部分新原则，如东盟成员不得使用某成员国领土对抗其他成员国等。2008年3月6日，《东盟宪章》签署不到4个月，越南国家主席阮明哲就签署批准了《东盟宪章》，并于3月14日将批准版本递交东盟秘书处。越南是东盟十国中第五个批准《东盟宪章》的国家。这表明越南正式承诺以《东盟宪章》作为其参与东盟所有活动的基础，也体现了越南积极主动参与东盟一体化建设的决心。

其次，《东盟宪章》加强了东盟秘书长与东盟秘书处的作用，使分工体制更严密、更完善，为越南借力东盟推进国际合作和提高国际地位提供了有利条件。2008年4月，越南外长范家谦指出，"随着实力与地位的提高，越南将在落实《东盟宪章》、建设东盟共同体以及设立东盟机制中发挥更加积极、主动和负责任的作用，以提高越南在东盟中的地位与影响"。同时，他认为，"应加强机关部委下属有关东盟机构的建设与干部培养；有计划地派干部参与和担任东盟重要职务"③。2013年，前任越南副外长黎良明（Le Luong Minh）就任东盟秘书长，正是这一指导思想的结果，也体现出越南在东盟影响地位的提升。

---

① Phạm Gia Khiêm," Việt Nam phê chuẩn hiến chương ASEAN-bước tiến mới trong quá trình Việt Nam tham gia ASEAN", *Báo Nhân Dân*, ngày 2 tháng 4 năm 2008.

② Thứ trưởng thường trực Bộ Ngoại giao Lê Công Phụng trả lời phỏng vấn báo Nông thôn ngày nay về quan hệ Việt Nam-ASEAN（07/8/2007），http：//www. mofa. gov. vn/vi/cs＿ doin-goai/nr070523093001/ns070815151900.

③ Phạm Gia Khiêm," Việt Nam phê chuẩn hiến chương ASEAN-bước tiến mới trong quá trình Việt Nam tham gia ASEAN", *Báo Nhân Dân*, ngày 2 tháng 4 năm 2008.

最后，《东盟宪章》的出台使越南明确了越南与东盟之间的关系。以前，因越南对东盟的认识与定位不清，所以对东盟的宣传不够，参与和组织东盟活动主要在政府官方层面展开。这造成越南民众对于东盟的认识与了解非常有限。要真正落实"积极、主动、负责任"参与东盟事务的政策方针，实现东盟共同体建设目标，越南需要调动国内各方面力量，特别是需要越南民众的理解与支持。只有提高越南民众对东盟的认识，培育东盟共同体意识，才能使越南与东盟之间的合作更加有效，才能进一步提高越南在东盟中的实力与地位。所以，《东盟宪章》的通过，不仅促使越南明确了东盟的战略地位与作用，而且为越南宣传东盟、普及东盟常识提供了良好契机。

二　促进东盟共同体建设

这一时期，无论是使东盟具有国际影响力，还是使东盟内部更加团结，最终都体现在东盟共同体的建设上。在"东盟团结则越南强"的认识推动下，越南积极参与和推动东盟共同体的建设。

（一）东盟共同体与越南

自 2003 年，第 9 届东盟首脑峰会正式宣布将于 2020 年建成东盟共同体；到 2009 年，第 14 届东盟首脑峰会通过《东盟共同体2009—2015 年路线图宣言》；再到 2015 年 12 月 31 日，东盟轮值主席国马来西亚外长宣布东盟共同体当天正式成立，越南不仅参与了东盟三个共同体的建设进程，而且将三个共同体的建设作为追求和实现其影响利益的重要机遇。

东盟经济共同体（AEC）始自 1992 年东盟提出的"区域融入与自由化创意"，它包括东盟自贸区、服务框架协定、东盟投资区、东盟工业合作计划、东盟一体化倡议和专门合作计划等。除此之外，AEC 还包括《东盟互联互通总体计划》，以加强交通设施和信息技术方面的紧密连接，特别是湄公河次区域，并由此扩展到整个东亚区域。2002 年 11 月 4 日，在金边举行的第 8 届东盟首脑峰会上，新加坡总理吴作栋提议将区域经济一体化定名为东盟经济共同体。2003年，《东盟国家协调一致宣言Ⅱ》中确定了"2020 年建成一个稳定、繁荣和具有竞争力的东盟经济区域"。尽管随着 AEC 的落实，越南将面临不断加大的来自东盟的竞争压力，国内市场有可能被新、马、泰、印尼的产品占领，但 AEC 对于越南融入国际，落实经济外交政策非常重要。AEC 建设有助于越南完善市场经济体制，推动贸易、海关、金融制度的改革等。2007 年，越南副总理兼外长范家谦接受采访时称，"革新事业与经济改革的成功将有利于我们积极有效参与 AEC 建设进程，同时也能够更加有效地利用 AEC 带来的机遇"①。东盟经济共同体有利于整体改善东盟的外资投资环境，提高吸引外资的竞争力，越南作为东盟的一部分也能从中受益。

2003 年，印度尼西亚提出"东盟安全共同体"概念，旨在培育东盟的"共同价值观"，加强政治安全对话与合作，提高东盟国家间的了解与信任。2004 年，东盟通过了《东盟安全共同体行动计划》，2008 年 12 月，《东盟宪章》的生效是东盟安全共同体建设中重要的一步。2010 年，第 43 届东盟外长会议通过了《海上人员船只搜救合作东盟宣言》《求解争端呈报东盟首脑峰会规则》和《签署委托规则》，这是对《东盟宪章》的落实，特别是在安全领域，对东盟安全共同体建设进程有积极意义。东盟安全共同体的建设符合越南提升东盟地位与地区影响力的需求。越南一直重视东盟在东盟地区论坛中的主导地位，呼吁加强东盟地区论坛在亚太地区作为政治安全问题唯一对话论坛的作用。在维护地区安全方面，越南重视和推动域外大国签署《东南亚友好合作条约》，并积极将其扩展到东盟伙伴国，使之成为不仅是区域国家间，还包括域外伙伴国家间的和平承诺。同时，越南着重促进《南海各方行为宣言》（DOC）的遵守与落实，以及《南海各方行为准则》（COC）的谈判，以维护其在南海争端中的利益。越南不仅推动东盟在应对非传统安全方面的挑战，如恐怖主义、跨境犯罪、大规模杀伤性武器等，还将东盟的关注点扩展到海上安全和国防合作领域。

早在 1996 年，印度尼西亚提出建立东盟基金会，以"促进东盟意识""人与人的接触"以及人力资源开发，其首要目标是"增进东

---

① Phạm Gia Khiêm, "Việt Nam đã đóng vai trò quan trọng trong việc xác định phương hướng hợp tác và các quyết sách lớn của ASEAN", http：//www. mofa. gov. vn/vi/cs_ doingoai/nr070523093001/ns070814161305.

盟意识"。越南在与东盟及外部伙伴的消饥减贫、缩小发展差距、发展人力资源、信息技术等活动中，认识到社会文化合作带来的益处，"参与东盟社会文化合作有助于越南与区域国家建立深入关系，有助于加强相互的了解与信任，也是展现越南积极融入国际的机会"①。而且，社会文化合作与政治安全、经济合作密切相关，相互影响。所以，越南提出在政治经济共同体和经济共同体之外，建立社会文化共同体。2004 年 11 月，在老挝万象召开的第 10 届东盟首脑峰会通过了《东盟社会文化共同体行动计划》。社会文化共同体关注人的发展，强调解决经济发展中的社会不公问题，以及应对全球性挑战，如气候变化、天灾和病疫等。这些都有助于越南借助东盟的共同体计划，解决和应对越南国内面临的社会问题。

在东盟共同体的建设过程中，一直都存在着质疑与诟病。东盟内部经济合作一直是东盟发展中固有的"软肋"。由于受到各成员国国家利益不同、对外部市场依赖度高等消极因素的影响，东盟经济一体化进程一直存在拖沓，甚至停滞不前的问题。东盟内部关于政治安全共同体的行动原则、路径、规模和运行机制等也存在认识差距。另外，政治制度和意识形态的不同也是越南在参与政治安全共同体建设中的阻碍。在社会文化方面，东盟国家政府认为多数社会问题本质上都是国内问题，要就此展开合作必然会触碰到"民族国家主权独立"的红线，所以，社会文化层面实质性的区域合作仅在跨界大气、海洋污染和传染病等方面。无论是政治、经济还是社会，越南都正处于转型期，管理水平不高，体系尚不配套。东盟共同体建设将会给越南带来产品、市场和人才等各方面的压力与挑战。但是，加强东盟内部团结与一体化是增强越南国际地位与影响的基础。所以，"积极、主动、负责任"地参与东盟事务，推动东盟共同体的建设符合越南国家利益，是追求和实现影响利益的需要。

(二) 推动东盟共同体建设

2009 年 7 月，第 42 届东盟外长会议就《东盟共同体 2009—2015

---

①　Nguyễn Duy Dũng, *ASEAN từ Hiệp hội đến Cộng đồng những vấn đề nổi bật và tác động đến Việt Nam*, HN: Nxb. Khoa Học Xã Hội, năm 2012, tr. 197 – 198.

年路线图宣言》达成一致。越南外长范家谦表示，"越南愿积极促进东盟的团结、统一和一致，推动东盟共同体建设"①，表达了越南推动东盟共同体建设的决心。2009 年 10 月，第 15 届东盟首脑峰会通过了《关于东盟互联互通的声明》，《声明》认为加强东盟成员国间的互联互通对东盟共同体的建设和东盟在东亚的地位至关重要。② 作为东盟轮值主席国，越南认为 2010 年是 2015 年建成东盟共同体的关键年，因此，大力推进共同体建设的具体化落实。2010 年 4 月 8—9 日，越南主办第 16 届东盟首脑峰会，提出了"推动共同体建设，落实《东盟宪章》"的口号，并制定了《东盟互联互通总体规划》，以尽快将东盟互联互通付诸实施。《规划》以"同一个愿景、同一个身份、同一个共同体"为目标，旨在通过东盟成员国间的物理联通、机制联通和人文交流加强成员国间的往来和联系，缩小东盟成员国间的差距，实现东盟共同体目标。③

越南提出了各种措施有效促进了东盟共同体的建设。越南在各类东盟会议上提出了推动东盟共同体建设的有效措施，比如，加强共同体协商、对各个计划与进程设立审查机制，改进做事方式，提高东盟机构内部效率等。根据越南的提议，东盟首脑峰会首次组织了东盟各成员国领导人的全体会议，参加者有部长及负责东盟共同体三大支柱建设的高级官员，以讨论推动共同体建设的措施办法，以及落实效果的评估等。在越南的提议下，首次东盟领导与东盟议院联盟大会（AIPA）代表的会议成功召开，促进了东盟共同体建设进程中立法与执法之间的协调。在越南的倡议下，第 16 届东盟首脑峰会期间，东盟召开了第三次社会文化共同体框架会议，正式宣布成立妇女儿童权

① Bộ trưởng Ngoại giao Phạm Gia Khiêm trả lời phỏng vấn về kết quả Hội nghị Bộ trưởng Ngoại giao Hiệp hội các quốc gia Đông Nam Á（ASEAN）lần thứ 42（AMM – 42），http：// www. mofa. gov. vn/vi/cs_ doingoai/nr070523093001/ns090724110232.

② 2009 ASEAN leaders' Statement on ASEAN Connectivity, Issued by the Heads of State / Government at the 15th ASEAN Summit in Cha-am Hua Hin, T hailand on 24 October 2009, http：//www. 15thaseansummit-th. org/PDF/24 – 07ASEAN_ Connectivity_ with_ Logo. pdf.

③ "2010 Master Plan on ASEAN Connectivity：One Vision, One Identity, One Community", Adopted in Ha Noi, Viet Namon 28 October 2010, http：//www. asean. org/documents/ MPAC. pdf.

益保护委员会。越南还提出了 e-ASEAN 网络一体化创意，以发挥科技在信息交流中的作用，加强东盟国家间的相互了解，促进东盟内部的全面合作。在越南主持下，东盟特别责任小组经过一年的准备，完成了《东盟互联互通总体规划》的起草，并在第 17 届东盟首脑峰会上签署生效，标志着东盟共同体真正进入了落实阶段。该计划是《东盟共同体 2009—2015 年路线图宣言》的重要补充文件，是促进区域融合与互联互通的关键性文件。

越南加强了宣传工作，提高越南社会对于东盟合作与一体化重要性的认识。了解东盟基本原则、东盟地位与作用、东盟团结的重要性，以及越南在东盟中的责任，不仅是越南党和政府领导人、相关机关单位的任务，也是越南全社会的任务，是越南融入国际的需要，是越南切身利益的需要。[①] 促进东盟团结合作、提高东盟地位已成为越南实现自身利益的前提与基础。也就是说，这一时期，越南积极主动参与东盟的一体化进程就是加强其实力建设，发挥比较优势，融入地区与国际的路径与方法。

三　主导次区域合作

为了加强东盟内部一体化，在积极落实《东盟宪章》和推动东盟共同体建设的同时，越南还加强了其在次区域合作中的主导作用，如越老柬发展三角、越老柬缅四国峰会、湄公河次区域合作等。

（一）越老柬发展三角

在对东盟政策中，重视与东盟成员国双边与多边关系的同时，越南更加注重巩固、发展同老挝和柬埔寨的友好关系。越南强调与老挝发展"特殊团结情和全面合作关系"，越南与老挝关系常常被描述为"特殊与完全信任的政治关系"。越南认为，老挝的和平稳定与越老之间的特殊关系关乎越南的国家利益。近年来，越南大力援助老挝，帮助老挝发展国内经济，进一步融入区域与国际社会。根据柬埔寨问题解决后的形势变化，越南及时调整与柬埔寨的关系，发展友好亲善

① Nguyễn Thị Quế, Nguyễn Hoàng Giáp, *Việt Nam gia nhập ASEAN từ năm* 1995 *đến nay*: *thành tựu, vấn đề và triển vọng*, HN: Nxb. Chính trị Quốc gia, 2012, tr. 284.

邻国关系。通过协商，越南与柬埔寨解决了双边存在的主要问题，如陆地边界问题、越侨问题等。

越南大力促进东盟多边框架下的次区域合作，特别是越老柬发展三角的合作。1999 年 12 月，在老挝万象召开的越老柬三国总理首次峰会上，柬埔寨总理洪森（Samdec Hunsen）提出建立越老柬发展三角的倡议并获通过。越老柬发展三角由三国交界的 10 个省组成，包括越南西原地区的昆嵩（Kôn Tum）、嘉莱（Gia Lai）、大叻（Dák Lák）、得侬（Đắc Nông）；柬埔寨东北的拉达那基里（Ratanakiri）、蒙多基里（Mondukiri）、上丁（Stung Treng）；老挝南部的色空（Se Kong）、阿速坡（Attapeu）、萨拉万（Saravan）。2009 年 12 月，在大叻举办的发展三角三国共同协调委员会上，三国同意增加 3 个省：越南的平福（Bình Phước）、柬埔寨的桔井（Kratie）、老挝的占巴塞（Champasak），将发展三角地区扩展为 13 个省。发展三角总面积 143900 平方公里，人口 670 多万（人口密度约为 46 人/平方公里）。该地区虽然发展相对落后，但自然资料丰富，如矿产、森林、水资源等。而且，这一地区在政治安全、社会经济、生态环境等方面具有非常重要的战略地位。所以，对于三国而言，共同开发这一地区不仅有利于消饥减贫、提高民生，更是维护国防安全稳定的需要。越南非常重视越老柬发展三角，认为发展三角的成立"不仅是三国友好关系的重要支柱，而且也是对区域、次区域合作框架的积极贡献，有助于湄公河次区域和整个东盟地区的和平稳定、融入与发展"①。

越南在越老柬发展三角的合作中逐渐发挥主导作用。越南主动推动越老柬发展三角的机制建设，提出了"发挥各国潜能，实现优势互补，加强三角地区的经济增长和社会进步"的目标。② 2001 年 6 月，越老柬三国专家学者在河内召开研讨会，提出具体合作倡议。自 2002 年 1 月 26 日第 2 届发展三角峰会开始，越老柬发展三角更加机制化，会议规定每两年召开一次越老柬发展三角峰会，旨在评估三国

---

① "Tuyên bố Viêng Chan về việc thiệt lập Tam giác phát triển Việt Nam-Lào-Campuchia", *Báo Nhân Dân*, ngày 28 tháng 11 năm 2004.

② Phạm Đức Thành, Vũ Công Quý, *Những khía cạnh dân tộc-tôn giáo-văn hóa trong Tam giác Phát triển Việt Nam-Lào-Campuchia*, HN：Nxb. Khoa học Xã hội, năm 2009.

合作计划的落实情况并提出后续合作方向。2004 年 11 月，越老柬三国总理会晤，一致通过了《建设发展三角总体规划》和《关于成立越老柬发展三角的万象宣言》，重申了实现发展三角倡议的决心。2007 年后，随着越南对东盟政策的积极转变，越南也加强了对越老柬发展三角的整体协调与发展规划。在发展三角峰会机制之外，越南提议成立发展三角联合协调委员会，并主办了首届联合协调委员会会议。发展三角联合协调委员会的成立使发展三角机制的运作更加有效，合作更加深入。① 2010 年，越南又发起了由三国社科院轮流组织的国际会议，为促进三国国内社会经济发展的协调一致提供智力支持。在机制上，越老柬发展三角已形成了从首脑到高级官员，再到智库学者的成套体系，切实保障了越老柬发展三角的良性有效发展。

在具体实践中，越南通过越老柬发展三角项目，加大了对老挝和柬埔寨的援助，特别是在交通运输、水电、基础设施、农林业等领域。在交通线路上，越南注重柬埔寨 78 号国路和老挝第 13、18B、16、15B 号国路的升级项目。以上公路通过越南第 14、19、24、49 号公路，可以将整个区域与越南的中部海港相连，实现该地区的"面向海洋战略"。越南学者认为，将区域内的主干路与越南的海港相连接，不仅有利于改善越老柬三国间的交通状况，而且也有助于加强这一地区与东盟其他成员国间的人员与货物流通。② 此外，越南还加大了对老挝、柬埔寨口岸经济区的投资建设与援助，其中较为突出的是博一（Bo Y）口岸。该口岸不仅是印支三国在发展三角的枢纽口岸，还是"湄公河次区域的战略连接点，东西经济走廊的重要交通点"③，对于越老柬发展三角地区的经济、政治、边境安全具有重要作用。近年来，越南大力引导和鼓励越南企业向发展三角地区投资，主要领域有远程通信、卫生、航空、航运、采矿、水电站等。2012 年的数据显示，越南对柬埔寨投资 120 个项目，总金额 26.4 亿

---

① Hoàng Thị Minh Hoa, Trần Xuân Hiệp, "Việt Nam với hợp tác, liên kết trong Tam giác Phát triển", *Nghiên Cứu Đông Nam Á*, số 10, năm 2012, tr. 51 – 56.

② Như trên.

③ Nguyễn Duy Dũng, "Cửa khẩu Bo Y-Khu kinh tế động lực trong Tam giác phát triển Việt Nam-Lào-Campuchia", *Nghiên Cứu Đông Nam Á*, số 4, năm 2009, tr. 26.

美元，其中 25 个项目是在发展三角地区，总金额 14.4 亿美元，占项目总数的 20.8%，投资额的 54.5%。越南在老挝有 218 个直接投资项目，总金额为 36 亿美元，其中 50 个是在发展三角地区，总金额约为 16.5 亿美元，占项目总数的 22.9%，投资额的 47.5%。① 同时，随着基础设施的完善，越老柬发展三角地区的发展潜力也吸引了域外国家的更多关注。越南位于发展三角地区的五个省，吸引了来自 19 个国家和经济体的 129 个外国直接投资项目，总金额达 10 亿美元以上。②

　　随着互联互通计划的实施，原本就具地缘政治意义的越老柬三角地带，在区域政治安全中的作用更加凸显。越南社科院院长阮春胜（Nguyễn Xuân Thắng）强调，越老柬三国位于中国与印度之间，地缘经济与地缘政治优势非常重要，三国在区域发展中的桥梁作用日益显现。③ 在越南的积极推动下，随着日本和中国对该地区援助力度的加大，越老柬发展三角正越来越受到大国的重视。借助越老柬发展三角日益提升的重要性，越南在东盟次区域和区域合作中的地位与作用也得到提升。越老柬发展三角已成为越南在东盟事务中发挥更重要作用的基础。越南政府总理阮晋勇呼吁，"越老柬三国政府应进一步加大合作力度，争取把越老柬发展三角建设成为区域合作的典范"④。

（二）越老柬缅四国峰会与越老柬缅泰五国峰会

　　在越老柬发展三角之外，促进新成员国合作的越老柬缅四国峰会

---

　　① Đặng Xuân Quang, "Cục phó cục Đầu tư nước ngoại: Thúc đẩy kinh tế khu Tam giác phát triển Việt Nam-Lào-Campuchia", http: //diendandautu. vn/c1n2012110905025983500/thuc－day－kinh－te－khu－tam－giac－phat－trien－viet－nam－lao－campuchia. html cap nhat 22/11/2012.

　　② Như trên.

　　③ Vũ Hùng Cường, "Hội thảo quốc tế thường niên lần thứ hai 'Vai trò của khoa học xã hội đối với phát triển bền vững ở Lào, Campuchia và Việt Nam'", http: //iseas. vass. gov. vn/noi-dung/tintuc/Lists/TinHopTacQuocTe/View_ Detail. aspx? ItemID = 161.

　　④ Thủ tướng Nguyễn Tấn Dũng tham gia hội nghị thượng đỉnh lần thứ 7 Tam giác phát triển Việt Nam-Lào-Campuchia, báo điện tử Đảng Cộng sản Việt Nam, ngày 13 tháng 3 năm 2013, ht-tp: //www. dangcongsan. vn/CPV/Modules/News_ China/News_ Detail_ C. aspx? co_ id = 7338716&cn_ id = 574579.

（CLMV）和包括中南半岛五国在内的"伊洛瓦底江—湄南河—湄公河经济合作战略"峰会（ACMECS）也是越南积极推动的次区域合作机制。随着东盟内部一体化进程的加快，东盟新成员间就共同关心的问题也加强了协调与合作。2004 年 11 月 28 日，越南、老挝、柬埔寨和缅甸首次四国峰会在老挝万象召开，会议就促进经济发展，争取有效援助，缩短东盟成员国之间的发展差距达成了一致。2008 年 11 月，第 4 届 CLMV 峰会在河内召开，会议讨论了如何加强区域内互联互通问题。阮晋勇在会议上呼吁，"世界经济形势复杂多变，东盟新成员国应加强合作，通过推动本国的发展，为东盟一体化进程做出积极努力"①。越老柬缅四国峰会是越南发挥新成员国"代言人"作用的主要机制。缩小东盟成员国间的发展差距是越南通过该机制向东盟和世界传达的主要内容，也是越南谋求发挥更大影响力的基础。2013 年 3 月 12—15 日，阮晋勇在第 6 届 CLMV 峰会上重申，"四国合作的最大目标是融入区域，缩小与其他东盟国家间的发展差距"，四国应"充分利用内部资源和发挥外部力量"②。

　　2003 年 4 月，泰国总理他信倡导创建"伊洛瓦底江—湄南河—湄公河经济合作战略"峰会（ACMECS），旨在充分发挥各自优势，加速实现次区域的平衡发展和持续繁荣。首次峰会于 2003 年 11 月在缅甸举行，会议发表了《蒲甘宣言》和《经济合作战略行动计划》。起初，泰国在设计这一机制时试图将越南排除在外。③ 2004 年 2 月，越南与泰国在越南的岘港举行了政府会谈，就越南加入 ACMECS 达成了一致。2004 年 4 月，越南加入该合作机制，并于 2005 年 11 月 3 日，参加了在泰国曼谷召开的第 2 届 ACMECS 峰会。该合作机制与湄公河次区域合作机制有重叠之处，但越南为了不被排除在次区域合作之外，积极加入其中，并与泰国在机制内形成了

---

① "Thủ tướng Nguyễn Tấn Dũng tham gia hội nghị thượng đỉnh lần thứ 4 CLMV，tháng 11 năm 2008，http：//www. dangcongsan. vn.

② "Thủ tướng Nguyễn Tấn Dũng tham gia hội nghị thượng đỉnh lần thứ 6 CLMV，tháng 3 năm 2013，http：//www. dangcongsan. vn.

③ 毕世鸿：《泰国与越南在湄公河地区的合作与竞争》，《东南亚研究》2008 年第 1 期，第 27—31 页。

既竞争又合作的态势。2007 年，第 3 届 ACMECS 峰会在越南举办。通过在 ACMECS 国家沿边境地区开发工业区的倡议，越南将该合作机制纳入到湄公河次区域合作机制之中，并加强了越南在其中的影响力。2013 年 3 月，在第 5 届 ACMECS 峰会上，越南进一步推动了合作机制的开放性，会议宣布欢迎非 ACMECS 国家，尤其是东南亚地区国家和伙伴国参与该地区的经贸合作，以增加该地区的市场机遇。通过与其他次区域的联合与合作，以及扩大合作对象等办法，越南逐步弱化了泰国在 ACMECS 中的主导地位，提升了越南的发言权与影响力。

（三）湄公河次区域合作

对于越南，湄公河次区域合作有着特殊的意义。湄公河发源于中国的澜沧江，流经中国、缅甸、老挝、泰国、柬埔寨、越南，全长4880 公里。流经中国与缅甸段被称为湄公河上游，流经老挝、泰国、柬埔寨和越南段被称为湄公河下游。湄公河地区陆上连接中国、东南亚和南亚，海上连通太平洋和印度洋，战略位置十分重要。作为一个以水稻为主的农耕国家，越南认为，湄公河对越南的经济社会发展以及区域的粮食安全具有非常重要的意义。尽管越南只占湄公河盆地的10%，但从越南来看，其 20% 的国土位于湄公河三角洲，25%（近2000 万）的人口居住于此。而且，这一地区的发展对于越南经济增长也至关重要。越南九龙江平原的面积约 4 万平方公里，每年 GDP的贡献率为 27%，越南大米出口的 80%—90%、水产品出口的50%—60% 来自该地区。[①]

湄公河次区域目前已存在多种合作机制。这些机制有的互补，有的相互重叠，有的相互竞争，如大湄公河次区域合作计划、"黄金四角"经济合作计划、湄公河委员会、湄公河—日本合作、湄公河—恒河合作、美国密西西比河—湄公河合作等。1992 年，由亚洲开发银行牵头的大湄公河次区域经济合作（GMS），是湄公河区域合作中的重要机制。最初，越南在 GMS 合作中较为低调。1998 年，GMS 第

---

① Gerhard Will, "Conflict and Cooperation in the Mekong region", trong *Kỷ yếu hội thảo quốc tế "Vai trò của Việt Nam trong khu vực Châu Á-Thái Bình Dương*, HN: Nxb. Thế giới, năm 2011, tr. 67 – 132.

8 届部长级会议提出了经济走廊①的概念，即将交通走廊建设与经济发展相结合，为各国间的合作与往来提供便利，以实现"最小化投资，最大化发展"的目标。② 同年 12 月，借主办第 6 届东盟首脑峰会之机，越南提出在湄公河下游建设东西经济走廊（WEC）的建议，并将该提案写入《河内行动计划》。1999 年 10 月，WEC 计划成为东盟的一个合作项目正式实施，2001 年，越南政府编写了《WEC 合作框架概念图》，积极推动该项目的落实。

东西经济走廊在印支地区，乃至整个东南亚都有着重要的地缘政治、地缘经济地位与作用。它包括一条长约 1450 公里的公路，将缅甸南部与泰国东北部，老挝南部与越南中部连接起来。这条公路不仅可以减少区域内的运输成本，促进边境地区发展，而且有助于加强越南、老挝、缅甸和泰国之间的经济合作。2008 年，道路升级完成后，东西经济走廊的通勤时间由过去的 5 天缩减到 2 天。③ 从越南到曼谷，过去水路要 10—15 天的路程，现在公路只需要 3 天。④ 2009 年 6 月 11 日，东起越南的岘港，经过老挝的沙万拿吉到泰国的东西经济走廊正式投入运营。对于这一项目的重要性，越南学者认为，东西经济走廊是印支的生命线，是发展湄公河下游的钥匙，谁控制了这一走廊谁将控制印支半岛，并将在对东南亚的影响中占据优势。⑤ 而且，东西经济走廊不仅将东盟内的欠发达地区和国家连接在了一起，而且也连接了印度洋（安达曼海）与太平洋（南海）。

在推动湄公河次区域合作中，越南最初主要围绕缩小新老成员国间发展差距，促进国内经济社会发展为中心展开。2000 年，越南外

---

① 目前在 GMS 经济合作基础上，已有三个经济走廊：北南走廊，自中国云南省的昆明到泰国的曼谷；东西走廊，自越南的岘港到缅甸的 Mawlamnyine；南方走廊，自泰国的曼谷到越南的胡志明市。这三个经济走廊将 GMS 的重要经济中心如曼谷、胡志明市、昆明与金边连接在一起。

② Carol S. Guina, *The GMS Economic Corridor*, Regional Outlook 2008/2009, p. 84.

③ The International Trade Institute of Singapore, *Report on the Study of the GMS North-South and East West Economic Corridors*, August 2005, p. 64,

④ Phạm Quang Minh, "Hành lang kinh tế Đông-Tây và quan điểm của Thái Lan", *Nghiên Cứu Đông Nam Á*, số 11, năm 2008, tr. 21 – 29.

⑤ Nguyễn Thu Mỹ, "Hành lang kinh tế Đông-Tây trong chính sách của Nhật Bản", *Nghiên Cứu Đông Nam Á*, số 11, năm 2008, tr. 30 – 35.

长阮怡年在谈到湄公河次区域的合作时强调，"这是扶贫重点，也是落实《河内行动计划》的重点"①。在经济利益优先的时期，越南主要是从落实消饥减贫的政策出发，支持这一地区的发展。通过将其纳入《河内行动计划》，越南将湄公河次区域合作作为缩小东盟内部发展差距的重点项目，以争取东盟对该区域的重视与援助。在实践上，这一时期，越南主要侧重于新成员国间的协调配合，以争取来自东盟、对话伙伴国，以及国际组织等各方面的经济援助。

随着大国在这一地区的不断介入和利益交叉，以及自身追求影响利益的需要，越南逐渐从地缘政治出发，更加重视该地区的战略作用。日本是最早介入这一地区的域外国家，1993 年 1 月，日本首相宫泽喜一（Kiichi Miyazaoa）提出了"印支全面发展论坛"。此后，日本一直是援助该地区发展的重要外部资金来源。21 世纪以来，随着中国在这一地区影响力的上升，日本与中国的竞争之势明显。根据各自的利益需要，中国与日本对该地区的发展有着不同的侧重点，比如日本重视东西与南方走廊，而中国重视南北走廊等。② 为了进一步加强日本在该地区的影响力，2009 年 11 月，湄公河—日本首届峰会在东京召开。

随着"重返亚太"战略的提出，美国也加强了在这一地区的力量争夺。2009 年，通过多个渠道，美国提议在东盟外长会议及东盟地区论坛之外，组织召开湄公河下游国家与美国外长会议，以加强美国与该地区国家之间的关系。2009 年 7 月 23 日，美国国务卿希拉里与湄公河下游四国外长会晤。美国提出在环境、教育和卫生三个主要领域与湄公河国家开展双边合作，另外，还提出湄公河委员会与密西西比河委员会结为友好委员会，以加强双方的经验交流与友好往来。中国崛起背景之下，美国主动提出与东南亚陆地国家加强关系，被越南学者普遍解读为是美国对该地区已存在的战略竞争与合作进行再平衡的需

---

① Nội dung cuộc gặp gỡ báo chí của Bộ trưởng Ngoại giao Nguyễn Dy Niên nhân dịp kết thúc Hội nghị AMM – 33, ARF – 7 và PMC ngày 30 tháng 7 năm 2000, http：//www. mofa. gov. vn/vi/cs_ doingoai/pbld/ns04081814261861.

② Nguyễn Thu Mỹ, "Hành lang kinh tế Đông-Tây trong chính sách của Nhật Bản", Nghiên Cứu Đông Nam Á, số 11, năm 2008, tr. 30 – 35.

要，甚至有人认为这是美国巧妙地向中国发出的"禁足"信号。① 不仅美国、中国、日本在这一区域不断增强了影响，而且韩国、印度、俄罗斯等区域国家也加强了对该地区的关注与合作，如湄公河—恒河合作等。

域外大国对湄公河次区域的关注与博弈，引发了越南对于次区域主导权争夺的不安。2010 年 6 月 6 日，越南总理阮晋勇在胡志明市召开的午餐会上强调，面对域外大国在该区域的竞争，区域国家应"加强在湄公河次区域的领导作用"，加快区域潜力转化，推动经济增长，否则将会错失区域的可持续发展时机。② 从功能主义角度来看，湄公河次区域的合作已经出现了"溢出效应"，不仅促进了成员国间的贸易增长、投资便利化，而且也增强了次区域国家间的战略合作意愿与互信程度。引领湄公河次区域合作，已成为越南"积极、主动、负责任"参与东盟事务的一部分，也是越南增强在东盟中地位与作用的重要基础。

第三节　推动东盟政治安全合作与
提升越南影响力

在当前一体化程度不断加深的背景下，越南要想在东盟发出自己的声音，并借助东盟在国际社会发挥影响，应在某一领域发挥其主导作用。政治安全一直是东盟合作的核心领域，是将东盟成员国凝聚在一起的重要因素，也是越南加入东盟的重要原因。随着中国经济的快速发展，中国与东盟国家之间的经济关系越来越密切，在东南亚的影响力不断增强。特别是越南，对中国存在巨大的贸易逆差，经济严重

---

① Lê Đình Tĩnh, "Hợp tác Mỹ-Hạ nguồn sông Mê Công: Vượt trên cân bằng quyền lực truyền thống", *Nghiên Cứu Quốc Tế*, số 2, năm 2011, tr. 57 – 76.

② Nguyễn Tấn Dũng, "Phát biểu của thủ tướng về tăng cường vai trò lãnh đạo và tăng trưởng trong tiểu vùng Mê Công", http: //thutuong. chinhphu. vn/Home/Phat – bieu – cua – Thu – tuong – ve – Tang – cuong – vai – tro – lanh – dao – va – tang – truong – trong – tieu – vung – Me – Cong/20106/9383. vgp.

依赖中国。在中国崛起，中美博弈加剧的背景下，东南亚国家普遍出现对中国发展的战略疑虑。

在促进东盟的政治安全合作方面，越南认为自身具有独特的优势。首先，越南具有地缘优势。越南地处中南半岛东部，素有中南半岛的前沿屏障和重要门户之称。从地区看，越南处于东南亚腹地，被称为东南亚的心脏，扼太平洋、印度洋海上交通要冲；从全球看，东南亚是连接澳大利亚、新西兰与印度洋以及远东及欧洲、印度洋与太平洋的纽带，是亚太各大国利益与战略的交汇点，而越南正处于这个交汇点的中心，所以，越南具有十分重要的战略地位。其次，越南具有政权优势。作为共产党执政国家，相较于其他东盟国家在民主转型中出现的各种不稳定局面，越南政治社会长期保持稳定。而且，从历史经历来看，越南与法国、美国、中国、俄罗斯、印度等大国都有丰富的交往经验和深厚的友好传统。另外，在处理东盟事务中，越南展现出较强的外交能力，能够提出让各方认可和信服的解决方案。最后，越南具有国家实力。越南不仅是东南亚仅次于印尼的人口第二大国，而且就军事实力和综合国力而言，也具较强的竞争优势。①

因此，越南在参与东盟事务中，将重点放在推动东盟政治安全合作上。为了增强在东盟中的地位与作用，越南更加注重大国关系，主要体现在与大国建立战略伙伴关系上，这是越南推动东盟政治安全合作的关键。在具体的政治安全合作中，越南注重机制与问题并重。一方面，在加强与东盟成员国双边合作的同时，越南更加注重多边合作机制的建立，以加强东盟与外部对话伙伴（大国与地区强国）间的相互倚重；另一方面，以南海问题为核心，提升东盟内部对南海问题的一致化程度，进而推动南海问题的国际化。

一　大国关系是增强越南政治实力的关键

无论是冷战时期的依附大国，还是冷战后的"全方位、多样化"外交，大国关系在越南的外交政策中一直是重要内容。越南信奉现实

---

① Nguyễn Hùng Sơn, Vai trò của ASEAN trong Trật tự Đông Á tới năm 2020 và Định hướng chính sách đối ngoại của Việt Nam, Luận án Học viện Ngoại giao, năm 2013.

主义、权力制衡，认为大国或强国是区域和国际政治中的支配性主体。所以，大国关系始终是越南外交的重点。随着中国不断崛起，美国实力相对衰落，亚太已成为当前国际关系中的热点区域。越南凭借其独有的地缘政治优势，国际地位与作用正在快速上升。在大国博弈加剧的背景下，与大国深化政治安全合作，能够助推越南提升在东盟政治安全中的地位与作用。这与加入东盟初期，越南通过东盟建立和改善与大国关系不同。随着国家实力的提升，越南需要提升影响力，在地区和国际社会争取更大的战略空间。东盟成员国身份和东盟多边机制是越南提升影响、拓展空间的重要基础。为了提升在东盟的地位与作用，在取得东盟成员国的认同之外，越南需要得到域外大国的支持。对于越南而言，越深化与大国之间的关系，就越有助于提升其在东盟中的影响力。所以，这一时期，深化与大国关系，某种程度上已成为落实"积极、主动、负责任"参与东盟事务政策的手段与方式。

随着越南国家利益的调整，以及越南外交的转型，越南与大国关系日益得到深化。越南与世界大国和地区强国建立了各种形式的合作关系，在各个领域展开双边和多边机制下的合作。随着中国持续崛起，国际体系转型加快，大国在亚太地区的利益合作与冲突复杂演变。这为越南深化与大国关系、开展大国平衡外交创造了有利的条件。

通过战略伙伴关系，越南确立了大国在其外交中的地位，为越南与大国间的长期稳定、有效合作关系提供了机制保障。冷战后，"伙伴""朋友"概念逐渐在越南外交中出现。1988年，为摆脱政治上被包围，经济上遭禁运的困境，越共中央政治局第13号决议提出了"增友减敌"外交方针。[①] 当时提出这一外交方针的主要目的是，改变越南与社会主义阵营外的国家没有建立正式外交关系的状态，为国内的革新开放创造良好的外部环境。1991年，越共七大提出建立"开放、全方位、多样化"国际关系，并表示"越南想与国际社会所有国家做朋友"[②]，开始广泛建立新朋友，同时强调与重要外交对象，

---

① Nghị quyết 13 của Bộ Chính trị (5/1988)，xem trả lời phỏng vấn của Nguyễn Cơ Thạch，"Những chuyển biến trong tư duy đối ngoại của chúng ta"，*Tuần báo Quốc tế*，số Xuân năm 1991.

② Đảng Cộng sản Việt Nam，*Văn kiện Đại hội đại biểu toàn quốc lần thứ VII Đảng Cộng sản Việt Nam*，HN：Nxb. Sự thật，năm 1991.

如中国、美国、东盟与西欧等国家和地区，恢复和建立外交关系。1996 年，越共八大继续沿用了七大的外交政策，强调"越南想与国际社会中所有国家做朋友，落实独立自主、开放、全方位和多样化的对外关系"①。越南学者认为，这一时期的外交带有多边"广耕"性质，虽然强调邻国、区域国家和大国，但重视数量的增长，强调快速与各国在外交、经济、政治和民间关系上的正常化，尽快尽多地加入地区和国际组织等。② 随着对外关系的不断扩大，融入国际经济取得良好成效，越南的国家政权趋于稳定，人民生活水平提高，国家综合实力得到提升。在此基础上，2001 年，越共九大提出了"时刻准备成为国际社会中各国的信任朋友与伙伴"③，首次提出"伙伴"概念。

"伙伴"概念的提出表明越南在发展外部关系时开始更加具有主动性。越共九大将朋友与伙伴的范围从不加选择的"所有"国家调整为"各国"，体现了越南外交已进入了一个新阶段。正如越南学者阮孟雄所言："越南的对外关系已有重点、重心，不再铺摊子了。"④2006 年，越共十大进一步明确提出"越南是国际社会中各国的朋友、信任伙伴"，同时提出要"建立更深化、稳定、牢固的国际关系"⑤。从越共十大关于对外关系的表述可以看出，越南领导人已明确了"伙伴关系"概念的核心，即更高程度、更深入、更有质量和更全面的合作关系。2011 年，越共十一大提出"做国际社会的朋友、信任伙伴和负责任成员"⑥，在原有朋友、伙伴基础上，进一步提出了"主动积极融入国际"战略，增加了"做国际社会负责任成员"的内

---

① Đảng Cộng sản Việt Nam, *Văn kiện Đại hội đại biểu toàn quốc lần thứ VIII Đảng Cộng sản Việt Nam*, HN：Nxb. Chính trị Quốc gia, năm 1996, tr. 120.

② Nguyễn Vũ Tùng, *Khuôn khổ quan hệ đối tác của Việt Nam*, HN：Học viện Quan hệ Quốc tế, năm 2007, tr. 21.

③ Đảng Cộng sản Việt Nam, *Văn kiện Đại hội đại biểu toàn quốc lần thứ IX Đảng Cộng sản Việt Nam*, HN：Nxb. Chính trị Quốc gia, năm 2001, tr. 119.

④ Nguyễn Mạnh Hùng, "Quan hệ Việt -Mỹ: 35 năm nhìn lại", *Nghiên cứu Quốc tế*, số 82, năm 2010, tr. 5 - 24.

⑤ Đảng Cộng sản Việt Nam, *Văn kiện Đại hội đại biểu toàn quốc lần thứ X Đảng Cộng sản Việt Nam*, HN：Nxb. Chính trị Quốc gia, năm 2006.

⑥ Đảng Cộng sản Việt Nam, *Văn kiện Đại hội đại biểu toàn quốc lần thứ XI Đảng Cộng sản Việt Nam*, HN：Nxb. Chính trị Quốc gia, năm 2011.

容，这不仅是对越南伙伴关系内涵的拓展，而且也是对越南深化与大国关系的有力推动。

21世纪以来，越南建立和加强伙伴关系的努力已取得了重大进展。越南已在双边层面建立了广泛的伙伴关系"网络"，既有区域邻国，也有大国；既有传统朋友，也有潜在伙伴。在追求伙伴关系的广泛性基础上，越南重视与重要伙伴关系的深化。这主要表现在越南重视战略伙伴关系的建立上。对于越南，战略伙伴是与外交、经济相关的国家间战略关系。越南学者黎宏协（Lê Hồng Hiệp）认为，越南观念中的战略伙伴关系应包含安全、发展和提高越南国际地位等方面的内容。安全，是指这种战略伙伴关系应有助于越南巩固外交和国防基础，有助于越南保卫国家安全、主权独立和领土完整。发展，是指与战略伙伴国家的经济关系应对越南的经济社会发展有重要贡献，主要体现在贸易、投资、援助和技术转让等方面。提高越南国际地位，是指战略伙伴国家应当是大国，或者是有代表性的中等强国，在地区和国际政治生活中具有重要的地位与影响力。①

越共九大以来，特别是十大以来，越南已与十多个国家建立了战略伙伴关系。亚太国家是越南确立战略伙伴关系的重点。2001年，俄罗斯总统普京访问越南期间，两国建立了战略伙伴关系，成为越南与大国的首个战略伙伴关系。2006年，越南与俄罗斯之间的政治互信提升，国防安全合作发展迅猛，以油气能源合作为主的双边贸易稳定增长。2007年，越南总理阮晋勇出访印度，发表了《关于建立越印两国战略伙伴关系的共同宣言》，宣告两国正式结成战略伙伴关系，加强了两国在政治、军事和安全领域的合作关系。2008年，越南与中国建立了全面战略合作伙伴关系，双方各领域合作得到深化，不仅高层互访频繁，经贸合作激增，而且完成了边境地区分界立碑工作，为两国建设和平发展边境奠定基础。2009年，越南与日本之间的关系也提升为战略伙伴关系，不仅稳固了双边政治关系，而且促进了经济关系的全面发展，特别是在贸易、投资、发展援助等领域。

① Đinh Công Tuấn, "Vài nét về quan hệ đối tác chiến lược", *Tạp Chí Cộng Sản*, năm 2013, http://www.tapchicongsan.org.vn/Home/Nghiencuu－Traodoi/2013/22829/Vai－net－ve－quan－he－doi－tac－chien－luoc.aspx.

2009 年，基于两国经贸合作关系的快速发展，越南与韩国将 2001 年已建立的全面伙伴关系提升为战略伙伴关系。

另外，越南也加强了与欧洲及东盟成员国间的战略伙伴关系。2009 年，为了发挥两国优势和潜力，越南与西班牙建立面向未来战略伙伴关系。2010 年，越南与荷兰建立应对气候变化和国家管理战略伙伴关系，就某专业领域开展合作，共同关注气候变化的影响，加强双边合作。2010 年、2011 年、2013 年，越南先后与英国、德国、法国和意大利建立战略伙伴关系。2013 年 6 月，越南总书记阮富仲和越南国家主席张晋创分别正式访问了泰国与印尼，并将越南与两国的关系提升为战略伙伴关系。2013 年，新加坡总理李显龙访问越南时，宣布将两国建立或战略伙伴关系。所以，越南与大国的伙伴关系非常灵活。既有合作领域很宽泛的，如与中国的全面战略合作伙伴关系；也有开放式合作，如与西班牙的面向未来战略伙伴关系；还有集中于某具体合作领域的，如与荷兰的气候变化领域战略伙伴关系等。

除了战略伙伴关系外，越南根据双边关系特点，还建立了各种全面伙伴关系。这类伙伴关系中涵盖范围较广，既包括越南的邻国、区域国家，也包括全球大国。关于邻国，越南早在 1977 年就通过与老挝签订的《越南—老挝友好合作条约》，确立了越老"传统友好，特殊团结与全面合作关系"，是越南发展与老挝特殊关系的基础。2005 年，越南与柬埔寨确立了"传统友好与全面合作关系"，以促进双边关系的全面发展。同时，越南还与美国、澳大利亚等十多个国家建立了全面伙伴关系。2013 年，越南国家主席张晋创访问美国，确立了越美"全面伙伴关系"，使两国关系进入"新发展阶段"，为加强双边经济、政治、国防等领域的合作，提升美国在其外交中的地位与作用奠定了基础。

越南与大国关系的稳固发展有力保障了越南在东盟内部地位与作用的提升。越南通过建立战略伙伴关系和全面合作伙伴关系等，巩固和深化了与大国关系。各领域与各层次的大国伙伴关系，不仅为越南参与全球范围内的双边与多边机制提供了便利，而且有助于越南熟悉和适应国际规则与机制，树立良好国际形象。越南在多边外交中的成就，如成功组织第 5 届亚欧首脑会议、第 14 届 APEC 领导人会议、第16届东盟首脑峰会，圆满完成联合国非常任理事国委员（2008—2009）职责，都与大国间的伙伴关系密不可分。越南协调能力的提升，国际交往的扩展，以及大国对越南的支持与认可，为越南在东盟中发挥重要作用奠定了重要基础。

二　从 ARF 到 ADMM +：推动安全合作机制的建立

加入东盟之初，越南就关注东盟内部的政治安全合作，曾建议东盟目标设定不应仅在经济领域，还应扩展到政治、安全、专业等领域。在东盟框架下，越南通过双边和多边两种机制推动区域内部的政治安全合作。双边机制即指越南与东盟其他成员国、对话伙伴国间的双边合作；多边机制即指东盟成员国间，以及东盟与对话伙伴国之间的多边合作。在越南的区域安全合作中，双边与多边安全合作机制同时发挥作用，相辅相成，互为补充。

（一）越南与东盟成员国的双边安全合作

为了推动东盟的政治安全进程，越南需要与东盟其他成员国加强战略互信。随着柬埔寨问题的政治解决，越南与东盟之间的经济关系日益密切。但冷战造成的敌视与对立，并不会快速消失。在加入东盟前，越南学者黄英俊呼吁，在政治安全方面，越南与东盟国家应加强政治合作意愿，继续拉近因过去的不信任造成的心理距离。[1] 入盟后，政治制度的独特性，现实存在的领土领海争端等，在一定程度上仍造成了东盟其他成员国对越南的不信任与战略猜疑。为了增强与东盟其他成员国之间的战略互信，越南主动解决与东盟其他成员国之间存在的争端，加强双边政治安全合作关系。越南积极推动与印尼就纳土纳群岛（Natuna）附近大陆架划界问题，以及与马来西亚的外海划界谈判；加快解决与柬埔寨、泰国存在的边界领土问题；加强与老挝、柬埔寨、泰国的国防安全合作；建立和巩固与印尼的战略伙伴关系；加强与菲律宾、马来西亚与文莱在南海问题上的合作等。另外，为了增强越南国防安全政策的透明度，越南继 1999 年首次发表《越

---

① Hoang Anh Tuan, "Vietnam's Membership in ASEAN: Economic, Political and Security Implications", *Contemporary Southeast Asia*, Vol. 16, No. 3, December 1994, pp. 259 – 273.

南国防白皮书》之后，分别于 2004 年和 2009 年连续发表国防白皮书。这有助于国际社会了解越南的军事发展情况，在一定程度上减少了东盟其他成员国对越南的不信任。

越南不断加强与东盟其他成员国之间的国防安全往来与合作。越南主动与区域国家开展军舰互访、情报交换、海上联合巡逻，以及军事教育合作等多种形式的交流。同时，越南加强了与东盟成员国在国防安全合作中的机制化建设。2006 年，越南与新加坡建立了年度国防政策对话机制，就两国关心的区域安全与国防军事合作进行对话。另外，越南还与菲律宾、马来西亚、印度尼西亚等国建立了海军热线联系，以开展大规模海上军事合作。2008 年，越南与缅甸、马来西亚签订了旨在加强国防工业合作的国防协议。越南还与柬埔寨和泰国建立了海上联合巡逻机制，并就海上救援、海洋环境、打击海上毒品走私和海盗等内容进行情报交换。2010 年，越南与印尼签订了《国防合作协议》，就进口武器装备和加强国防工业合作达成一致，加强了两国间的战略合作关系。2011 年，越南与柬埔寨签署了《军事合作协议》。2012 年，越南与新加坡签订了《国防工业合作协议》，加大了国防工业、军贸等方面的合作力度。越南与东盟其他成员国通过加强双边军事和安全合作，建立信任措施和增强军事透明度，在一定程度上减少了彼此之间的猜疑，增强了战略互信。越南与东盟成员国双边安全合作，不仅有利于建立双边战略信任，而且为多边合作打下了基础。

另外，越南将与域外大国的国防安全合作作为其深化伙伴关系，融入国际的重要领域。越南与中国在全面战略伙伴关系之下，加强了在军事国防领域的合作。中越不仅保持两军高层密切交往，而且建立了两军防务安全磋商、边境高层会晤机制和国防部直通电话等平台，开展北部湾联合巡航和军舰互访活动。近年来，越南与美国在国防安全领域的合作也得到了加强。自 2008 年设立了政治安全国防对话机制后，2010 年越南与美国又开启了国防部副部长级对话机制，即国防政策对话会议。越南与美国之间的军事高层互访增多，海军交流频繁。2015 年，越南与美国签署了《越美国防关系联合愿景声明》，2016 年美国总统奥巴马访越时，宣布全面解除对越南的武器禁令，并强调将加强与越南的国防安全合作，以提高越南的海洋能力。越南与日本之间的国防安全合作也日益加强。2010 年，自首次"越日战略对话"在越南河内召开，两国签署《战略合作伙伴协议》后，越南与日本又签署了《越日军事合作备忘录》《海洋战略安保协议》，促进和深化了两国在海洋安全领域的合作，并在南海问题上采取协调一致的政策。在原有传统军事合作基础上，越南与印度也加强了防务安全合作。两国不仅建立了政治磋商会、战略对话、安全对话等安全合作机制，而且通过签署《防备合作谅解备忘录》《2015—2020 年印越国防合作共同愿景声明》等进一步扩大了防务安全合作范围。

越南与东盟其他成员国间矛盾争端的解决，双边防务领域的合作，加强了越南与东盟国家间的战略互信，也为东盟一体化合作奠定了基础。加强与大国在政治安全领域的合作，一直是越南深化与大国关系的重点领域。在越共十一大提出的"融入国际"总战略中，"加强国防安全的国际合作"是重点突破领域，其中与美国等大国在双边和多边机制下的军事安全合作则是外交工作的重点。越南与域外国家之间的双边安全合作，不仅深化了越南与大国之间的关系，提升了越南的国际影响力，而且为越南在东盟框架下推动与东盟伙伴国的多边安全合作，提升越南在东盟内部的地位与影响也发挥了积极作用。

（二）越南与东盟伙伴国的多边安全合作

1. 推进东盟地区论坛的合作进程

政治安全合作是东盟成立的初衷，但直到 1976 年首届东盟首脑峰会，才确定了政治和安全领域合作的原则。1977 年，第 2 届东盟首脑峰会决定将内部经济、政治合作具体化，同时决定加强与所有西方大国的联系，建立与它们的对话机制。各大国及国际组织先后成为东盟的对话伙伴，如澳大利亚、日本、新西兰和联合国开发计划署（1976）、美国（1977）、欧盟（1980）、加拿大（1981）等。冷战后，亚太国家也逐步成为东盟的对话伙伴，如韩国（1991）、印度（1995）、中国和俄罗斯（1996）等。为增进与对话伙伴的关系，东盟分别与这些伙伴建立了一系列的双边委员会，并逐步形成了与伙伴的双边和多边的对话机制。

冷战后，随着大国逐步撤出东南亚，东盟认识到单一国家的安全与整个区域的安全已紧密联系在一起，东盟需要更大的地域范围作为屏障。而且，随着东盟大国平衡战略的逐步成型，东盟需要一个与对话伙伴就地区问题共同沟通的平台和机制。也就是说，东盟需要在东盟地区的集体安全机制之外，建立一个与域外对话伙伴之间的多边安全对话机制。该机制应由东盟主导，共同就区域热点问题进行沟通与协调。1994 年 7 月 25 日，"东盟地区论坛"（ARF）首次会议在曼谷召开，从此每年轮流在东盟国家召开，成为维护地区安全的重要机制。

作为东盟主导下的多边安全对话机制，东盟设立 ARF 的目的，是通过促进亚太地区国家，特别是大国之间的磋商、制衡与合作，防止和缓和地区内部矛盾与冲突。基于这一目标，东盟设定了关于东盟地区论坛的议程：第一阶段是建立信任措施，旨在使意识形态不同的国家在安全问题上进行合作；第二阶段是开展预防性外交，防止本地区的潜在冲突升级为热点冲突；第三个阶段是将论坛机制化，使之成为解决地区冲突的场所。但是，东盟要真正完成这三个阶段的议程还面临诸多困难。东盟各国之间的利益迥异，要想达到在安全上的协调一致并非易事。从开展多边安全对话，东盟逐渐将 ARF 合作转到建立信任措施的具体工作上，但在是否进入预防性外交阶段，各成员国存在较大的分歧。所以，在论坛的具体合作中，围绕区域热点、政治安全合作等，东盟非常注重协调与对话伙伴之间的关系，以维护东南亚地区的和平、稳定与繁荣。

同时，东盟重视确保东盟在东盟地区论坛的主导权。在东盟地区论坛建立之初，东盟就明确规定，论坛应以《东南亚友好合作条约》的宗旨为主导，只能在东盟成员国的首都轮流举行，开会时间要与一年一度的东盟外长会议紧密衔接等。这为东盟对东盟地区论坛的主导权奠定了坚实的基础。而且东盟的对话伙伴本身由于利益分歧，就在该地区相互牵制，所以，任何一个对话伙伴都无法取代东盟在论坛中的核心地位。2003 年 10 月，《巴厘协定 II》的签订，确保了东盟地区论坛作为"地区安全对话主要论坛，东盟作为主要推动力"的地位。①

---

① ［菲律宾］鲁道夫·C. 塞韦里诺：《东南亚共同体建设探源：来自东盟前任秘书长的洞见》，王玉主等译，社会科学文献出版社 2012 年版，第 162 页。

作为东盟地区论坛的创始国之一，越南一直积极促进区域的安全合作进程。2000 年 8 月—2001 年 7 月，越南担任东盟地区论坛主席国，代表东盟协调任期内地区的政治安全合作。越南不仅促进了东盟内部的政治安全合作，而且增强了越南在东盟中的影响。2001 年 7 月，作为第 8 届东盟地区论坛外长会议的主办国，越南参与起草了《ARF 预防性外交概念和原则》《加强 ARF 主席作用》和《ARF 专家名人职权范围》三个文件，并获得会议的通过。三个文件的通过表明了 ARF 在从建立信任措施向预防性外交过渡中取得了实质性进展。越南在推动东盟地区论坛的进程中发挥了一定的积极作用。另外，越南积极推动大国对《东南亚无核武器区条约》的支持。2001 年 5 月，在任 ARF 主席国时，越南成功组织了东盟与五个核大国（中、俄、英、法、美）就《东南亚无核武器区条约》的研讨会，开启了东盟与五个核大国关于签署该条约的谈判。经过 12 年的谈判，2012 年 7 月，五个核大国正式签署了《东南亚无核武器区条约》，承诺在东南亚地区停止核武器扩散、不使用或威胁使用核武器，这为东南亚地区的和平与无核提供了法律保障。

越南积极推动东盟地区论坛的合作进程，强化东盟在区域安全合作中的主导地位。政治制度和意识形态的不同，是越南推动区域政治安全合作中的一个阻碍。为了提升在东盟政治安全中的地位与作用，越南清楚定位自己是"负责任东盟成员国"，竭力摆脱其他成员国的意识形态成见。同时，在处理自身政治制度与区域安全合作中的矛盾时，越南也采取了更加灵活的措施。在 ARF 不成为具有约束性区域冲突解决机制的前提下，越南灵活赞成 ARF 从当前的信任建立和预防外交过渡到下一阶段的冲突解决；在东盟不成为一个军事联盟或共同防御集团的前提下，越南积极落实双边和多边的具有约束力的公约和协定，以推动区域国防安全合作的机制化与法律化。有关民主、人权，以及与主权、领土相关的复杂敏感问题，越南通过双边和多边机制积极争取东盟其他成员国的理解与支持，寻求协调一致，利用区域论坛与机制预防冲突的发生。2008—2009 年，在担任 ARF 副主席国期间，越南就改革 ARF 机制、健全组织结构、提高合作效果等方面做出了贡献。2010 年，作为 ARF 主席国，越南主动与各成员国协调，推动 ARF 进程，发挥 ARF 在区域复杂敏感政治安全问题中的作用，如缅甸民主进程、泰柬边境冲突、南海问题等。

在推动 ARF 进程的同时，越南也认识到，ARF 只是一个机制松散的安全对话论坛，它的作用只是加强地区国家间的相互了解，降低彼此间的战略互疑。"ARF 很大程度上受到大国态度的影响，而很难对大国形成影响。"① 如果真正发生冲突，越南无法依靠东盟或 ARF，同样，越南也不能完全依赖某个大国来保障自身安全。所以，越南最可行的选择是巧妙地以东盟为基础与大国，特别是美国和中国，保持平衡关系，同时主动加强与俄罗斯、印度、日本与欧盟等区域强国的关系，特别是加强与域外大国在国防安全领域的合作。所以，自2006 年，越南就提出东盟防长扩大会议（ADMM＋）的设想，经过 4 年时间的酝酿与准备，2010 年 10 月，首次东盟与 8 个对话国的防长扩大会议在河内召开。

2. 构建东盟防长扩大会议机制

随着中国经济快速增长，特别是中国在南海问题上的维权力度加大，不仅使与中国存在领海争端的越南感到不安，也加剧了东盟对地区安全局势的担忧。任何在军事与安全方面的合作都需要在战略视野与威胁认知方面具有共同点。② 对"中国威胁"的共同感知，成为越南与东盟、东盟与外部加强政治安全合作的催化剂。

在调整外交政策，使之更加灵活，更加符合时代要求的同时，越南也重视外交手段的多元化与多样化。为了更有效地实施外交政策，越南需要更多的外交工具与平台，其中多边机制，特别是国防安全领域的多边合作机制成为越南当前外交的重点。而东盟则是越南开展多边合作的基础与中心。通过提高在地区的地位与作用，加强东盟以"一个声音"说话，越南能够影响，甚至"牵制"大国在地区的影响与利益，以实现越南国家利益的最大化。所以，越南一方面支持和推动区域内的国防安全合作进程，加强与大国的国防安全合作；另一方

---

① Nguyễn Hoàng Giáp, Nguyễn Hữu Cát, Nguyễn Thị Quế, *Hợp tác liên kết ASEAN hiện nay và sự tham gia của Việt Nam*, HN: Nxb. Lý luận Chính trị, năm 2008, tr. 64 – 65,

② Hoang Anh Tuan, "Vietnam's Membership in ASEAN: Economic, Political and Security Implications", *Contemporary Southeast Asia*, Vol. 16, No. 3, December 1994, pp. 259 – 273.

面积极维护具有影响力的区域合作框架与机制,坚持东盟在机制中的主导作用。在合作领域上,越南加强与东盟在国防安全方面的合作,以深化区域合作层次;在合作机制上,在加强东盟在 ARF 机制中主导作用的同时,越南积极推动多边安全合作新机制的建立,以实现外交工具和平台的多样化。

2010 年,越南在担任东盟轮值主席国期间,提出了多个安全倡议,得到东盟内的高度评价与积极响应。2010 年 9 月 28 日—10 月 1日,在越南公安部的提议下,在河内召开了首次东盟安全机关负责人会议。这是一个高级别的安全合作咨询机制,不仅就区域与国际重大安全问题进行交流,而且共同协商应对措施,形成统一意见。在越南的主持下,会议通过了东盟安全合作的目标、原则与重大内容,为建立更加紧密有效的安全合作机制奠定了坚实基础。2010 年 7 月 2 日,关于首届东盟防长扩大会议(ASEAN Defence Ministers Meeting-Plus,简称 ADMM-Plus 或 ADMM +)的筹备会议在越南大叻召开,会议确定了 ADMM + 的议程、议题、未来发展等相关内容。越南国防部副部长阮志咏表示,ADMM + 是东盟与域外大国之间关于国防安全合作的新机制,将以独特的模式为地区的和平稳定提供动力机制。[①] 2010年 10 月 12 日,首届东盟防长扩大会议(ADMM +)在河内召开,会议确立了五个合作领域:海上安全、人道援助与救灾、反恐维和与军事医学,旨在增强东盟与亚太地区有关国家间的互信与合作,特别是共同应对跨国非传统安全挑战。[②]

东盟防长扩大会议其实就是国防领域的"10 + 8"合作。这是一个具有战略意义的新对话机制,是东盟各国国防部长与 8 个东盟对话伙伴国的国防部长间的开放性论坛,包括了几乎所有地区强国:美国、中国、俄罗斯、日本、印度等,以讨论地区安全问题,维持地区稳定与和平。这是首个东盟与亚太所有大国间的高级别国防合作论坛,有助于应对共同安全挑战。东盟内部的国防合作始自 2004 年第

---

① 《东盟防长扩大会议筹备会召开》 (http://www.qzbsg.gov.cn/zt/gzdm/Details/c6224a77 - c8bc - 41d3 - b5cf - 56a2a2e5766b)。

② "ASEAN defence ministers meeting", http://asean.org/asean - political - security - community/asean - defence - ministers - meeting - admm/overview/.

10 届东盟首脑峰会。第 10 届东盟首脑峰会不仅通过了《东盟安全共同体行动纲领》，而且明确提出了召开东盟防长会议（ADMM）的共识。《东盟安全共同体行动纲领》就处理联盟内国家关系的原则、有效的冲突预防和解决机制、冲突后和平重建等内容达成一致，推动了东盟内部的安全合作进程。根据东盟首脑峰会已达成的共识，2006年 5 月 9 日，首届东盟防长会议在吉隆坡召开。为了贯彻东盟防长会议的开放性原则，2007 年，第 2 届东盟防长会议通过了《东盟防长会议扩大概念书》，提出建立一个东盟与 8 个对话伙伴国之间的安全机制，以加强安全与国防合作，维护地区和平、稳定与繁荣。2009年 2 月 25—27 日，第 3 届东盟防长会议通过了《ADMM +：成员原则概念文件》，对东盟防长扩大会议的成员提出了具体要求，如应为东盟全面对话国；应与东盟在国防领域确有合作；能够切实加强区域安全等。[①]

　　尽管东盟防长扩大会议的成立是在东盟设定议程之内的，但作为2010 年东盟轮值主席国，越南对该机制的积极推动为会议的成功召开发挥了重要作用。2010 年以来，中美之间因对台军售、黄海军事安全、南海航行自由等问题，矛盾和分歧不断，同时制约地区各国经济发展、影响民生安全的诸多挑战层出不穷。在此背景下，越南积极推动首届东盟防长扩大会议的召开具有重要的意义。阮晋勇认为，首届东盟防长扩大会议的举行标志着东盟与对话伙伴的防务安全合作迈入了"新阶段"。该机制不仅可以增强亚太国家间的军事互信，促进中美在区域的互动合作，而且有助于推动亚太国家共同应对非传统安全威胁。同时，该机制也成为越南发挥作用，开展多边外交的有利平台。

　　2010 年，越南在担任东盟轮值主席国期间，不仅促进了东盟内部及东盟与对话伙伴国之间的国防安全合作，推动了区域国防安全合作新机制的建立，而且成功地将美国、俄罗斯拉入东亚峰会。越南学者评价称，"这是东盟为影响东亚政治外交秩序而做出的最新战略调

---

　　① "About ADMM-plus"，https：//admm. asean. org/index. php/about – admm/about – admm – plus. html.

整"，并认为，"这是东盟，更是越南的外交胜利"①。在政治安全领域，通过与东盟成员国加强双边合作，越南克服了政治制度障碍，增强了区域内的信任关系；通过创立向外部伙伴国扩展的东盟政治安全新机制，越南增强了在东盟政治安全领域的影响力与发言权。同时，越南在东盟政治安全领域的积极作用，也为其谋求在东盟框架内解决南海争端创造了便利条件。

三　从东盟化到国际化：寻求区域争端解决

随着亚洲，特别是东亚成为世界经济发展的新动力，该地区吸引了全球的关注，而中国的快速崛起也带来了地区及世界范围内权力结构的调整。这种调整充分地体现在大国对南海问题的博弈上。南海是中国战略防御的前沿阵地，中共十八大提出，中国要建立海洋强国，不仅是建立现代可持续发展的海洋经济，也要有能力保护国家的领土主权。在美国亚太再平衡战略中，南海占据重要位置，成为中美博弈的主要战略区域。而日本、印度、俄罗斯等区域强国出于战略和经济等目的也加大了对南海问题的参与力度。大国博弈，特别是域外大国强势介入南海问题，提高了部分南海声索国对形势误判的概率，加剧了南海局势的动荡。随着大国博弈的加剧，越南的南海政策不断地调整，从遵从南海争端双边解决路径，到推动南海问题的东盟化、国际化，以期争取其国家—民族利益的最大化。这不仅使南海问题中的利益更加多元化、复杂化，也使区域安全日益紧张化。

（一）越南的海洋战略及南海策略转变

越南三面环海，海岸线长 3260 公里，是一个注重海洋利益的国家。1991 年，越共七大已把保护海洋权益、全面开发利用海洋资源置于战略高度，提出了"二十一世纪是海洋世纪"的口号。1993 年5 月 6 日，越共政治局发布关于发展海洋经济的第 03 – NQ/TW 号决议。1996 年 7 月，在越共八大上，越南首次集中强调了有关海洋相关领域发展问题，提出了促进海洋经济发展与保障国防安全相结合的

---

①　Nguyễn Hùng Sơn, Vai trò của ASEAN trong Trật tự tự Đông Á tới năm 2020 và Định hướng chính sách đối ngoại của Việt Nam, Luận án Học viện Ngoại giao, năm 2013.

措施，明确了海洋及沿海地区的战略重要性及战略地位。"海洋及沿海地区是涉及经济、安全和国防的战略区域，具有诸多竞争优势，是我国加大国际交流、吸引外资的门户。……应大力开发海洋资源，为发展经济，保卫和行使海洋权益创造有利条件。"①

　　进入21世纪以来，越南进一步强调海洋经济的重要性，实施海洋战略，向海洋进军，为其经济发展服务。2001年，越共九大将海洋经济发展与保卫海洋安全相结合的战略部署进一步具体化，"制定海洋与海岛经济发展战略……加强水产养殖、开发与加工；油气勘探开发和提炼；发展海上运输和造船业；扩大旅游；保护环境；加大出海与行使海洋权益……，经济发展与保卫海上安全紧密结合"②。2006年，越共十大强调："有重点地在比较优势明显的领域发展海洋经济，与保卫国防安全、国际合作相结合，把我国建设成为海洋经济强国。"2007年，越共十届四中全会通过了《2020年越南海洋战略》，提出建设"海洋强国、海洋富国"的海洋战略总目标。③ 《2011—2020经济社会发展战略》确立了以海洋经济区为核心的经济发展战略，并将海洋产业占经济比重提高到2020年的55%，④ 目前，原油、水产品是越南的主要出口产品，海洋成为越南实现未来经济社会发展的关键。能否确保对南海占领区的控制，不仅是越南的"主权"问题，更是越南经济能否可持续的发展问题。

　　随着中国崛起，越南对华警惕性和防范心理加重，⑤ 确保对南海"主权"的控制已成为越南海洋战略强调的重点。抓住战略机遇期，合法化其在南海的既得利益成为越南在南海的主要诉求。2006年，越南加强了与域外大国在海上石油勘探领域的合作，并于2007年在

　　① Đảng Cộng sản Việt Nam, *Văn kiện Đại hội đại biểu toàn quốc lần thứ VIII Đảng Cộng sản Việt Nam*, HN: Nxb. Chính trị Quốc gia, năm 1996, tr. 211.

　　② Đảng Cộng sản Việt Nam, *Văn kiện Đại hội đại biểu toàn quốc lần thứ IX Đảng Cộng sản Việt Nam*, HN: Nxb. Chính trị Quốc gia, năm 2001, tr. 181–182.

　　③ "Báo cáo chính trị của Đại hội đại biểu toàn quốc lần thứ X Đảng Cộng Sản Việt Nam", http: //123.30.49.74: 8080/tiengviet/tulieuvankien/vankiendang.

　　④ Le Hong Hiep, "Vietnam's Strategic Trajectory: From Internam Development to External Engagement", *Strategic Insights*, Australian Strategic Policy Institute, June 2012, p. 9.

　　⑤ 李春霞：《越南官方媒体的中国认知变迁分析——以越南〈人民报〉（2000—2011）为样本》，《当代亚太》2012年第5期，第97—120页。

南沙群岛建立"市镇"行政体系。2009年，越南政府任命了"黄沙群岛（即我西沙群岛）主席"；2011年，越南政府在其强占的南沙群岛部分岛屿举行所谓"国会代表"选举；在南海相关海域举行海上实弹演习；在南海争议岛礁进行渔业、旅游和能源资源开发，建设战略设施等。2012年6月21日，越南国会通过《越南海洋法》，将西沙群岛和南沙群岛包含在越南"主权"和"管辖"范围内，并于2013年1月1日正式实施。该法律将《2020年越南海洋战略》的主要内容纳入立法，将发展海洋经济的原则、重点产业、规划等以法律形式确定下来，成为越南落实海洋战略的法律依据。

　　自美国提出重返亚太，特别是2009年美国国务卿希拉里在东盟外长会议上宣布"美国归来"后，越南的南海策略不断调整，外交日益活跃。2011年，越共十一大首次提出以"国家—民族利益"作为外交工作的根本原则，"国家—民族利益，既是外交活动的目标也是最高原则，是近九千万越南人民的最高利益，也是四百万海外越南人的最高利益"①。领土领海主权问题是国家的核心利益，这一外交根本原则的确立无疑为越南的南海策略转变奠定了政策基础。正如越南学者所言，这一新原则的提出体现了越南保卫国家核心利益与维护领土完整的决心，同时，这一新原则的提出也直接影响了越南的南海策略。②越共"十一大"关于南海策略的调整可概况为南海问题的东盟化与国际化。

　　对于越南，围绕海上问题最大的争议区是南海，而涉及的主要争议方是中国。越南提出对整个西沙群岛及部分南沙群岛的主权要求。而在中越建交后的二十多年里，越南一直承认并支持中国对南沙群岛和西沙群岛的主张。1956年和1958年，越南外交部副部长雍文谦和总理范文同曾分别公开承认过。1958年9月5日，中国政府发表

---

　　① Phạm Bình Minh，"Đường lối đối ngoại và sự phát triển tư duy đối ngoại của Đại hội Đảng lần thứ XI"，http：//www. mofa. gov. vn/vi/nr040807104143/nr040807105039/ns111010 235902#zZXDi4XeOTh2.

　　② Nguyễn Hùng Sơn，"Chính trị nội bộ：'Làn sóng ngầm' quyết định vấn đề biển Đông"，trích từ Đặng Định Quý，*Nguyễn Minh Ngọc cb.*，*Biển Đông：địa chính trị，lợi ích，chính sách và hành động của các bên liên quan*，HN：Nxb. Thế giới，tr. 63 – 75.

《中华人民共和国政府关于领海的声明》，宣布中国的领海宽度十二海里，并称该规定适用于中国一切领土，包括东沙、西沙、中沙、南沙群岛。① 9 月 7 日，越南《人民报》发表文章，称中国政府的声明"是完全正当的""越南人民完全赞成"②。但 1975 年 9 月，越南战争刚刚结束，当时的越共总书记黎笋访华时，首次向中国提出对西沙群岛和南沙群岛的主权要求。③ 其后，随着海洋国土观的逐步确立和现代科学技术的飞速发展，越南逐步提出并实施"海洋战略"，对南海问题的争夺更加迫切和激烈。现实的利益与主权诉求，再加上民族意识中对中国"北方大国"的警惕与防范，近年来，越南连续爆发了针对中国的示威游行，成为中越关系发展中的杂音。

在中国崛起，周边战略环境复杂演变的背景下，争取与东盟协调一致是"倍增"越南实力的最好方法。在南海争端中，越南在东盟中的地位与作用就是越南与他国关系中的"优势"④。为了借力东盟，实现南海问题的东盟化，越共十一大不仅清楚定位越南是"一个东南亚国家，一个东盟成员"，而且提出"优先与东盟发展伙伴关系"，"主动、积极、负责任地建立强大东盟共同体"⑤，并且将东盟的外交优先等级提升至与"有共同边界的传统友好邻国"相同地位。⑥ 越南学者认为，"当前到 2020 年，我们的目标应当是'维持现状'，也就是牢牢保住我们在南海现有的东西，坚决反对中国在长沙群岛（即我南沙群岛）的侵略行为"⑦，在手段上应当"以东盟成员身份，发

---

① 《中华人民共和国政府关于领海的声明》，《人民日报》1958 年 9 月 5 日。

② *Báo Nhân Dân*，ngày 7 tháng 9 năm 1958.

③ "On China's sovereignty over Xisha and Nasha Island"，*Beijing Review*，24 August 1979，p. 24.

④ Phạm Bình Minh, "Đường lối đối ngoại và sự phát triển tư duy đối ngoại của Đại hội Đảng lần thứ XI", http：//www. mofa. gov. vn/vi/nr040807104143/nr040807105039/ns111010235902#zZXDi4XeOTh2.

⑤ Đảng Cộng sản Việt Nam, *Văn kiện Đại hội đại biểu toàn quốc lần thứ XI Đảng Cộng sản Việt Nam*, HN：Nxb. Chính trị Quốc gia, năm 2011, tr. 237.

⑥ Phạm Bình Minh, "Đường lối đối ngoại và sự phát triển tư duy đối ngoại của Đại hội Đảng lần thứ XI", http：//www. mofa. gov. vn/vi/nr040807104143/nr040807105039/ns111010235902#zZXDi4XeOTh2.

⑦ Lê Văn Mỹ, *Ngoại giao Trung Quốc và tác động đối với Việt Nam trước sự trỗi dậy của Trung Quốc*, HN：Nxb. Từ Điển Bách Khoa, năm 2013, tr. 212 – 214.

挥多边机制作用"①，最大限度地争取利益。依托东盟，在多边外交平台上应对和解决南海争端成为越南南海策略的选择。

为了增强其在南海问题上的战略优势，借力大国博弈，越南积极推进国防安全领域的多边合作。越共十一大政治报告明确指出，要把海军现代化建设放在首要地位，不仅将"牢牢捍卫独立、主权和领土完整"补充为国家目标之一，而且明确提出要"通过加强国际合作来维护海洋岛屿的主权"，并将"主动加强国防安全领域的国际合作"作为"国防、安全和外交"的指导方针，"融入国际"战略的重点。② 2013 年，越共政治局发布的第 22 - NQ/TW 号决议明确提出，"主动积极参加多边机制"，"有效开拓外部资源，制定和落实与保卫祖国、确保安全新思维相符的国防安全融入战略"③。拉多国介入，加强与大国间的安全合作，对中国施加压力，是越南南海策略调整的明确目标。为应对"南海局势的复杂演变"，越共十二大经反复讨论，在"牢牢捍卫国家主权、独立、统一和领土完整"前面加了"坚决、坚持"④，体现了越南对维护其南海既得利益的坚定态度。

随着大国在南海地区的博弈加剧，越南已将依托东盟，以及多边机制下的"国际合作"作为其应对南海问题的重要渠道，并努力将其政策化、制度化和法律化。越南所谓南海问题的"国际合作"，其实质即是推动南海问题的东盟化和国际化。

（二）越南推动南海问题的东盟化

1. 东盟国家关于南海问题的态度

东盟有四个成员国涉及南海争端，四国之间有相互间的重叠区，但主要是与中国存在不同程度的主权争端。马来西亚和文莱关于南海

---

① Nguyễn Hùng Sơn, "Chính trị nội bộ: 'Làn sóng ngầm' quyết định vấn đề biển Đông", trích từ Đặng Đình Quý, Nguyễn Minh Ngọc, *Biển Đông: địa chính trị, lợi ích, chính sách và hành động của các bên liên quan*, HN: Nxb. Thế giới, tr. 63 - 75.

② Đảng Cộng sản Việt Nam, *Văn kiện Đại hội đại biểu toàn quốc lần thứ XI Đảng Cộng sản Việt Nam*, HN: Nxb. Chính trị Quốc gia, năm 2011, tr. 236.

③ Nghị quyết số 22 - NQ/TW ngày 10/4/2013 của Bộ Chính trị về hội nhập quốc tế, http: // www. dangcongsan. vn/he - thong - van - ban/chi - tiet - van - ban/id/264. html.

④ Báo cáo chính trị của Ban Chấp hành Trung ương Đảng khóa XI tại Đại hội đại biểu toàn quốc lần thứ XII của Đảng, http: //dangcongsan. vn/tu - lieu - van - kien/van - kien - dang/van - kien - dai - hoi/khoa - xii/doc - 3331201610175046. html.

的权力主张正在弱化，只有越南与菲律宾强烈提出在南海的主权要求，菲律宾甚至依据 1982 年《海洋法》第 287 条和附录七将中国起诉到了国际法庭。

越南学者将东盟国家关于南海问题的立场大致分为五类：一是柬埔寨与缅甸，支持中国观点（尽管缅甸政局正在改变，可能会影响到其外交政策）；二是菲律宾，与中国存在直接争端，同时又是美国的同盟，在南海问题上采取相对强硬政策；三是马来西亚、新加坡、印尼、文莱，虽存在海上争端，但程度低（新加坡与中国没有海上争端，但与美国关系亲密），它们不赞成中国立场，但也不愿坚决反对，以避免影响与中国关系；四是老挝、泰国，两国忌讳牵扯入海上争端问题，它们只关心与中国的经贸利益，对南海问题漠不关心；五是越南，越南是东盟国家中最特殊的国家，越南在南海问题上与中国争议最大，同时也是与中国有传统友好关系与"全面战略合作伙伴关系"的国家。① 也就是说，东盟各成员国在南海问题上，存在着各自不同的国家利益，在解决办法上自然也各有各的考虑与打算，很难达成一致。再加上东盟原则的非约束性，东盟学者认为，南海问题已经造成了东盟的分裂，即置身争端之外的一方和与中国有直接争端的一方。②

东盟国家对南海问题的立场与态度各不相同。柬埔寨、老挝和缅甸不是南海争端的声索国，而且在贷款、投资、贸易等经济领域对中国依赖较重，所以在该问题上相对保持中立。泰国与新加坡在南海问题上也不存在直接利益关系，基本保持"不干涉"立场。印尼、马来西亚、文莱虽然在南海问题上有相关利益诉求，但并不强烈。只有菲律宾与越南在南海问题上存在强烈的要求。两国呼吁东盟采取统一立场，以对中国施加影响。两国试图通过东盟集体力量对抗中国的做法，引起了东盟其他国家的反感与警惕。2012 年，因东盟各国对南海问题的分歧，东盟外长会议 45 年来第一次没有达成共同宣言，李

---

① Lê Văn Mỹ, *Ngoại giao Trung Quốc và tác động đối với Việt Nam trước sự trỗi dậy của Trung Quốc*, HN：Nxb. Từ Điển Bách Khoa, năm 2013, tr. 212 – 214.

② Veeramalla Anjaial, *Jakarta Post* 11/10 /2013, http：//iseas. vass. gov. vn/noidung/tin-tuc/Lists/ChinhTriAnNinh/View_ Detail. aspx? ItemID = 12.

光耀在接受采访时认为，"越南不能强迫东盟协调一致来支持他们的观点"①。越南则认为，造成这一结果的直接原因是柬埔寨作为主办国和东盟轮值主席国，有意偏向于中国的结果。

越南认为，东盟作为一个区域组织，有利于增强越南在南海问题上的谈判实力与国际影响力。② 这与越南加入东盟时的安全考虑相一致，"加入东盟后，南海问题将从双边问题变成中国与东盟的多边问题"，这样，就把越南的国家安全与整个东南亚地区安全融合在了一起。③ 所以，在南海问题上借东盟之力，或以东盟之名巩固和增强自身实力，是越南始终坚持的战略路线。

2. 越南推动东盟就南海问题形成统一立场

在南海问题上，越南一直致力于以东盟集体身份与中国进行谈判。由于东盟各成员国在南海问题上利益不同，很难就此达成一致，所以越南采取慎重、灵活的处理方式，持续不断地推动越南与东盟在南海问题上的合作。为了能够加强东盟在这一问题的统一立场，越南首先积极处理与东盟内部相关国家的主权争端。90 年代，越南相继与马来西亚签订了《重叠区资源共同开发合作协定》（1992 年 6 月 5 日）；与泰国、马来西亚签订了《大陆架重叠区共同开采油气合作协定》（1992 年 6 月 5 日）；与菲律宾签订了《南海基本应对九原则协定》（1995 年 11 月 7 日）；与泰国签订了《泰国湾重叠区划界协定》（1997 年 8 月 9 日）等，奠定了最终形成《南海各方行为准则》（COC）的基础。其次，越南有意加强与其他声索国间的联合与协调，特别是与菲律宾、马来西亚等。最后，越南不断敦促其他东盟成员国加强对南海区域安全的重视，争取它们在立场上的理解和支持，特别是争取印尼、老挝等与越南有外交传统的国家。

越南自加入东盟后，就一直呼吁《南海各方行为准则》的起草与谈判。越南希望以东盟的集体力量推动南海争端的解决，约束中国

① Lee Kuan Yew, *One Man's View of the World*, Singapore: Straits Times Press, 2013, pp. 159 – 203.

② Phạm Quang Minh, "ASEAN và sự lựa chọn của Việt Nam trong giải quyết xung đột ở biển Đông", *Nghiên Cứu Đông Nam Á*, số 1, năm 2014, tr. 3 – 9.

③ Nguyễn Phương Bình, "Về việc Việt Nam gia nhập ASEAN", *Nghiên Cứu Quốc Tế*, số 5, năm 1994, tr. 26.

在南海的行为。但东盟国家还普遍存在对越南的不信任与疑虑，担心卷入越南与中国之间的领海争端。尽管越南强调 COC 不是法律，不涉及主权争端的解决，只是建立重要信任的措施，但因其涉及政治安全的重大敏感性问题，所以，东盟其他成员国对此非常谨慎。越南利用一切机会，创造一切条件，为这一目标而努力。1998 年，越南利用其主办第 6 届东盟首脑峰会之机，游说和动员东盟其他成员国支持 COC；1999 年 7 月，第 32 届东盟外长会议上，越南与菲律宾起草了 COC 草案，并动员东盟达成一致，以早日与中国进行协商。2000 年，越南外长阮怡年在回答中国记者采访时称，"我相信东盟与中国将在年底签订 COC"①。而实际情况是，直到 2002 年，东盟与中国正式签订了《南海各方行动宣言》（DOC），而非 COC。2003 年，随着东盟一体化进程的加快，以及东盟共同体目标的提出，特别是东盟政治安全共同体的建立，越南将南海问题纳入政治安全共同体的框架之下，积极推动东盟形成一致意见。在东盟会议上，越南常将海上重叠区的划界、解决渔民在重叠海域捕鱼等问题，作为东盟共同体建设中的难点和挑战提出，以推动东盟与中国展开 COC 的谈判。

近年，随着中国崛起，东盟对中国的战略防范心理加剧，越南借机大力推动南海问题的东盟化。2010 年，越南借担任东盟轮值主席国之机，把 DOC 列为第 16 届东盟首脑峰会的主要议题之一，以试探各方对于南海问题的态度。2010 年 12 月，东盟各国以集体身份，开始与中国专员级官员就将 DOC 提升为 COC 进行谈判。2011 年，东盟与中国通过了《中国与东盟落实 DOC 指导方针》，切实为 DOC 的落实提供具体措施。通过煽动国内民族主义情绪，联合域内争端国家，拉拢域外大国插手等手段，越南将南海问题炒作为地区和平稳定的最大威胁。2011 年 7 月 27 日，在中越南海矛盾上升之际，东盟成员国海军司令会议在越南河内召开，首次正式讨论南海的安全形势。越南海军司令阮文献在会上呼吁东盟各国应当加强海军合作，保卫海上安全。2012 年 6 月，为促进 COC 签订，越南推动东盟完成了《东盟关

---

① Nội dung cuộc gặp gỡ báo chí của Bộ trưởng Ngoại giao Nguyễn Dy Niên nhân dịp kết thúc Hội nghị AMM – 33, ARF – 7 và PMC ngày 30 tháng 7 năm 2000, http：//www. mofa. gov. vn/vi/cs_ doingoai/pbld/ns04081814261861.

于 COC 必要内容的观点材料》，并呈报金边召开的第 45 届东盟外长会议，以明确东盟关于 COC 的主要观点。

美国"重返东南亚"为越南有效推动南海问题东盟化提供了有利条件。随着大国在南海的博弈加剧，持续不断的军事演习与区域国家的军备竞赛之势，使东盟对区域安全的担忧加剧。利用各种东盟场合，越南将中国在南海的维权行为称作"地区安全威胁"①，突出和强调区域"冲突"的可能，并将南海问题作为东盟政治安全共同体建设中的主要障碍，呼吁东盟应在南海问题上持"统一立场"。越南国防部国防战略院副院长阮红军少将称，"中国图谋军事控制东海（即我南海）的国际航道，以阻断美国在区域的影响，……中国欲以综合实力胁迫东盟在东海问题上让步，企图将东海纳入中国的利益范围，达到独占东海的目的"，并警醒东盟各国认清中国的战略手段和目的。② 2010 年，越南借担任东盟轮值主席国之机，把南海问题列为第 16 届东盟首脑峰会的主要议题之一，以试探各方态度。同年，越南成功地将美国和俄罗斯拉入东亚峰会（EAS）和东盟防长扩大会议（ADMM +），形成以东盟为中心、大国参与的多边机制，加强东盟在管控南海问题上的领导力与机制建设。2011 年 7 月27 日，在越南国内持续发生全国性反华示威游行，中越南海矛盾上升之际，越南在河内召开了东盟成员国海军司令会议，首次正式讨论南海的安全形势。越南海军司令阮文献在会上呼吁东盟各国应当加强海军合作，保卫海上安全。2012 年，借中国与东盟签订《南海各方行为宣言》（DOC）十周年之机，越南积极推动东盟与中国达成有关《南海各方行为准则》（COC）的协议，并在东盟内部形成了《东盟关于 COC 必要内容的观点材料》，为与中国谈判 COC 奠定了基础。

借助美国强势介入后的大国博弈，在一定程度上，可以说越南促进了南海问题的东盟化。在 2009 年第 16 届东盟地区论坛（ARF）

① Hà Anh Tuấn, "Yếu tố chiến lược trong tham vọng Biển Đông của Trung Quốc", Nghiên cứu Quốc tế, số 1, năm 2015, tr. 59 – 78.

② Nguyễn Hồng Quân, "Mưu đồ độc chiếm Biển Đông của Trung Quốc và đối sách của ASEAN", Nghiên Cứu Quốc Tế, số 1, năm 2015, tr. 41 – 58.

上，只有不到一半的成员支持南海问题的"国际化"和"航海自由"立场，但到第 17、18 届 ARF，已有过半的成员支持，到 2012 年的第 19 届 ARF，28 个成员中的 25 个都在发言中提到南海问题。① 东盟学者称，"中国在南海的行动对于东盟各国是一个现实的灾难，东盟推行 COC 失败以及 2012 年柬埔寨东盟外长会议未通过《共同宣言》，都是中国对东盟实施'切香肠'战略的结果"②。2014 年 5 月 10 日，中越"981 钻井平台"事件发生后不久，在缅甸召开的第 47 届东盟外长会议经过长时间的争论，最后一致同意就当前南海局势以东盟外长名义发表四点重要宣言。尽管宣言只是重复原有原则，并没有实质内容，但越南副外长范光荣认为意义重大。他认为，会议从 9 点开始一直到 14 点结束，而且这是自 1995 年以来，东盟外长会议就某一具体热点问题单独发表宣言，所以表明了"东盟不仅重视这一问题，而且已形成了统一立场"③。新加坡外长尚穆根也表示，"在南海局势紧张之时，东盟不能保持沉默"。澳大利亚国防大学越南问题专家卡莱尔·塞耶分析认为，"宣言的发表表明，与之前相比，东盟领导人在南海问题上达成了更高的一致性"④。尽管东盟在南海问题上仍存在诸多矛盾，但东盟已将南海问题视为建设东盟政治安全共同体的重点，确保全面落实 DOC 也成为东盟 14 个优先目标之一。

越南在推动南海问题东盟化的同时，也注重借力东盟推动南海问题的国际化。对于越南，多边主义（尤其是作为东盟成员）是保障其自身安全的一个有力武器，但是多边主义是由强大双边支撑的，正如越美关系在处理南海问题中的作用。⑤ 东盟在越南的南海战略中发挥着重要的平台作用，但东盟在国际社会中的地位与作用需要大国，

---

① Nguyễn Hồng Quân, "Mưu đồ độc chiếm Biển Đông của Trung Quốc và đối sách của ASEAN", *Nghiên Cứu Quốc Tế*, số 1, năm 2015, tr. 41 – 58.

② William Chông, "Các chuyên gia nói về chính sách cát lát xúc xích của Trung Quốc", http: //vov. vn/bien – dao/cac – chuyen – gia – noi – ve – chinh – sach – cat – lat – xuc – xich – cua – trung – quoc –456679. vov.

③ "ASEAN ra tuyên bố lịch sử về biển Đông", http：//iseas. vass. gov. vn/noidung/tintuc/ Lists/ChinhTriAnNinh/View_ Detail. aspx? ItemID = 8312/05/2014.

④ Như trên.

⑤ Frederick Z. Brown, "Rapprochement between Vietnam and the US", *Contemporary Southeast Asia*, Vol. 32, No. 3, December 2010, pp. 317 –337.

特别是中美的支持与认可。所以，越南在力促东盟成员国形成"统一立场"的同时，呼吁东盟以航海航空安全和自由为名推动南海问题的"国际化"，主动创建南海问题的多边机制，争取域外大国与国际社会的支持。

（三）越南力促南海问题的国际化

众所周知，南海不仅资源丰富，而且是连接印度洋与西太平洋最短的航海线路，具有重要的战略地位。在当前中国崛起，国际体系加速转型的背景下，复杂的南海局势引起了域外大国的关注，并为它们插手地区事务提供了更多机会。无论是美国、日本对南海的重视，还是印度、俄罗斯等在南海的利益捆绑，背后多少都隐含着对中国的战略疑虑。越南正是看到了这一点，即国际社会对中国在南海战略意图的不信任，[①] 才致力于推动南海问题的国际化，利用国际舆论和域外大国向中国施加压力，以提升越南自身在南海争端中的实力与地位。可以说，正是大国在地区的博弈，为越南提供了南海问题国际化的可能与条件。

1. 通过多种手段就南海问题制造国际舆论

通过法律、学术、侨务等手段，越南不断就南海问题制造国际舆论。借助国际法和国际规制，加强国际社会对南海问题的关注，博取国际社会的同情，已成为越南南海策略的一个重要特点。越南利用国际社会对人权的关注，极力将越南渔民塑造成为南海的"受害者"，"中方在黄沙海域加强巡逻，驱逐越南渔民，甚至采取暴力行为，危及渔民性命，使得越南渔民担忧害怕，不敢出海作业"；"越南渔船遭到中国渔政船的控制，中方人员使用电棒相威胁，并将船只拖往附近海域"[②]。这样的报道在越南主流媒体上随处可见，特别是在中国宣布实施伏季休渔或在南海合法勘探开采考察时。此类报道还往往配有渔民凄苦的图片及表述，充分利用弱者优势博取国际同情。而

---

① Nguyễn Hồng Quân, "Mưu đồ độc chiếm Biển Đông của Trung Quốc và đối sách của ASEAN", *Nghiên Cứu Quốc Tế*, số 1, năm 2015, tr. 41 – 58.

② "Ngư dân Quảng Nam tố tàu hải cảnh Trung Quốc tấn công", http：//vnexpress. net/tin - tuc/thoi - su/ngu - dan - quang - nam - to - tau - hai - canh - trung - quoc - tan - cong - 3366504. html. "Thêm tàu cá tố bị Trung Quốc tấn công ở Hoàng sa", http：//vnexpress. net/tin - tuc/thoi - su/them - tau - ca - to - bi - trung - quoc - tan - cong - o - hoang - sa - 3372289. html.

据知情者透露，越南政府存在组织和资助南海海域渔民蓄意滋事的事实。①

同时，越南学者认为，在当前国际社会不断公开化和透明化背景下，越南作为一个中小国家，应当充分参与国际机制，运用国际法等手段保护自身权益。② 2009 年，越南成立了越南律师协会③，隶属于"祖国阵线"，主要政治任务就是研究海洋及海岛的法理依据，保卫国家主权。同年 5 月 6 日，越南和马来西亚向联合国联合提交了 200 海里外大陆架"划界案"，随后越南还单独提交了"划界案"，声称对中国南海群岛和西沙群岛拥有主权，引起了国际社会的广泛关注。越南还与菲律宾等国根据《联合国海洋法公约》，对中国南海断续线不断提出质疑，并加强在争议区域的执法巡逻和油气开采活动。2014 年，在"981 钻井平台"事件中，为了引起国际舆论的关注，进一步推动南海问题的国际化，5 月 20 日和 6 月 5 日，越南两次致函联合国，并同时向常驻日内瓦的其他国际组织、各国媒体等发函，反对中国在其声称的专属经济区和大陆架内设置钻井平台，诬告中国侵犯其"主权"。2014 年 12 月，不顾中方的警告，越南向国际仲裁法庭表达了对"南海仲裁案"的立场，希望法庭关注"越南的法律权益"，④ 给出公正、客观的判决。⑤ 2016 年 7 月 12 日，南海仲裁案裁决结果出来后，越南认为这是首次通过仲裁机构解决南海争端的法

---

① 《越南：中国本月再度对越渔船"动手"》（http：//military. china. com/important/11132797/20130712/17942077_ 1. html）。

② "Chuyên gia Việt lo Trung Quốc-Philippines đi đêm sau phán quyết Biển Đông", http：//vnexpress. net/tin – tuc/the – gioi/phan – tich/chuyen – gia – viet – lo – trung – quoc – philippines – di – dem – sau – phan – quyet – bien – dong – 3451105. html.

③ 该协会内设专门从事国际法研究的律师，负责有关南海争端问题的法律研究，并以协会和律师个人名义，向国内民众和国际社会宣扬越南主权，反对中国在该地区的维权行为。

④ "Vụ kiện Philippines-Trung Quốc：Việt Nam mong muốn Toà Trọng tài công bằng và khách quan", http：//anninhthudo. vn/thoi – su/vu – kien – philippines – trung – quoc – viet – nam – mong – muon – toa – trong – tai – cong – bang – va – khach – quan/688597. antd.

⑤ "Phát biểu của Người Phát ngôn Bộ Ngoại giao Lê Hải Bình về phản ứng của Việt Nam trước việc Tòa Trọng tài vụ kiện Phi-lip – pin-Trung Quốc sẽ ra phán quyết cuối cùng", http：//www. mofa. gov. vn/vi/tt_ baochi/pbnfn/ns160704144935.

律努力，具有重大意义。① 越南国际法专家认为，"尽管此案并不能解决主权归属问题，只是厘清有关海上相关法律问题，但该案的确获得了良好的国际反响，值得越南借鉴"②。越南律师黄玉焦甚至呼吁，"为了从法理上阻止中国单方面宣布扩大填造区域的经济专属区，越南应当像菲律宾一样起诉中国"③。

学术活动和海外越侨是越南保持南海问题国际关注度的重要渠道。2009 年，越南外交部下属院校外交学院成立了"东海研究中心"，11 月 27 日，外交学院与越南律师协会共同主办了有 22 个国家 50 多位学者和官员参加的首届"东海国际研讨会"，以学术途径为南海问题国际化制造舆论，使南海主权争端不再只是相关国家之间的双边问题或区域问题，而是国际社会普遍关注的议题。目前，该国际研讨会已举办六届，影响力不断扩大。以民间非政府组织名义出现的"东海研究基金会"，以资助和推动越南国内南海研究成果国际化为己任，利用基金会成员的社会影响力提升南海问题的国际关注度。同时，越南还发动和组织海外越侨，以海外越侨团体名义，在当地国组织示威游行、举办展览和座谈会、签署"请愿书"等，以声援祖国"保卫海岛和国家主权"的斗争。为争取海外越侨在"保卫海岛"中的理解与支持，越南曾邀请有反共思想的越侨参加南沙工作考察团，亲眼见证政府保卫海岛"主权"所做的工作。④

2. 拉拢域外大国介入南海事务

通过双边和多边层面的合作，越南不断拉拢美国等域外大国介入南海事务。越南学者认为，如何维护越南的南海"主权"并不完全

① "Tuyên bố chính trị không thay thế được văn kiện pháp lý", ngày 26 tháng 7 năm 2016, http：//nguyentandung. org/tuyen－bo－chinh－tri－khong－thay－the－duoc－van－kien－phap－ly. html.

② "6 câu hỏi xoay quanh vụ kiện Biển Đông", http：//vnexpress. net/tin－tuc/the－gioi/tu－lieu/phan－quyet－vu－kien－duong－luoi－bo－loi－giai－cho－tranh－chap－bien－dong－3434491－p2. html.

③ "Chuyên gia Việt lo Trung Quốc-Philippines đi đêm sau phán quyết Biển Đông", http：//vnexpress. net/tin－tuc/the－gioi/phan－tich/chuyen－gia－viet－lo－trung－quoc－philippines－di－dem－sau－phan－quyet－bien－dong－3451105. html.

④ "Cảm nhận Trường sa sau chuyến ra đảo của bà con Việt kiều", http：//vov. vn/nguoi－viet/cam－nhan－truong－sa－sau－chuyen－ra－－dao－cua－ba－con－viet－kieu. vov.

取决于越中两国的实力对比，在很大程度上是取决于中美两国的实力对比和未来东亚的格局。① 因此，越南不断加强与美国关系，以期加大其在南海争端中的胜算机会。2008 年，越南总理阮晋勇访美时，小布什宣布保证支持越南的国家主权、安全和领土完整。在中国崛起的背景之下，这种承诺"与南海争端中的美国对中国政策有密切关系"②。也就是说，南海问题成为越美加强联系，推动国防安全合作的契机。2010 年，利用其东盟轮值主席国身份，越南不断推动南海问题的"国际化"，美国是越南的主要拉拢对象。2010 年 7 月，在第 17 届东盟地区论坛上，美国国务卿希拉里宣称"美国在航海自由，开放亚洲海上通道上具有国家利益"，并且认为解决南海争端是"地区稳定的关键所在"③。2010 年 8 月，越南邀请美国航母"华盛顿·乔治"号，反导弹驱逐舰"约翰·麦凯恩"号访问岘港，加强与美国等域外大国的海军合作，在南海区域进行军事演习。同年，美国国防部长盖茨出席首届东盟防长扩大会议，与越南建立了副部长级国防政策对话机制。这是美越两国军方高层的直接对话，意味着越南认为美国在地区的军事存在是合法的，对于双边关系具有转折性意义。④

美国为了确保其在亚太地区的利益，积极插手南海事务。2012 年 7 月 12 日，美国国务卿希拉里指出，在南海问题上，东盟应团结一致，并认为东亚峰会等区域机制为解决南海问题提供了机制，东盟是"讨论南海问题的理想平台"⑤。美国时任国防部部长帕内塔高调访问越南，"扩大其在亚洲的军事存在，以平衡中国不断上升的影响力"⑥。

① Nguyễn Đình Liên, *Quan hệ Việt-Trung trước sự trỗi dậy của Trung Quốc*, HN：Nxb. Tự điển Bách khoa, năm 2013, tr. 355.

② Frederick Z. Brown, "Rapprochement between Vietnam and the US", *Contemporary Southeast Asia*, Vol. 32, No. 3, December 2010, p. 317.

③ Hillary Rodhan Clinton, "Secretary of State, Remarks at Press Availability", National Convention Center, Hanoi, 23 July 2010.

④ Carlylea A. Thayer, "Vietnam's Defensive Diplomacy", *World Street Journal*, August 19, 2010.

⑤ Hillary Rodham Clinton, "The Art of Smart Power", Embassy of the United States, Belgium, July 18, 2012, http://www.uspolicy.be/headline/commentary - secretary - clinton - art - smart - power.

⑥ "Tensions Build as Vietnam Hosts US Navy", by the Associated Press, April 23, 2012.

2013 年 7 月,美国上议院通过了 167 号决议,支持南海主权争端的和平解决。① 美国的南海策略已经从中立日益转为"介入但不陷入",② 越南政府出于其国家海洋利益需要,乐观其变,并积极主动开展美越军事安全合作。

2013 年,越美确立"全面伙伴关系",越南国家主席张晋创访美演讲时直言:"针对变化中的地区和世界局势,包括美国在内的主要大国有责任处理地区热点问题,如'东海'问题。"③ 这表明了越南希望看到美国在亚太发挥更大影响的态度。越南学者也呼吁,区域内国家应与美国加强双边与多边的国防安全合作,为美国的"重返东南亚"创造有利条件,以防御和制衡中国不断增强的军事实力。④ 近年来,军事国防领域的国际化合作,既是越南融入国际的重点领域,也是其与大国合作,推动南海问题国际化的重要手段。美国是越南加强国防合作的重点合作国家。2015 年越美签署《越美国防关系联合愿景声明》,为未来两国国防合作打下基础;2016 年,美国总统奥巴马访越,并宣布全面解除对越南的武器禁运令。尽管出于各种因素,购买美国武器对越南而言并非易事,但越南学者认为,美国解除对越南的武器禁运不仅具有政治、外交等象征意义,更具有安全意义,这是越美军事国防关系发展的重要里程碑。⑤

此外,越南与日本、俄罗斯和印度等区域强国针对南海问题不断协调立场。随着中日在东海问题上的矛盾日益激化,越南与日本之间针对南海问题的合作不断加强。2010 年,自首次"越日战略对话"在越南河内召开,两国签署《战略合作伙伴协议》后,越日又签署

---

① "Thượng nghị viện Mỹ thông qua quyết nghị số 167", Thông tấn xã Việt Nam, ngày 12 tháng 10 năm 2013.

② 陈道银:《蝴蝶效应——越南海权战略及其对中国的影响》,《学术界》2013 年第 7 期,第 60—69 页。

③ "Vietnamese President in Washington Seeking New Relationship", http://www.voanews.com/content/vietnamese - president - in - washington - seeking - new - relationship/1709661.html.

④ Nguyễn Hùng Sơn, Vai trò của ASEAN trong Trật tự Đông Á tới năm 2020 và Định hướng chính sách đối ngoại của Việt Nam, Luận án, Học viện Ngoại giao, năm 2013.

⑤ "Mỹ dỡ bỏ cấm vận vũ khí: cơ hội cho đa dạng hóa cơ cấu vũ khí khí tài?", http://nghiencuubiendong.vn/y - kien - va - binh - luan/5939 - my - do - bo - can - vu - khi - co - hoi - da - dang - hoa - co - cau - vu - khi - khi - tai.

了《越日军事合作备忘录》《海洋战略安保协议》等，促进和深化了日本与越南在海洋安全领域的合作，并在南海问题上采取协调一致的政策。利用美国重返亚太的战略契机，日本与越南积极开展"海洋对话"，谋求建立"对华牵制包围圈"①。日本学者认为，南海问题与中日在东海的争端关联度很高，南海问题的最终解决可以给东海问题提供一个参考样本。② 因此，日本在南海问题上或明或暗地介入，并扮演着"搅浑水和趁火打劫的角色"③。2013 年 1 月 16 日，日本首相安倍访越，被日本媒体视为是日本"围堵"中国战略的重中之重，他公开呼吁越南与日本联手，共同应对中国在地区"日益活跃的行动"，称"日越两国将在地区和平中扮演积极角色"④。

俄罗斯作为越南武器装备的主要提供国，在南海问题国际化背景下，也加强了与越南在能源安全、国防战略领域的合作。根据斯德哥尔摩国际和平研究所（SIPRI）数据，2011—2015 年，越南进口武器的93%来自俄罗斯，军舰和潜艇占进口武器总额的44%，战斗机占37%；⑤ 2016 年，越南向俄订购的 6 艘基洛级柴电静音潜艇全部交付越南海军，将可能部署在南海南部，形成"潜艇伏击区"⑥。通过与越南开展战略对话，签署防务谅解备忘录等，印度加强了其"东向"战略部署，视之为实现其大国战略追求和安全利益的重要一环，⑦ 通

① 张瑶华：《日本在中国南海问题上扮演的角色》，《国际问题研究》2011 年第 3 期，第 51—57 页。

② Ken Jimbo, "Japan, and ASEAN's Maritime Security Infrastructure", *East Asia forul*, June 2, 2013, http：//www. eastasiaforum. org/2012/06/03/japan – and – asean – s – maritime – security – infrastructure/.

③ 张瑶华：《日本在中国南海问题上扮演的角色》，《国际问题研究》2011 年第 3 期，第 51—57 页。

④ Japan woos Vietnam amid shared China concerns, The Associated Press Posted, January 16, 2013.

⑤ "Mỹ dỡ bỏ cấm vận vũ khí: cơ hội cho đa dạng hóa cơ cấu vũ khí khí tài?", http：// nghiencuubiendong. vn/y – kien – va – binh – luan/5939 – my – do – bo – can – vu – khi – co – hoi – da – dang – hoa – co – cau – vu – khi – khi – tai.

⑥ "Vietnams undersea anti-access fleet", http：//thediplomat. com/the – naval – diplomat/ 2012/11/01/vietnams – undersea – anti – access – fleet.

⑦ 方晓志：《对当前印度南海政策的战略解析及前景展望》，《国际论坛》2013 年第 1 期，第 66—71 页。

过与越南的国防战略合作,"印度海军以访越为由经常出现在南中国海"①。

除双边机制外,越南还通过东盟主导的多边机制加强与域外大国在南海问题上的合作与协调。2008—2009 年,越南担任东盟地区论坛(ARF)副主席期间,不仅提出自己的安全倡议,而且积极改革ARF 机制、健全组织结构、提高合作效果。2010 年,作为 ARF 主席国,越南主动加强 ARF 在区域敏感政治安全问题中的作用,有力推动东盟的南海声索国与域外大国在 ARF 框架下的交流与合作。为推动东盟与域外大国在军事安全领域的合作,2010 年 10 月 11—12 日,东盟防长扩大会议(ADMM +)在河内召开。该机制其实就是国防领域的"10 + 8"合作,是东盟各国国防部长与 8 个东盟对话伙伴国的国防部部长间的开放性论坛,包括了美、中、俄、日、印等国家,以讨论地区安全问题。通过创立向外部伙伴国扩展的东盟政治安全新机制,越南不仅增强了其在东盟政治安全领域的影响力,而且实现了通过多边机制使南海问题国际化的目标。随着南海问题逐渐成为多边安全机制(如东盟地区论坛、东亚峰会、东盟防长扩大会议、香格里拉对话等)的热门话题,南海问题国际化趋势日益明显。这使原本就错综复杂的南海问题呈现出利益多元化、冲突尖锐化的特点。

小 结

随着中国崛起,美国战略东移,国际体系转型加剧,东南亚再次成为各大国"关注"的焦点。《东盟宪章》生效后,东盟一体化步伐加快。在加强内部团结基础上,东盟注重维护其在地区的主导地位,大国平衡战略力度加大。越南加入世界贸易组织后,经贸关系得到扩展与提升,经济发展迅猛。通过多边外交的开展,越南在地区与国际的地位与作用得到提升。为应对国际局势的复杂演变,越南逐渐将拓

---

① 阮金之、曹云华:《印越战略伙伴关系:发展、动因及影响》,《南亚研究》2010年第 2 期,第 41—50 页。

展战略空间、增强影响力作为保障国家可持续发展的优先利益。为了提高国家的地位与影响，越南制定了"融入国际"的总战略，并提出以政治和国防安全等领域为合作重点，大力开展多边外交，以成为"国际社会的负责任成员"。这一时期，越南更加明确了东盟对于越南的战略重要性，清楚定位国家身份是"东南亚国家""东盟成员国"。越共十一大将东盟的外交地位提升到与"共同边界的邻国"并齐，并提出"积极、主动和负责任"地参与东盟活动。

在外交实践中，越南注重促进东盟内部一体化和推动政治安全合作。一方面，越南积极参与加强东盟内部团结的各项活动，以越老柬三国为核心，加强次区域合作机制，以强化其在东盟的地位与作用；另一方面，越南主动推动东盟在政治安全领域的合作，欲在此领域发挥主导作用，实现借东盟平台增强其影响力的利益诉求。同时，越南还注重深化与大国关系，以各类伙伴关系构建与域外大国之间的伙伴网络。只有与大国建立更深入的合作关系，才能提升越南在东盟以及地区与世界中的地位与作用。在政治安全合作中，越南不仅注重构建双边和多边的合作机制，而且通过南海问题的东盟化和国际化，寻求地区热点的争端解决。借力大国博弈，依托东盟平台，越南不仅通过创建双边和多边合作机制，有效拓展了战略空间，而且通过深化与大国关系，加强国防安全合作，提升了在地区和国际中的影响力，为维护越南国家利益创造了有利条件。

第 七 章

结　论

越南与东盟之间，从敌对，到合作，再到成为共同体，经历了五十年的演变。在这一过程中，国际体系发生了从两极对立，到冷战结束，再到多极化的变化。越南对东盟的外交政策也经历了从敌视，到合作，再到亲密的演变过程。这既体现出越南对自身定位的变化，也反映出越南执政者对世界、对东盟认识的改变，而这一切始终不变的是越南对国家利益的追求。

一　越南国家利益转变与东盟外交政策变迁关系

越南作为一个中小国家，其对外政策受到诸多外部因素的影响，我们以其东盟政策为例，进行深入分析后发现，各种影响因素通过国家利益对东盟政策发挥作用。影响因素、国家利益与东盟政策之间存在联动效应，即影响因素导致越南对国家利益的判定发生变化，而围绕变化的国家利益，越南不同时期采取不同的东盟政策，不同的外交实践。表7—1清楚地表示出四个阶段中意识形态与国家利益在越南外交中的消长、越南国家利益影响因素、越南主要国家利益、越南自身定位、东盟在越南外交中的地位、东盟政策以及外交实践之间的变化关系。

表7—1　　　越南对东盟政策中各要素在不同阶段的表现①

	第一阶段 （1967—1986）	第二阶段 （1987—1995）	第三阶段 （1996—2007）	第四阶段 （2008年至今）
意识形态与 国家利益	意识形态 主导	不区分社会 制度	以国家目标 为标准	国家利益是外交 最高原则

---

① 根据本书研究，由作者编制而成。

续表

		第一阶段 (1967—1986)	第二阶段 (1987—1995)	第三阶段 (1996—2007)	第四阶段 (2008 年至今)
外部因素	国际体系	两极对峙	缓和	多极化	中国崛起下的 多极化
	地区局势	对立	区域化	一体化	共同体
内部因素	国家实力	战争	孤立	增强	提升
	主观认识	冲突	缓和	和平发展	和平竞争
国家利益		生存安全	政权安全	经济发展	影响地位
国家定位		社会主义前哨	亚太国家	世界朋友	东盟成员
东盟地位		敌人	朋友	区域国家	亲密邻国
东盟政策		敌对（消极）	合作（积极）	应对（消极）	推进（积极）
外交实践		防范对立	加入东盟	扩展关系	加强内部团结

根据表 7—1 的示意，本书从越南对东盟外交政策的演变中得出以下结论。

（一）越南的东盟政策演变反映了意识形态与国家利益在越南外交中的消长关系

本书在对越南的东盟政策演变研究中发现，越南决策者在外交中逐渐地淡化意识形态，强化国家利益，并最终将国家利益作为外交基本原则写入了党的文件。这是越南对东盟政策与实践演变的根本。

第一阶段，意识形态主导下的冷战是影响越南国家利益界定的最重要因素。冷战的两极格局下，坚守共产主义意识形态，依靠社会主义阵营，团结苏联与中国，是越南实现和保障其国家和领土安全的基础。所以，这一时期，越南将实现共产主义理想视同为其国家利益；意识形态对越南外交政策产生深刻影响。可以说，在这一时期，意识形态是越南生存立足的根本，也是实现生存安全利益的手段与工具。

第二阶段，东欧剧变、苏联解体，越南失去其"外交基石"，面临严重的身份危机与安全困境。为了政权稳定与经济社会安全，越南不得不淡化意识形态，提出"不区分社会制度"与世界所有国家发展关系。1995 年加入东盟，就是这一时期越南摆脱意识形态束缚，发展"全方位、多样化"外交关系的实践结果。

第三阶段，虽然国际体系处于缓和与多极化趋势之下，但美国入侵伊拉克后各国的表现，使越南认识到以美国为代表的西方仍是世界的主宰。要实现国家的发展，越南需要进一步加强和深入与美国等西方国家的关系，而意识形态是其主要障碍。所以，越南明确提出了划分敌友新标准，将"国家目标"而非"意识形态"作为判断敌友的标准，以深化与西方大国之间的关系，为其经济利益服务。

第四阶段，随着中国崛起，国际体系转型加剧，越南需要将不断增强的经济实力转化为外交影响力，争取更大的发展空间，提高其地区作用和国际影响。但越南的共产党专政和社会主义制度常常成为国际上某些国家对越南诟病的口实。为避免国际社会对越南社会政治制度的成见，越南进一步去意识形态化，强调民族国家利益的重要性。越共十一大将"国家—民族利益是越南外交的基本原则"写入了党的文件，首次明确了国家利益在越南外交中的根本性作用。

从意识形态到国家利益的转变过程，是我们理解越南外交的关键，如果抓不住这一主线，将无法深入地解析越南外交。这一转变不仅体现在对东盟政策上，而且正是在制定和落实对东盟政策中推动了越南不断淡化意识形态，强化国家利益。70年代，越南提出不区分社会制度与东盟和平共处；80年代，越南与东盟以协商方式政治解决柬埔寨问题，提出不区分政治体制吸引东盟国家投资；90年代，越南进一步打破意识形态束缚，正式加入东盟。加入东盟，为越南打开了与外部世界联系的通道，从此踏上了融入地区与国际的道路。所以，越南的东盟政策很好地体现了意识形态与国家利益在越南外交中的消长关系。

（二）随着越南国家定位与东盟认知的不断调整，越南国家利益与区域利益逐步趋同

国际环境、地区局势、国家实力和领导人认知共同影响着越南国家利益的判定。这些影响国家利益判定的因素之间相互联系、相互作用，推动越南优先国家利益从生存安全，到政权安全，到经济发展，再到扩展影响，不断进行调整。随着越南决策者对国家利益判定的变化，越南的国家定位与东盟认知也在不断变化，并促使越南国家利益与区域利益逐渐趋同。

第一阶段，以意识形态主导的两极格局对越南国家利益的界定影响最大，相对而言，地区局势、国内情况和领导人认识都在其影响之下发挥作用。所以，越南这一时期将自己定位为社会主义在东南亚的"前哨"，认为西方资本主义阵营的东盟是美帝国主义的"走狗"，是"敌人"。就是在短暂缓和的 70 年代，越南对东盟的认识也并没有改变。这一时期，越南国家利益与东盟利益之间相互对立。因此，越南对东盟采取防范敌对政策，并最终因柬埔寨问题而导致双边关系进入长期的停滞与对峙。

第二阶段，苏东剧变使越南共产党陷入严重的安全困境，极大地冲击了越南决策者。国际局势仍是影响越南国家利益判定的主要因素。失去了安全依靠的越南开始从地缘政治角度寻求安全，回归地区。因此，这一时期，越南认为自己是亚太的一员，是一个地区国家。对于地区组织的东盟，越南开始接触了解，开展合作，并最终成为其成员国。面临政权危机与经济恐慌的越南需要和平的周边环境，打破包围禁运，而这一时期东盟开始走上经济区域化的道路，需要将其成员扩大到整个区域，以提升东盟的实力与影响力。尽管利益不尽相同，但两者之间都希望和平稳定是最大的共同之处，这促成了越南成功加入东盟。

第三阶段，国际局势趋于缓和，地区一体化加强，越南的国家利益开始更多地受到内部因素的影响。国家实力发展需求和越共领导人的主观认知开始在国家利益中发挥更大的主导作用。对经济利益的追逐使越南进一步去意识形态化，与世界各国、各经济中心展开"全方位、多样化"的外交关系。这一时期，越南定位自己是"世界各国的朋友与伙伴"，而东盟是越南融入地区，走向世界的"桥梁"。这一时期，越南以发展经济为优先国家利益，积极落实东盟框架内的各项承诺，加强与区域外伙伴国的经贸合作。而遭遇了亚洲金融危机重创的东盟，更加坚定地加快了其一体化步伐。尽管因为东盟内部经济合作效果有限，越南更加注重与外部大国间的经贸合作与机制建立，但建立东盟经济共同体的区域效益是越南与东盟的共同利益。

第四阶段，随着中国崛起，国际社会力量对比加剧，越南国家实力的提升，特别是领导人对外部复杂局势的感知开始更多地影响越南的国家利益判定。为应对这种变化，越南将提升外交地位与影响力，拓展国际生存空间视为主要国家利益。作为一个中小国家，越南很难在国际上发挥重要作用，而东盟作为在国际上具有威信的区域组织则可"倍增"越南的实力。因此，这一时期，越南提出要做"国际社会负责任成员"，并明确定位自己是"东南亚国家""东盟成员"，同时，视东盟为其"亲密邻国"，是其重要的战略依托。随着《东盟宪章》的批准，东盟共同体的建成，东盟希望在东亚及亚太地区继续发挥主导作用。而谋求拓展发展空间的越南也认识到，"东盟团结则越南强、东盟不团结则越南无自信"，将越南国家利益的实现与区域团结发展结合在一起。

随着从"社会主义前哨""亚太国家""世界朋友"到"东盟成员"的身份定位调整，越南对东盟的认识也经历了从"敌人""朋友""区域国家"到"亲密邻国"的变化。在此过程中，越南的国家利益与区域利益也从对立冲突，逐渐找到共同点，并日趋一致。有学者认为越南与东盟缺少认同，当东盟不能有效满足越南利益诉求的时候，东盟在越南外交战略中的地位也将随之下降。也有人提出，越南的大国平衡战略决定了大国关系是其外交的重中之重。本书对越南的东盟政策进行研究时发现，以上观点并不全面。首先，随着越南不断融入地区与国际，内化国际规范与行为规则，越南对于东盟的认同较之加入初期，正在不断增强。其次，越南在外交中强调大国外交，与东盟在其外交中的地位并不冲突和矛盾，相反，东盟身份和地位正是越南开展大国外交的有力凭借，这也是为什么越共十一大将东盟的外交地位提升至与共同边界邻国相同等级的原因。对越南与东盟关系产生误判的一个重要原因，是没有观察到越南国家利益正在不断与区域利益相融合，而非背离。

（三）越南对东盟的外交政策并没有脱离越南外交的总体特点，即灵活性与实用性

越南外交中常说的"内力与时代同行"，就是将外部力量与内部力量相结合，也就是越南外交的灵活性。根据自身实力情况，越南常常能够弹性机巧地利用外部因素，实现国家利益的最大化。西方学者认为，加入东盟对于越南而言，是进入了一个金笼子，也就是说虽然

加入东盟可以帮助越南尽快摆脱被孤立状态，但是东盟的各种机制也会对越南的外交形成一种约束。本书认为，将越南加入东盟比作进入了笼子并不妥当，这种说法将越南与东盟关系过于简单化，忽略了越南外交的自主性、灵活性与实用性。无论是冷战时期还是两极瓦解，我们都能看到在中苏之间、中美之间，越南不断调整其对东盟政策，将东盟作为其可以造势的棋子，服务于其不同时期的国家利益。70年代，在中苏关系恶化、苏联不断扩张的背景下，越南逐渐倒向苏联一边，为了构建"印支联邦"，减少外部阻力，越南也有意加强与东盟关系。冷战后，越南明确提出了要建立"开放、全方位和多样化"国际关系，积极扩展对外关系网络。东盟成员身份是越南改善与大国关系的基础。在参与东盟活动中，对内加强越南在东盟中的地位与作用，对外扩展与东盟对话伙伴国关系，始终是越南对东盟政策的核心。特别是近年，随着中国的不断崛起，美国"重返"亚太，以及日本、俄罗斯、印度等地区大国对东南亚地区的关注，越南的东盟政策更加凸显其灵活性与实用性特点。一方面，越南拉大国加入由东盟主导的地区机制（如：东亚峰会、东盟地区论坛、东盟防长扩大会议等），使大国在该地区利益交叉，相互牵制，以利于越南在大国之间谋求自身利益；另一方面，越南加强东盟内部的联合与团结，打造强大东盟，以作为其追求在东亚、亚太及国际社会发挥更大影响与作用的平台与工具。因此，作为越南整体外交的一部分，越南的东盟政策反映出越南整体外交的特点。

二　关于越南对东盟外交政策与实践演变的几点思考

通过分析越南五十年的东盟外交政策演变，本书发现，越南的东盟外交政策体现出以下几个特点。

（一）当外部国际体系发生重大转变时，常常会影响越南对其国家利益的判定，进而影响其东盟外交政策

越南对东盟政策的演变在围绕其优先国家利益进行调整时，明显受到国际局势的影响。从表7—1中，我们看到越南对东盟政策经历了两次从消极向积极的转变，即第一阶段到第二阶段，第三阶段到第四阶段，而促使这两次转变的主要动因来自第二阶段和第四阶段国际

体系的变化。第二阶段国际体系经历了冷战结束，也就是说国际格局从两极对峙到两极瓦解，这对越南产生了深刻影响。两极对峙时期，越南决策者以意识形态为纽带在社会主义阵营中谋求民族独立和国家安全，并以与苏联关系作为其外交的"基石"。对于越南决策者而言，处于对立阵营的东盟受美国的保护，听从美国的指挥，必然对越南的独立与安全构成威胁。因此，越南将东盟视为是美国的"走狗"，是"敌人"，采取敌对政策。苏东剧变后，越南外交与安全失去了"基石"，政权如何生存？国家以何身份确保安全？经济社会如何走出恐慌？这成为冷战后越南决策者面临的主要安全困境。失去了大国盟友的越南开始转换安全观念，重视地缘因素，回归地区。东盟坚持不干涉内政原则，不仅能够维护成员国的威权统治，而且能够有效抵御来自西方的民主人权压力。同时，东盟国家经济发展势头良好，东盟组织也具有较高的国际威望，这能够满足越南摆脱安全困境的利益需求。因此，越南放弃原有的敌对消极政策，对东盟采取主动接触了解的积极政策，并最终成为东盟成员国。

第四阶段，虽然国际体系并没有发生根本转变，但这一时期中国崛起的事实无论是对东南亚还是亚太，甚至是全球都具有重大意义。面对中国的快速崛起和国际局势的复杂演变，在"抗击北方大国"历史认知与领土领海现实争端的双重影响之下，越南迫切需要通过增强影响，拓展战略空间，以确保独立自主。在和平发展的第三阶段，越南以经济发展为其优先国家利益，并提出"外交为经济服务"口号。越南的东盟政策也服务于其"融入国际经济"总目标，主要侧重于突出与东盟合作中的经济效果，以及东盟在其融入国际经济机制中的桥梁作用。而在"融入国际经济"总目标下，越南更加重视大国关系，东盟在其外交中的地位并不突出。因此，这一时期，越南对东盟政策相对消极，常常表现出应付、拖沓，较为被动。随着第四阶段国际环境的复杂演变，和平竞争的一面更加突出，越南在经济发展的基础上，更加突出其国际地位与影响力的提升。在自身国家实力有限的情况下，越南欲借助外部力量，通过多边外交方式，提升越南价值，以维护其国家利益的最大化。为在对外活动中淡化共产党国家色彩，弥补越南作为中小国家的劣势，越南认识到东盟是其重要的战略依托，对东盟政策开始从消极应对转向"积极、主动和负责任"。

从上述分析，我们观察到随着国际体系的重大改变，越南不断调整其东盟政策。尽管我们能够从国家利益转变角度对其变迁进行解释，但同时，我们也从这种调整中看到越南对东盟工具性认知的一面，以及作为中小国家，越南的对外政策易受到国际局势的影响。

（二）国际体系的缓和与民主化有利于中小国家更好地从国内需求出发追求国家利益，但也极易受到领导人的主观认知影响

作为中小国家易受国际体系影响的另一面，当国际体系趋于缓和与民主化状态时，内部因素更容易在国家利益的界定中发挥作用。在越南对东盟政策演变的第三阶段，随着全球化进程加剧，各国之间相互依赖、相互依存特点明显，国际规范和国际机制在国际社会中发挥更重要的作用，国际体系趋于缓和与民主化。越南加入东盟后，从根本上改善了越南的周边安全环境。增强国家经济实力，提高人民生活水平的内部需求成为这一时期越南的主要国家利益。"融入国际经济""外交为经济服务"等是这一时期越南外交的中心。在以大国关系为重点的越南外交中，东盟是融入国际经济的实验场和改善与大国关系的桥梁，在越南外交中的地位并不高。第四阶段，虽然中国崛起加剧了国际体系的转变，但总体趋势仍以和平与发展为主旋律。为了应对日益复杂的局势演变，这一时期，越南将拓展战略空间，提升国际影响力排在国家利益的首位。一定程度上，越南国家利益的调整来自其国家实力增强的内在需求。也就是说，越南在具备了一定的国家实力后，必然会产生更高的需求，即名誉和地位。

另外，我们也注意到内部因素的另一组成部分，领导人的主观认识，在这一时期也开始于国家利益的界定中发挥更重要的作用。越共领导人这一时期对于历史趋势与时代特点的认识是"和平与竞争"并存，在承认总体和平的同时，认为在诸多方面存在着竞争与冲突。而前一阶段，越南认为世界的主基调是"和平、合作与发展"，重点强调缓和。随着世界力量对比的加剧，以及南海问题、贸易逆差问题的凸显，越南领导人的主观认知越来越带有民族主义色彩。这促使越南更加重视民族国家利益，强调国家利益在外交中的重要性。作为毗邻大国的中小国家，为了克服不对称性带来的劣势，越南迫切需要借

助外交手段增强其国家实力。这不仅仅是将其经济实力转化为外交影响力，更是希望借助自身在地缘政治中的重要性，通过多边外交手段，增强国家实力，以维护国家利益最大化。也就是说，这一时期，随着越南内部民族主义情绪增强，越南更加重视外交对于追求和增强国家实力的重要性，希望通过外部合作的方式，争取在转型中的东亚秩序中争得一席之地，以避免受制于某一大国。

因此，国际局势的缓和与国际社会的民主化有助于中小国家更加有效地维护自身国家利益。但通过对越南的东盟政策分析，我们也发现，这也使中小国家在对外行为中受到更多国内因素的影响。

（三）中小国家的区域联合有利于保护中小国家的国家利益，并有助于孤立国家更好地融入国际社会

中小国家最大的弱点是国家实力相对弱小，而区域联合，则可以较好地克服这一弱点。通过集体行动，能够增强中小国家在国际社会中的地位与发言权，保护中小国家的利益。东盟是中小国家区域联合的成功典范，五十年的发展与成就已证明了这一点。如果没有东盟这样的区域组织，作为东南亚地区曾经的孤立国家，越南融入地区与国际的进程将会更加艰难。正如我们在表7—1中所看到的，随着国际体系从两极到缓和与多极化，东南亚地区的局势也从对立走向了联合，并从区域化、一体化向共同体迈进。柬埔寨问题政治解决后，随着国际局势的根本性转变，越南决策者安全观念也发生转变，从与大国结盟转向重视地缘因素，回归集体安全。加入东盟是越南决策者摆脱安全困境的最好选择。但如果没有东盟不断推进区域一体化进程的努力，没有构建"大东盟"的目标，越南的入盟之路也不可能这么的顺利。某种程度上，可以说，冷战后，东南亚地区的一体化进程推动了越南加入东盟的步伐。

随着东盟各项机制与框架的完善，越南不断改变和调适其国内体制与法律，成为逐步"开放"的国家，开启了融入地区和国际的进程。如果没有加入东盟组织，越南的融入之路将会更加艰难。一方面，越南长期处于社会主义阵营，不仅经济社会发展受到苏联模式的束缚，而且对于国际规范、机制等非常陌生；另一方面，作为共产党执政的政府，越南在冷战结束后以何身份参与国际活动，如何塑造新

的国际形象。如何解决和克服这些问题与困难是越南摆脱孤立，融入世界的关键。加入东盟后，尽管越南并没有将东盟放在最优先外交地位，但东盟成员国身份是越南融入国际最好的名片。正如我们所看到的，随着越南加入东盟，越南快速与美国、欧盟、日本、世界银行等国家与组织实现了关系正常化。另外，在完成和兑现东盟内部各项一体化承诺的过程中，越南不断适应国际规范，调整和完善国内机制与市场。这不仅有助于越南顺利地加入 APEC、WTO 等国际经济机制，而且有利于越南有效地参与国际事务，提升自身地区和国际影响力。

正是得益于区域组织东盟的存在，越南才能够快速摆脱安全困境，改善国际形象，并融入国际经济与国际社会。当然，越南加入东盟，不仅增强了东盟的实力，而且也是东盟一体化推进的成果。

三　越南未来的东盟外交趋势预判

基于对越南不同时期国家利益的调整，以及越南对东盟政策演进的分析，本书对越南未来的东盟外交政策预判如下。

（一）越南将不断加强国家利益在外交中的指导作用

越南在对外行为中不断淡化意识形态，越来越重视国家利益在外交中的作用。2011 年，越南正式将"国家—民族利益"作为外交的基本原则写入党的文件。作为一个曾经被包围孤立的社会主义国家，通过不断淡化意识形态，越南正日益成为一个开放独立的国际社会成员。越共十一大确立以国家利益为外交基本原则，提出以"融入国际社会"、成为"国际社会负责任成员"为外交目标。为落实以上外交任务，越共十二大明确将以政治外交为核心，拓展发展空间，提高国际地位。在与大国关系，特别是与中美关系中，越南将突出国家利益的根本性作用。具体表现为，越南将会在政治与国防安全上进一步深化与美国之间的合作；将以地区安全，特别是南海争端为内容，加强与地区强国如日本、俄罗斯、印度、澳大利亚等国的政治安全合作。越中关系在一定限度内波动将成为一种常态。中国的崛起不可遏制，越南在承认中国的大国地位，"给予大国面子"的同时，将会更加灵活机巧地在具体合作中与中国进行更加坚决的"斗争"，以维护其与中国关系中的"独立自主"和"主权平等"，避免形成完全"顺从"或"受制"于中国的局面。

为了实现以上外交目标,越南认识到"东南亚国家"和"东盟成员国"身份的重要性,明确了东盟的战略重要性。在应对和处理与中美等大国关系中,越南将更加趋于以东盟身份或以东盟整体利益出发进行协调。这决定了越南会进一步将其国家利益与东盟区域利益进行整合。一方面,越南将继续推动某些涉及越南利益的区域问题不断东盟化;另一方面,越南将充分利用东盟平台与机制,加强与东盟伙伴在政治安全等方面的合作。为实现国家利益的最大化,越南正在将东盟作为其战略支点,不断扩展其在地区及国际上的影响力。

(二)越南在东盟中的地位与作用将进一步增强

尽管越南在东盟中并不属于经济发达国家,没有能力领导东盟在经济方面的合作,但作为东盟的人口第二大国,越南在政治安全方面的作用与威信,包括领导作用正日益在东盟中得到体现。在救灾、打击海盗、海上犯罪等非传统安全方面,越南具有较强的潜力,有助于东盟政治安全共同体的建设。在与域外大国的交往与合作中,越南有丰富的历史经验和灵活措施,能够代表东盟提出切实可行的协调方案。同时,通过发挥在新成员国中的桥梁与"代言人"作用,越南不仅在东盟中确立了稳固的地位,而且在多边论坛与机制中已能够灵活应对,弹性处理问题,得到东盟及域外伙伴的赞誉。

为了拓展越南的战略空间,提升国际影响力,成为"国际社会负责任成员",越南不仅需要一个团结强大的东盟,而且需要一个越南可以发挥影响的东盟。未来,在东盟政策中,越南将会在需要的时候,主动发挥骨干作用,推动和引领东盟合作。这不仅是作为东盟第二大国应当发挥的作用,更是越南实现"融入国际社会"、成为"负责任成员"的需要。因此,越南已放弃过去在东盟中"不当头,不当尾",消极应对的政策,而是力争在越南有能力,且有重要利益的领域发挥"主导"作用。另外,为了更好地实现和服务于这一目标,越南将会在诸如独立和主权、民主和人权等问题方面调整过去的僵化态度,采取更灵活机动的措施,以主动推进东盟共同体的建设。当然,囿于政治体制、战略互信等局限,东盟是否或多大程度上接受越南在东盟政治安全领域的主导作用,还有待观察。

（三）越南将在东亚谋求更大的发展空间和更高的地位作用

越南加入东盟二十年，已成功地融入东南亚地区，并在东盟内建立了较牢固的地位与基础。在当前中国崛起和东亚秩序转型过程中，越南谋求在东亚、亚太发挥更大作用。这不仅因为东亚是当今世界经济发展最具活力的地区，更因为越南的安全、发展与影响利益都与这一区域紧密相关。维持东亚的传统安全秩序，即现有的大国相互制衡的状态，更有利于越南的国家安全利益；融入东亚的区域经济秩序，将为越南的经济合作与发展创造更有利条件；提升越南在东亚区域的作用与地位，将有助于越南拓展更广阔的战略空间。通过在东盟基础上的多边合作，越南已取得了一定的成就，为其在东亚发挥更大作用奠定了基础。但要想在东亚，甚至亚太发挥更大作用，越南无论是在国力还是在能力上都还存在不小的差距。因此，一方面，越南将会更多地借助和利用东盟平台参与和推动东亚事务；另一方面，越南将会机巧地利用地区热点和大国博弈等时机，通过多边外交，穿梭牟利。

总之，未来越南的东盟外交政策仍会继续现有路线与大原则，但在具体实施上，将会以"积极、主动和负责任"方针进行适当调整，以维护其国家利益。在总体外交政策上，越南将加强国防外交的重要性，而东盟作为已有合作机制，将成为越南借助的有效平台。越南将在东盟的政治安全合作方面发挥更大作用，这是越南在东亚谋求更大发展空间的基础。

附 录 A

地名人名对照表

一 地名

Attapeu	阿速坡
Bali	巴厘岛
Bang Saen	邦盛
Binh Phuoc	平福
Champasak	占巴塞
Clark	克拉克
Dak Lak	大叻
Dak Nong	得侬
Gia Lai	嘉莱
Kon Tum	昆嵩
Korat	呵叻
Kratie	桔井
Mondukiri	蒙多基里
Natuna	纳土纳群岛
Pattaya	芭堤雅
Ratanakiri	拉达那基里
Subic	苏比克
Stung Treng	上丁
Se Kong	色空
Saravan	萨拉万

二 人名

Adam Malik	亚当·马立克
Alexander George	亚历山大·乔治

续表

Alexander Wendt	亚历山大·温特
Allan E. Goodman	艾伦·古德曼
Anwar Ibrahim	安瓦尔
Anan Paniarachun	阿南·班雅拉春
Banharn Silpa Archa	班汉．西巴阿差
Barry Wain	巴瑞·韦恩
Carolyn L. Gates	卡洛琳·盖茨
Chaovalit Yong Chaiyudh	差瓦立·永猜裕
Carlyle A. Thayer	卡莱尔·塞耶
Chatichai Choonhavan	差猜·春哈旺
Chu Tuấn Cát	周俊吉
Chuan Leetpai	川·立派
Đào Duy Tùng	陶维松
Đặng Đình Quý	邓廷贵
David Wurfel	大卫·沃菲尔
Đinh Nhu Liêm	丁如廉
Đinh Xuân Lý	丁春理
Đỗ Mười	杜梅
Donald Zagoria	唐纳德·柴哥利亚
Eduard Shevardnaje	爱德华·谢瓦尔德纳泽
Eric Teo	艾瑞克·陶
Ferdinand Marcos	费迪南德·马科斯
Fidel. Ramos	菲德尔·拉莫斯
Furuta Motoo	古田元夫
G. Arroyo	阿罗约
Habibie	哈比比
Hans J. Morgenthau	汉斯·摩根索
Hari Singh	哈里·辛格
Hassanal Bolkiah	哈桑纳尔·博尔基亚
Hoàng Anh Tuấn	黄英俊
James W. Morley	詹姆士·莫利

续表

J. Estrada	埃斯特拉达
Joseph S. Nye	约瑟夫·奈
Jorn. Dosch	延·多施
Kenneth N. Waltz	肯尼思·沃尔兹
Kiichi Miyazaoa	宫泽喜一
Lê Công Phụng	黎功奉
Lê Duẩn	黎笋
Lê Đức Anh	黎德英
Lê Hồng Hiệp	黎宏协
Leszek Buszynski	雷扎克·布辛斯基
Lê Văn Quang	黎文光
Lưu Doanh Huynh	刘营兄
Masashi Nishihara	西原正
Megawati	梅加瓦蒂
Michael Antolik	迈克尔·安通林
Michael C. William	迈克尔·威廉
Mikhail Gorbachev	米哈伊尔·戈尔巴乔夫
Morton Kaplan	莫顿·卡普兰
Narciso Ramos	纳西索·拉莫斯
Nguyễn Cơ Thạch	阮基石
Nguyễn Đình Thực	阮庭实
Nguyễn Dy Niên	阮怡年
Nguyễn Duy Trinh	阮维桢
Nguyễn Hoàng Giáp	阮黄甲
Nguyễn Hùng Sơn	阮雄山
Nguyễn Mạnh Cầm	阮孟琴
Nguyễn Mạnh Hùng	阮孟雄
Nguyễn Minh Triết	阮明哲
Nguyễn Phú Trọng	阮富仲
Nguyễn Tấn Dũng	阮晋勇
Nguyễn Thị Hoài	阮氏槐
Nguyễn Thị Quế	阮氏桂

续表

Nguyễn Văn Linh	阮文灵
Nguyễn Xuân Thắng	阮春胜
Nguyễn Vũ Tùng	阮武松
Nông Đức Mạnh	农德孟
Phạm Bình Minh	范平明
Phạm Đức Thành	范德成
Phạm Gia Khiêm	范家谦
Phạm Minh Sơn	范明山
Phạm Quang Minh	范光明
Phạm Văn Đồng	范文同
Phan Văn Khải	潘文凯
Phan Hiền	潘贤
Phụng Quang Thanh	冯光青
Ramses Amer	拉姆西斯·阿梅尔
Raul Manglapus	曼那布斯
Robert Keohane	罗伯特·基欧汉
Rodolfo C. Severino	鲁道夫·塞韦里诺
Rusk. Dean	戴维·迪安·腊斯克
Samdec Hunsen	洪森
S. B. Giudogiono	苏西洛
Sheldon Simon	谢尔登·西蒙
S. Rajaratnam	拉惹勒南
Stephen J. Morris	史蒂芬·莫里斯
Surin Pitsuwan	素林
Thaksin	他信
Thanat Khoman	他纳·科曼
Tim Huxley	提姆·哈克斯雷
Trần Đức Lương	陈德良
Trần Khánh	陈庆
Trần Quang Cơ	陈光机
Trịnh Quảng Thanh	郑广清

续表

Trường Chinh	长征
Tun Abdul Razak	敦·阿卜杜拉·拉扎克
Võ Văn Kiệt	武文杰
Vũ Khoan	武宽
Warren Minor Christopher	沃伦·迈纳·克里斯托弗

附 录 B

缩写对照表

ACMECS	伊洛瓦底江—湄南河—湄公河经济合作战略峰会
ADMM +	东盟防长扩大会议
AEC	经济共同体
AFTA	东盟自由贸易区
AFAS	东盟贸易自由化区域框架协定
AIA	东盟投资区域框架协定
AICO	东盟工业合作框架协定
AIPO	东盟议院联盟
AIPA	东盟议院联盟大会
AMBDC	关于发展湄公河流域的东盟合作
APEC	亚太经合组织
APSC	政治安全共同体
ARF	东盟地区论坛
ASA	东南亚协会
ASCC	社会文化共同体
ASEAN	东南亚国家联盟
CAFTA	中国—东盟自贸区
CEPT	共同有效优惠关税协定
CLV	柬老越发展三角
CL MV	柬老越缅四国合作
COC	《南海各方行为准则》
DOC	《南海各方行为宣言》
EAEG	东亚经济集团
EAS	东亚峰会

续表

FDI	外国直接投资
FMC	越老柬三国外长会议
FTA	自由贸易区
GATT	关贸总协定
GDP	国内生产总值
GMS	《湄公河次区域发展合作计划》
HPA	《河内行动计划》
IAI	《东盟一体化倡议》
JIM	雅加达非正式会议
MRC	湄公河委员会
ODA	官方发展援助
SEATO	东南亚条约组织
TAC	《东南亚友好合作条约》
UNESCO	联合国教科文组织
VAP	《万象宣言》
WEC	东西经济走廊
WTO	世界贸易组织
ZOPFAN	和平、自由、中立区

参考文献

（一）中文文献

（1）著作

［日］北原淳等：《东南亚的经济》，刘晓民译，厦门大学出版社 2004 年版。

曹云华：《东南亚的区域合作》，华南理工大学出版社 1995 年版。

楚树龙：《国际关系基本理论》，清华大学出版社 2003 年版。

［英］黛安·K. 莫齐：《东盟国家政治》，季国兴等译，中国社会科学出版社 1990 年版。

郭明：《中越关系演变四十年》，广西人民出版社 1992 年版。

郭明、罗方明等：《越南经济》，广西人民出版社 1986 年版。

［美］汉斯·摩根索：《国家间政治》，徐昕等译，北京大学出版社 2012 年版。

洪兵：《国家利益论》，军事科学出版社 2001 年版。

［美］肯尼思·沃尔兹：《国际政治理论》，胡少华、王红缨译，中国人民公安大学出版社 1992 年版。

［美］莫顿·卡普兰：《国际政治的系统和过程》，薄智跃译，中国人民公安大学出版社 1989 年版。

梁志明：《当代越南经济革新与发展》，鹭江出版社 1996 年版。

梁志明：《东盟发展进程研究——东盟四十年回顾与展望》，香港社会科学出版社 2008 年版。

梁锦文：《后冷战时期之越南外交政策》，台北：翰芦图书出版公司 2002 年版。

［菲律宾］鲁道夫·C. 塞韦里诺：《东南亚共同体建设探源：来自东

盟前任秘书长的洞见》，王玉主等译，社会科学文献出版社 2012
年版。

陆建人：《东盟的今天与明天——东盟的发展趋势及其在亚太的地
位》，经济管理出版社 1999 年版。

马晋强主编：《当代东南亚国际关系》，世界知识出版社 2000 年版。

［美］玛沙·芬尼莫尔：《国际社会中的国家利益》，袁正清译，上海
世纪出版集团 2012 年版。

［新］尼古拉斯·塔林：《剑桥东南亚史》，贺圣达等译，云南人民出
版社 2003 年版。

时殷弘：《美国在越南的干涉和战争（1954—1968）》，世界知识出版
社 1993 年版。

［越］阮怀秋：《从边缘看大国：越南〈中国研究〉期刊对越中关系
的认识》，台湾大学政治学系中国大陆暨两岸关系教学与研究中
心，2009 年。

［澳］托马斯·艾伦：《东南亚国家联盟》，郭彤译，新华出版社
1981 年版。

［美］托马斯·G. 帕特森等：《美国外交政策》，李庆余译，中国社
会科学出版社 1989 年版。

王士录：《当代越南》，四川人民出版社 1992 年版。

阎学通：《中国国家利益分析》，天津人民出版社 1996 年版。

游明谦：《当代越南经济社会发展研究》，香港社会科学出版社 2004
年版。

（2）论文

艾冰：《泰国积极推进柬埔寨问题的政治解决》，《世界知识》1988
年第 14 期。

毕世鸿：《泰国与越南在湄公河地区的合作与竞争》，《东南亚研究》
2008 年第 1 期。

曹卫平：《20 世纪后半期东盟国家与苏联的关系》，《湖南文理学院
学报》（社会科学版）2005 年第 30 卷第 6 期。

曹云华：《在大国间周旋——评东盟的大国平衡战略》，《暨南学报》
2003 年第 25 卷第 3 期。

陈道银：《蝴蝶效应——越南海权战略及其对中国的影响》，《学术界》2013 年第 7 期。

陈肖英：《论香港越南难民和船民问题的缘起》，《史学月刊》2006年第 8 期。

戴超武：《国家利益概念的变化及其对国家安全和外交决策的影响》，《世界经济与政治》2000 年第 12 期。

丁元大：《东盟军事联合抵御越南的趋势》，《东南亚研究资料》1980年第 1 期。

东梨：《"东南亚开发部长会议"是怎么一回事?》，《世界知识》1966 年第 9 期。

范宏贵：《十年来印度支那难民有多少》，《印度支那》1985 年第4 期。

方晓志：《对当前印度南海政策的战略解析及前景展望》，《国际论坛》2013 年第 1 期。

高伟浓：《1976 年以后苏联对越南的经济援助评析》，《东南亚研究》1989 年第 2 期。

何胜：《越南加入东盟后的发展及其角色转变》，《东南亚》2008 年第 1—2 期。

黄辉华：《越南与东盟国家的经贸关系》，《东南亚纵横》1996 年第3 期。

黄以亭：《加入东盟对越南的影响》，《社科与经济信息》2000 年第5 期。

黄云静：《越南与东盟的关系：从对抗到合作》，《东南亚研究》1995年第 3 期。

李晨阳：《对冷战后中国与东盟关系的反思》，《外交评论》2012 年第 4 期。

李春霞：《越南官方媒体的中国认知变迁分析——以越南〈人民报〉(2000—2011) 为样本》，《当代亚太》2012 年第 5 期。

李聆群：《日本的南海政策及其发展演变》，《和平与发展》2015 年第 1 期。

李玉举：《东盟与对话伙伴国合作的差异性及我国的选择》，《世界贸易组织动态与研究》2009 年第 6 期。

梁志明：《越南革新的理论思维与发展观念综述》，《东南亚》1996
　　年第 2 期。

梁志明：《越南经济革新的历史背景》，《史学月刊》1996 年第 6 期。

梁志明：《经济全球化与面向 21 世纪的越南》，《东南亚纵横》2003
　　年第 2 期。

林蓁：《美国〈海洋界限：中国南海海洋主张〉报告评析》，《亚太安
　　全与海洋研究》2015 年第 2 期。

罗四维：《1988 年的越南经济》，《印度支那》1989 年第 1 期。

马叙生：《结盟对抗均不可取——忆八十年代中苏关系实现正常化的
　　过程》，《俄罗斯中亚东欧研究》2001 年第 2 期。

阮金之、曹云华：《印越战略伙伴关系：发展、动因及影响》，《南亚
　　研究》2010 年第 2 期。

［越］阮氏琼娥：《越南国家利益演进（1986—2010）》，博士学位论
　　文，中国人民大学，2013 年。

邵建平、刘盈：《大湄公河次区域合作：东盟共同体的重要依托》，
　　《国际论坛》2014 年第 6 期。

王国平：《2001 年越南全方位外交的新发展》，《东南亚》2002 年第
　　1 期。

王国平、李见明：《越南：新兴的东盟中坚力量》，《东南亚纵横》
　　2007 年第 11 期。

王逸舟：《国家利益再思考》，《中国社会科学》2002 年第 3 期。

王玉主：《影响中国东盟关系的因素以及未来双边关系的发展》，《学
　　术探索》2010 年第 3 期。

吴逸清：《越南 2014 年经济表现及 2015 年展望》，《东南亚纵横》
　　2015 年第 2 期。

信强：《"五不"政策：美国南海政策解读》，《美国研究》2014 年第
　　6 期。

徐绍丽：《越南对外经济关系的发展与展望》，《亚太经济》1992 年
　　第 1 期。

薛晨：《从近期越南的外交举措看其对外政策的特点》，《国际展望》

1995 年第 14 期。

［英］延·多施：《越南加入东盟：获得良机抑或身陷金笼子》，《南洋资料译丛》2008 年第 2 期。

游明谦：《新时期的越南外交战略：调整与重构》，《东南亚纵横》2002 年第 3、4 期。

张建华：《塑造"苏联形象"：越南战争中的苏联军事专家及其影响》，《俄罗斯研究》2014 年第 1 期。

张锡镇：《〈东南亚国家联盟宪章〉解读》，《亚非纵横》2008 年第 1 期。

张瑶华：《日本在中国南海问题上扮演的角色》，《国际问题研究》2011 年第 3 期。

赵和曼：《一九九四年的越南经济》，《东南亚纵横》1995 年第 1 期。

赵和曼、张宁：《印支难民问题概论》，《印度支那》1987 年第 3 期。

赵卫华：《当前越南共产党的国家安全战略及对中越关系的影响》，《重庆交通大学学报》（社会科学版）2012 年第 12 卷第 3 期。

郑翠英：《试论冷战后越南外交战略和外交政策的调整》，《东南亚研究》2001 年第 3 期。

郑翠英：《走向安全共同体——兼论东盟地区秩序建构进程中的越南因素》，博士学位论文，北京大学，2004 年。

周伟、于臻：《试析入盟以前的越南与东盟关系（1975—1995）》，《南海问题研究》2011 年第 1 期。

朱锋：《国际战略格局的演变与中日关系》，《日本学刊》2014 年第 4 期。

朱清秀：《深度介入南海争端：日本准备走多远?》，《亚太安全与海洋研究》2015 年第 2 期。

（二）英文文献

（1）著作

B. N. Pandey, *South and Southeast Asia*, 1945 – 1979, London：Problems and Policies, 1980.

Barry Wain, *The Refused：The Agony of the Indochina Refugees*, New

York: Simon & Schuster, 1981.

Brantly Womack, *China and Vietnam: The Politics of Asymmetry*, New York: Cambridge University Press, 2006.

Bui Tin, *Following Ho Chi Minh: The Memoires of a North Vietnamese Colonel*, London: Hurst & Company, 1995.

Carlyle A. Thayer & Ramses Amer, eds. , *Vietnamese Foreign Policy in Transition*, Singapore: Institute for Southeast Asian Studies, 1999.

Charles A. Beard, *The Idea of National Interest: An Analytical Study in A-merican Foreign Policy*, Westport: Green Wood Press, 1934.

Douglas Pike, *Vietnam and the Soviet Union: Anatomy of an Alliance*, Boulder, Westview Press, 1987.

Eero Palmujoki, *Vietnam and the World: Marxist-Leninist Doctrine and the Changes in International Relations*, 1975 – 1993, London: Mcmillan Press Ltd, 1997.

Frank Frost, *Vietnam's Foreign Relations: Dynamics of Change*, Singapore: Institute of Southeast Asian Studies, 1993.

Gareth Porter, *Vietnam: The Politics of Bureaucratic Socialism*, Cornell U-niversity Press, 1993,

Ilya V. Gaiduk, *The Soviet Union and the Vietnam War*, Chicago: Ivanur Dee, 1996.

James W. Morley & Masashi Nishihara eds. , *Vietnam Joins the World*, New York: M. E. Sharpe, 1997.

John Funston ed. , *Government and Politics in Southeast Asia*, Singapore: Institute of Southeast Asian Studies, 2001.

Leszek Buszynski, *Garbachev and Southeast Asia*, London, Rostledge, 1992.

Linda Hitchcox, *Vietnamese Refugees in Southeast Asian Camp*, Basing-stoke, Hampshire: Macinillan, 1990.

Lee Kuan Yew, *One Man's View of the World*, Singapore: Straits Times Press, 2013.

Lee Kuan Yew, *From Third World to First-The Singapore Story: 1968 –*

2000, Singapore: Times Media Private Limited, 2000.

Michael C. William, *Vietnam at the Crossroad*, London: The Royal Institute of International Affairs, 1992.

Morris, Stephen J. , *Why Vietnam Invaded Cambodia : Political Culture and the Causes of War*, Stanford University Press, 1999.

Noordin Sopiee, "The 'Neutralization' of Southeast Asia", Hedley Bull ed. , *Asia and the Western Pacific: Toward a New International Order*, Canberra: Thomas Nelson Publisher, 1975.

Ramesh Thakur& Carlyle A. Thayer, *Soviet Relations with India and Vietnam*, London: Macmillan, 1992.

Roger E. Kanet, Deborah Nutter Miner and Tamara J. Resler, eds, *Soviet Foreign Policy in Transition*, Cambridge: Cambridge University Press, 1992.

Shee Poon Kim, *The ASEAN States' Relations with the Socialist Republic of Vietnam*, Singapore: University of Singapore, 1980.

Tim Huxley, *Indochinese Refugees as a Security Concern of the ASEAN States*, 1975 – 1981, Canberra: Department of International Relations, Australian National University, 1983.

Tim Huxley, *ASEAN and Indochina: A Study of Political Responses*, 1955 – 1981 , Canberra: Department of International Relations, The Australian National University, 1985.

Ton That Thien, *The Foreign Politics of the Communist Party of Vietnam*, New York: M. E. Sharpe, 1989.

United Nations High Commissioner for Refugees, *The State of the World's Refugees* 2000: *Fifty Years of Humanitarian Action*, Oxford University Press, 2000.

（2）论文

Alexander George and Robert Keohane, "The Concept of National Interests: Uses and Limitation", Alexander George ed. , *Presidential Decision—making in Foreign Policy*, Boulder: Westview Press, 1980.

Alexander L. Vuving, "Strategy and Evolution of Vietnam's China Policy:

A Changing Mixture of Pathways", *Asian Survey*, Vol. 46, No. 6, November/December 2006.

Allan E. Goodman, "Vietnam and ASEAN: Who Would Have Thought it Possible?", *Asian Survey*, Vol. 36, No. 6, Jun. 1996.

Alexander L. Vuving, "Strategy and Evolution of Vietnam's China Policy: A Changing Mixture of Pathways", *Asian Survey*, Vol. 46, No. 6, November/December 2006.

Andrew Hall, "Anglo-US Relations in the Formation of SEATO", *Stanford Journal of East Asian Affairs*, Vol. 5, No. 1, Winter 2005.

Carl Thayer, "ASEAN and Indochina: The Trends toward Dialogue", A Monograph dated May 13, 1998.

Carlyle A. Thayer, "ASEAN and Indochina: The Dialogue", in Alison Broinowski ed. , *ASENA into the 1990s*, London: Macmillan Publishers, 1990.

Carlyle A. Thayer, "The Vietnam People's Army Under Doi Moi", *Pacific Strategic Paper*, No. 7 , Singapore: Institute of Southeast Asian Studies, 1994.

Carlylea A. Thayer, "Vietnam's Defensive Diplomacy", *World Street Journal*, August 19, 2010.

Douglas E. Pike, "Operational Code of the North Vietnamese Politburo", *Asia Quarterly*, Vol. 1, 1971.

Evelyn Goh, "Great Powers and Hierarchical Order in Southeast Asia", *International Security*, Vol. 32, No. 3, Winter 2007/8.

Frederick Z. Brown, "Rapprochement between Vietnam and the US", *Contemporary Southeast Asia*, Vol. 32, No. 3, December 2010.

Greg Torode, "Region Looks to China for Profit, U. S. for Security", *South China Morning Post*, November 15, 2010.

Hans Morgenthan, "The National Interest of the United States", *American Political Science Review*, Vol. 66, No. 4, 1952.

Hari Singh, "Vietnam and ASEAN: The Politics of Accommodation", *Australian Journal of International Affairs*, Vol. 51, No. 2, Jul. 1997.

Harry Eckstein, "A Culturalist Theory of Political Change", *American Political Science Review*, Vol. 82, No. 3, September 1988.

Hoang Anh Tuan, "Why Hasn't Vietnam Gained ASEAN Membership?", *Contemporary Southeast Asia*, Vol. 15, No. 3, December 1993.

Hoang Anh Tuan, "Vietnam's Membership in ASEAN: Economic, Political and Security Implications", *Contemporary Southeast Asia*, Vol. 16, No. 3, December 1994.

Hoang Anh Tuan, "ASEAN Dispute Management: Implications for Vietnam and an Expanded ASEAN", *Contemporary Southeast Asia*, Vol. 18, No. 1, June 1996.

Kawi Chongkitthawon, "Vietnam's Backdoor to ASEAN", *The Nation*, Vol. 24, November 1990.

Le Hong Hiep, "Vietnam's Strategic Trajectory: From Internam Development to External Engagement", *Strategic Insights*, Australian Strategic Policy Institute, June 2012.

Leszek Buszynski, "Vietnam's ASEAN Diplomacy: Incentives for Change", *The World Today*, Vol. 40, No. 1, Jan. 1984.

Leszek Buszynski, "Vietnam's ASEAN Diplomacy: The Assertion of a Fait Accompli", *The World Today*, Vol. 42, No. 4, Apr. 1986.

Leszek Buszynski, "Vietnam's ASEAN Diplomacy: Recent Moves", *The World Today*, Vol. 39, No. 3, Mar. 1983.

Michael Antolik, "ASEAN's Bridges to Vietnam and Laos", *Contemporary Southeast Asia*, Vol. 15, No. 2, September 1993.

Nguyen Vu Tung, "Vietnam-ASEAN Cooperation after the Cold War", Ph. D. Dissertation, Columbia University, 2004.

Nguyen Vu Tung, "Vietnam's Membership of ASEAN: A Constructivist Interpretation", *Contemporary Southeast Asia*, Vol. 29, No. 3, 2007.

Nye JS. Jr. "Redefining the National Interest", *Foreign Affairs*, Vol. 78, No. 4, 1999.

Ralph Braibanti, "The Southeast Asia Collective Defnse Treaty", *Pacific Affairs*, Vol. 30, No. 4, Dec. 1957.

Richard Betts and Thomas christensew, "China Getting the Question Right", *National Interests*, No. 62, Winter 2000/2001.

Sheldon Simon, "Vietnam's Security: Between China and ASEAN", *Asian Affairs*, Vol. 20, No. 4, Winter 1994.

Tran Khanh, *The Ethnic Chinese and Economic Development in Vietnam*, Singapore, 1993.

Vishal Singh, "The End of the Conflict in Vietnam and Prospects for Southeast Asia", *International Studies*, New Delhi, Vol. 12, No. 4, October-December 1973.

（三）越文文献
（1）著作

Bộ Chính trị, "Nghị quyết hội nghị lần thứ tám Ban chấp hành trung ương Đảng（khóa VI）, số 08A – NQ/HNTW ngày 27/31990 ' về tình hình các nước Xã hội Chủ nghĩa, sự phá hoại của Chủ nghĩa Đế quốc và nhiệm vụ cấp bách của Đảng ta", tài liệu lưu tại Cục lưu trữ, Văn phòng trung ương Đảng.

Bộ ngoại giao Việt Nam, *Nhìn lại chính sách đối ngoại của Việt Nam sau cải cách mở cửa từ năm 1986 đến năm 2000*, công trình Bộ ngoại giao, năm 2000.

Bộ Ngoại Giao: *Hội nhập Quốc tế và giữ vững bản sắc*, HN: Nxb. Chính trị Quốc gia, năm 1995.

Bùi Việt Bắc, *Hiểu biết văn kiện đại hội đại biểu lần thứ XI và điều lệ Đảng Cộng sản Việt Nam*, HN: Nxb. Thời Đại, năm 2011.

Cục Thống kê Việt Nam, *Thống kê Việt Nam thế kỷ 20*, HN: Nxb. Thống kê, năm 2004.

Đảng Cộng sản Việt Nam, *Văn kiện Đại hội đại biểu toàn quốc lần thứ IV Đảng Cộng sản Việt Nam*, HN: Nxb. Ngoại giao, năm 1977.

Đảng Cộng sản Việt Nam, *Văn kiện Đại hội đại biểu toàn quốc lần thứ VI Đảng Cộng sản Việt Nam*, HN: Nxb. Sự thật, năm 1987.

Đảng Cộng sản Việt Nam, *Nghị quyết 13 về đối ngoại của Bộ Chính trị*, tài liệu lưu tại Ban Đối ngoại Trung ương Đảng, năm 1988.

Đảng Cộng sản Việt Nam, *Văn kiện Đại hội đại biểu toàn quốc lần thứ VII Đảng Cộng sản Việt Nam*, HN：Nxb. Sự thật, năm 1991.

Đảng Cộng sản Việt Nam, *Văn kiện Nghị quyết Đại hội VII*, HN：Nxb. Chính trị Quốc gia, năm 1992.

Đảng Cộng sản Việt Nam, *Văn kiện Đại hội đại biểu toàn quốc lần thứ VIII Đảng Cộng sản Việt Nam*, HN：Nxb. Chính trị Quốc gia, năm 1996.

Đảng Cộng sản Việt Nam, *Văn kiện Đại hội đại biểu toàn quốc lần thứ IX Đảng Cộng sản Việt Nam*, HN：Nxb. Chính trị Quốc gia, năm 2001.

Đảng Cộng sản Việt Nam, *Văn kiện Đại hội đại biểu toàn quốc lần thứ X Đảng Cộng sản Việt Nam*, HN：Nxb. Chính trị Quốc gia, năm 2006.

Đảng Cộng sản Việt Nam, *Toàn tập văn kiện của Đảng*, HN：Nxb. Chính trị Quốc gia, năm 2007.

Đảng Cộng sản Việt Nam, *Văn kiện Đại hội đại biểu toàn quốc lần thứ XI Đảng Cộng sản Việt Nam*, HN：Nxb. Chính trị Quốc gia, năm 2011.

Đào Huy Ngọc, *ASEAN và sự hội nhập của Việt Nam*, HN：Nxb. Chính trị Quốc gia, năm 1997.

Đinh Xuân Lý, *Tiến trình hội nhập Việt Nam-ASEAN*, HN：Nxb. Đại học Quốc gia, 2001.

Đinh Xuân Lý, *Quá trình đổi mới đường lối đối ngoại và hội nhập quốc tế của Việt Nam* (1986 – 2012), HN：Nxb. Đại Học Quốc Gia Hà Nội, 2013.

Đoàn Văn Thắng, Góc nhìn về nghiên cứu quan hệ quốc tế, HN：Nxb. Thống kê, năm 2003.

Học viện Ngoại giao, *Hỏi đáp về tình hình thế giới và chính sách đối ngoại của Việt Nam*, HN：Nxb. Chính trị Quốc gia, năm 2012.

Học viện Chính trị Bộ Quốc phòng, *Quan hệ giữa xây dựng tổ quốc Xã Hội Chủ Nghĩa và bảo vệ Xã Hội Chủ Nghĩa trong ý thức người Việt Nam hiện đại*, HN：Nxb. Chính trị Quốc gia, năm 2010.

Kim Ngọc Chủ, *Kinh tế thế giới năm 1995 – tình hình và triển vọng*, HN：Nxb. Khoa học Xã hội, năm 1996.

Lê Văn Quang, *Quan hệ Việt Nam-ASEAN và những bài học kinh nghiệm*, đề tài nghiên cứu khoa học cấp bộ, Đại học Quốc gia TP. HCM Trường Đại học Khoa học Xã hội và Nhân văn, năm 2001.

Lê Văn Mỹ, *Ngoại giao Trung Quốc và tác động đối với Việt Nam trước sự trỗi dậy của Trung Quốc*, HN: Nxb. Từ Điển Bách Khoa, năm 2013.

Lưu Văn Lợi, *Ngoại giao Việt Nam 50 năm (tập2: 1975 – 1995)*, HN: Nxb. Công an Nhân dân, năm 1998.

Nguyễn Cơ Thạch, *Thế giới trong 50 năm qua (1945 – 1995) và thế giới trong 25 năm tới (1996 – 2020)*, HN: Nxb. Chính trị Quốc gia, năm 1998.

Nguyễn Duy Dũng, *ASEAN từ Hiệp hội đến Cộng đồng những vấn đề nổi bật và tác động đến Việt Nam*, HN: Nxb. Khoa Học Xã Hội, năm 2012.

Nguyễn Đình Bin, *Ngoại giao Việt Nam (1945 – 2000)*, HN: Nxb. Khoa học Xã hội, năm 2002.

Nguyễn Đình Liên, *Quan hệ Việt-Trung tước sự trỗi dậy của Trung Quốc*, HN: Nxb. Tự điển Bách khoa, năm 2013.

Nguyễn Đình Luân, *Lợi ích nhà nước trong quan hệ quốc tế*, công trình nghiên cứu của học viện Quan hệ Quốc tế, năm 2004.

Nguyễn Hoàng Giáp, Nguyễn Hữu Cát, Nguyễn Thị Quế, *Hợp tác liên kết ASEAN hiện nay và sự tham gia của Việt Nam*, HN: Nxb. Lý luận Chính trị, năm 2008.

Nguyễn Mạnh Hùng, Phạm Minh Sơn cb., *Đối ngoại Việt Nam truyền thống và hiền đại*, HN: Nxb. Lý luận Chính trị, 2008.

Nguyễn Thị Quế, Nguyễn Hoàng Giáp, *Việt Nam gia nhập ASEAN từ năm 1995 đến nay: thành tựu, vấn đề và triển vọng*, HN: Nxb. Chính trị Quốc gia, 2012.

Nguyễn Văn Lịch, *Hiệp hội Đông Nam Á*, HCM: Nxb. TP. Hồ Chí Minh, năm 1995.

Nguyễn Vũ Tùng, *Khuôn khổ quan hệ đối tác của Việt Nam*, HN: Học viện Quan hệ Quốc tế, năm 2007.

Nguyễn Vũ Tùng, *Chính sách đối ngoại Việt Nam-Tài liệu tham khảo phục* vụ giảng dạy (tập 2: 1975 – 2006), Học viện Quan hệ Quốc tế, HN: Nxb. Thế giới, năm 2007.

Phạm Quang Minh, *Chính sách đối ngoại đổi mới của Việt Nam* (1986 – 2010), HN: Nxb. Thế Giới, năm 2012.

Phạm Bình Minh, *Đường lối Chính sách đối ngoại Việt Nam trong giai đoạn mới*, HN: Nxb. Chính Trị Quốc Gia, 2011.

Phạm Bình Minh, *Định hướng chiến lược đối ngoại Việt Nam đến* 2020, HN: Nxb. Chính Trị Quốc Gia, năm 2010.

Phạm Đức Thành, *Việt Nam-ASEAN*, HN: Nxb. Khoa học Xã hội, năm 1996.

Phạm Đức Thành, *Việt Nam-ASEAN: cơ hội và thách thức*, HN: Nxb. Chính trị Quốc gia, năm 1998.

Phạm Đức Thành, *Liên kết ASEAN trong thập niên đầu thế kỷ XXI*, HN: Nxb. Khoa học Xã hội, năm 2006.

Phạm Đức Thành, Vũ Công Quý, *Những khía cạnh dân tộc-tôn giáo-văn hóa trong Tam giác Phát triển Việt Nam-Lào-Campuchia*, HN: Nxb. Khoa học Xã hội, năm 2009.

Phạm Thanh Bình, *Định hướng Chiến lược Đối ngoại Việt Nam đến* 2020, HN: Nxb. Chính Trị Quốc Gia, năm 2010.

Sở Nghiên cứu Quốc tế Bộ Ngoại giao, *Yếu sách Luận án Hội thảo ngoại giao Việt Nam 50 năm*, năm 1995.

Tổng Cục Thống kê, *Số liệu thống kê về kinh tế và tài chính Việt Nam* (1986 – 1990), HN: Nxb. Thống kê Việt Nam, năm 1991.

Tổng Cục Thống kê, *Số liệu thống kê nông, lâm, ngư nghiệp Việt Nam* (1976 – 1991), HN: Nxb. Thống kê Việt Nam, năm 1992.

Tổng Cục Thống kê, *Niên giám thống kê Việt Nam*, HN: Nxb. Thống kê Việt Nam, năm 1995.

Tổng cục Thống kê, *Số liệu về sự biến đổi xã hội ở Việt Nam thời kỳ đổi mới*, HN : Nxb. Thống kê , năm 2000.

Tổng Cục Thống kê, *Số liệu thống kê Việt Nam thế kỷ XX*, HN: Nxb.

Thống kê Việt Nam，năm 2004.

Trần Quang Cơ，*Hồi ức và suy nghĩ*，HN：Nxb. Hà Nội，năm 1996.

Vũ Dương Huân，Dương Văn Quảng，Từ điển thuật ngữ ngoại giao Việt-Anh-Pháp，HN：Nxb. Thế giới，năm 2002.

Vũ Dương Huân，*Ngoại giao hiện đại Việt Nam hướng tới sự nghiệp Đổi Mới*，HN：Nxb. Học viện Ngoại giao，năm 2002.

Vũ Dương Huân，*Ngoại giao Việt Nam hiện đại vì sự nghiệp đổi mới 1975 – 2002*，HN：Học viện Quan hệ Quốc tế，năm 2002.

Ủy ban tư tưởng văn hóa Trung ương，*Tài liệu học tập về Nghị quyết lần thứ tám Ủy ban Trung ương lần thứ IX*，HN：Nxb. Chính trị Quốc gia，năm 2003.

（2）论文

"Báo cáo chính trị"，*Quân Đội Nhân Dân*，ngày 30 tháng 6 năm 1996.

Bùi Phan Ký，"Mấy vấn đề về xây dựng và bảo vệ tổ quốc Xã hội Chủ Nghĩa trong bối cảnh thế giới ngày nay"，*Tạp Chí Cộng Sản*，số 16，năm 1996.

"Chính sách bốn điểm hữu nghị láng giềng đối với các nước Đông Nam Á của nước Cộng hòa Chủ nghĩ xã hội Việt Nam"，*Báo Nhân Dân*，ngày 6 tháng 7 năm 1976.

Chu Tuấn Cát，"Phối hợp hoạt động chính trị đối ngoại và kinh tế đối ngoại"，*Tạp Chí Cộng Sản*，số 22，năm 2002.

Đặng Đình Quý，"Bàn thêm về lợi ích quốc gia dân tộc trong hoạt động đối ngoại Việt Nam giai đoạn mới"，*Nghiên Cứu Quốc Tế*，số 1，năm 2010.

Đinh Nhu Liên，"Việt Nam trong xu hướng Á Châu-Thái Bình Dương"，*Tạp Chí Cộng Sản*，số 3，năm 1992.

Đỗ Minh，"Có nên lấy Chủ nghĩa Mác-Lê-nin làm nền tảng tư tưởng hay không"，*Tạp Chí Cộng Sản*，số 5，năm 1991.

Đỗ Mười，"Tình hình hiện nay và nhiệm vụ của chúng ta"，*Tạp Chí Cộng Sản*，số 6，năm 1992.

Đỗ Tiến Sâm，"Vài nét suy nghĩ về quan hệ Việt-Trung nhân dịp 50 năm xây dựng quan hệ ngoại giao Việt-Trung", *Nghiên Cứu Trung Quốc*, số 3, năm 2000.

Đồng Lộc, "Việt Nam-Campuchia: một lịch sử mới trong quan hệ", *Tuần Báo Quốc Tế*, ngày 14 – 20 tháng 6 năm 1999.

"Dự thảo báo cáo chính trị của Ban Chấp Hành Trung ương Đảng khóaVII trình Đại hội lần thứ VIII của Đảng", *Báo Nhân Dân*, ngày 10 tháng 4 năm 1996.

Hà Anh Tuấn, "Yếu tố chiến lược trong tham vọng Biển Đông của Trung Quốc", *Nghiên cứu Quốc tế*, số 1, năm 2015.

Hà Đăng, "Thời kỳ mới của sự phát triển", *Tạp Chí Cộng Sản*, số 31, năm 2003.

Hoa Hữu Lân, "Quan hệ kinh tế VN-ASEAN", *Việt Nam và Đông Nam Á ngày nay*, số 7, năm 1995.

Hoàng Anh Tuấn: "Những tác động của việc mở rộng Asean-7 lên Asean-10", *Nghiên Cứu Quốc Tế*, số 16, năm 1996.

Hoàng Thị Minh Hoa, Trần Xuân Hiệp, "Việt Nam với hợp tác, liên kết trong tam giác phát triển", *Nghiên Cứu Đông Nam Á*, số10, năm 2012.

Hoàng Tú, "Lợi ích quốc gia là trên hết", *trích từ Tập luận văn hội thảo 50 năm ngoại giao Việt Nam*, năm 1995.

Hồng Hà, "Tình hình thế giới và chính sách đối ngoại của Việt Nam", *Nghiên Cứu Quốc Tế*, tháng 12 năm 1992.

Lê Đình Tĩnh, "Hợp tác Mỹ-Hạ nguồn sông Mê Công: Vượt trên cân bằng quyền lực truyền thống", *Nghiên Cứu Quốc Tế*, số 2, năm 2011.

Lê Khả Phiêu, "Cán bộ, chiến sĩ lực lượng vũ trang kiên định mục tiêu độc lập dân tộc và Chủ Nghĩa Xã Hội, đường lối kết hợp hai nhiệm vụ chiến lược", *Báo Nhân Dân*, ngày 25 tháng 3 năm 1996.

Lê Xuân Lưu, "Về mối quan hệ giữa xây dựng và bảo vệ tổ quốc trong giai đoạn cách mạng mới", *Tạp Chí Cộng Sản*, số 10, năm 1996.

Nguyễn Duy Dũng, "Cửa khẩu Bo Y-Khu kinh tế động lực trong Tam giác phát triển Việt Nam-Lào-Campuchia", *Nghiên Cứu Đông Nam Á*, số

4，năm 2009.

Nguyễn Dy Niên, "Hoạt động đối ngoại 2005 – một năm nhìn lại", *Tạp Chí Công Sản*, số 2，năm 2006.

Nguyễn Dy Niên, "Tiếp tục đổi mới và mở cửa vì sự nghiệp công nghiệp hóa, hiện đại hóa đất nước", *Tạp Chí Cộng Sản*, số 12，năm 1996.

Nguyễn Dy Niên, "Hoạt động đối ngoại trong năm 2001 đầy biến động", *Tạp Chí Cộng Sản*, số 6，năm 2002.

Nguyễn Đình Thực, Chủ trương của Đảng Cộng sản Việt Nam về Quan hệ đối ngoại ASEAN 1967 – 1995, Luận án Học viện Chính trị quốc gia Hồ Chí Minh, 2001.

Nguyễn Hoàng Giáp, "Một số điều trong chính sách Đông Nam Á của Nhật Bản những năm 90", *Nghiên Cứu Quốc Tế*, số 19，năm 1997.

Nguyễn Hoàng Giáp, "Các giai đoạn phát triển của quan hệ Liên Bang Nga-Việt Nam", *Nghiên Cứu Quốc Tế*, số 27，năm 1999.

Nguyễn Hồng Quân, "Mưu đồ độc chiếm Biển Đông của Trung Quốc và đối sách của ASEAN", *Nghiên Cứu Quốc Tế*, số 1，năm 2015.

Nguyễn Hùng Sơn, "Chính trị nội bộ: 'Làn sóng ngầm' quyết định vấn đề biển Đông", trích từ Đặng Đình Quý, Nguyễn Minh Ngọc, *Biển Đông：địa chính trị，lợi ích，chính sách và hành động của các bên liên quan*, HN：Nxb. Thế giới.

Nguyễn Hùng Sơn, Vai trò của ASEAN trong Trật tự Đông Á tới năm 2020 và Định hướng chính sách đối ngoại của Việt Nam, Luận án Học viện Ngoại giao, năm 2013.

Nguyễn Huy Hồng, "Về quan hệ giữa Việt Nam va ASEAN", *Nghiên Cứu Đông Nam Á*, số 2，năm 1995.

Nguyễn Mạnh Cầm, "Triển khai chính sách đối ngoại mới", *Tạp chí Cộng sản*, số 8，năm 1992.

Nguyễn Mạnh Cầm, "Trên đường triển khai chính sách đối ngoại theo định hướng mới", *Tạp chí Cộng sản*, số 4，năm 1992.

Nguyễn Mạnh Cầm, "Công tác đối ngoại năm 1998", *Tạp Chí Cộng Sản*, số 4，năm 1999.

Nguyễn Mạnh Cầm, "Thu hẹp khoảng cách phát triển giữa các nước thành viên ASEAN", *Tạp Chí Cộng Sản*, số 2, năm 2001.

Nguyễn Mạnh Hùng, "Quan hệ Việt-Mỹ: 35 năm nhìn lại", *Nghiên cứu Quốc tế*, số 82, năm 2010.

Nguyễn Minh Triết, "Việc Việt Nam trở thành ủy viên không thường trực Hội đồng bảo an sẽ góp phần đưa mối quan hệ Việt Nam-Liên Họp Quốc đi vào chiều sâu, hiệu quả và đa dạng hơn", *Báo Nhân Dân*, ngày 24 tháng 10 năm 2007.

Nguyễn Minh Triết, "Việt Nam mong muốn các nhà đầu tư Nhật Bản mở rộng hợp tác với Việt Nam trong nhiều dự án phát triển kinh tế-xã hội quan trọng", *Báo Nhân Dân*, ngày 22 tháng 11 năm 2007.

Nguyễn Phú Trọng, "Luận điệu mới của các thế lực chống Đảng Cộng sản", *Tạp Chí Cộng Sản*, số 4, năm 1993.

Nguyễn Phương Bình, "Về việc Việt Nam Gia nhập ASEAN", *Nghiên Cứu Quốc Tế*, số 5, năm 1994.

Nguyễn Phương Bình, "Quan hệ Việt Nam-ASEAN và những Vấn đề đặt ra trong tương lai", *Nghiên Cứu Quốc Tế*, số 19, năm 1997.

Nguyễn Tấn Dũng, "Đưa Việt Nam-Ấn Độ lên tầm cao mới", *Báo Nhân Dân*, ngày 29 tháng 6 năm 2007.

Nguyễn Tấn Dũng, "Bài phát biểu của thủ tướng Nguyễn Tấn Dũng nhân kỷ niệm ngày thành lập ASEAN, 8/8/2008", *Nghiên Cứu Quốc Tế*, số 73, năm 2008.

Nguyễn Tấn Dũng, "Phát biểu của Thủ tướng tại Lễ kỷ niệm 43 năm ngày thành lập ASEAN và 15 năm Việt Nam gia nhập ASEAN", *Báo Nhân Dân*, ngày 7 tháng 8 năm 2010.

Nguyễn Tấn Dũng, "Các nước ủng hộ và tin tưởng Việt Nam có đầy đủ khả năng để đảm đương tốt trọng trách là ủy viên không thường trực Hội đồng bảo an Liên Hợp Quốc", *Báo Nhân Dân*, ngày 29 tháng 9 năm 2007.

Nguyễn Tấn Dũng, "Việt Nam đang là một nền kinh tế thị trường năng động", *Báo Thế giới và Việt Nam*, Xuân Mậu Ty. 2008.

Nguyễn Thế Lực, Nguyễn Hoàng Giáp, "Việt Nam hội nhập nhất thể hóa kinh tế thế giới, quá trình và thành quả", *Nghiên Cứu Quốc Tế*, số 55, năm 2000.

Nguyễn Thị Hoài, Chính sách đối ngoại của Đảng Cộng sản Việt Nam với khu vực Đông Nam Á từ năm 1995 đến năm 2006, LA Đại học Khoa học Xã hội và Nhân văn, 2011.

Nguyễn Thu Mỹ, "Hành lang kinh tế Đông-Tây trong chính sách của Nhật Bản", *Nghiên Cứu Đông Nam Á*, số 11, năm 2008.

Nguyễn Văn Dục, "Một Trật tự thế giới mới hay là một hình thái đấu tranh mới?" *Tạp Chí Quốc Phòng Toàn Dân*, số 1, năm 1992.

Nguyễn Văn Linh, "Phát biểu của đồng chí Tổng bí thư Nguyễn Văn Linh, bế mạc Hội nghị 7 của BCH TW Đảng", *Tạp Chí Cộng Sản*, số 9, năm 1989.

Phạm Bình Minh, "Ngoại giao Việt Nam năm 2012: Vượt qua thách thức, vững bước hội nhập quốc tế", *Nghiên Cứu Quốc Tế*, số 1, năm 2013.

Phan Doãn Nam, "Một vài suy nghĩ về đổi mới tư duy đối ngoại", *Tạp Chí Cộng Sản*, số 2, năm 1988.

Phạm Đức Thành, "Quá trình Việt Nam tham gia ASEAN", *Nghiên Cứu Đông Nam Á*, số 2, năm 1995.

Phạm Gia Khiêm, "Việt Nam tự tin vững bước trên con đường hội nhập", *Tạp Chí Cộng Sản*, số 780, năm 2007.

Phạm Gia Khiêm, "Đẩy mạnh triển khai thực hiện thắng lợi đường lới, chính sách đối ngoại đại hội lần thứ X của Đảng", *Tạp chí Cộng sản*, số 13, năm 2007.

Phạm Gia Khiêm, "ASEAN Bước vào Giai đoạn Phát triển mới và Phương hướng Tham gia của Việt Nam", *Nghiên Cứu Quốc Tế*, số 73, năm 2008.

Phạm Gia Khiêm, " Việt Nam phê chuẩn hiến chương ASEAN-bước tiến mới trong quá trình Việt Nam tham gia ASEAN", *Báo Nhân Dân*, ngày

2 tháng 4 năm 2008.

Phạm Quang Minh, "Hành lang kinh tế Đông-Tây và quan điểm của Thái Lan", *Nghiên Cứu Đông Nam Á*, số 11, năm 2008.

Phạm Quang Minh, "ASEAN và sự lựa chọn của Việt Nam trong giải quyết xung đột ở biển Đông", *Nghiên Cứu Đông Nam Á*, số 1, năm 2014.

Phạm Xuân Nam, "Tăng trưởng kinh tế và tiến bộ xã hội nhằm chủ động hội nhập kinh tế quốc tế", *Nghiên Cứu Kinh Tế*, số 286, tháng 7 năm 2001.

Quang Thái, "Về sự Trung lập của Đông Nam Á", *Báo Nhân Dân*, ngày 1 tháng 12 năm 1971.

"Thời báo Hội nghị lần thứ ba Ban Chấp hành Trung ương Đảng khóa VII", *Tạp Chí Cộng Sản*, số 7, tháng 1992.

Trần Khánh, "Vị thế Địa-Chính Trị Đông Nam Á", *Tạp Chí Cộng Sản*, số 19, năm 2002.

Trần Khánh, "Liên kết ASEAN-xét từ góc độ lý luận của khu vực hóa", *Tạp Chí Cộng Sản*, số 31, năm 2003.

Trần Khánh, "Vai trò của ASEAN trong ngăn ngừa xung đột ở Biển Đông", *Nghiên Cứu Đông Nam Á*, số 10, năm 2012.

Trần Quang Cơ, "Tình hình thế giới mới và vận mạnh nhà nước Việt Nam", *Nghiên Cứu Quốc Tế*, tháng 3 năm 1992.

Trần Trọng Thìn, "Cán cân quân sự đang thay đổi chiến lược gì cho ngày mai?", *Tạp Chí Cộng Sản*, số 4, năm 1991.

"Tuyên bố Viêng Chan về việc thiết lập Tam giác phát triển Việt Nam-Lào-Campuchia", *Báo Nhân Dân*, ngày 28 tháng 11 năm 2004.

Võ Văn Kiệt, "Phát huy đà chuyển biến tốt của năm 1992, đẩy nhanh nhịp độ phát triển kinh tế-xã hội năm 1993", *Tạp Chí Cộng Sản*, số 1, năm 1993.

Vũ Chí Công, "Hoàn thiện Nghị quyết số 10 của Bộ Chính trị, tiếp tục cải cách thể chế quản lý kinh tế nông nghiệp", *Báo Nhân Dân*, ngày 12 tháng 4 năm 1993.

Vũ Dương Huân, "Một vài suy nghĩ về lợi ích nhà nước và lợi ích dân tộc trong quan hệ quốc tế", *Nghiên Cứu Quốc Tế*, số 2, năm 2007.

Vũ Dương Huân, Cải cách tư tưởng trong sự hoạt động đối ngoại Việt Nam, *Nghiên Cứu Quốc Tế*, số 1, năm 2007.

Vũ Khoan, "Việt Nam và ASEAN", *Tạp Chí Cộng Sản*, số 11, năm 1994.

Vũ Khoan, "An ninh, phát triển va ảnh hưởng trong hoạt động đối ngoại", *Nghiên Cứu Quốc Tế*, tháng 12 năm1993.

Vũ Khoan, "Đại hội VIII và công tác đối ngoại", *Tuần báo Quốc Tế*, số 26, năm 1996.

Vũ Khoan, "Sự cải cách đổi mới 20 năm trong lĩnh vực đối ngoại Việt Nam", *Báo Nhân Dân*, ngày 16 tháng 11 năm 2005.

Vũ Khoan, "Đại hội đại biểu nhân dân toàn quốc lần thứ X và đường lối đối ngoại của Việt Nam", *Báo Nhân Dân*, ngày 24 tháng 8 năm 2006.

Vũ Khoan, "Lợi ích an ninh, phát triển và giá trị trong chính sách đối ngoại", trích từ Nguyễn Vũ Tùng, *Chính sách đối ngoại Việt Nam-Tài liệu tham khảo phục vụ giảng dạy* (tập 2: 1975 – 2006), Học viện Quan hệ Quốc tế, HN: Nxb. Thế giới, năm 2007.

Xã luận: "Độc lập tự chủ, tự lực tự cường xây dựng và bảo vệ đất nước", *Tạp Chí Cộng Sản*, số 2, năm 1992.

致　谢

　　本书是在我的博士论文基础上修改而成的。两年前完成论文答辩时，正值越南加入东盟二十周年；两年后当本书出版时，又恰逢东盟成立五十周年。作为一名研究越南与东南亚问题的学者，能够见证越南与东盟之间的融合与发展，我是幸运的；作为一名中国的周边外交研究者，能够见证中国与东南亚"周边命运共同体"的构建，我更是幸运的。本书围绕越南国家利益的转变，阐述其东盟政策的变化，找寻其逐步融入地区和世界的内在逻辑。从国际政治角度，研究越南的政治外交，观察东南亚区域发展，以推动中国与越南、东南亚之间的良性互动，是我努力的方向。本书是这一努力的阶段性成果，其中尚存在不足与纰漏，希望得到读者的批评与指正。

　　在北京大学攻读博士学位期间，得到各位尊师挚友的帮助和厚爱，我至今铭记在心。首先要感谢我的导师杨保筠教授。杨老师对越南和东南亚研究有着很深的造诣，深入浅出的讲解与精辟到位的分析使我在专业上不断进步。论文从选题、构思到谋篇布局都凝聚着杨老师的心血。杨老师在学业上严格要求，一丝不苟；在生活上，细致入微，平易近人。我赴越南查找资料的时候，正是两国关系紧张之时，杨老师很担心我的安危，每天向杨老师报平安成了我在越南时的习惯。

　　我还要感谢北大国际关系学院的张锡镇教授。正是硕士期间选修了张老师的《亚太问题研究》课程，使我对国际政治专业产生了深厚的兴趣，并萌生了跨专业考博的念头。其后，在张老师的介绍下，我旁听了北大国际关系从本科到硕士，再到博士的相关课程，认识和结交了一群志同道合的学友，使我受益匪浅。张老师还全程参加了我博士论文写作和答辩的各个环节，对论文提出了富有建设性的意见。

另外，我还要感谢北京大学的梁志明、李谋、张锡镇、包茂红、韦民、翟崑，中国社会科学院的韩峰、许利平，中国现代国际关系研究院的马燕冰诸位老师。他（她）们不辞辛劳，无私奉献，对论文提出了非常中肯的修改意见。在院图写作时，与李安山老师的交谈常常在不经意间启迪我的灵感，开拓我的思路与视野。在面对论文与工作的双重压力时，王逸舟老师热情洋溢、满怀期待的鼓舞与激励，总能让我信心满满。还有所有我请教过的北大国际关系学院的老师们，虽然没有一一列出名字，但我永远不会忘记他（她）们渊博的学识和谦虚的作风。

感谢北大研究生院资助我在越南收集论文资料。感谢我的外方导师，越南河内国家大学人文社科大学前校长阮文庆教授，不仅在百忙之中答应我的访谈要求，还给予我很多行政上的便利，使我能够顺利地开展工作。感谢越南外交学院外交政策研究室主任阮雄山博士，在访谈中解决了我关于论文分期的困惑。感谢越南外交学院图书馆、越南国家图书馆、越南社科院东南亚研究所图书室工作人员的热情接待，特别感谢胡志明国家大学人文社科大学前校长武文莲教授的贴心安排，使我能够高效地完成资料收集任务。感谢我在越南的旧朋新友，使我在越南的生活和工作充满了乐趣。

这里，我也要特别感谢我的家人。我的父母虽已古稀之年，但永远理解我，鼓励我向上攀登。我的丈夫与儿子，永远是我前进的动力！

最后，还要感谢李晨阳师兄，经由他的引荐，我有幸加入云南大学周边外交研究中心。感谢中心对本书出版的资助，感谢中国社会科学出版社马明老师的热情帮助，至于本书中所有的不当之处，则完全由本人自己负责。

李春霞

2017 年 6 月 2 日于坡上村